Kapitalistische Entwicklung, Subsistenzproduktion und
Frauenarbeit

Campus Forschung
Band 395

Ilse Lenz, Dr. phil., ist wissenschaftliche Mitarbeiterin am Institut für Soziologie der Universität Münster und Redakteurin der Zeitschrift »Peripherie«. Sie studierte Politologie, Japanologie, Sinologie, Geschichte und Soziologie in Japan, München und Berlin.

Ilse Lenz

Kapitalistische Entwicklung, Subsistenzproduktion und Frauenarbeit

Der Fall Japan

Campus Verlag
Frankfurt/New York

CIP-Kurztitelaufnahme der Deutschen Bibliothek

Lenz, Ilse:
Kapitalistische Entwicklung, Subsistenzproduktion
und Frauenarbeit : d. Fall Japan / Ilse Lenz. –
Frankfurt/Main ; New York : Campus Verlag, 1984.
  (Campus : Forschung ; Bd. 395)
  ISBN 3-593-33407-0

NE: Campus / Forschung

Alle Rechte, insbesondere das Recht der Vervielfältigung und Verbreitung
sowie der Übersetzung, vorbehalten. Kein Teil des Werkes darf in irgendeiner
Form (durch Photokopie, Mikrofilm oder ein anderes Verfahren) ohne
schriftliche Genehmigung des Verlages reproduziert oder unter Verwendung
elektronischer Systeme verarbeitet, vervielfältigt oder verbreitet werden.
Copyright © 1984 bei Campus Verlag GmbH, Frankfurt/Main
Umschlaggestaltung: Eckard Warminski, Frankfurt/Main
Druck und Bindung: difo-druck, Bamberg
Printed in Germany

INHALT

VORBEMERKUNG 9

I. SUBSISTENZPRODUKTION UND SOZIALE
   REPRODUKTION 12

   Die menschliche Reproduktion 14
   Die Subsistenzwirtschaft in vorkapitalistischen
   Klassengesellschaften: ein Idealtyp 20
   - Zur Geschichtlichkeit 23
   - Zum Naturbezug 25
   - Die Interdependenz sozialer und ökonomischer
     Beziehungen 29
   - Die kontinuierliche Interaktion zwischen Produktion und Reproduktion 30
   - Zur asymmetrischen geschlechtlichen Arbeitsteilung 33
   Exkurs: zu Wandel und Kontuität des Patriarchats 35
   - Zur Verfügung der Produzenten über die Produktions- und Reproduktionsmittel 39
   - Zur Einfügung in eine Klassengesellschaft 39

II. SUBSISTENZPRODUKTION UND SOZIALE REPRODUKTION IM KAPITALISMUS 41

   Subsistenzproduktion und geschlechtliche Arbeitsteilung in der Mischökonomie der "arbeitenden Armen" 47
   - Frauenarbeit und der Wert der Kinder in den arbeitenden Klassen 51
   - Der Wandel in der Wahrnehmung der Bevölkerung 56
   - Die unvollständige Freisetzung der arbeitenden Klassen aus der Landwirtschaft während der kapitalistischen Entwicklung 59

- Die Mischökonomie der arbeitenden Armen
  und die Sprünge in der geschlechtlichen
  Arbeitsteilung   62

Die Entmischung der arbeitenden Klassen und
die Herausbildung von Lohnarbeit und "moderner Hausarbeit" in der kapitalistischen Entwicklung   68
- Zur Dynamik des Lohnarbeitsverhältnisses und
  zur marginalen Subsumtion der Hausarbeit   70
- Zur "modernen Hausarbeit und Mutterschaft"   72

III. LANDWIRTSCHAFTLICHE ENTWICKLUNG UND FORMEN PATRIARCHALISCHER HERRSCHAFT IM JAPANISCHEN FEUDALISMUS   74

Exkurs: der durchlässige Bambusvorhang um die
Naßfeld-Reisdörfer   77

Zur Bedeutung der Landwirtschaft im japanischen Feudalismus   87
- Der feudale Appropriationszusammenhang und
  die patriarchalische politische Kultur   88
- Die patriarchalische Herrschaftslegitimation   93
- Zur Differenzierung der Bauernschaft im
  Feudalismus   96

IV. SCHICHTENDIFFERENZIERUNG UND GESCHLECHTLICHE ARBEITSTEILUNG IN DER BAUERNSCHAFT WÄHREND DER KAPITALISCHEN ENTWICKLUNG   114

Der Bruch in der Agrarpolitik gegenüber
dem Feudalismus   115

Zur Stellung der Frau im Meijistaat   118

Die Dissoziation der Subsistenzwirtschaft und
die Differenzierung der bäuerlichen Schichten   127
- Quantitative Tendenzen der Schichtendifferenzierung   132
- Zur Entwicklung der Eigentums- und Pachtverhältnisse   134
- Zur Entwicklung der Betriebsgrößen   149
- Zur landlosen Schicht der dörflichen Marginalisierten   151

Geschlechtliche Arbeitsteilung und Machtverhältnisse in den kleinbäuerlichen Hauswirtschaften   153
- geschlechtliche Arbeitsteilung und androzentrische Wertung der Arbeit   156

Die Bedeutung der Subsistenzproduktion und der Lohnarbeit für die Kleinbauernwirtschaften	172
- Zur Bedeutung der Subsistenzproduktion	173
- Zur Bedeutung der Lohnanteile für die Hauswirtschaften	179

V. DIE LÄNDLICHEN ARBEITSMIGRANTINNEN IN DIE JAPANISCHE BAUMWOLLINDUSTRIE: GEBUNDENE ZUGVÖGEL ... 183

Die assoziative, auf Eigenständigkeit orientierte japanische Industrialisierung und die Bedeutung der Baumwollindustrie	186
Die Arbeitsmarktstruktur und die Arbeitsbedingungen in der Baumwollindustrie	192
Die Experimentierphase in den Personalbeziehungen	195
Der Kampf um die weibliche Arbeitskraft: Anwerbung, Raub, Kontrolle	198
- Arbeitszeit und Nachtarbeit	201
- Das Lohnsystem	202
- Arbeitsorganisation und Arbeitsmarkt	204
- Die Anwerbung vom Land und die Gebundenheit in der weiblichen Arbeitsmigration	206
- Lebens- und Arbeitsbedingungen im Wohnheim	212
- Die bei ihrer Familie lebenden Lohnarbeiterinnen	217
Die Einführung des Paternalismus in die industriellen Beziehungen	219
Einige Auswirkungen der Rationalisierung	224
Die theoretischen Ansätze zur Frauenlohnarbeit und Arbeitsmigration	230
- Die spezifische Differenz zwischen landwirtschaftlicher Rückständigkeit und industriellem Fortschritt in Japan	231
- Die "traurige Geschichte der Fabrikarbeiterinnen"	232
- Die Erklärung aus der Transformation der Produktionsweise: die kōza Richtung	233
- Die typologischen Ansätze	235

VI. DIE ARBEITSMIGRANTINNEN ALS GRENZ-
GÄNGERINNEN ZWISCHEN DORF UND IN-
DUSTRIE: DIE FORMIERUNG DES PATRIAR-
CHALISCHEN KAPITALISMUS   237

   Grundlegende Strukturen der weiblichen Ar-
   beitsmigration   238
   Die Mission der Weiblichkeit und die weib-
   liche Mission in den Baumwollfabriken   247
   Verschiedene Lebensläufe und Selbstzeugnisse   251
   Formen des Widerstandes   256

VII. AUSBLICK   267

ANMERKUNGEN   269

ANHANG

   Tabelle 20: Arbeitsteilung nach Alter und Geschlecht in
   den bäuerlichen Schichten in Niigata   309
   Abkürzungsverzeichnis   312
   Verzeichnis der japanischen Maße   312

QUELLEN- UND LITERATURVERZEICHNIS   313

Bei japanischen Namen ist der Familienname dem Vornamen vorangestellt.

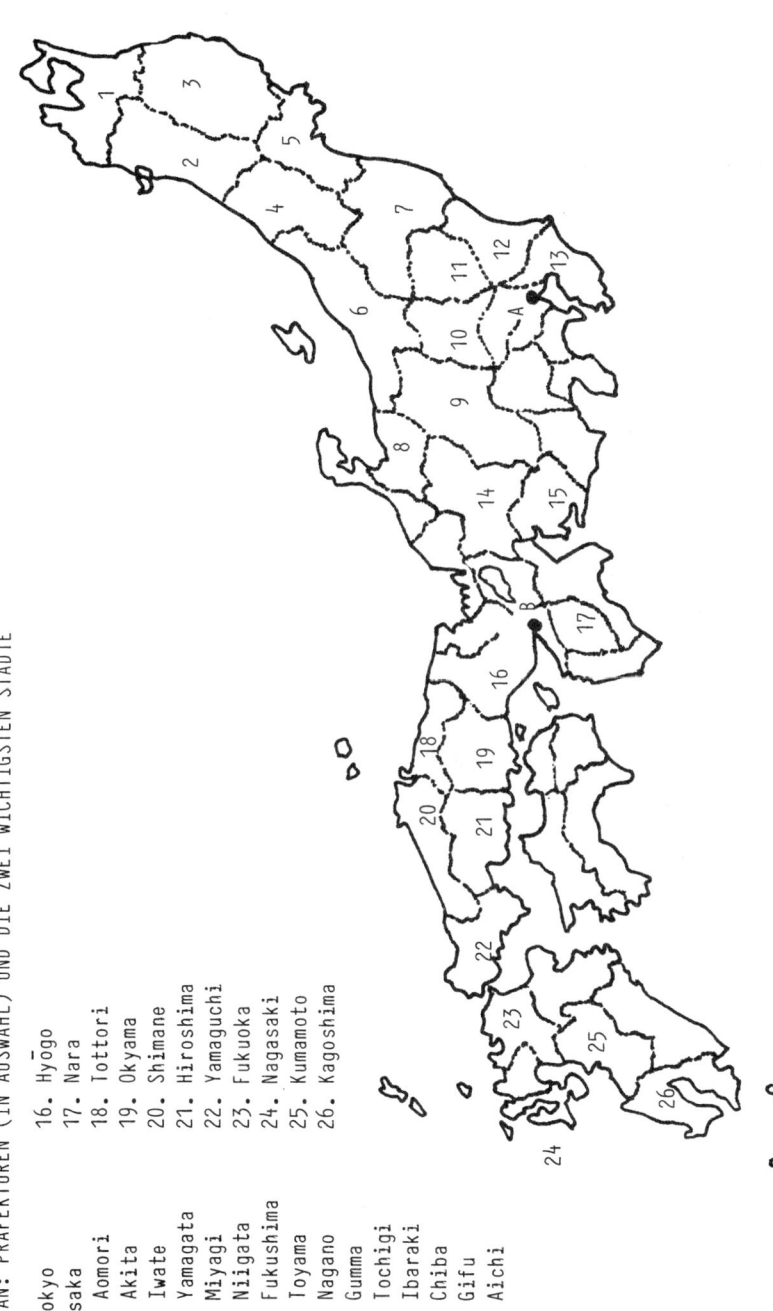

JAPAN: PRÄFEKTUREN (IN AUSWAHL) UND DIE ZWEI WICHTIGSTEN STÄDTE

A Tokyo
B Osaka
1. Aomori
2. Akita
3. Iwate
4. Yamagata
5. Miyagi
6. Niigata
7. Fukushima
8. Toyama
9. Nagano
10. Gumma
11. Tochigi
12. Ibaraki
13. Chiba
14. Gifu
15. Aichi
16. Hyōgo
17. Nara
18. Tottori
19. Okyama
20. Shimane
21. Hiroshima
22. Yamaguchi
23. Fukuoka
24. Nagasaki
25. Kumamoto
26. Kagoshima

VORBEMERKUNG:
FRAUEN ALS GRENZGÄNGERINNEN
IM INDUSTRIALISIERUNGSPROZEß

Eine allgemeine Erwartung zu Beginn der Industrialisierung lautete, daß sie die sozialen Grundlagen des Patriarchats umwälzen würde. Auf dem Weg in eine noch ungewisse "postindustrielle" Zukunft zeigt sich ihre Hinfälligkeit: in allen Industriegesellschaften tragen Frauen eine mehrfache Arbeitslast in Kinderversorgung, Hausarbeit und Beruf und werden in Gesellschaft und Politik diskriminiert. Es stellt sich also die Frage nach dem systematischen Zusammenhang von Patriarchat und kapitalistischer Industrialisierung. Ich bin ihr hier nachgegangen, indem ich die Strukturveränderungen der geschlechtlichen Arbeitsteilung in diesem Prozeß untersucht habe. Dabei stützte ich mich auf einen umfassenden Arbeitsbegriff, der die Arbeit in der Produktion und menschlichen Reproduktion einschließt. Ich beziehe mich vor allem auf den neubelebten Begriff der Subsistenzproduktion, der hier in historischer Tiefe entwickelt wird. Indem ich aufzeige, wie sich die soziale Organisation der Subsistenzproduktion in der kapitalistischen Industrialisierung verändert hat, gehe ich zugleich auf den damit verbundenen Wandel der geschlechtlichen Arbeitsteilung und Machtverhältnisse ein. So werden einige gesellschaftliche materielle Ursachen für das Fortbestehen des Patriarchats in neugefaßten Formen ersichtlich.

Die Scheidung von Produktion und menschlicher Reproduktion im Zuge der kapitalistischen Entwicklung führte zu neuen Reproduktionssystemen der gesellschaftlichen Arbeitskraft, die hier zunächst am Beispiel Europas nachgezeichnet werden. In Japan waren ähnliche Veränderungen der geschlechtlichen Arbeitsteilung festzustellen. Interessant war der hohe Anteil der Frauen an den Industriearbeitern von 60-80%, der dann im Laufe der Zeit zugunsten der Hausfrauenrolle zurückgeht. Er ergab sich aus dem japanischen Industrialisierungsweg. Japan finanzierte mit seiner exportorientierten Textilindustrie, die auf Frauenbeschäftigung zu Niedriglöhnen aufbaute, zum Teil den allmählichen Aufbau einer eigenen Schwer-

und chemischen Industrie. Dies Modell der assoziativen Entwicklung
durch Anpassung an die vorherrschenden Trends der internationalen
Arbeitsteilung wird gegenwärtig unter völlig anderen Rahmenbedingungen von den sich neu industrialisierenden Ländern Ostasiens
nachgeahmt. Nicht zufällig gleicht ihre exportorientierte Leichtin-
dustrie mit einem hohen Anteil von Frauen, die zu niedrigen Löhnen beschäftigt, oft billig in Wohnheimen untergebracht und mit
patriarchalischen Wertesystemen angesprochen werden, in vielem der
frühen japanischen Baumwollindustrie. Diese beschäftigte überwiegend ländliche Arbeitsmigrantinnen. Sie entwickelte ein ausgefeiltes
System der Rekrutierung und Reproduktion dieser Frauen, das auf
patriarchalischen Strukturen aufbaute. **Als Frauen** erhielten die Arbeiterinnen nur ein Drittel bis zur Hälfte der Männerlöhne, wurden
in Wohnheimen untergebracht und streng beaufsichtigt, und bekamen nach dem Ende des Lohnarbeitsverhältnisses, das nur als kurze
höchstens mittelfristige Lebensphase konzipiert war, keinerlei soziale existenzielle Sicherungen. Denn als Frauen sollte die Ehe ihre
soziale Sicherung garantieren, obwohl sie in der Jugend und nach
der Heirat fast immer erwerbstätig sein mußten, um das Überleben der Familie, für das das Einkommen des Mannes nicht reichte,
zu ermöglichen.

Ich sehe diese ländlichen Arbeitsmigrantinnen als Grenzgängerinnen
zwischen ländlicher Subsistenzproduktion, Fabrik und häufig dem
städtischen Haushalt. Sie bewegen sich zwischen harter, sozial un-
abgesicherter menschlicher Reproduktionsarbeit und harter, unqua-
lifizierter Erwerbsarbeit und tragen in ihrem Lebenszusammenhang
die konfligierenden Ansprüche und die Last beider Bereiche. Neben ihnen gehen auf dieser Gradwanderung zwischen Reproduktionsarbeit und Erwerbstätigkeit während der Einfügung in die internationale Arbeitsteilung in Ostasien die Dienstmädchen vom Lande,
die Prostituierten und die Wanderarbeiterinnen in der Landwirtschaft. Nun hatte die geschlechtsspezifische Verteilung von Chancen in dem damaligen neuen Zukunftsbereich der Industrie für Frau-
en ein widersprüchliches Ergebnis: Sie stellten zwar bis ca 1930
die Mehrheit der Industriearbeiter, wurden aber rotierend nur für
einige Jahre an unqualifizierten Arbeitsplätzen beschäftigt und dann
wieder ohne langfristige eigenständige soziale Absicherung entlassen,
während die langfristigen, existentiell absichernden industriellen
Arbeitsplätze vor allem Männern zugänglich waren. Der Weg in die
"moderne Hausarbeit" führte für einen Teil der Frauengenerationen
zwischen 1890-1935 über die "modernen Fabriken".

Das bedeutete, daß diese Frauen einen doppelten Sperrwall bei der
Entwicklung ihrer Individualität zu überwinden hatten. Während die
starken kommunalen Bindungen des Dorfes insgesamt die japanische

Industriegesellschaft noch beeinflussen, also auch das Verhalten der Männer prägen, trat bei den Frauen das Kollektiv Familie hinzu, dessen Bedürfnissen sie sich unterordnen sollten.

Zugleich mit der Darstellung der Baumwollarbeiterinnen und der Veränderungen in ihren ländlichen Herkunftsgebieten möchte ich hier einen unüblichen Zugang zur japanischen Gesellschaft geben. Nicht die Stammarbeiterschaft, sondern ein Vorläufer der auch gegenwärtig durchaus noch vorherrschenden ungesicherten Arbeitsverhältnisse (Ernst 1980) steht im Mittelpunkt. Die vorangehenden Ausführungen zur bäuerlichen Transformation stellen erste Überlegungen zu einer Theorie des Kapitalismus im ostasiatischen Kulturraum dar, in dem grundlegende Verhältnisse wie zwischen Heim und Betrieb wegen dieser dörflich-kommunalen Einflüsse sich anders gestalten als in Europa und den US. Damit verbindet sich nun nicht der Anspruch einer Gesamtdarstellung; vielmehr werden bestimmte Aspekte betont. Ich habe versucht, möglichst vorliegende europäische Darstellungen zu zitieren, die jeweils anhand der japanischen Quellen überprüft wurden, um den Lesern ohne Japanischkenntnisse den Zugang zu erleichtern. Ich hoffe, daß trotz mancher kritischer Wertungen ersichtlich wird, wie viel ich der Begegnung mit Japan und mit japanischen Freunden verdanke.

Ich freue mich, an dieser Stelle vielen hilfreichen "Gegenübern" meinen Dank aussprechen zu können - zuallererst Prof. Ulrich Albrecht und Prof. Renate Rott für ihre Unterstützung bei dieser Arbeit. In Japan haben mir Prof. Ujihara Shōjirō, Prof. Noguchi Tasuku, Prof. Niimura, Prof. Sumiya Mikio und Prof. Araki wertvolle Ratschläge gegeben. Prof. Nishikawa Masao und Prof. Ishida Takeshi danke ich für umfangreiche Diskussionen. Ganz besonders dankbar für Anregungen und Diskussionen bin ich Frau Maruoka Hideko. Die inhaltliche Verantwortung für die Wertungen und möglichen Irrtümer liegt selbstverständlich bei mir. Den Bibliothekaren des Ostasiatischen Seminars, Berlin, bes. Herrn Suga, bin ich für ihre stete Hilfsbereitschaft sehr verbunden. Viele Ideen und fruchtbare Kontroversen verdanke ich Veronika Bennholt-Thomsen, Gaby Hilpert-Ritter, Volkmar Blum, Hartwig Berger, Ellen Frieben, Reinhart Kößler, Maria Mies, Till Schiel, Paul Schmits, Terasaki Akiko und anderen. Meinen Eltern danke ich für ihre Hilfe.

Der DAAD ermöglichte mir durch ein Halbjahresstipendium in Japan 1979 das Quellenstudium für die vorliegende Arbeit, die Juli 1982 vom Fachbereich Politische Wissenschaften der FU Berlin als Dissertation angenommen wurde. Für den Druck wurde sie leicht gekürzt und überarbeitet.

SUBSISTENZPRODUKTION UND SOZIALE REPRODUKTION

"Die große Transformation" von Bauerngesellschafen in kapitalistische Industriegesellschaften brachte einen umfassenden Wandel der Arbeitsteilung und der Machtverhältnisse zwischen den Geschlechtern mit sich. Wie lassen sich diese Veränderungen der sozialen / geschlechtlichen Arbeitsteilung erfassen? Welche Bedeutung hat sie für die Industrialisierung? Wie werden nun "Männer- und Frauenarbeit" im Zuge der kapitalistischen Entwicklung neu definiert und wie treten diese Veränderungen im weiblichen und im männlichen Lebenszusammenhang zutage?

Einer der wichtigsten theoretischen Neuansätze zu diesen Fragen wurde in der Diskussion um die Subsistenzproduktion in der kapitalistischen Weltgesellschaft entwickelt, die von der Bielefelder Arbeitsgruppe Entwicklungssoziologen initiiert wurde (1). Die Arbeitsgruppe nahm den Begriff der Subsistenzproduktion neu auf (2) und definierte ihn radikal um. Dabei ging sie von der folgenden Erkenntnis aus:

> "Für große Teile, nicht selten den überwiegenden Teil der Bevölkerung der Länder der Dritten Welt ist die subsistenzökonomische Produktion, d.h. die gebrauchswertzentrierte Produktion für den Eigenbedarf, der wichtigste Bestandteil ihrer Reproduktion. Seit die subsistenzökonomische Produktion zugleich der Reproduktion von Arbeitskraft für die bäuerliche Marktproduktion und Lohnarbeit dient, ist sie zu einer unabdingbaren Voraussetzung für die kapitalistische Produktion und damit wesentlicher Bestandteil der gesamtgesellschaftlichen Reproduktion vor allem in diesen Ländern geworden." (Subsistenzproduktion und Akkumulation 1979:9)

Unter Subsistenzproduktion verstand sie nicht die ausschließliche Produktion für den Eigenbedarf im Sinne von "Selbstgenügsamkeit und Existenzsicherung" (ibid.). Sie prägte den Begriff um für die Formen der Gebrauchswertproduktion, die unmittelbar in die Reproduktion der Arbeitskraft eingehen. Subsistenzproduktion in diesem Sinne ist komplementär zu der "marktabhängigen Reproduktion" (Schiel 1978), d.h. der Beschaffung von Konsumgütern über den Markt z.B. durch Kleinhandel oder im Austausch gegen den Lohn.

Dieser neue Ansatz stieß rasch auf Widerhall und löste eine noch anhaltende Debatte aus. Vor allem Entwicklungssoziologinnen verbanden ihn mit den Fragen der Frauenarbeit und der Frauenbefreiung (3). Sie schlugen zugleich eine Brücke zur Diskussion um die Hausarbeit/ menschliche Reproduktionsarbeit in der Frauenbewegung. Aber auch Theoretiker der Alternativbewegung bezogen sich auf diese Fragen in ihren Überlegungen zur Eigenarbeit im Kapitalismus und zum autonomen Sektor, der manchmal dem informellen Sektor gleichgesetzt wurde (Huber 1979; vgl. auch Kößler, Lenz 1983). Eine Vielzahl neuer Ansätze zielt also ungefähr auf den gleichen Problemkreis, nämlich die Bedeutung der Eigenproduktion jenseits des Marktes und der Lohnarbeit. Sie haben dazu eine Reihe von Begriffen wie Eigenarbeit, Subsistenzproduktion, Subsistenzsektor, menschliche Reproduktion eingebracht, die aber bisher weder eindeutig definiert wurden, noch gegeneinander abgegrenzt sind. So werden etwa Subsistenzproduktion und Reproduktionsarbeit häufig fast synonym verwendet oder aber die Frauenarbeit in der Dritten Welt wird einem nicht genauer bestimmten Subsistenzsektor zugeordnet. M.E. verweist ein solch buntes babylonisches Sprachgewirr auch auf die Fruchtbarkeit der Diskussion. Ich will im folgenden versuchen, in diesem Zusammenhang den Begriff der Subsistenzproduktion zu entwickeln.

Der erste Schritt ist eine Klärung und gegenseitige Abgrenzung der Begriffe der menschlichen Reproduktion und der Subsistenzproduktion.

Dabei geht es mir entsprechend der grundlegenden Fragestellung nach dem Wandel der sozialen/ geschlechtlichen Arbeitsteilung darum, auch die systematisch vernachlässigten Bereiche der gesellschaftlichen Arbeitsteilung "sichtbar" zu machen und ihre weitgehend übersehene historische Dynamik aufzuzeigen. Denn sowohl für die Subsistenzproduktion als auch für die Frauenarbeit gilt, daß sie weithin lange als traditionell oder gar zurückgeblieben, unterentwickelt eingeschätzt wurden. Nun aber verweist die durchgehende Umformung beider Verhältnisse im Zuge der kapitalistischen Entwicklung gerade auf das Gegenteil, nämlich ihre Bewegung und ihre Adaption im Kapitalismus.

Nach einer kurzen Diskussion des Begriffs der menschlichen Reproduktion werde ich eine umfassende Definition von "Subsistenzproduktion" entwerfen. Eine begriffliche Klärung sollte eine Diskussion auf logischer Ebene und eine historische Entfaltung enthalten, also die allgemeine Bedeutung und die realhistorische Bewegung einbeziehen. Deshalb entschied ich mich dafür, einen Idealtyp der Subsistenzproduktion in vorkapitalistischen Gesellschaften zusammenzustellen und die grundlegenden Veränderungen in der Transformation zur kapitalistischen Gesellschaft aufzuzeigen. Dies Vorgehen ermöglicht, die Reorganisation der Subsistenzproduktion in der kapitalistischen Gesellschaft detailliert in ihren Teilbereichen zu entwickeln, anstatt sie nur zu deduzieren oder postulieren. Der Einbezug der Subsistenzproduktion in den Untersuchungsansatz und eine erweiterte Sicht der gesamten gesellschaftlichen Arbeit wird auch neue Zugänge zur Veränderung der geschlechtlichen Arbeitsteilung in diesem Prozeß bringen.

DIE MENSCHLICHE REPRODUKTION

> Die spezifische Funktion der Wissenschaft scheint mir gerade umgekehrt: daß ihr das konventionell Selbstverständliche zum Problem wird. (Weber 1973:502)

Die Frage der Reproduktion der Menschen wurde nur bruchstückhaft und am Rande der bisherigen theoretischen Diskussion aufgegriffen (Vgl. Meillassoux 1976:7). Diese Vernachlässigung ist erstaunlich, geht es doch dabei um die Basis und Voraussetzung jeglicher Produktion. Zumindest ergibt sich dies aus den marxistischen Konzepten, daß letzlich Menschen die Geschichte machen, daß in der Produktion von Gütern kein neues Leben entstehen könne und daß "das befriedigte erste Bedürfnis...die erste geschichtliche Tat" (MEW 3:28) sei.

Ich möchte hier an den schlichten Inhalt von "Reproduktion" erinnern, der in der Übersetzung "Wiederherstellung" zum Ausdruck kommt: die Produktion bestimmter Menschen, Gegenstände, Strukturen nach vorher entwickelten Vorstellungen. Damit ist sowohl das Moment des Handelnden, Produzierenden als auch die notwendige Einordnung in einen spezifischen historischen Zusammenhang angesprochen.

Verwirrung hat sich auch durch die vielfältige und oft unklare Verwendung des Begriffs ergeben (4). Young, Edholm und Harris (dies. 1977) schlugen eine analytische Trennung der häufig vermischten Begriffsebenen vor und entwarfen zugleich eine theoretische Konzeptualisierung der Frau und der sexuellen Arbeitsteilung. Sie unterschieden zwischen drei Ebenen des Reproduktionsbegriffs:

1. die soziale Reproduktion bedeutet die Reproduktion der Bedingungen der sozialen Produktion in ihrer Gesamtheit, also der Menschen, der Produktionsverhältnisse und der sachlichen, sozialen und intellektuellen Produktivkräfte; die Autorinnen betonen dabei die Reproduktion der Grundstrukturen einer bestimmten Produktionsweise.

2. die Reproduktion der Arbeitskraft, d.h. die Versorgung der existierenden potentiellen oder aktuell beschäftigten Arbeitskräfte.

3. die menschliche oder biologische Reproduktion, d.h. die Empfängnis und Geburt neuer Menschen.

Da es sich um eine erste Konzeptualisierung handelte, nahmen sie eher eine Zusammenstellung relevanter Forschungsfragen als bereits eine Definition im engeren Sinne vor (5). Wichtig ist ihre Bestimmung der Reproduktion der Menschen - ob prokreativ oder versorgend - als Teil der sozialen Reproduktion. Daraus ergeben sich zwei Schlußfolgerungen:

Auch die Reproduktion des Menschen ist kein passives Konsumverhältnis, sondern Ergebnis gesellschaftlich erforderlicher Arbeit. Man könnte insofern von konsumptiver Produktion sprechen, als in sie ebenso Rohstoffe und Produkte eingehen wie im Fall der Güterproduktion(6). Die herkömmliche Zuordnung zum Konsum macht das Arbeitsverhältnis unsichtbar. Als Teil der sozialen Reproduktion läßt sich die menschliche Reproduktion nicht auf die schlichte Befolgung oder das Ausleben biologischer Instinkte oder natürlicher Triebe reduzieren. "Reproduktionskrisen" wie z.B. der vielbeschworene Bevölkerungsrückgang im Westeuropa der 1970er Jahre verdeutlichen, wie stark die menschliche Reproduktion von sozialen Bedingungen abhängt. Die spezifischen gesellschaftlichen Arbeitskräfte müssen jeweils unter spezifischen sozialen Bedingungen erneuert werden. Auch historische und ethnologische Berichte über die völlig unterschiedlichen Kodierungen des Zusammenhangs von Geburt, Sexualität und Ehe in verschiedenen Gesellschaften widerlegen die Thesen einer unmittelbaren Naturgebundenheit der menschlichen Reproduktion (7).

Die Reproduktion der Menschen ist nun zugleich die der gesellschaftlichen Arbeitskraft. Ich sehe darin einen Doppelcharakter der menschlichen Reproduktion, der eine grundlegende Widersprüchlichkeit der Reproduktionsverhältnisse bewirkt. Auf der einen utopischen Seite stehen jahrhundertealte Hoffnungen und das Streben nach der Befriedigung menschlicher Bedürfnisse, nach einer wirklichen "Reproduktion des Menschen". Diese Bedürfnisse beschränken sich nicht nur auf materielle und individuelle Forderungen, sondern sie beinhalten auch den Wunsch nach Erotik und Sexualität, nach sozialer Kooperation, nach politischer Beteiligung und nach religiösen oder säkularen Sinngebungen, die in die Reproduktion eingehen sollen. Eine Reihe charismatischer Führer haben dies aufgenommen - von "der Mensch lebt nicht vom Brot allein" bis zur Forderung nach "Freiheit und Streben nach Glück". Soziale Entfremdung wurde von daher ebenso als Motiv einer gesellschaftlichen Neuordnung angesehen wie materielles Elend. In die Reproduktion des lebendigen Menschen im gesellschaftlichen Gedächtnis gehen also individuelle und kollektive Forderungen und Utopien ein.

Doch wurde bisher diese utopische Seite der menschlichen Reproduktion kaum wahrgenommen; die Diskussion konzentrierte sich vor allem auf die politökonomische Fragestellung der Reproduktion der gesellschaftlichen Arbeitskraft. Diese Seite des Reproduktionsbegriffs bezieht sich auf die Deckung der menschlichen - materiellen, psychischen und geistigen - Bedürfnisse auf einer bestimmten historisch gegebenen Ebene. Damit verbunden sind die persönlichen Verhältnisse, die sozialen und ökonomischen Institutionen, die "Reproduktionsverhältnisse", die dafür entwickelt wurden. Die Reproduktion der gesellschaftlichen Arbeitskraft umschreibt also ein bestimmtes Niveau der Bedürfnisdeckung, in dem u.a. die Konflikte und die historisch erreichten Kompromisse zwischen den Klassen und die Aneignungs- und Machtverhältnisse zwischen den Geschlechtern zum Ausdruck kommen (8).

Allein mit der Frage nach dem Reproduktionsniveau, die die politökonomische Diskussion bisher bestimmt, lassen sich m.E. die politischen Prozesse in den Reproduktionsverhältnissen nicht erfassen. Wie sich an "Reproduktionskämpfen" in vielen Teilen der Welt und andererseits nicht zuletzt an der neuen Frauenbewegung zeigen läßt, bestimmt auch die utopische Seite der menschlichen Reproduktion das Denken und Handeln der Beteiligten.

Innerhalb der Reproduktion der Menschen/ der gesellschaftlichen Arbeitskraft lassen sich in Anlehnung an Schiel (1976) die folgenden Bereiche unterscheiden:

- die generative Reproduktion, d.h. der Handlungszusammenhang von Empfängnis/Zeugung, Schwangerschaft und Geburt
- die sozialisierende Reproduktion, d.h. die physische und psychische Reproduktion der Kinder und die Vermittlung von psychischen, sozialen und kognitiven Fähigkeiten an sie, die heranwachsende Generation der Arbeitskräfte
- die regenerative Reprodukion, d.h. die physische und psychische Versorgung der Erwachsenen und Alten. Sie bilden die Teile der gesellschaftlichen Arbeitskraft, die real beschäftigt sind, potentiell zur Verfügung stehen oder wegen Alter und Krankheit erschöpft sind.

Die generative und die regenerative Reproduktion hängt auf das Engste mit der ungleichen geschlechtlichen Arbeitsteilung zusammen. Denn beobachtbar werden diese Arbeitsbereiche in allen Gesellschaften ab einem gewissen Grad im historischen Verlauf Frauen zugeordnet. Zugleich entstanden patriarchalische Zwangssysteme, die eine eigenständige Verfügung der Frauen über ihren Körper einschränken oder negieren (9).

Die generative Reproduktion liegt aufgrund biologischer Faktoren allein bei den Frauen, die meist sozial dabei unterstützt werden. Eben die Potenz, Leben hervorzubringen, wird bei verschiedenen Autoren als Kardinalursache für die patriarchalische Kontrolle über die Frauen benannt (Edholm, Harris 1978; Franke 1978). Im Gegensatz dazu finden wir eine große Bandbreite in den Formen der geschlechtlichen Arbeitsteilung bei der sozialisierenden Reproduktion und sehr unterschiedliche Konzeptionen von Elternschaft - Mutterschaft und Vaterschaft. Die regenerative Reproduktion, also die Versorgung der erwachsenen gesellschaftlichen Arbeitskräfte wurde in vorkapitalistischen Bauerngesellschaften vorwiegend in den häuslichen Wirtschaften geregelt und war im allgemeinen nicht nur Domäne der Frauen. In der kapitalistischen Gesellschaft allerdings spaltete sie sich in einen über den Markt vermittelten Anteil (die "Reproduktionskosten") und einen Anteil unentlohnter Versorgungsarbeit, der in Form der Hausarbeit fast allein den Frauen anheimfiel (10).

In die Reproduktion der Menschen gehen also materielle und immaterielle Elemente ein und diejenigen, die sie leisten, stellen nicht nur Güter, sondern oft auch ihren Körper, ihre ganze Person bereit. Dieser Zusammenhang erfordert eine Erweiterung des herkömmlichen Arbeitsbegriffs. Das Ziel der Arbeit ist nicht nur die intentionale Umformung eines Gegenstandes zum Produkt oder die Auseinandersetzung mit der äußeren Natur (Vgl. etwa MEW 23:

192 ff), sondern die Wiederherstellung des Menschen, der Bedürfnisse hat und äußert. Nicht ein Gegenstand oder Werkzeug wird zum Arbeitsmittel, sondern häufig der ganze Mensch. Mies verwies am Beispiel der Schwangerschaft und Geburt darauf, daß auch ein Bauch, eine stillende Brust "arbeiten" können (Mies 1980:62).

Zu einer Reihe von Mißverständnissen hat geführt, daß Marx bei der Analyse der kapitalistischen Gesellschaften die Reproduktion der Arbeitskraft an einzelnen Stellen mit dem Umfang der in sie eingehenden sachlichen Mittel gleichsetzte, die in Höhe etwa dem Lohn entsprechen. Dies Konzept findet sich bereits in den Frühschriften in einer idyllischen Anthropologie:

> "Wir müssen bei den voraussetzungslosen Deutschen damit anfangen, daß wir die erste Voraussetzung aller menschlichen Existenz, also auch aller Geschichte konstatieren, nämlich die Voraussetzung, daß Menschen imstande sein müssen zu leben, um "Geschichte machen" zu können. Zum Leben gehört vor Allem **Essen und Trinken, Kleidung und noch einiges Andere.** Die erste geschichtliche Tat ist also die Erzeugung der Mittel zur Befriedigung dieser Bedürfnisse, die **Produktion des materiellen Lebens selbst...**
>
> Das dritte Verhältnis, was hier gleich von vornherein in die geschichtliche Entwicklung eintritt, ist das, daß die Menschen, die ihr eignes Leben täglich neu machen, anfangen, andre Menschen zu machen, sich fortzupflanzen... Die Produktion des Lebens, sowohl des eignen in der Arbeit wie des fremden in der Zeugung erscheint nun schon sogleich als ein doppeltes Verhältnis - einerseits als natürliches, andrerseits als gesellschaftliches Verhältnis - gesellschaftlich in dem Sinne, als hierunter das Zusammenwirken mehrerer Individuen gleichviel unter welchen Bedingungen, auf welche Weise und zu welchem Zweck, verstanden wird." (MEW 3:28; Hervorhebung I.L.)

Die implizite Gleichsetzung von "Produktion des materiellen Lebens" mit der Herstellung einer Reihe von Gütern - oder mit der "Zeugung" - bedeutet einen engen Begriff des materiellen Lebens. In der Produktion des Lebens wird zwar der soziale Charakter wahrgenommen, aber die Dimension der reproduktiven Arbeit vernachlässigt. Dieser "blinde Fleck" (Werlhof 1978) zieht sich durch die marxistische Tradition. So hat sich dort eine Gleichsetzung zwischen dem Lohn und der Reproduktion der Arbeitskraft eingebürgert.

Doch wie die neuere Diskussion zur Hausarbeit im Kapitalismus erwiesen hat (11), kann die menschliche Reproduktion als Summe der Tätigkeiten und Produkte aufgefaßt werden, die in die Versorgung des Menschen eingehen. Diese Güter und Dienstleistungen werden sowohl über den Markt erworben, z.B. gegen den Lohn eingewechselt, als sie auch aus der häuslichen Eigenproduktion kommen, wie z.B. selbstgenähte Kleider oder selbstgebackenes Brot. So setzt sich die menschliche Reproduktion aus einem Anteil, der über den Markt vermittelt ist (marktabhängige Reproduktion) und einem Anteil aus der Eigenproduktion, der unmittelbar für die menschliche Versorgung verwendet wird (Subsistenzproduktion) zusammen. Die menschliche Reproduktion ist also ein der Subsistenzproduktion übergeordnetes Verhältnis. Sie umfaßt beide Formen – die Subsistenzproduktion **und** ihr Gegenstück, die u.a. über den Lohn vermittelte, marktabhängige Reproduktion. Deswegen ist sie nicht insgesamt schlicht den Frauen zuzuordnen, wenn auch die Teilbereiche der generativen Reproduktion und der regenerativen Reproduktion eher weiblich sind oder im historischen Fortgang feminisiert wurden.

DIE SUBSISTENZWIRTSCHAFT IN VORKAPITALISTISCHEN KLASSENGESELLSCHAFTEN: EIN IDEALTYP

In der ökonomischen Anthropologie finden wir wichtige Aussagen über die Subsistenzproduktion und die ungleiche geschlechtliche Arbeitsteilung in vorkapitalistischen Gesellschaften. Vor allem Sahlins und Meillassoux entwickelten weiterführende Ansätze einer Theorie der häuslichen Produktionsweise.

Sahlins faßt unter der häuslichen Produktionsweise (Domestic mode of production) die im wesentlichen selbstversorgende Wirtschaft kleiner Einheiten in einer herrschaftsfreien Gesellschaft, einer "society without a sovereign" (Sahlins 1974:95). Ihre grundlegenden Kennzeichen bestimmt er, wie folgt:

- eine einfache geschlechtsspezifische Arbeitsteilung innerhalb des familialen Haushalts,
- eine einfache Technologie, bei der die menschliche Geschicklichkeit die wichtigste Rolle spielt,
- eine Tendenz gegen die Bildung eines Surplus, da die häusliche Produktionsweise auf Gebrauchswertproduktion im Rahmen der einfachen Reproduktion der Haushaltsmitglieder und der sachlichen Mittel beruht,
- der Besitz der Produktionsmittel bei den unmittelbaren Produzenten, die so über deren alltägliche Verwendung entscheiden,
- ein Zusammenlegen (pooling) von Gütern und Dienstleistungen im Haushalt im Rahmen einer komplementären geschlechts- und altersspezifischen Arbeitsteilung. So kann sich der Haushalt durch eine Synthese der unterschiedlichen, aber aufeinander abgestimmten Arbeiten reproduzieren.
- politische Autonomie der von anarchischen Eigeninteressen bestimmten Haushalte, die in ihrer Kommunikation und Siedlungsverteilung stark zentrifugale Tendenzen zeigen (ibid.:79-93).

Sahlins betont, daß die häusliche Produktionsweise die Bedürfnisse ihrer Mitglieder erfolgreich decken könne; er spricht von einem "primitiven Überfluß" angesichts einfacher Ansprüche (ibid.:9-39).

Wesentlich differenzierter in Bezug auf den Stand der sozialen Entwicklung und die inneren Macht- und Ausbeutungsstrukturen der häuslichen Gemeinschaft ist die Argumentation von Meillassoux (12). Er umreißt das Problem wie folgt:

> "Die agrarische Hausgemeinschaft ist aufgrund ihrer geordneten Produktions- und Reproduktionsfähigkeiten eine integrale Gesellschaftsformation, die seit dem Neolithikum besteht und auf der heute noch ein wichtiger Teil der für die kapitalistische Entwicklung notwendigen Reproduktion der Arbeitskraft beruht." (Meillassoux 1976:13)

Die zentralen Aussagen von Meillassoux zur Charakterisierung der häuslichen Gemeinschaft lassen sich fruchtbar auf das Problem der Subsistenzproduktion in vorkapitalistischen Gesellschaften übertragen. Meillassoux betont die folgenden Merkmale:

- Die Landwirtschaft bestimmt die allgemeine soziale Organisation. Die Erde wird als Arbeitsmittel genutzt und die menschliche Energie ist die wichtigste Energiequelle in der Produktion.

- Grundlegende historische Bedingung ist die Selbstversorgung (autosubsistence). Beziehungen zur Außenwelt und Warentausch widersprechen dieser Voraussetzung solange nicht, als ihre Auswirkungen nicht zu einer irreversiblen Veränderung der Produktionsverhältnisse führen.

- Die Produktionsverhältnisse und die Reproduktionsverhältnisse der Individuen stehen in k o n t i n u i e r l i c h e r I n t e r a k t i o n, da die zeitlichen und räumlichen Erfordernisse von Produktion und Reproduktion zusammenfallen. So bedarf die häusliche Wirtschaft einer ausreichenden Arbeitskraft im arbeitsfähigen Alter, die wiederum auch durch sie reproduziert wird. Zwischen Produktion und Reproduktion verlaufen also wechselseitige, integrierte Prozesse.

- Die Frauen werden ausgebeutet: sie werden aufgrund ihrer generativen Fähigkeiten - ihrer Potenz, Leben zu schaffen - begehrt und geraten zunächst unter den Schutz, dann unter die Herrschaft der Männer. Ihre Lage ist dann durch Nicht-Anerkennung als Produzentin, durch soziale Kontrolle und Fremdbestimmung als Reproduzentin und durch E n t f r e m d u n g gekennzeichnet (Vgl. Meillassoux 1976:46-94).

- Die häusliche Gemeinschaft hat eine hierarchische innere Ordnung, bei der die Alten dominieren. Diese Ordnung richtet sich auf die Akkumulation des Produkts, um die Reproduktion der Gemeinschaft zu sichern und bietet dadurch die Chance, daß aus dem gespeicherten Produkt langfristig Mehrprodukt abgezogen wird und ein Übergang in eine Klassengesellschaft erfolgt. Die Herrschaftsentstehung kann also auf internen und externen

Ursachen beruhen. Es kann eine interne Differenzierung durch Konzentration der Autorität bei den Älteren eintreten oder eine äußere Eroberung kann langfristige Ausbeutungsverhältnisse begründen. Deswegen hat die häusliche Gemeinschaft eine eigene historische Dynamik. Sie ist sowohl Resultat eines geschichtlichen Wandels von Jäger- und Sammlergesellschaften, als sie auch intern eine Klassengesellschaft herausbilden kann (ibid.:46-65, 100-106).

Die Subsistenzproduktion wurde oben auf allgemeiner Ebene als die Form der Gebrauchswertproduktion definiert, die unmittelbar in die Reproduktion der Arbeitskraft eingeht. Es ist nach Sahlins und Meillassoux einsichtig, daß die "häusliche Gemeinschaft" in vorkapitalistischen Gesellschaften sich überwiegend auf die Subsistenzproduktion orientiert. Sie produziert für die unmittelbare Versorgung ihrer Mitglieder, d.h. ihrer Arbeitskräfte, und muß wiederum auf diese Weise die Reproduktion ihrer Arbeitskräfte soweit sichern, daß sie ihre Produktion aufrechterhalten und fortsetzen kann. Sie betreibt aber auch andere Produktionsformen für den Markt oder den Tribut (Mehrprodukt). Diese setzen nun in der Regel die Subsistenzproduktion zur Versorgung der Arbeitskräfte der "häuslichen Gemeinschaft" voraus, ja bauen auf ihr auf. Zum Teil leiten sie sich aus den Überschüssen der Hauswirtschaft her, wie etwa beim Verkauf von Gemüse auf "Wochenmärkten".

Nach Meillassoux läßt sich also ein innerer Zusammenhang der häuslichen Gemeinschaft feststellen, der sich vor allem aus dem "integrierten Regelkreis" von Produktion und Reproduktion und dem Besitz der Produktionsmittel bei den unmittelbaren Produzenten ergibt. Dies innere sozialökonomische Gefüge der bäuerlichen Hauswirtschaft versperrt sich der glatten Zuordnung zu einer ökonomischen Gesellschaftsformation etwa im Sinne einer "feudalistischen Landwirtschaft" oder einer "feudalistischen Familie". Denn ihre immanenten Formen der Arbeitsteilung und Ausbeutung mit ihrer Verflechtung von Produktion und Reproduktion lassen sich nicht einfach unter das Schema der "progressiven Gesellschaftsformationen" (13) subsumieren. Dieser Bruch zwischen häuslicher Repro- und Produktionsweise ist im Rahmen der Gesellschaftstheorie des Kapitalismus von zwei gegensätzlichen Ansätzen aufgenommen worden. Eine Seite sieht darin, wie Meillassoux, ein Verhältnis struktureller Heterogenität, eine Unterwerfung und Aussaugung nichtkapitalistischer Reproduktionssysteme unter die kapitalistische Akkumulation (Elwert, Wong 1979). Die andere weitet den Begriff der Produktionsverhältnisse auch für Reproduktionsverhältnisse aus und bestimmt z.B. Hausarbeit/Subsistenzproduktion im Kapitalismus als kapitalistische Produktionsverhältnisse. Diese Diskussion wird später auf der Grundlage der historischen Darstellung wieder aufgegriffen werden.

Ich möchte für diesen Basistyp der kleinbäuerlichen, subsistenzorientierten Hauswirtschaften in vorkapitalistischen Gesellschaften den Begriff der Subsistenzwirtschaft wiederaufnehmen. Anhand eines Idealtypus möchte ich die innere Organisation, die geschlechtliche Arbeitsteilung und die Auseinandersetzung mit der äußeren Natur in einer so verstandenen Subsistenzwirtschaft umreißen (14). Diese idealtypische Zusammenfassung wird -trotz ihrer unvermeidlichen Lücken - einen Vergleich zur geschlechtlichen Arbeitsteilung und zur Bedeutung der Subsistenzproduktion in kapitalistischen Gesellschaften ermöglichen. Dies wird sich an späteren konkreten Ausführungen zur Transformation der Bauerngesellschaft in Japan und Europa erweisen. Sie beabsichtigt weiterhin manchen mythologisierenden Annahmen über die "naturnahe" und "unentfremdete" bäuerliche Wirtschaft in vorkapitalistischen Gesellschaften, die auch bei theoretischen Vertreterinnen und Vertretern der Frauenbewegung und der Alternativbewegung aufblitzen, einen kritischen Spiegel entgegenzuhalten.

Die wesentlichen Merkmale dieses Idealtyps sollen nun kurz benannt und in den folgenden Abschnitten ausgeführt werden:

1. der historische Charakter
2. ein ganzheitlicher Naturbezug mit einfacher Technologie auf der Basis von Erfahrungswissen
3. die Interdependenz sozialer und ökonomischer Beziehungen
4. eine kontinuierliche Interaktion zwischen Produktion und Reproduktion
5. eine asymmetrische Arbeitsteilung nach Geschlecht, manchmal nach Alter
6. die Verfügung der unmittelbaren Produzenten über Produktionsmittel und Reproduktionsmittel
7. die Einfügung in eine Klassengesellschaft als eine zusätzliche modifizierende Bestimmung

Zur Geschichtlichkeit

Die kleinbäuerliche, hauswirtschaftlich verfaßte Subsistenzwirtschaft ist nicht "naturwüchsig" entstanden. Wie Meillassoux betont, ist sie in ihrer patriarchalischen inneren Ordnung, die Tendenzen zur Akkumulation der Produkte begünstigt, gerade das Resultat eines sozialhistorischen Entwicklungsprozesses. Ihre Organisation steht z.B. im Gegensatz zum Prinzip der "freien Assoziation" in Jäger- und Sammlerhorden, die sich auf freiwilliger Basis zu einer "punktuellen Wirtschaft", d.h. der direkten Aneignung von Naturgütern zusammenschließen (ibid.:25-45).

Die Betonung der Geschichtlichkeit und der Herausbildung neuer sozialer Zwänge erscheint mir wesentlich gegenüber romantisierenden Vorstellungen von der "Naturhaftigkeit" oder "Naturwüchsigkeit" der Subsistenzwirtschaft (Vgl. etwa Ostner 1978:20ff.). Während der marktorientierten Wirtschaftsweise wohl implizit ein höherer Grad an Gesellschaftlichkeit zugeschrieben wird, soll Subsistenzarbeit einen "unmittelbaren Naturbezug" oder größere Naturnähe in den Zeitstrukturen haben (ibid.). Im gleichfalls eher "naturwüchsigen" Charakter der Frauenarbeit wird eine Entsprechung zur Subsistenzwirtschaft gesehen oder die Wertung gar auf sie übertragen. Ähnlich gelagert ist ein weitgehend naiver Naturbegriff aufseiten von Teilen der Alternativbewegung, die "die Natur" ebenfalls unvermittelt als positiven Leitbegriff setzen.

Hier betritt eine klassische Argumentationsfigur des europäischen Fortschrittsdenkens die alternative oder feministische Bühne: Die Natur wird aus dem Bereich der gesellschaftlichen Reflexion ausgegrenzt und z u g l e i c h als Basis des jeweiligen Argumentationsgebäudes emotional besetzt und mystifiziert. Die "gute Natur" wurde zur Quelle der bürgerlichen politischen Normen der Aufklärung. Die "harte Natur" als Schauplatz blutiger Konkurrenz ums Überleben legitimierte den Sozialdarwinismus. Die Naturalisierung des weiblichen Sozialcharakters im Umfeld der neuen Frauenbewegung ist ähnlich gelagert. Anstelle des "edlen Wilden" verkörpern nun "naturnahe" oder gar "natürlich friedfertige" Frauen sowohl die Sehnsucht nach dem guten Ursprung als auch die nicht hinterfragbare neue Norm. Dabei richtet sich meine Kritik nicht auf die damit verbundenen Utopien und Gefühle; mir geht es vielmehr um die Entrückung der neuen Normen aus dem Feld der sozialen Gestaltung - der Überlegungen und der Einflußmöglichkeiten.

Wenn "die Natur" soziale Verhältnisse begründet, so sind diese eben nicht mehr durch soziale Ursachenketten zu fassen, sondern durch "natürliche Gesetze" bestimmt. Häufig wird diesen Verhältnissen dann eine immanente Rationalität abgesprochen; eine pauschale Emotionalisierung verstärkt diese Abschottung vor dem gesellschaftlichen Zusammenhang. Ein vielleicht schon "altmodisches" Beispiel ist die Verklärung der "natürlichen weiblichen Bestimmung zur Mutterschaft".

Nicht jedes Nachdenken über natürliche Grundlagen der Gesellschaft muß sich in dieser Verabsolutierung des "Natürlichen" und damit des insgeheim Geforderten verfangen. Auf einen möglichen Ausweg verwies die "Frankfurter Schule": Nicht die "äußere Natur" als unerreichbares Gegenbild der Gesellschaft wurde zum Gegenstand der Untersuchung, sondern der gesellschaftliche Naturbezug selbst, der den Menschen als denkenden und handelnden Subjekten zugänglich ist (16). Parallel zu einer Durchdringung und Umformung der äußeren Natur durch die menschliche Praxis stellte sie eine "Naturalisierung" der Gesellschaft fest. Die Gesellschaft wird für die in ihr zusammengeschlossenen Menschen eine "zweite Natur" mit Zwangsgesetzen. Sie verband damit die optimististische Hoffnung, daß dieser Zwangscharakter durch eine emanzipative menschliche Praxis durchbrochen werden könne. Die simple Dichotomie zwischen Natur und Gesellschaft wurde aufgelöst in einem Verständnis der historischen menschlichen Praxis, die ein Bewußtsein von Natur und Gesellschaft erst schafft und hervorbringt.

Eine Gesellschaft, noch weniger eine Produktionsform wie die Subsistenzwirtschaft, kann also nicht nach ihrer Nähe oder Distanz zur Natur charakterisiert werden. Denn alle Gesellschaften haben einen sozial vermittelten Bezug zur Natur. Gerade manche "naturhaften"Bauerngesellschaften haben ausgefeilte soziale Wertsysteme entwickelt, die ihnen das gemeinsame Überleben unter ökologischem Druck ermöglichen können (17). Ebenso vollzieht sich die "naturwüchsige" Frauenarbeit in einem jahrhunderte alten, periodisch erneuerten Gespinst patriarchalischer Normen wie etwa der Minderwertigkeit, der Passivität, der Abhängigkeit der Frauen. Die Kernfrage richtet sich also nicht auf die Naturwüchsigkeit, sondern auf die konkrete Form des Naturbezugs und seine sozialen und ökologischen Zusammenhänge.

Zum Naturbezug

Ziel jeder landwirtschaftlichen Produktion ist die geregelte Vermehrung organischer Lebewesen und somit die kontinuierliche Erzeugung hinreichender Energieträger für die menschliche Reproduktion. Diese - in dieser Kürze banale - Tatsache beinhaltet, daß die Auseinandersetzung mit der Natur im Rahmen der Landzwei wesentliche Voraussetzungen hat: sie muß sich einerseits auf die allgemeinen natürlichen Bedingungen, wie Klima, Bodenbeschaffenheit, Wechsel der Jahreszeiten usw., und andererseits auf die biologischen Anforderungen der zu vervielfachenden Organismen einzustellen. Bei dieser Aufgabe steht in der Subsistenzwirtschaft der Mensch mit seinen intellektuellen, kooperativen und körperlichen Fähigkeiten im Zentrum, ist die wichtigste Produktivkraft.

Allerdings läßt sich die Subsistenzwirtschaft nicht eindeutig einer technologischen Entwicklungsstufe zuordnen. Vielmehr umfaßt sie im Rahmen der Bauerngesellschaften ein breites Spektrum landwirtschaftlichen Technologien vom Hack- und Rodungsbau bis zur differenzierten Bewässerungswirtschaft mit ausgefeiltem Fruchtwechsel (vgl. z.B. Wittfogel 1931:125-171). Doch in all diesen Systemen bilden die unmittelbaren Produzenten und ihre Fertigkeiten und Kenntnisse die wichtigste Produktivkraft: sie planen die Produktion in der Gesamtheit und führen unter Einsatz körperlicher Arbeit die Arbeitsmittel (Vgl. auch Sahlins 1974:79ff.). Im Kontrast zur kapitalistischen Landwirtschaft, in der die technologische Entwicklung die menschliche Arbeitskraft zu einem Produktionsfaktor unter anderen reduziert hat, stellt dies eine anders orientierte und gewichtete soziale Organisation der Produktion dar.

Ein weiterer Unterschied liegt in dem Bezug auf die natürlichen Bedingungen und die organischen Kreisläufe in beiden Systemen. In der Subsistenzwirtschaft erscheinen sie in der Regel als "vernetzte" Kreisläufe; sie werden als Vorbedingungen der Produktion aufgefaßt, die zwar durch kulturelle Fortschritte zu verbessern sind, die der Mensch aber nicht von Grund auf verändern kann. Die Produzenten sind also darauf angewiesen, sie in ihrer Gesamtheit wahrzunehmen, da die Mißachtung einer Voraussetzung eine Mißernte bringen kann, und die organischen Kreisläufe mit Einfühlung zu beobachten und unmittelbar auf sie einzuwirken. Daraus ergibt sich die Form des u n m i t t e l b a r e n , g a n z h e i t l i c h e n u n d e m p a t h i s c h e n (e i n f ü h l e n d e n) N a t u r b e z u g s . In ihm stellen Erfahrungswissen, ganzheitliche Wahrnehmung und Empathie in natürliche und organische Kreisläufe wichtige Elemente der menschlichen Produktivkraft dar.

In der industriell betriebenen kapitalistischen Landwirtschaft, die auf wissenschaftlichen Methoden, hohem Kapitaleinsatz und bebetrieblicher Rationalität aufbaut, wird versucht, diese Vorbedingungen selbst dem menschlichen Eingriff zu unterwerfen: Einsatz künstlichen Düngers aus fossilen Stoffen, künstliche Regenerzeugung, die Veränderung biologischer Organismen in der Genforschung gehen in diese Richtung. Der Zusammenhang zwischen allgemeinen natürlichen Voraussetzungen und organischen Kreisläufen wird so zerrissen und der Gesamtprozeß der Produktion in Einzelfaktoren aufgesplittert, die jeweils einer wissenschaftlichen Spezialkompetenz unterstellt werden. Erst schwere ökologische Schäden verdeutlichten die Grenzen dieser schrankenlos gesetzten menschlichen Eingriffe.

Der ganzheitliche, unmittelbare und einfühlende Naturbezug der Subsistenzwirtschaft erfordert eine "allgemeine Handlungskompetenz" - im Gegensatz zur obigen Spezialkompetenz - bei den Produzenten. Sie wird als Erfahrungswissen in der bäuerlichen Gesellschaft gesammelt und meist im Rahmen der geschlechtlichen Arbeitsteilung weitergegeben. Dennoch überlappen in vielen Gesellschaften die Wissensbereiche der Geschlechter: auch Jungen müssen sich an der Arbeit im Haus beteiligen - manchmal auch Männer - während je nach Region Frauen wohl verstehen, den Anbau zu planen oder den Pflug zu führen (18).

Was bedeutet diese unterschiedliche Form des Naturbezugs für die Frauenarbeit? Wiederholt wurden die Produktionsbedingungen von Subsistenzbauern und Frauen im Kapitalismus verglichen. Rückten sie einerseits unter dem Magnetpol der "Naturhaftigkeit" (Ostner a.a.O.) zusammen, so bildete sich in der Diskussion der Gegenpol der "Lebensproduktion" als gemeinsamer struktureller Kern heraus. (Bennholt-Thomsen, Mies, Werlhof 1983 passim; Mies 1983:117).

> "Wenn wir Frauen und Kleinbauern als die wichtigsten Subsistenzproduzenten bezeichnen, handelt es sich nicht um irgendwelche Ähnlichkeiten sondern um einen wesentlichen gemeinsamen strukturellen Kern. Dieser Kern besteht darin, daß trotz aller Entwicklung der Produktivkräfte, trotz aller Anhäufung von Geld und Warenreichtum nur Frauen Kinder aus ihrem Körper hervorbringen und nur Bauern Nahrung aus der Erde hervorbringen. Kapitalistische Produktion von Waren und Mehrwert kann diese Produktion von Leben manipulieren, ausbeuten sich unterwerfen, aber nicht s c h a f f e n ."(Mies 1983:117)

Beide Ansätze haben in der Tat einen der Brennpunkte der Frauenfrage fokussiert: was sind die sozialökonomischen Ursachen der gesellschaftlichen Ausgrenzung und Unterordnung der Frau als "die Andere" (de Beauvoir 1948) und gibt es Parallelen zu ihrer Situation? Doch wenn die Form des Naturbezugs der Frauen und Subsistenzproduzenten genauer untersucht wird, ergeben sich m.E. einige grundlegende Einwände gegen die "Lebensproduktion" als gemeinsamer Kern ihrer Produktionsverhältnisse. Eine genaue Klärung liegt im praktisch - politischen und im wissenschaftlichen Interesse. Denn wenn die Kernbegriffe nicht stimmen oder unscharf sind, können auch die daraus abgeleiteten Aussagen eher zu stabilisierenden Weltbildern als zu umfassenden Lösungsmöglichkeiten führen. Und die ambivalente Geschichte des Weltbildes, das auf der "Frau als Schöpferin des Lebens" aufbaut, fordert wohl eine gründliche Auseinandersetzung heraus (19).

Ich sehe zwar im Naturbezug von Frauen, die Reproduzentinnen sind, und von Bauern in der Subsistenzwirtschaft bestimmte Ähnlichkeiten. Dieser Naturbezug ist in dem Maße ganzheitlich, unmittelbar und einfühlend, als es darum geht, direkt auf die Bedürfnisse von lebenden Organismen, auch von Menschen einzugehen (20). Der Naturbezug besteht hier in der Versorgung/ Reproduktion des anderen Lebewesens, das die doppelte Eigenschaft des Gegenüber und des Nahen hat, unter Einsatz des eigenen Selbst, im Extremfall mit Körper und Seele, mit "Haut und Haar". Aber er beinhaltet eben k e i n e   I d e n t i t ä t mit dem reproduzierten Leben, sondern e i n   W e c h s e l v e r h ä l t n i s .

Diese Nicht-Identität ist Grundlage der bäuerlichen Produktion: Bauern betreiben eine Vermehrung von Organismen, nicht von menschlichem Leben. Sie haben als doppeltes Ziel die Produktion, aber auch die Aneignung dieses Lebens. Dies ermöglicht ihnen in der Subsistenzwirtschaft recht instrumentell damit umzugehen, d.h. dieses Leben bei jeder Ernte oder beim Schlachten zu beenden (21). Zwar hat die kapitalistische Landwirtschaft, wie oben angedeutet, einen anderen wissenschaftlich-technischen, aufsplitternden und betriebsrationalistisch gelenkten Naturbezug; doch hat sie sehr effektive Methoden der Vermehrung von Organismen entwickelt. Nicht die Unmöglichkeit für das Kapital, Leben zu schaffen, sondern die Art, in der dies geschieht, steht zur Debatte.

Doch auch die Ansicht, daß Frauen Leben schaffen, ist eine Verkürzung. Denn die Produktion des neuen Lebens ist ein sozialer Zusammenhang, an dem zu Beginn Frau und Mann, dann aber auch das Kind selbst im Mutterleib beteiligt sind. Die Tatsachen scheinen banal, daß weder Schwangerschaft noch Zeugung allein Leben hervorbringen und daß Kinder in einem sozialen Prozeß geschaffen werden und heranwachsen. Die Reproduktionsarbeit der Frauen ergibt sich gerade daraus, daß ihnen überwiegend oder allein die Repräsentation und die Bürde dieses Bereichs gegeben wurde. Auf der Rückseite dieses Prozesses steht der historische "Rücktritt" der Männer aus der Elternschaft. Die Aussage "Frauen schaffen Leben" gibt den ideologischen Ausdruck der sozialhistorischen Prägung der Elternschaft als Mutterschaft wieder, ohne ihren sozialen Kern anzuzeigen.

Nicht also die "Schaffung des Lebens" sondern die strukturellen Ähnlichkeiten des unmittelbaren, ganzheitlichen und emphatischen Naturbezugs in Gesellschaften, in denen Formen der Arbeitsteilung nach Geschlecht und nach sozialer Schicht oder Klasse existieren, stellen m.E. das Vergleichsmoment zwischen kleinbäuerlicher Subsistenzwirtschaft und menschlicher Reproduktionsarbeit, u.a. in der Hausarbeit dar. Weiterführen könnte eine vertiefte Betrachtung dieses Naturbezugs und der "sozialen Wechselverhältnisse", also der Produktionsverhältnisse, in denen sie verlaufen.

Die Interdependenz sozialer und ökonomischer Beziehungen

In der Subsistenzwirtschaft stehen die sozialen Beziehungen in wechselseitiger Interdependenz zur Ökonomie. Eine Trennung zwischen sozialer und ökonomischer Sphäre, wie sie die kapitalistische Gesellschaft kennzeichnet, hat sich nicht oder nur teilweise herausgebildet. Makro- und mikroökonomische Arbeitsteilungen und Ausbeutungsverhältnisse sind im allgemeinen durch persönliche Kooperations- und Abhängigkeitsverhältnisse vermittelt (22).

In diesem Rahmen kann nur kurz darauf hingewiesen werden, daß die Verwandtschaft ein grundlegendes System der Kodierung sozialer und ökonomischer Beziehungen darstellt. Sie ist aber nicht identisch mit "biotischen"(biologisch konstituierten) Abstammungsverhältnissen. wenn sie auch damit überlappen mag (Müller 1981). Das soziale Verwandtschaftsverhältnis, nicht die "biologische Zeugung ist z.B. ausschlaggebend für die Vater-Kindbeziehung. Dies läßt sich daran zeigen, daß häufig "sozialer Vater", meist der rechtliche Ehemann der Mutter, und "Erzeuger" des Kindes verschiedene Personen sind (ibid.:32-43). Meillassoux gibt der Verwandtschaft in der Subsistenzwirtschaft eine betont ökonomisch-funktionale Deutung: sie sei das Resultat sozialer Maßnahmen, die sich darauf richten, die notwendigen Arbeitskräfte der Hauswirtschaft zusammenzustellen. Deswegen werden Ungleichgewichte in der "natürlichen Reproduktion", z.B. Kinderlosigkeit in einem Haushalt – die seinen Verfall wegen des Fehlens einer neuen Arbeitskräfte-Generation ankündigen würde – ,durch soziale Maßnahmen (Adoption) kompensiert. Andere Methoden, die Balance zwischen Produktion und Reproduktion in der Hauswirtschaft zu erhalten, sind Eheschließungen, wobei der neue Eheteil als zusätzliche Arbeitskraft aufgenommen wird, oder rudimentare Planung der Nachkommenzahl durch empfängnisverhütende oder -fördernde Maßnahmen(23). Zwar vernachlässigt diese Interpretation sicher andere Ebenen der Verwandtschaft. Doch kann festgehalten werden,

daß die Interpretation der Verwandtschaft als sozialökonomisches
Verhältnis sich von den Verwandtschaftskonzepten im entwickelten
Kapitalismus, die wie das Leitbild der Kernfamilie überwiegend
biologischer Verwandtschaft und Ehe aufbauen, grundlegend unterscheiden (Müller 1981:129,139)

Da die Verwandtschaft zur "Kodierung" sozialer und ökonomischer
Beziehungen dienen kann, werden manche Kooperations- und Abhängigkeitsverhältnisse mit Verwandtschafts-Termini bezeichnet. Dabei wird im allgemeinen kein großer Unterschied zwischen "blutsverwandten" oder sozial kooptierten Mitgliedern der jeweiligen
Gruppe getroffen. Rosenbaum hat darauf hingewiesen, daß in deutschen Bauernwirtschaften zu Beginn des 19.Jhs., die nach dem
vorkapitalistischen Prinzip des "ganzen Hauses" organisiert waren,
nur geringe Abstufungen in den Benennungen für das Gesinde und
die jüngeren Geschwister des Bauern, die noch im Hof arbeiteten,
bestanden. Die Pachtverhältnisse in der vorkapitalistischen japanischen Landwirtschaft wurden mit hierarchischen Verwandtschaftskonzepten versehen. Der Pachtherrnstatus wurde mit dem der "Eltern" verglichen und ihnen erwuchsen daraus patriarchalische Vorrechte und Verpflichtungen gegenüber ihren Pächtern; diese wiederum wurden meist als "Zweighäuser" des Pachtherrenhauses eingeordnet, gleichgültig ob sie - wie häufig - von dem Haupthaus abstammten oder ob sie z.B. aus dem Gesinde des Haupthauses kamen. Ich möchte diese Form der Kodierung sozialer Beziehungen
als "fiktive Verwandtschaftverhältnisse" bezeichnen.(Vgl.S.98-105)

Die kontinuierliche Interaktion zwischen Produktion und Reproduktion

Die Re-Produktion der Menschen/ der Arbeitskräfte in der Hauswirtschaft sind in der Subsistenzwirtschaft getrennt, stehen aber
in kontinuierlicher Interaktion (Meillassoux 1976:51), die sich mit
einem integrierten Regelkreis vergleichen ließe. In der Hauswirtschaft werden die Kinder, Erwachsenen und Alten - die künftigen,
gegenwärtig aktiven und ehemaligen Arbeitskräfte - geboren und
versorgt. Umgekehrt stellt die "Produktionsgruppe" der Arbeitskräfte des Haushalts sowohl den "mobilen Teil" des sachlichen
Fonds auch auch den Reproduktionsfonds her. Unter ersterem verstehe ich hier den Fonds an "mobilen Produktionsmitteln" wie
Dünger, Zugtiere, Werkzeug, bzw. Tauschmittel zum Erwerb dieser
Güter; der Reproduktionsfonds soll demgegenüber die Güter bezeichnen, die in die menschliche Reproduktion eingehen: also ent-

weder die eigenen Produkte oder dafür eingetauschte Waren, die
für den Haushaltskonsum verwandt werden. D.h. sowohl der Erhalt
und die Nutzung der Produktionsmittel (Boden, Werkzeug usw.)
als auch die Reproduktionsmittel müssen im wesentlichen durch
diese "Produktionsgruppe" garantiert werden. Anders gesagt,
da die menschliche Arbeitskraft die wichtigste Produktivkraft ist,
kann die Produktion ohne eine hinreichende menschliche Reproduktion in der Hauswirtschaft nicht erfolgen und umgekehrt beruht
die Möglichkeit der Bedürfnisbefriedigung der Haushaltsmitglieder
auf den produzierten Fonds. Chayanov hat darauf hingewiesen, daß
in diesem integrierten Regelkreis eine "demographische Verstärkung" möglich ist, wenn der Zugang zu Land nicht begrenzt ist.
In diesem Fall kann je nach der Zahl der Arbeitskräfte im arbeitsfähigen Alter eine Produktionsausweitung des Haushalts vorgenommen und so ein wirtschaftlicher Aufstieg erreicht werden. Diese demographische Verstärkung stellt also einen Mechanismus zur inneren
Differenzierung in der Subsistenzwirtschaft dar, der allerdings aufgrund der demographischen Schwankungen eher instabile Wirkungen hat (Chayanov 1968:54f). Aus diesem Überlebensinteresse, bzw.
Expansionsinteresse der Haushalte ließe sich eine ökonomische
Rationalität des Patriarchats herleiten, wie sie zum Teil der Argumentation Meillassouuxs zugrundeliegt (Meillassoux 1976:35-45).
Denn die Kontrolle über die Sexualität und damit die reproduktive
Fähigkeit der Frau scheint somit im Interesse des Haushalts und
seiner "Führungsschicht" der älteren Männer, die die Autorität
über die Frauen und die Verwendung des Produkts beanspruchen,
zu liegen (Vgl. dazu den nächsten Abschnitt).

Diese Verflechtung von Produktion und Reproduktion ist nicht in
dem Sinne zu verstehen, daß die bäuerliche Hauswirtschaft eine
von vornherein scharf abgegrenzte wirtschaftliche Grundeinheit in
der Subsistenzwirtschaft bilde. Elwert hat in einer hervorragenden
Untersuchung der traditionellen Solidarität auf die Bedeutung der
Umverteilung des Produktes zwischen einzelnen Haushalten für das
Überleben - also für die Reproduktionschancen - in der Subsistenzwirtschaft hingewiesen (Elwert 1980:682).

> "Die Umverteilung durch die verschiedenen Formen der Hilfe
> ermöglicht in Jahren einer knappen Ernte eine derartige Umverteilung der Produktion, daß niemand den Hungertod erleiden
> muß...Diese Formen der Umverteilung scheinen mir derart relevant zu sein, daß ich in Abweichung von der orthodoxen Anschauung, die die Produktionsverhältnisse jeweils auf die Produktionseinheit bezieht und die Hilfe dann "nur" als eine Zirkulation betrachtet, die Hilfestruktur als integralen Teil der Produktionsverhältnisse bezeichnen möchte." (ibid.)

Ein weiteres Beispiel ist die bekannte Umverteilung des Yams im Rahmen des verwandtschaftlichen Sozialzusammenhangs bei den matrilinearen Trobriandern: Den Verwandten der Frau obliegt es, ihr einen Teil des notwendigen Nahrungsmittelvorrats zu liefern. Ein Großteil der Yams-Ernte wird also zeremoniell an die Haushalte der Schwestern umverteilt (Vgl. Malinowski 1979:97-102); produzierender und konsumierender Haushalt sind nicht identisch. Diese Fälle verweisen darauf, daß es nicht hinreicht, wie Meillassoux die Herausbildung der patriarchalischen hauswirtschaftlichen Einheit rein ökonomisch abzuleiten. Denn sonst müßten sich entsprechend der von Meillassoux beschworenen ökonomischen Fortschrittslogik die Tendenzen zur Akkumulation des Produktes in der Hauswirtschaft wohl duchsetzen. Ich möchte hier als Vermutung äußern, daß auch die gesamtgesellschaftliche Herrschaftsstruktur die Herausbildung der hauswirtschaftlichen Grundeinheit und ihre patriarchalische Struktur in der Subsistenzwirtschaft beeinflußt. Zentralstaatliche Instanzen beinhalten eine Tendenz, die Haushalte als Grundeinheit, die Arbeitsrente und Abgaben entrichten soll, präzise zu fassen und patriarchalische Strukturen zu verstärken (Vgl. Lenz 1983 a).

Die Interaktion zwischen Produktion und Reproduktion in der Subsistenzwirtschaft gibt ihr eine qualitative und subjektive Orientierung. Dies hat Chayanov in seiner Untersuchung der Produktionsentscheidungen in bäuerlichen Hauswirtschaften angezeigt. Wegen der zentralen Bedeutung der familialen Arbeitskraft nannte er sie "Arbeitswirtschaft". Die Produzenten setzen die Höhe ihres Arbeitsinputs nach objektiven Kriterien, aber auch nach einem subjektiven Maßstab an, nämlich bis zu welchem Grad von Selbstausbeutung sie sich bereitfinden:

> "The amount of the labour product is mainly determined by the size and composition of the working family, the number of its members capable of work, then by the productivity of the labour-unit and - this is especially important - by the degree of selfexploitation through which the working members effect a certain quantity of labour units in the course of the year." (Chayanov 1968:6)

Die Bauern selbst bemessen diesen Grad an Selbstausbeutung, indem sie die Bedürfnisse der familialen Arbeitskraft (den benötigten Reproduktionsfonds) einerseits und die vermutete Härte der Arbeit andererseits gegeneinander abwägen. Das subjektive Moment hat also in der Subsistenzwirtschaft in einem objektiv gesteckten Rahmen große Bedeutung.

Zur asymmetrischen geschlechtlichen Arbeitsteilung

Im allgemeinen besteht in der bäuerlichen Subsistenzwirtschaft eine komplementäre Arbeitsteilung nach Geschlecht und häufig auch nach dem Alter. Während sich bestimmte Tätigkeiten überlappen oder gemeinsam durchgeführt werden, wie z.B. in vielen Fällen die Ernte, werden andere Arbeiten nach Altersgruppen oder nach Geschlecht verteilt. Wichtig ist dabei der komplementäre Charakter und die Tendenz zur Bildung von Kollektiven. Gerade bei unmittelbar produktiven oder reproduktiven Tätigkeiten arbeiten meist Frauen oder Männer, die durch Verwandtschaft oder Nachbarschaft verbunden sind, in einer Gruppe: so etwa pflanzen in Südostasien Gruppen von Frauen gemeinsam den Reis und der gemeinsame Gang der afrikanischen Frauen zum Wasserholen ist sprichwörtlich. Daß dieser kollektive Charakter nicht nur die Arbeit sondern auch die soziale Identität der Geschlechter und ihr Verhältnis zueinander prägt, kann vermutet werden. Z.B. verhalten sich Frauen in einem türkischen Dorf als Teil einer überhäuslichen "Frauengruppe" - als eines Sozialverbands von Frauen mit eigenen Mustern von Solidarität, von Kommunikation, aber auch von gegenseitiger Kontrolle (24). Auch die Männer, die sich nach Alter oder auch nach sozialer Schicht nicht zu fernstehen, haben produktionsbezogene, "protopolitische" oder einfach gesellige Gruppierungen: klassische Ansatzpunkte sind die Koordination der Bewässerung, die Dorfräte und die Trinkstuben in asiatischen Ländern oder aber im europäischen Kontext die Beratung über die Bewirtschaftung im Rahmen des Flurzwangs und die Wirtshäuser (vgl. Rosenbaum 1981:84). Der soziale Zusammenhang, der produktive und reproduktive Arbeiten - also nicht nur auf dem Feld sondern tendenziell auch in Küche und Kinderbetreuung (25) - charakterisierte, steht im Kontrast zur isolierten Hausarbeit im Kapitalismus, die idealtypisch gesehen zur Aufgabe **einer** Hausfrau wird.

Die Arbeitsteilung erfolgt komplementär: die einzelnen Schritte sind aufeinander abgestimmt und in ihrer Gesamtheit ermöglichen sie die Reproduktion der Hauswirtschaft (Sahlins 1974:94). Dies scheint ihre Wahrnehmung durch die Mitglieder des Haushalts zu beeinflussen: die Arbeiten sind für alle "sichtbar", da sie wegen der Verflechtung von Produktion und Reproduktion im gemeinsamen Umfeld verlaufen; sie bauen teilweise aufeinander auf und ein wesentlicher Ausfall kann als Beeinträchtigung oder Gefährdung der Reproduktion schmerzhaft zu spüren sein. Deswegen werden im allgemeinen die Tätigkeiten um das Haus und auf dem Feld als Arbeit anerkannt. Allerdings werden sie dabei oft unterschiedlich bewertet, wobei entsprechend patriarchalischen Normen die "Männerarbeit" über der der Frauen, Alten oder Kinder steht (26). Diese grundsätzliche Anerkennung unterscheidet sich ebenfalls von der Einschätzung der Hausarbeit im Kapitalismus als nicht-produktive Tätigkeit (27).

Die Hauswirtschaft "braucht" also zu ihrer Reproduktion wegen dieser Arbeitsteilung eine bestimmte Zusammensetzung der Arbeitskraft. Von ihrer Leistung in Produktion und Reproduktion her ist die wirtschaftliche Schlüsselfigur die erwachsene Frau, die die neue Generation, die nachkommenden Arbeitskräfte gebiert und versorgt und einen Großteil der Nahrungsmittel herstellt.

> "Mit der Erfindung des Bodenbaus und der Haustierhaltung werden die Männer im Prinzip wirtschaftlich überflüssig (versorgen in einer ganzen Reihe von Gesellschaften die Frauen doch nicht nur sich selbst und ihre Kinder, sondern zudem die Männer, aber eben diesen möglichen Abstieg in die Bedeutungslosigkeit verhindern die Männer durch die Etablierung ihrer rechtlich-politischen Rolle." (Löffler 1980:50)

Gibt es typische Männer- und Frauenarbeiten in der Subsistenzwirtschaft? Bei einer Durchsicht der Literatur ergeben sich zwei ungefähre Tendenzen (28): In einer Reihe von Anbausystemen leisten Frauen eher die kontinuierliche oder regelmäßig anfallende Arbeit, während Männer eher die Rahmenbedingungen der Produktion sichern, d.h. die Rodung, das Pflügen und die Bewässerung durchführen, und zusätzliche Nahrung durch Jagen oder Fischfang oft in irregulären Abständen besorgen. Im ostafrikanischen Hackbau z.B. rodeten die Männer das Land, während die Frauen die Pflanzen setzten, gossen, warteten, jäteten und ernteten. Abgesehen von einigen Regionen in China und Korea führen in Ost- und Südostasien vor allem Frauen das arbeitsintensive Verpflanzen und Ernten des Reises durch, während die Männer die Felder bewässern, pflügen und ebnen. Nur im extensiven Getreideanbau nach europäischem Muster, in dem keine kontinuierliche Wartung erforderlich ist, verrichten die Männer die wichtigen Arbeiten, nämlich pflügen und säen. Beim Mähen nehmen die Frauen teil; in England war es nicht ungewöhnlich, daß sie die Pferde beim Pflügen führten (Pinchbeck 1930:55).

Als zweite grobe Zuordnungstendenz läßt sich feststellen, daß Frauen eher die Arbeiten "um das Haus" verrichten, wie Gartenbau, Kleintierhaltung und Milchwirtschaft, Vorratswirtschaft und das Kochen (Rosenbaum 1981:80ff; Frieben 1982). Diese "hausnahe" Arbeit sollte jedoch nicht mit der "modernen Hausarbeit gleichgesetzt werden, oder diese direkt von ihr hergeleitet werden, wie es in Äußerungen über die "traditionelle Rolle der Frau im Haushalt" zumindest implizit geschieht. Denn auch Männer leisteten haushaltsbezogene Arbeit, wie in manchen Fällen die Holzbeschaffung, das Weben und Nähen von Kleidungsstücken in manchen Regionen Perus (Vgl. Frieben, Lazarte 1983:17) oder die Versorgung der Tiere. Daraus ergibt sich bereits, daß die geschlechtliche Arbeitsteilung auch nicht entlang der Linien von Subsistenzproduktion und Warenproduktion verlief. Z.B. die Getreideproduktion der Männer diente ebenso der Versorgung des Haushalts wie der eher weibliche Gartenbau. Umgekehrt verkauften die Frauen Produkte oder Überschüsse aus ihren Bereichen auf dem Markt, ebenso wie die Männer. Die geschlechtsspezifische Zuordnung der haushaltlichen Frauenarbeit zur Subsistenzproduktion, die überwiegend auf die Versorgung durch Hausarbeit reduziert wird (Vgl. u.a. Bennholt-Thomsen 1981), im Kapitalismus stellt einen weiteren historischen Bruch dar.

Die drei skizziierten Veränderungen der "haushaltlichen Arbeit" - der Verlust der Kollektivität, die Einbuße der Anerkennung und die Umdefinition zum weiblichen Reservat der Hausarbeit - verweisen darauf, daß der soziale Wandel von der Subsistenzwirtschaft zum Kapitalismus alle gesellschaftlichen Bereiche umfaßt. Als allgemeiner Erklärungshintergrund kann die einsetzende Trennung zwischen Produktion und Reproduktion und die fortgesetzte Wirkung des Patriarchats als gesellschaftliches Strukturprinzip angegeben werden, das die Veränderungen in Produktion und Reproduktion weiterhin bestimmt.

Exkurs: zu Wandel und Kontinuität des Patriarchats

Während nun die Diskussion um das Patriarchat auf wissenschaftlicher und anderer Ebene spätestens seit dem Beginn der "Frauenfrage" periodisch immer wieder zu einem großen Strom angeschwollen ist, scheint immer noch unklar zu sein, was es eigentlich ist und worin seine historischen Ursachen liegen.
Erst einzelne Ansätze sind erkennbar für die historische Durchsetzung des Patriarchats (29). Die Evolutionstheorien, die die "einmalige welthistorische Niederlage des weiblichen Geschlechts" (Engels) von der Herausbildung der Klassen und des Staates ableiteten, sind vom empirischen Forschungsstand her widerlegt (30). Eine unmittelbare Korrelation zwischen Klassen- und Geschlechtsherrschaft und der Herausbildung des Privateigentums ist universalgeschichtlich nicht festzustellen (31).

Die neueren Ansätze, die auch im Zusammenhang mit der Frauenbewegung der 1970er Jahre formuliert wurden, haben die Dimensionen patriarchalischer Herrschaft ausgeleuchtet (29). Im Rahmen einer kurzen Problematisierung können hier nur die "Kernbereiche" skizziert werden. Meine Grundthese, die in diesem Zusammenhang nur angerissen und nicht belegt werden kann, lautet, daß das Patriarchat wirtschaftlich die Kontrolle der produktiven und reproduktiven Fähigkeiten der Frauen bedeutet. Es wird aber stufenweise in einem historischen Prozeß vor allem durch die Monopolisierung der politischen Öffentlichkeit und Gewalt durch eine Gruppe der Männer, meist der Alten oder der Kriegsführer, durchgesetzt (Vgl. Lenz 1983a; Löffler 1980:50; Mies 1980) und in Wertsystemen verankert, die sich allmählich tief verwurzeln und die tendenziell auch andere Formen der sozialen Ungleichheit durch die Geschlechtsherrschaft rechtfertigen.

Die soziale Situation der Frau resultiert in letzter Instanz aus den gesellschaftlichen Bedingungen der Produktion und Reproduktion des materiellen Lebens. Die Fähigkeit der Frauen, in einem sozialen Prozeß mit dem Mann neue Menschen hervorzubringen, ist nicht ersetzbar. Ab einem gewissen Grad gesellschaftlicher Differenzierung, der sehr grob auf der Ebene agrarischer Klassengesellschaften angesiedelt werden könnte, ist eine verstärkte Unterordnung der Frau als Reproduzentin und Produzentin beobachtbar. Der historische Prozeß der Unterwerfung des weiblichen Geschlechts hat sich wohl in verschiedenen Kulturen und Regionen unterschiedlich abgespielt und es mögen auch graduelle Divergenzen in seinem Verlauf aufgetreten sein. Als seine logische Ursache kann vor allem das Interesse an der Kontrolle der reproduktiven Fähigkeiten der Frau angenommen werden, das durch die alten Männer, die Ehemänner, Verwandtschaftsgruppen unter Einschluß der Schwiegermütter und auch staatliche Instanzen vertreten wurde (Franke 1978; Meillassoux 1976:56-99). In der Folge wird die Frau auch Produzentin unterworfen. Ihre Produkte werden angeeignet und obwohl sie eine bedeutende, häufig die wichtigste Arbeitskraft der Hauswirtschaft ist, wird sie in Entscheidungsprozessen zurückgedrängt oder ausgeschlossen. Sie wird zum "Weiblichen, ganz Anderen" definiert, so daß schließlich über sie bestimmt werden kann (32).

Nicht die Arbeitsleistung in der Produktion ist der entscheidende Faktor für den Status der Frau; denn obwohl Frauen in der Subsistenzwirtschaft sehr harte, in ihrem Umfeld anerkannte Arbeit verrichtet haben, wurden sie in patriarchalischen Gesellschaften untergeordnet und ausgebeutet. Allerdings kann sich diese Leistung als "mildernder Faktor" in patriarchalischen Gesellschaften auswirken. Dies zeigt sich im Vergleich zur Lage von Frauen, die nur auf die Rolle einer abhängigen Reproduzentin – ob als untergeordnete Ehefrau, als Konkubine oder Prostituierte – reduziert wurden. Das Aufeinander-Angewiesen-Sein gerade in armen Schichten gibt den Produzentinnen eine relativ stärkere Position und kann solidaritätsstiftend sein. Doch ist es eine historisch folgenreiche Verwechslung, daraus eine Emanzipation der Frau durch (Lohn)arbeit herzuleiten. Denn die patriarchalische Unterordnung der Frau ist mehrfach verankert sowohl in der Kontrolle ihrer reproduktiven Ressourcen, ihrer Gebärfähigkeit, als auch ihrer produktiven Ressourcen (vgl. Lenz 1983a). Utopien vom Ende des Patriarchats müssen also auch eine soziale Neuordnung beider Bereiche einschließen.

Wer sind die ausbeutenden Gruppen? Die vielfache Verankerung des Patriarchats führt dazu, die Trennlinie nicht schlicht zwischen allen Männern und allen Frauen nur nach Geschlecht zu ziehen. Um dies am Beispiel der Subsistenzwirtschaft zu verdeutlichen: die älteren Männer erreichen eine teilweise Freistellung von der Produktion und verfügen meist über die Arbeitskräfte, die Produktionsmittel und das Produkt. Die älteren Frauen waren aber meist in abgestufter Form beteiligt und ihnen oblag oft die Kontrolle der jungen Frauen und Mädchen. Oft drängten sie sie, mehr zu arbeiten oder mehr Kinder, möglichst mehr Söhne zu gebären. Klassisch ist die Konfrontation zwischen Schwiegertochter und Schwiegermutter, die die erstere wie eine Dienstbotin betrachten kann, im konfuzianischen Milieu in Ostasien. Demgegenüber befanden sich die jungen, unverheirateten Männer manchmal in einer ungesicherten Position gegenüber dem Autoritätsanspruch des Vaters und der Älteren. Auf dieser allgemeinen Ebene sind nur sehr vereinfachende Aussagen möglich. Fragen wir unter diesem Vorbehalt, wer sich die reproduktive und produktive Arbeit der erwachsenen Frauen, der wirtschaftlichen Schlüsselfigur in der Subsistenzwirtschaft aneignete, so treten als mögliche Gruppen die älteren Männer, die Ehemänner und die älteren Frauen auf. Die Kontrolle über die Reproduktionsarbeit kristallisiert in der Fremdbestimmung über die Gebärfähigkeit der Frauen, in der sich das Interesse der Hauswirtschaft an Nachkommen und ein patriarchalischer Anspruch auf sexuelle Dominanz der Männer überschneiden können. Die Aneignung der weiblichen produktiven Arbeit wird neben der Unterordnung im reproduktiven Bereich dadurch vermittelt, daß vor allem die Männer die Verfügung über die gesellschaftlich wichtigen Ressourcen (Boden, Geld, Wissen) haben. Indem die Frauen davon ganz oder teilweise ferngehalten werden, eigentumslos und ressourcenlos sind, bleiben sie wirtschaftlich abhängig.

Das Patriarchat ist also ein komplexes Herrschaftssystem, in dem sich mit dem strukturellen Kern der Geschlechtsherrschaft auch die Herrschaft der Alten und ggfs. einzelner Klassen verbinden kann. Laut Weber sind die Stützen dieser Herrschaft die traditionelle und persönliche Autorität (Weber 1980:581ff.). Oft wird die Legitimität verschiedener Formen der sozialen Ungleichheit – der Fürsten gegenüber den Untertanen z.B. – mit den traditionellen innerhäuslichen Herrschaftsverhältnissen der Männer über die Frauen und der Eltern über die Kinder gerechtfertigt. Die Männer- oder Väter-Herrschaft ist also meist verwoben mit anderen Herrschaftsverhältnissen.

Diese auf traditioneller Autorität und ihre Gewalt begründeten anderen Formen der Herrschaft wurden im Zuge der demokratischen Revolutionen angegriffen und weitgehend aufgelöst. Doch die ökonomische Grundstruktur des Patriarchats – die Fremdbestimmung der Frau in der Reproduktionsarbeit und ihre Unterordnung in der Produktion – blieb ebenso erhalten wie die politische Vorherrschaft der Männer (33). Das Patriarchat hat sich also entflochten von anderen Verhältnissen und tritt nun als neuzeitlicher Sexismus in anderer Form auf die moderne Bühne (34). Obwohl wie oben umrissen die haushaltliche geschlechtliche Arbeitsteilung im Übergang zum Kapitalismus von Grund auf geändert wurde (Vgl. auch Rosenbaum 1981 passim), zeigte sich in der Reorganisation eine Kontinuität des Patriarchats.

In patriarchalischen Gesellschaften sind auch die Normen und Werte von einer androzentrischen Sichtweise und von Abwertung weiblicher Zusammenhänge geprägt. Sie sind jedoch nicht eindimensional: in ihrer Spannbreite erlauben sie eine Identitätsbildung, die von betonter Konformität mit den Geschlechtsnormen zu offener Ablehnung und Widerstand reichen kann. Z.B. geben auch Frauen die herrschenden Weiblichkeits- und Männlichkeitsnormen an Söhne und Töchter weiter. Dennoch leben sie häufig in einem Milieu der weiblichen Gegenkultur, in dem diese Normen nicht oder nur teilweise erfüllt werden. Der Zusammenhang unter Frauen ist in der Subsistenzwirtschaft Teil der sozialen Organisation, wie oben am Bild der "dörflichen Frauengruppe" aufgewiesen wurde; diese Gegenkultur umfaßt weibliche Öffentlichkeiten, eigene Kommunikationsstränge. manchmal auch ein Geheimwissen und spezielle Rituale und Feste gerade im Bereich der Geburt. Und die frustrierten oder konsternierten Klagen über Lug und Trug, Eigenwilligkeit und Sündhaftigkeit der Weiber im herrschenden Diskurs umtanzen – und verdeutlichen damit – die Kluft zwischen patriarchalischen Normen und sozialer Realität.

Zur Verfügung der Produzenten über die Produktions- und Reproduktionsmittel

Die unmittelbaren Produzenten haben in der Subsistenzwirtschaft Zugang zu Produktionsmitteln und Reproduktionsmitteln. Dabei treten sehr unterschiedliche Formen auf, die von periodischer Umverteilung, Möglichkeit der Neulanderschließung, feudalem Hintersassentum bis zu Teilpachtsystemen variieren können. Wichtig ist nur, daß dieser Zugang unmittelbar, geregelt und kontinuierlich ist, was sonst häufig mit dem "Besitz" an Produktionsmitteln umschrieben wird.

In Dorfgemeinschaften kann die Verfügung über wesentliche Produktionsmittel, nämlich Boden, Wasser, Saatgut, Zugvieh, Dünger, in Kooperation egalitär geregelt werden. Bei ungleicher Verteilung kristallisieren sich hier innerdörfliche Ausbeutungsverhältnisse heraus, wobei wohl der Landbesitz das wichtigste Kriterium darstellt, aber auch die Verfügung über das Wasser und das Zugvieh zusätzliche Rentenforderungen ihrer Besitzer begründen können.

Aus dem Zusammenwirken all dieser Faktoren erwächst das moralisch-subjektive Element der Subsistenzwirtschaft (Vgl auch Scott 1976). Die Bauern wissen, daß sie ein minimales Reproduktionsniveau erwarten können, wenn sie an "ihrem eigenen Besitz" festhalten und ihre personenbezogene, harte, ganzheitliche und empathische Arbeitskultur bewahren. Als Subjekte fühlen sie sich der Dorfgemeinschaft und der Hauswirtschaft durch Brauch, Kooperation und gemeinsame Rituale verbunden. Ohne die Berücksichtigung dieses subjektiv moralischen Elements bleibt die Zähigkeit unverständlich, mit der die bäuerliche Bevölkerung in vielen Weltregionen ihrer völligen Enteignung und Freisetzung zum Lohnarbeiter auch gegenwärtig Widerstand leistet und ihre Hauswirtschaft aufrechtzuerhalten sucht (35).

Zur Einfügung in eine Klassengesellschaft

Bisher wurde nur die "Binnenstruktur" der Subsistenzwirtschaft skizziert (36). Sie wird jedoch mitgeformt und verändert durch die gesamtgesellschaftlichen Verhältnisse, insbesondere die Unterordnung in einer Klassengesellschaft. In diesem Rahmen kann die Diskussion um den Klassenbegriff nicht aufgenommen werden (37). Ich will nur kurz auf die Frage der Beeinflußung der subsistenzwirtschaftlichen Strukturen eingehen.

Die wichtigsten Formen der Appropriation von Mehrarbeit von bäuerlichen Produzenten sind Arbeitsrente, Naturalrente und Geldrente. All diese Formen setzen die Reproduktion der bäuerlichen Hauswirtschaft und ihrer Arbeitskräfte, sowie ihre Produktion voraus. Sie schöpfen ein darüber hinausgehendes Quantum ab; doch sind Umfang und Höhe von Tribut und Arbeitsrente ständigen Auseinandersetzungen immer neu festgelegt, sind also keine statischen Größen.

Deswegen ist der Approprationszusammenhang in vorkapitalistischen Gesellschaften von einem widersprüchlichen Interesse geprägt: auf der einen Seite richtet es sich auf die Stabilisierung der Subsistenzwirtschaft und die Erhöhung ihrer Produktivität, andererseits tendiert es dazu, das abzuziehende Surplus möglichst hoch anzusetzen. Also entwickeln die herrschenden Klassen Maßnahmen zur Produktivitätssteigerung und zur inneren Festigung der bäuerlichen Hauswirtschaft. Ansätze zur Produktivitätssteigerung werden von Bauern teilweise aufgegriffen, weil ihnen ein Anteil der höheren Produktes verbleibt, teilweise als zusätzliche Mehrarbeit stumm boykottiert. Sie können eine Ausweitung und stärkere Marktorientierung der bäuerlichen Produktion bewirken. Die Maßnahmen zur Stabilisierung bezwecken demgegenüber häufig eine Einschränkung des Konsums, ein Verfestigung der Abhängigkeit und manchmal gesteigerte Rigidität der geschlechtlichen Arbeitsteilung. Beispiele sind die strengen Kleiderordnungen und die "Arbeitsgebote", die den Frauen vorschrieben, in der freien Zeit Spinnrad oder Webstuhl zu bewegen, im japanischen Feudalismus (Vgl.Takamure 1960: 495-514; Hanley, Yamamura 1977:89). Sie wirken der Marktausweitung entgegen, verstärken aber zugleich die Autoritätsverhältnisse in der bäuerlichen Hauswirtschaft und damit ihre patriarchalische Struktur.

In diesem Idealtyp wurden die wesentlichen Strukturmerkmale der Subsistenzwirtschaft in vorkapitalistischen Bauerngesellschaften zusammengefaßt und in Zusammenhang mit der geschlechtlichen Arbeitsteilung erörtert. Ich will nun betrachten, inwiefern der Übergang zur kapitalistischen Produktionsweise mit ihrer inhärenten Trennung von Produktion und Reproduktion grundlegende Veränderungen mit sich bringt.

SUBSISTENZPRODUKTION UND SOZIALE REPRODUKTION IM KAPITALISMUS

Im Übergang zur kapitalistischen Wirtschaftsweise, besonders aber mit der Entwicklung der zentralisierten industriellen Fertigung, treten der "Produktionssektor" im engeren Sinne und der Bereich der menschlichen Reproduktion auseinander. Dies hat entscheidende Konsequenzen für die Veränderungen in der geschlechtlichen Arbeitsteilung und in der Subsistenzproduktion. Ich schlage im folgenden vor, die Bedeutung der Subsistenzproduktion im Kapitalismus von der gesamten sozialen Reproduktion her zu untersuchen. Dieser Zugang ermöglicht, auf allgemeiner Ebene die Dimensionen der menschlichen Reproduktionsverhältnisse, den gewaltigen "Unterbau" gesellschaftlich notwendiger, aber übersehener Arbeit zu umreißen.

Die soziale Reproduktion der kapitalistischen Gesellschaft besteht sehr allgemein gesagt in dem Prozeß der Reproduktion der Menschen, der sozialen Institutionen und der Bewußtseinsformen und der sachlichen Voraussetzungen der Produktion und Reproduktion. Unter den letzteren sind u.a. die Produktionsmittel, die Rohstoffe, die Lebensmittel und andere Reproduktionsmittel (Kleidung, Wohnung usw.) zu verstehen. Diese gesamtgesellschaftliche Reproduktion ist aber **nicht** identisch mit dem Reproduktionsprozeß des Kapitals, der im Produktionsprozeß selbst angelegt ist (1). Doch schon aus den Aussagen von Marx über den letzteren lassen sich m.E. grundlegende Strukturbedingungen des Verhältnisses von industriekapitalistischer Produktion und der Reproduktion der Arbeitskraft folgern.

> "Der kapitalistische Produktionsprozeß reproduziert also durch seinen eignen Vorgang die Scheidung zwischen Arbeitskraft und Arbeitsbedingungen. Er reproduziert und verewigt damit die Exploitationsbedingungen des Arbeiters. Er zwingt beständig den Arbeiter zum Verkauf seiner Arbeitskraft, um zu leben, und befähigt ständig den Kapitalisten zu ihrem Kauf, um sich zu bereichern." MEW 23:603)

Die Logik des kapitalistischen Produktionsprozesses beruht nach Marx darauf, daß die Arbeiter eigentumslos an Produktionsmitteln seien und also ihre Arbeitskraft auf dem Arbeitsmarkt verkaufen müßten. Daraus ergibt sich, daß die Konsumtion der Arbeitskraft im Produktionsprozeß und die individuelle Konsumtion zur Wiederherstellung dieser Arbeitskraft auseinanderfallen, in getrennten Sphären verlaufen. Die Arbeiter selbst werden nicht nach dem Prinzip kapitalistischer Verwertung hergestellt; denn dies würde bedeuten, daß sie als Personen verkäuflich wären, also als Sklaven produziert würden. Jedoch beruhen einige "Strukturvorteile" des Kapitalismus ja gerade auf dem Grundsatz der freien Lohnarbeit (2); ich will hier nur die Mobilität, die Expansionsfähigkeit und die Möglichkeiten der "inneren Integration" der Lohnarbeiterschaft nennen.

Marx analysiert allerdings den konkreten Prozeß der Reproduktion der Arbeitskraft nicht. Vielmehr stellt er in diesem Zusammenhang fest:

> "Die beständige Erhaltung und Reproduktion der Arbeiterklasse bleibt beständige Bedingung für die Reproduktion des Kapitals. Der Kapitalist kann ihre Erfüllung getrost dem Selbsterhaltungs- und Fortpflanzungstrieb der Arbeiter überlassen." (MEW 23:597-8)

Die Lebenserhaltung erscheint hier als Resultat der Triebhaftigkeit, Triebbehaftetheit der Arbeiter, die tendenziell - und wohl in kritischer Absicht auf die Rolle eines Faktors, Quasi-Rohstoffs rereduziert werden. Die Frauen, die ja wohl zur Verwirklichung dieses "Fortpflanzungstriebs" dienen müssen, sind vollends unsichtbar wie ein Naturboden, auf dem ein Rohstoff wächst. Wir finden also eine doppelte Reduzierung: der (männliche) Arbeiter wird zum "Faktor", was der kapitalistischen, betriebswirtschaftlichen Rationalität entspricht, und die Mutter/ Reproduzentin wird zum Nichts. In dieser Gleichsetzung von männlichem Trieb und menschlicher Reproduktion, die - nicht gerade "triebbestimmt" - gegenwärtig überwiegend von Frauen geleistet wird, liegt der "blinde Fleck" auch der kritischen Gesellschaftstheorien (3).

Die Subsistenzproduktion, also die Herstellung von Güter oder den Dienstleistungen, die unmittelbar in die menschliche Versorgung und die Reproduktion der gesellschaftlichen Arbeitskraft eingehen, wurde auch durch die Ausweitung der Warenproduktion im Kapitalismus nicht aufgehoben. Sie stellt weiter einen wichtigen Teilbereich der menschlichen Reproduktion dar. Von diesen Aspekten her läßt sich die soziale Reproduktion im Kapitalismus in die folgenden Momente aufgliedern:

- die Reproduktion der Menschen/ der gesellschaftlichen Arbeitskraft (durch Subsistenzproduktion und marktabhängige Reproduktion)
- die Reproduktion der Produktionsmittel und Rohstoffe
- die Reproduktion der sozialen und politischen Institutionen

Es ist einsichtig, daß die menschliche Reproduktion von der Produktion im engeren Sinne getrennt ist und zugleich ihre Vorbedingung bildet; schließlich schaffen erst die Menschen die Wirtschaft. Allerdings wird sie nun durch die Absonderung von der Produktion zum "privaten Bereich". Das soziale Verwandtschaftsgefüge der Hauswirtschaft geht über in die "Privatfamilie", die im wesentlichen durch Ehen, für die sich die Individuen selbst entscheiden, und die "natürliche" Verwandtschaft von Eltern und ihren biologischen Kindern gebildet wird. Schließlich wird die häusliche Sphäre zwar nicht der Arbeit, wohl aber der Wahrnehmung darüber beraubt. Während haushaltliche Arbeiten zur Hausarbeit reduziert und überwiegend den Frauen zugewiesen werden, verliert diese die soziale und materielle Anerkennung, obwohl sie weiterhin gesellschaftlich notwendig ist (4). In der fortschreitenden Vergesellschaftung werden die Frauen im herrschenden gesellschaftlichen Verständnis neu definiert als "Naturwesen" und "Kollektivwesen". Sie alle erhalten nun die natürliche Rolle der Hausfrau und Mutter (Hausen 1976; Werlhof 1981) und damit eine kollektiv begründete, zugeschriebene Identität. Dies wirkt sich als Vorgabe aus, wenn sie an den auf Individuen bezogenen sozialen Institutionen, wie am Arbeitsmarkt, am Bildungssystem usw. teilnehmen wollen (5). Der Zug zur stärkeren Individuation trifft also auf die Gegenbewegung einer stärkeren "Naturalisierung", Privatisierung zumindest in der bürgerlichen Familie. Die Frauen, die wie die Männer den Weg zum modernen Individuum einschlagen, werden zwischen beiden Bereichen hin- und hergezogen und leben eine zerrissene Identität.

Sowohl die neuere Diskussion um die Hausarbeit im Kapitalismus als auch die davon beeinflußte Strömung der "Subsistenzdebatte" richten sich darauf, diese Veränderungen politökonomisch zu untersuchen (Vgl. Jacobi, Nieß 1980). Ich habe bereits einige Thesen und Ergebnisse angedeutet: Als Basis der sozialen Reproduktion stellt die menschliche Reproduktion und die darin eingehende Reproduktionsarbeit gesellschaftlich notwendige Arbeit dar. Betrachten wir sie in ihrem Verhältnis zur industriekapitalistischen Produktion, so wird erkenntlich, daß sie fortlaufend Arbeitskräfte für diese bereitstellt. Es besteht also trotz der formalen Trennung zwischen beiden Bereichen durchaus eine systematische Verbindung. Dieser Zusammenhang wurde unter dem Stichwort der Abhängigkeit der Familie von den Produktionsweisen (Rosenbaum 1972) oder den unterschiedlichen Formen der Subsumtion unter die kapitalistische Akkumulation (Bennholt-Thomsen 1981) gefaßt.

Die menschliche Reproduktion (6) beruht auf den "Reproduktionskosten", also dem Lohn, der für die Arbeitskraft eingetauscht wird, und der Subsistenzproduktion, der Herstellung von Gütern und den Dienstleistungen, die unmittelbar in die menschliche Versorgung eingehen. "Auf der anderen Seite des Lohnzettels" ergänzen z.B. das selbstangebaute Gemüse, die selbstgestrickten Pullover und auch das selbstgebaute Häuschen die Reproduktion der Arbeitskraft. Schwerer zu fassen sind die Dienstleistungen, die entweder überhaupt nicht bezahlbar sind oder nur gegen ein relativ hohes Entgelt "personenbezogen" erfolgen: Kinderversorgung, Essen kochen, in manchen Fällen die Sexualität und der ganze diffuse Bereich der "Beziehungsarbeit" (7). Während einige Autoren betonen, daß auch diese Tätigkeit der Reproduktion der Arbeitskräfte diene, letztlich auf den (Arbeits-)Markt bezogen sei und kapitalistisch geformt sei, sehen andere in der Reproduktionsarbeit einen nicht zerstörbaren menschlichen Kern, der auch dem Kapital nicht zu unterwerfen sei (Senghaas-Knobloch 1976:550 ff.).

Laut diesen Ansätzen entgilt das Kapital nur einen Teil der notwendigen "inputs" in die menschliche Reproduktion (Schiel 1978) mittels des Lohns; die Subsistenzproduktion zur Versorgung der Arbeitskraft wird nicht entlohnt. Also kann es die Reproduktionskosten entsprechend niedriger halten und einen Teil der Reproduktion auf die Subsistenzproduktion abwälzen, externalisieren. Das wird so interpretiert, daß das Kapital sich die in der Subsistenzproduktion geleistete Arbeit aneignen kann. Der Prozeß der ursprünglichen Akkumulation aus nicht-industriekapitalistischen Bereichen setzte sich so fort (8).

Die Subsistenzproduktion ist der vorherrschenden industriekapitalistischen Produktion subsumiert. Doch bedeutet diese Unterordnung nicht, daß ihr Inhalt und ihre Bewegung nur von dieser abzuleiten wäre. Gerade aufgrund der Scheidung von Produktion und Reproduktion hat sie eine relative Eigenständigkeit bewahrt. Ich will auf allgemeiner Ebene auf ihre daraus erwachsenden Merkmale eingehen.

Die Subsistenzproduktion ist nach meinem Verständnis eine **Form der Produktion,** die sich auf die unmittelbare Versorgung der Menschen richtet und nicht über den Markt als einen Pol kapitalistischer Vergesellschaftung vermittelt ist. Als solche ist sie gestaltender Faktor von spezifischen Produktionsverhältnissen, aber sie ist **nicht selbst ein Verhältnis.** Ebenso wie ihr Gegenpol, die Tauschwertproduktion, wird sie auf unterschiedlichen historischen Stufen zum Kristallisationspunkt verschiedener Produktionsverhältnisse. Auch in kapitalistischen Gesellschaften müssen die Produktionsverhältnisse, die sich um sie zentrieren, in einer doppelten Perspektive untersucht werden: auf ihre inneren Sozialbeziehungen und Ausbeutungsstrukturen hin und auf ihr spezifisches Verhältnis zur kapitalistischen Akkumulation. Erst dann werden die innere Bewegung und die Sozialbeziehungen dieser Produktionsverhältnisse jenseits einer allgemeinen Vergleichbarkeit der Tätigkeitsstruktur von Hausfrauen und Kleinbauern ersichtlich werden.

Die Verwechslung zwischen Arbeitsform und Produktionsverhältnis kann auch zu problematischen praktisch-politischen Konsequenzen führen. Z.B. wurde in Anlehnung an Boserup festgestellt, daß in vielen Ländern der Dritten Welt Frauen überwiegend in der Subsistenzproduktion oder "im Subsistenzbereich" arbeiten. Es wurde zuwenig berücksichtigt, welche patriarchalischen Sozialverhältnisse in Gesamtgesellschaft und in den Hauswirtschaften ihnen eben diese einseitige Bürde der "Versorgerin" auferlegen und warum sie darin verharren müssen. Denn solange andere weittragende und realistische Alternativen fehlen, ist so teilweise die Ernährung der Familie gesichert. Die Vernachlässigung der Produktionsverhältnisse liegt der Ineffektivität mancher Programme zur "Frauenförderung" zugrunde und spielte wohl auch eine Rolle bei der Unterschätzung der Rolle der sozialen Entwicklung in diesem Bereich (9). Ein ähnlich gelagertes Problem tritt bei den Zukunftsprogrammen der "Alternativen" oder eines Teils der Ökosozialisten auf. Sie erheben **eine Form der Arbeit,** Eigenarbeit oder Subsistenzproduktion zum Ausgangspunkt einer sozialen Utopie und berücksichtigen nicht die Produktionsverhältnisse, in die diese eingebunden ist. So können sie sie einerseits als "unentfremdete Arbeit" verklären, sie andererseits aber auch in einem dualistischen Gesellschaftsbild tendenziell von den gesamtgesellschaftlichen Herrschaftsverhältnissen isolieren und abkoppeln (Huber 1979; Gorz 1980).

Als eine Form der gesellschaftlichen Arbeit hat die Subsistenzproduktion bestimmte Merkmale, die anhand des Idealtyps der Subsistenzwirtschaft diskutiert wurden, aufgegeben und andere beibehalten. Die wichtigste Unterscheidung im Kapitalismus scheint mir zu sein, daß sie von der dominanten Produktion getrennt und ihr zugleich unterworfen wurde. Ihr ganzheitlicher Zusammenhang ging verloren. Die enge Interaktion zwischen Produktion und Reproduktion wurde zerteilt und die Subsistenzproduktion wurde zum Bruchstück, einem unerläßlichen, aber untergeordneten Fragment in der sozialen Reproduktion. Sie richtet sich aber weiterhin auf die Versorgung oder Erzeugung von Organismen. Da diese ganzheitliche Bedürfnisse äußern, hat sie einen umfassenden und interagierenden wechselseitigen Bezug. Deswegen ist sie der industriekapitalistischen Produktion in ihrer Zeit- und Arbeitsstruktur entgegengesetzt. Sie strebt nicht möglichst hohe Arbeitsproduktivität in zerstückelten Zeitabläufen an, sondern sie bezieht sich auf das **konkrete, ganzheitliche Resultat:** die gesättigte Person, die eingebrachte Ernte. Diese Eigenschaft bieten manchmal die Grundlage dafür, sie als "gebrauchswerthaft"(10),"sinnerfüllt" zu mystifizieren, ohne ihren sozialen Zusammenhang zu betrachten. Vorstellbar wäre aber, daß eben diese Merkmale notwendig komplementär sind zu entfremdeten,aufgesplitterten, industriellen Produktionsabläufen. So sind einzelne Dienstleistungen in der Versorgung sicherlich nach kapitalistischen Grundsätzen zu organisieren wie etwa Restaurants. Gerade aber bei der generativen und der regenerativen Reproduktion, dem Gebären und Pflegen von Kindern und bei der Wiederherstellung der Arbeitskräfte scheint der ganzheitliche und interagierende Bezug fundamental.

Die Subsistenzproduktion ist wesentlicher Teil der menschlichen Reproduktion. Hier möchte ich nochmals auf die oben umrissene Ambivalenz der Reproduktionsverhältnisse zurückkommen. Als Orte der Bedürfnisbefriedigung, der begrenzte Utopie sind sie zugleich "Nischen", in denen die gesellschaftlichen Arbeitskräfte entsprechend den herrschenden Anforderungen und Vorstellungen reproduziert werden. Sie sind zugleich persönliche und ökonomische Beziehungen. Herrschend war bisher die Betonung der persönlichen Seite, so etwa die Bewertung der Hausarbeit als "Arbeit aus Liebe"; dem wurde in der neuen Hausarbeitsdiskussion stellenweise eine übermäßig ökonomische Gewichtung entgegengestellt, so daß die persönliche Beziehung unbeachtet blieb (11).

Die Widersprüchlichkeit zwischen Bedürfnisbefriedigung und Systemfunktionalität schlägt auch auf die Subsistenzproduktion im Kapitalismus durch. Die Subsistenzproduktion wird nicht entlohnt, so daß die Reproduktionskosten der Arbeitskraft niedrig gehalten werden können. Als ganzheitliche, auf ein lebendiges Gegenüber bezogene Arbeitsform existiert sie in Nischen der Zwischenmenschlichkeit – zwischen Menschen, die unter sozialen Zwängen stehen und durch die sozialen Verhältnisse geprägt sind. Sie ist nicht auf dem "freien Feld" einer utopischen Nähe zu Mitmensch und Natur angesiedelt, sondern in einer weder herrschaftsfreien, noch gewaltfreien sozialen Umwelt.

SUBSISTENZPRODUKTION UND GESCHLECHTLICHE ARBEITSTEILUNG IN DER MISCHÖKONOMIE DER "ARBEITENDEN ARMEN"

Die Subsistenzproduktion und die geschlechtliche Arbeitsteilung wurden im Zuge der kapitalistischen Entwicklung umgeformt. Historisch läßt sich diese Veränderung in den neu entstehenden Reproduktionsverhältnissen nachzeichnen. Ich werde zwei wichtige Typen darstellen, in denen die Scheidung von Produktion und Reproduktion unterschiedlich ausgeprägt ist. Sie können, zugegebenermaßen etwas schematisierend, als unterschiedliche Reproduktionssysteme der Arbeitskraft aufgefaßt werden. Der eine ist die "klassische Verbindung" von Lohnarbeiter, Hausfrau mit "Nebenerwerb" und ihren Kindern. Da oft von einer Verallgemeinerung der Lohnarbeit und der tendenziellen Aufgliederung der kapitalistischen Gesellschaft in die zwei Hauptklassen Lohnarbeiter und Kapitalisten ausgegangen wurde, wurde die Lohnarbeiterfamilie häufig auch als der Grundtyp der Reproduktion der Arbeiterklasse im Kapitalismus betrachtet. Offensichtlich bildet sich aber vorgelagert und gleichzeitig dazu ein weiteres Reproduktionssystem der gesellschaftlichen Arbeitskraft heraus, das ich vorläufig die Mischökonomie der "arbeitenden Armen" nennen will.

Es handelt sich um die großen Gruppen, die von einem regelmäßigen Zugang zu landwirtschaftlichen Produktionsmitteln getrennt wurden und erst mit Verzögerung oder gar nicht in Lohnarbeitsverhältnisse eindringen konnten. Diese "floating mass"(Evers) überlebt nun in einer Mischökonomie von Subsistenzproduktion und Erwerbstätigkeit, ob im Kleinhandel, anderen Dienstleistungen oder gelegentlichem Einbezug in den Arbeitsmarkt. "Gelegentlich" ist hier meist im wörtlichen Sinne, nämlich sowie sich die Gelegenheit bietet, zu verstehen. Diese Gruppen wurden in der europäischen Geschichte die "arbeitenden Armen" (labouring poor) genannt und treten in den Ländern der "Dritten Welt" als marginalisierte Masse auf.

Dies Gemisch umfaßt u.a. marginalisierte Bauern, Landarbeiter, städtische Arme, Prostituierte, Dienstmädchen, Wäscherinnen, Ammen, Straßenverkäufer, Heimarbeiter und die untere Schicht der Lohnarbeiter, deren Löhne unter dem Existenzminimum liegen und die also zusätzliche Einkommensquellen suchen. Sie haben keinen hinreichenden Zugang zu Produktionsmitteln, der ihre Reproduktion decken würde; sie arbeiten für ihr Überleben, wo sich Gelegenheiten eröffnen, und sie stehen zwischen "Brot für heute und Hunger für morgen" (Berger 1978). So bilden sie ein Arbeitskräftereservoir für den Akkumulationsprozeß (Bennholt-Thomsen 1979).

Auf Weltebene geht dieser Prozeß der Freisetzung von Arbeitskräften ohne Übernahme in feste, existenzsichernde Beschäftigungssysteme im Zuge der kapitalistischen Entwicklung weiter: z.B. die Lohnarbeiterinnen, die kurzfristig im "Weltmarktfabriken" in Südkorea zu niedrigen Löhnen angestellt werden und mit der Wirtschaft ihrer Heimatdörfer oder der städtischen Slums verbunden sind, werden im Zuge der fortgeschrittenen internationalen Arbeitsteilung beschäftigt. So sind sie ebensowenig "frühkapitalistischen Strukturen" zuzuordnen, wie die Gelegenheitsprostituierten in Thailand, die durch die Ausweitung der Tourismusindustrie dort seit Mitte der siebziger Jahre zunehmend Beschäftigung finden (12). Die kapitalistische Weltentwicklung "schafft" nicht nur Lohnarbeiter, sondern ganz unterschiedliche Gruppen von Arbeitskräften, die mobil und für den internationalen Akkumulationsprozeß verfügbar sind, die sich aber zum Teil und zeitweise ganz durch Eigenarbeit und Eigenbeschäftigung reproduzieren.

Vergleicht man die Mischökonomie dieser arbeitenden Armen und die Reproduktionszusammenhänge der Lohnarbeiter, so zeigt sich eine unterschiedliche Kombination von Erwerbstätigkeit und Subsistenzproduktion. Die arbeitenden Armen kombinieren Subsistenzproduktion. informelle Tätigkeiten und gelegentliche Lohnarbeit. In Stadt und Land leben sie in einer Mischökonomie, in der Einkommen aus der Subsistenzproduktion, Marktproduktion und entlohnter Arbeit eingebracht und im Haushalt gebündelt werden. So ermöglicht grundsätzlich die Arbeit aller Haushaltsmitglieder - Frauen, Männer, Kinder - das Überleben. In Europa hielten sich Heimweber oft eine Kuh oder nutzten den Hausgarten für die Eigenversorgung. In England nutzten die Frauen bis zur Einhegung das Recht des Ährenlesens auf den abgeernteten dörflichen Feldern. Überschüsse, die nicht für die Ernährung des Haushalts gebraucht wurden. verkauften sie und sie konnten dadurch manchmal ebensoviel verdienen wie die Lohnarbeiterinnen bei der Ernte (Vgl. Pinchbeck 1930:56-57). Dies Beispiel zeigt die Durchlässigkeit zwischen Subsistenzproduktion und Erbwerbsarbeit und zugleich die Balance zwischen beiden Bereichen, die mit der Ausweitung der Märkte neu bestimmt werden mußte.

Um ein weiteres Beispiel aus der Gegenwart anzuführen - die große Menge der landarmen und landlosen Haushalte unter 0,5 ha im ländlichen Java lebt einerseits vom Anbau auf den verbliebenen Parzellen, andererseits von einer Vielzahl "marginaler" Tätigkeiten und gelegentlicher Lohnarbeit der Frauen, Männer, Kinder.

Frauen stellen u.a. Früchte und Gemüse, Web- und Flechtarbeiten, Palmzucker und Speisen her, die teilweise vom Haushalt konsumiert, teilweise auf lokalen Märkten von ihnen verkauft werden. Kinder hüten Haustiere, sammeln Brennholz und betreuen ihre Geschwister. Männer und Frauen arbeiten in der Landwirtschaft und bei Gelegenheitsjobs (Vgl. Hartmann 1981:64-69, 72-77). Im städtischen Milieu bleibt die Subsistenzproduktion eine wichtige Form des Einkommens der Marginalisierten. Immerhin lag ihr Anteil am Haushaltskonsum von Arbeiterfamilien in Jakarta laut einer neueren Untersuchung knapp unter 20% (Vgl. Evers 1980:34-35).

> "Not only women and children, but men also are growing vegetables, raising chickens; engage in building and reparing dwelling and recycle urban waste. As monetary income is low their demand for the satisfaction of basic needs is directed to the subsistence sector rather than to the market sector of the urban economy." (ibid.)

Ein davon unterschiedenes System der Reproduktion der Arbeitskraft ist die Verbindung von Lohnarbeit und unentlohnter "moderner Hausarbeit". In Europa und Japan ist der Übergang von dem einen Reproduktionssystem zu dem anderen geschichtlich zu verfolgen. In manchen neu industrialisierten asiatischen Ländern wie Südkorea zeichnet er sich gegenwärtig ab, ohne daß die Kombination Lohnarbeit/ Hausarbeit bereits überwiegen würde. Vor allem aus zwei Gründen habe ich mich entschieden, hier diese Transformation in Europa zu untersuchen. Einerseits zeigt die europäische Entwicklung den Formenwandel der geschlechtlichen Arbeitsteilung und der Subsistenzproduktion in einer längeren historischen Perspektive auf; andererseits wird sie oft als utopisches Leitbild der Sozialentwicklung in Ländern der "Dritten Welt" verbreitet, obwohl sie in Europa bereits kritisch betrachtet wird.

Beide Typen sind in der Herausbildung der Arbeiterklasse auf Weltebene bis zur Gegenwart zu verfolgen; sie existieren zugleich und sind m.E. nicht eindeutig verschiedenen kapitalistischen Phasen zuzurechnen. Die Zunahme des "informellen Sektors" im Zuge der Krise und wachsenden Erwerbslosigkeit nach 1975 in Westeuropa, besonders in England, zeigt, daß die Entwicklung von einem Typ zum andern tendenziell reversibel sein kann.

Die Autoren, die die arbeitenden Armen (labouring poor) oder die "handarbeitenden Klassen" im Europa des 18. und 19. Jhs. beschreiben (13), heben besonders die folgenden Kennzeichen hervor:

- die Arbeit für das eigene Überleben, d.h. die Armen sind nicht allein "wirtschaftlich unterprivilegiert", sondern ihre Armut drückt sich eben darin aus, daß sie selbst ihren Lebensunterhalt

gewinnnen müssen und niemand abhängig für sie arbeitet.
- die existentielle Unsicherheit, die besonders drängend wird in den Perioden, in denen die herkömmlichen kommunalen Subsistenznischen, wie etwa die Nutzung der Viehweide und des Walds der Gemeinde (Conze 1954:123) verloren gehen und ein staatliches Sozialhilfesystem noch nicht besteht.
- die Mischung von Subsistenzproduktion und Erwerbstätigkeit in den Überlebensstrategien.

Dies wird sehr anschaulich in Conzes klassischer Beschreibung der 50-60% der Bevölkerung, die "knapp,ja dürftig und in Krisenzeiten elend und gefährdet leben" (1954:122). Nach einer kurzen Schilderung des Versiegens von alten Erwerbs- und Unterhaltsquellen, wie die Aufhebung der Gemeindeweide durch die Gemeinheitsteilungen und die Krise der Heimindustrien, fügt er hinzu:

> "Gegenüber dem alten Begriff der "Nahrung" als Familiengrundlage in der ständischen Gesellschaft wurde das Wort "Nahrungslosigkeit" als Kennzeichen des Pauperismus geprägt."(1954:123)

Dies entstehende Proletariat setzt sich aus den verschiedensten Gruppen zusammen, z.B. nach der drastischen Schilderung des Freiherrn von Stein

> "in den Städten aus dem heimatlosen, eigentumslosen Pöbel, auf dem Lande aus der Masse der kleinen Kötter, Brinkbesitzer, Neubauer, Einlieger, Heuerlinge..."(nach Conze1954:116)

d.h. aus marginalisierten Landarbeitern, Siedlern und Kleinbauern. Es ist nicht kongruent mit der Lohnarbeiterschaft, die teilweise eher in festen Anstellungen etwas gesicherter lebt. Es reproduzierte sich nicht durch "Familienlöhne in dem Sinne, daß eine Familie ausschließlich vom Lohn des Familienvaters zu leben hatte" (ibid: 123), sondern durch Mischverhältnisse z.B. aus dem Geldlohn, einer eigenen Parzelle und Kleinviehhaltung bei ländlichen Tagelöhnern.

Da schon die arbeitenden Armen keinen Besitz an Produktionsmitteln haben und für ihr Überleben teils Eigenarbeit leisten, teils ihre Arbeitskraft verkaufen müssen, könnte man von "arbeitenden Klassen" oder einer "zusammengesetzten Arbeiterklasse" in Stadt und Land sprechen. Alle ihre Mitglieder - Frauen, Männer, Kinder - arbeiten und alle Tätigkeiten, ob in Subsistenzproduktion oder Gelderwerb scheinen sozial anerkannt, "sichtbar" zu sein (14). Dies Konzept ist beeinflußt von Thompsons Untersuchung der Herausbildung der englischen Arbeiterklasse ; es enthält aber auch Ansatzpunkte objektiv gemeinsamer Interessenlagen aufgrund der marginalisierten Mischwirtschaften (15). Thompson sieht die "Herstellung der englischen Arbeiterklasse" auf zwei Verlaufsebenen:

"The outstanding fact of the period between 1790 and 1830 is the formation of the "working class". This is revealed, first in the growing of class consciousness: The consciousness of an identity of interests as between all these diverse groups of working people and as against the interests of other classes. And second, in the growth of corresponding forms of political and industrial organisation."(Thompson 1963:213)

Er widerspricht Engels Einschätzung der Fabrikarbeiter als der "ältesten Kinder der industriellen Revolution" (MEW 2:253). "The factory hands, so far from being "the eldest children of the industrial revolution" were late arrivals."(Thompson 1963:211) Im Gegensatz betont er die pluralen Ursprünge der englischen Arbeiterklasse in Herkunft, Traditionen, Erwartungen und Normen (ibid.:340).

Die arbeitenden Armen, diese zusammengesetzte Arbeiterklasse kamen aus unterschiedlichen Sozialverhältnissen. Es lassen sich jedoch zwei wichtige Ursachen nennen, die aus der Veränderung der Produktions- und Reproduktionsverhältnisse im Übergang zum Kapitalismus resultieren: einerseits das Aufbrechen der verbliebenen subsistenzwirtschaftlichen Zusammenhänge in der Landwirtschaft aufgrund der Marktausweitung und dem Vordringen kapitalistischer Agrarproduktion, andererseits die Disintegration zwischen Produktion und Reproduktion, die mit anderen Faktoren wie der gesunkenen Säuglingssterblichkeit und höherem Lebensalter dem Bevölkerungswachstum der Neuzeit zugrundeliegt. Es wurden große Gruppen von Menschen aus der bisherigen sozialen Arbeitsteilung freigesetzt und zugleich wuchs ihre Zahl insgesamt aus sozialökonomischen Ursachen rasch an. Beide Prozesse bildeten eine Grundlage für die rapide Zunahme der arbeitenden Klassen.

Frauenarbeit und der Wert der Kinder in den arbeitenden Klassen

Die rasche Bevölkerungszunahme in Europa ab ca.1750 wird gegenwärtig vor allem von einer wachsenden Geburtenrate verbunden mit einer sinkenden Sterblichkeit der Erwachsenen abgeleitet (16). Diese Zunahme ist kein außergesellschaftliches Naturereignis und geht auch nicht nur auf die Fortschritte der Medizin zurück. Vielmehr ist hier ein Knotenpunkt ökonomischer und politischer Interessen von der Forderung der merkantilen Staaten nach großem Menschenreichtum bis zu den Alltagsentscheidungen in den Hauswirtschaften, die auch vom Spannungsfeld der geschlechtlichen Arbeitsteilung und Machtverhältnisse geprägt waren.

Ein wichtiges Forschungsfeld für eine vergleichende und historische Bevölkerungswissenschaft könnte sich eröffnen, würden Lebenszusammenhang und Bewußtsein der Mütter selbst rekonstruierend untersucht. Da m.W. noch keine umfassenden Studien aus dieser Perspektive für diesen Zeitraum europäischen Geschichte vorliegen (17), können hier nur hypothetisch einige Ursachenstränge aus dem obigen Knotenpunkt herausgehoben und präsentiert werden.

Das erste mögliche Motiv ist der gestiegene "Wert der Kinder" in der Mischökonomie der arbeitenden Klassen (18). Aus verschiedenen Berichten vor allem über Kleinhäusler- und Heimarbeiter-Wirtschaften wird ersichtlich, daß eine gewisse Zahl von Kindern für die Eltern und gerade für die Mütter einen realen ökonomischen Vorteil mit sich brachte. Denn sie konnten entweder Erwerbsarbeit außer Haus finden, in der Heimindustrie mitarbeiten (Vgl. Pinchbeck 1930:113; Rosenbaum 1982:231-245) oder wichtige haushaltliche Arbeiten erledigen. Durch die Mitarbeit der Kinder in "weiblichen" Bereichen der Subsistenzproduktion, z.B. die Kuh hüten und melken, kochen, Holz holen usw., wurde die Arbeitslast der Mütter erleichtert, bzw. wurden sie für einträglichere Arbeit z.B. in der Heimindustrie freigestellt.

Eine Reihe von Arbeiterinnenbiographien(19) aus dem 19. Jh zeigt einen typischen Lebenslauf der Mädchen: sie arbeiteten zunächst im Haushalt und in der Heimindustrie, manchmal auch im eigenen kleinen Garten mit. Wenn sie etwas älter wurden, gingen sie in die Fabrik. Ihr Verdienst ging im wesentlichen an die Familie und häufig unterstützten sie später die erwerbsunfähigen alten Eltern, während die verheirateten Brüder dies nicht taten. Adelheid Popp war die jüngste von 15 Kindern, von denen fünf überlebten. Zunächst arbeitete sie in der häuslichen Heimindustrie, dann in anderen Werkstätten. Mit zwölf Jahren begann sie in einer Bronzewarenfabrik. Als ihre Brüder verheiratet waren und nur noch für ihre Familien sorgten, brachte sie mit ihrer Fabrikarbeit sich und ihre alte Mutter durch (Popp 1927). Ottilie Baader erledigte nach dem Tod ihrer Mutter mit sieben Jahren die Hausarbeit und arbeitete mit dreizehn Jahren im Heimarbeit in einer Nähstube. Ihr war es nach der Verheiratung ihrer Geschwister

> "gegangen, wie es sooft alleingebliebenen Töchtern in einer Familie geht, die nicht rechtzeitig ein eigenes Lebensglück finden: Sie müssen das Ganze zusammenhalten und schließlich nicht nur Mutter, sondern auch noch Vater sein, das heißt Ernährer der Familienmitglieder, die sich nicht selbst erhalten können. So habe ich meinen Vater über zwanzig Jahre erhalten." (20)

Eine Fabrikarbeiterin, die ihre bitteren Erfahrungen zeitweise in die Psychiatrie brachten, berichtete über ihre Erfahrungen als ältestes Kind in einem Heimweber-Haushalt:

> "War verkostgeltet, bis ich vier Jahre alt war. Von Z. zogen meine Eltern nach D., da gingen sie wieder in die Fabrik. Über Tag mußte ich meinen Bruder und meine Schwester pflegen, so gut ich konnte; meine Mutter machte jeden Morgen alles bereit, denn der Bruder war damals erst ein halbes Jahr alt, meine Schwester drei Jahre alt. Meine Mutter sagte und zeigte es mir, wie ich es machen müßte, bis sie wieder heim komme. Ich mußte immer auf einer Bank stehen, mochte lange nicht in das Wägelein hineinlangen, wo mein Bruder lag, es war manchmal keine schöne Ordnung...
>
> Da mußten wir Schwestern in den Wald mit einem Wägelein, den Bruder mußten wir auch allemal mitnehmen, jeden Tag zwei- bis dreimal eine Stunde weit, manchmal mußten wir den ganzen Tag allein draußen sein und einen großen Haufen Holz suchen...(Einmal) hatten (wir) nicht gar so einen großen Haufen Holz wie der Vater es gern hatte. Da nahm er mich über einen abgehauenen Stock, schlug mich mit einem vierfachen Seil, bis ich ganz blau war...Die Mutter wollte immer abwehren, aber er wollte sie auch schlagen...
>
> Nebst der Schule mußten wir auch ins Holz. Im Winter mußte ich, als ich aus der Schule kam, in die Fabrik, dem Vater helfen weben, mußte auf ein Kistlein hinaufstehen, aufpassen; denn es waren Wechselstühle und zwar für Nastücher. Wenn es einen Fehler gab, da bekam ich links und rechts Püffe...
>
> An jedem Morgen mußte ich (dann später) mit meinen Eltern in die Fabrik, bis ich höchste Zeit für die Schule hatte, am Mittag, wenn die Schule aus war, auch und wenn es nur noch eine halbe Stunde war, bis er abstellte...am Abend mußte ich manchmal bis nachts 8 Uhr arbeiten beim Vater...
>
> Die Zeit kam, wo ich in die Fabrik gehen durfte, ich mußte nur acht Tage lernen, denn ich hatte schon einen Begriff von der Weberei; bekam dann zuerst nur einen Stuhl, in der Woche nachher den zweiten, auf der einen Seite war der Vater, auf der andern Seite die Mutter. Es freute mich, wenn ich einen großen Zahltag heimbringen konnte; aber da meinte der Vater nur, er könne jetzt noch mehr trinken." (Dulden 1910:7-10, 15)

Diese Berichte geben ein Einblick in die gemischten Einkommensquellen der arbeitenden Klassen - selbst wenn Vater oder Mutter zur Lohnarbeiterschaft gehören - und auf den Wert von Kindern, der in einer nur an monetären Einkommen und Kosten orientierten

Berechnung nur teilweise aufgenommen wird. Die Kinder nehmen der Mutter einen Großteil der Versorgung der jüngeren Geschwister ab und erledigen teilweise die Hausarbeit (sozialisierende und regenerative Reproduktion); sie übernehmen Bereiche der Subsistenzproduktion, wie Wasser- oder Holzholen; sie bringen ihre Arbeitskraft in die Heimindustrie und ihre Löhne in das Haushaltsbudget ein; schließlich versorgen sie die Eltern im Alter, wobei dies Motiv sich ganz im Gegensatz zur gängigen Stammhalter-Ideologie (21) oft bei den Töchtern wiederholt. Hypothetisch kann durchaus ein ökonomisches Motiv zum Kindergebären auch in den arbeitenden Klassen angenommen werden (22).

Doch folgt das Reproduktionsverhalten keineswegs allein individuellen Motiven und der ihnen zugrundeliegenden persönlichen ökonomischen und sozialen Rationalität. Zumindest in patriarchalischen Gesellschaften wird es beherrscht durch soziale und politische Institutionen, die sich letzlich mittels Zwangssystemen durchsetzen. Solche Zwänge sind z.B. die Bestrafung von eigenständiger Verhütung von Geburten, von außerehelicher Sexualität und Schwangerschaft usw. durch Staat und Kirche in Europa. Sie setzen insgesamt die patriarchalische Kontrolle über die Gebärfähigkeit und Sexualität der Frau - Kern- und Angelpunkt des Patriarchats - voraus und verstärken sie.

White summiert die Diskussion über die grundlegenden Mechanismen der Regelung des Reproduktionsverhaltens wie folgt:

> "...reproductive behaviour is regulated in virtually all known societies by marriage patterns and by conscious and deliberate practices within marriage (abstinence, abortion, contraception, infanticide)... as well as by involuntary mechanisms." (1982:590)

Im Europa der Neuzeit ist bis ins 20.Jh. eine Zunahme der Zwangssysteme zum Kindergebären und eine Lockerung der vorherigen begrenzenden Restriktionen in den Heiratsregeln zu beobachten(23).Ein wichtiger Faktor war die tiefgehende Verwurzelung der patriarchalischen Sexualmoral auf unterschiedlichen Ebenen, in dem die Frauen als passives Objekt einer männlich dominierten Sexualität erschienen (Heinson, Knieper, Steiger 1979:16). Dem vorgelagert waren die Hexenprozesse, in denen staatliche und kirchliche Einrichtungen im Verein Empfängnisverhütung, Abtreibung, heimliche Kindstötung bestraften, die "weisen Frauen", die im Zentrum der volksmedizinischen Netzwerke im Bereich der Empfängnis und Geburt standen, verfolgten und so in breiten Kreisen der Bevölkerung das Verhütungswissen auslöschten (ibid:53 ff.). Die staatlichen Eingriffe in die Verhütungspraktiken setzten sich in den strengen Gesetzen des 19. Jhs. gegen Abtreibung und die als "obszön"gebrandmarkte Weitergabe von Verhütungswissen fort. Schließlich wurde die extreme Tabuisierung der Sexualität und die Negation weiblicher Sexualbedürfnisse im Bürgertum allmählich auch auf die arbeitenden Klassen übertragen und dort weithin akzeptiert (ibid.:65-95, 162-185). So wurden die Praktiken zur Geburtenplanung in der Familie und die vorigen Reste weiblicher Selbstbestimmung durch neue Moralsysteme angegriffen und durch staatlichen Zwang und soziale Kontrolle zurückgedrängt.

Bestanden vom Mittelalter bis zur frühen Neuzeit Heiratsbeschränkungen in den Bauern- und Handwerkerschichten, so wurden diese im 18. und 19. Jh. allmählich obsolet. In vielen Regionen Deutschlands waren Armenehen im 18. Jh. verboten oder wurden nur gegen das Vorweisen einer bestimmten Summe Geldes oder von Hausbesitz gestattet (Schneider 1978:270-1). Letztlich fielen die ortspolizeilichen und staatlichen Heiratsbeschränkungen in deutschen Territorialstaaten erst durch ein vereinheitlichendes Gesetz des Norddeutschen Bundes 1868 (Gerhard 1978:19-20). Allerdings hatten diese Begrenzungen schon vorher z.B. im Fall der Heimarbeiter nicht wirklich gegriffen (Rosenbaum 1982:211-223).

Die Bedeutung der Kinder in der Mischökonomie der arbeitenden Klassen mag zwar oberflächlich dem Typ der Subsistenzwirtschaft ähneln, doch liegt der grundlegende Unterschied in der allmählichen Scheidung von Produktion und Reproduktion. In der Subsistenzwirtschaft führte die enge Interaktion zwischen Produktion und Reproduktion, die auf den Besitz der Produktionsmittel gestützt war, der Tendenz nach zur Planung der Mitgliederzahl einer Hauswirtschaft und zu ihrer Zusammensetzung als soziales Kollektiv. In den arbeitenden Klassen setzt sich immer stärker der Trend durch, die biologische Abstammungsgruppe, die "Kernfamilie", als ausschließliche Reproduktionseinheit zu verstehen. In ihrem gesteckten Rahmen werden die Einkommen gebündelt, die nun überwiegend aus der Erwerbstätigkeit außerhalb der Hauswirtschaft und der Subsistenzproduktion gewonnen wurden (24).

Beispielhaft ist die Entwicklung der Heimarbeiterfamilie, die die Heimindustrie mit der Subsistenzproduktion in einem Gärtchen oder Feld koppelt. Dies wird manchmal als Fortleben der Subsistenzwirtschaft aufgefaßt. Doch bildet sie eben einen neuen Typus der Erwerbsgemeinschaft nur zwischen den Gatten ohne die bisher notwendigen Rücklagen in Bodenbesitz oder der Zunftverankerung. Deshalb wirkt sie sich sprengend und auflösend auf die bisherigen Heiratsverbote aus. Die Koppelung von Erwerbstätigkeit in protokapitalistischen oder kapitalistischen Verhältnissen

und Subsistenzproduktion bedeutete zugleich die Abkoppelung von
der Subsistenzwirtschaft und ihre allmähliche Auflösung als System.

Der Wandel in der Wahrnehmung der Bevölkerung

Ein deutlicher Wandel in der Wertung des Bevölkerungswachstums
von den merkantilistischen Vorstellungen des "Reichtums durch
Menschen" zu den Malthusschen Thesen von der naturgesetzlichen
Zunahme der Armen zeichnet sich im gleichen Zeitraum ab. Ohne
diese Veränderung im einzelnen nachzeichnen zu können, will ich
hier die Konsequenzen für die Wahrnehmung des Kindergebärens,
der generativen Reproduktion skizzieren. In den absolutistischen
Staaten und selbst noch bei Smith wurde die Bevölkerung als positiver sozialer Faktor eingeschätzt. Man nahm an, "im Kriege,
bei dem Feldbau, bei Künsten und Manufakturen entscheide allein
die Volksmenge" (Gerhard 1978:117-8). Sombart betont die militärische Rationale der sich daraus ergebenden aktiven Bevölkerungspolitik:

> "Viel Kriege erheischen viel Menschen und viel Geld; viel Men-
> schen werden durch die Vermehrung der 'Manufakturen' er-
> zeugt, viel Geld wird durch den auswärtigen Handel, wenn er
> 'aktiv' ist, ins Land gebracht."(Sombart 1921:810)

Menschen, Manufakturen, Geld und Militär werden als Kettenglie-
der im Panzer der Selbstbehauptung des merkantilistisch-absoluti-
stischen Staaten gesehen. Foglich zielten diese Staaten auf zahlreiche Arbeitskräfte durch eine Politik der "Menschenproduktion"
(Heinsohn, Knieper, Steiger 1979). U.a. ermutigten sie Eheschlies-
sungen, unterdrückten Verhütungspraktiken, und richteten Armen-
und Waisenhäuser für die wachsende Pauperschicht ein, in denen
sie versorgt und zu disziplinierter Arbeit gezwungen wurden (25).
Diese soziale Wertung der Arbeitskräfte beruhte selbstverständlich auf ihrer Unterordnung unter den absoluten Staat und seinen
Herrscher.

Als mit den bürgerlichen Revolutionen und der Entwicklung des
ökonomischen Liberalismus diese Herrschaftsform unterspült und
aufgelöst wurde, prägten neue Leitmotive die Wahrnehmung des
Bevölkerungswachstums· vorrangig sind hier die "Naturalisierung",
d.h. die Wertung als ein im wesentlichen naturgesetzlich zu
erfassender, natürlicher Prozeß, nach dessen sozialen Ursachen nicht
gefragt wird, und die Einordnung in die zu Beginn des 19.Jhs. vi-
rulent werdenden Klassengegensätze zu nennen.

Die Einsicht in den grundsätzlichen Wert der sozialen Arbeitskräfte ging in der Folge unter in der Flut der Klagen über die Vermehrung der Armen, ihren physischen Verfall und die sozialen Unruhen. Neben der Zunahme der Armen wurde ihre mangelnde Arbeitsdisziplin beklagt (26). Die Ansichten des Autors der "Memoirs of wool"(1747) wurden laut Thompson von vielen Angehörigen des ländlichen Magistrats und der Kirche, sowie von Unternehmern geteilt:

> "It is a fact well known...scarcity, to a certain degree, promotes industry, and that the manufacturer who can subsist on three days work will be idle and drunk the remainder of the week...The poor in the manufacturing countries will never work any more time in general than is necessary just to live and support their weekly debauches...We can fairly aver that a reduction of wages in the woollen manufacture would be a national blessing and advantage and no real injury to the poor." (Nach Thompson 1963:306)

Mandeville brachte dies auf die Kurzformel: "If nobody did want, nobody would work."(Nach Sombart 1921:805) Townsend entfaltete in seiner Dissertation über die Armengesetze zu Ende des 18.Jh. eine "heilige Vireinigkeit" von Eigentum, Fleiß, Freiheit und Hunger. Hunger als sanftes Druckmittel sei ein wesentlich effektiverer Zwang zur Arbeit als die unmittelbare Kontrolle politischer Instanzen, etwa der Gemeinderäte:

> "Der Sklave muß zur Arbeit gezwungen werden, der freie **Mann** aber soll das Recht des eigenen Urteils und Ermessens haben; er soll im Genuße seines Eigentums, mag es viel oder wenig sein, geschützt werden, und er soll bestraft werden, wenn er den Besitz seines Nachbarn antastet." (Nach Polanyi 1978:160, Betonung I.L.)

Im herrschenden Diskurs, der auch die Begründer der politischen Ökonomie beeinflußte, trat die Masse der arbeitenden Armen vorrangig als überzählige Nachfrage auf, die sich naturgesetzlich übermäßig vermehrte (27). Der Wert der Kinder der Armen, der ihnen selbst noch bewußt gewesen sein mag, wurde übersehen. In dieser "Naturalisierung" der Ressource Arbeitskraft wurden die Frauen, die sie gebären und versorgen, doppelt naturalisiert. Männern wird in diesem Diskurs eine eigenes Urteil und Ermessen zugestanden, das sowohl im Eigentumsrecht als auch in den Wahlrechtreformen des 19.Jh. anerkannt wird. Sie bildeten zwar einen Teil der Arbeitskräfte-Reservoirs, waren aber auch Mitglieder der bürgerlichen Gesellschaft, die ihnen prinzipiell die Menschenrechte der Freiheit und Gleichheit zugestand. Frauen, ob arm oder reich, erschienen als das Geschlecht schlecht-hin. Somit mußten sie sich die politische Partizipation und demokratische Rechte erst in einem langen Prozeß erkämpfen. (28)

Die schlichte Feststellung, daß Mutterschaft auch während der Industrialisierung und in der Industriegesellschaft gesellschaftlich notwendige Arbeit ist, und daß sich in ihr ein sozialer Wert verkörpert, steht gegen einen auf den Bereich der Lohnarbeit eingegrenzten Arbeitsbegriff. Ihre Konsequenz lautet, daß die Millionen Frauen, die die zusätzlichen Arbeitskräfte unter schwierigen Umständen gebaren und versorgten, eine wichtige Voraussetzung der industriellen Revolution darstellen.

Ein wichtige, weiter zu erforschende Frage ist die Situation von Müttern in den arbeitenden Klassen, deren Kinder, zum Teil auch Männer in die Städte abwanderten. In verschiedenen sich industrialisierenden Gesellschaften bildete das Land die Hauptquelle des Bevölkerungswachstums, was durch die Abwanderung in die Städte verdeckt wird. In Preußen ging von 1816-1848 das Bevölkerungswachstum von den ländlichen Regionen aus,"auch wenn sich die Zuwachsraten im Laufe des Jahrhunderts wegen der Landflucht am auffälligsten in der Einwohnerzahl der Städte niederschlugen." (Gerhard 1978:17) Thompson deutet eine mögliche Verbindung zwischen den ländlichen Geburtenraten, der hohen Kindersterblichkeit in den städtischen Armenvierteln und den harten Arbeitsbedingungen im England der industriellen Revolution an. Er schildert die "Flickwerkexistenz" ländlicher Arbeiter in Südengland, die sich von Armenhilfe, sporadischer Lohnarbeit und Subsistenzproduktion vor allem der Frauen durchschlugen. Angesichts des Fehlens anderer Einkommensmöglichkeiten erschien eine hohe Kinderzahl "rentabel", da so die Armenstütze ein wenig erhöht wurde. Ein Zeitgenosse schilderte 1795 ihre Lage:

> "It is the wives of these men who rear those hardy broods of children who, besides supplying the country with the hands it wants, fill up the voids which death is continually making in camps and cities." (Nach Thompson 1963:249)

Und Thompson zieht seine eigene Schlußfolgerung:

> The thought occurs to one that in the high-wage industrial centres generation after generation of children were bred, more than half of whom died before they could scarcely speak; while in the low-wage country-side children were kept alive by the poor rates to supplement, by migration the heavy adult labour force of the towns." (ibid.:361)

Die Industrie baute also mit auf den ländlichen Arbeitskräftereservoirs und dort auf der unentlohnten Arbeit der Mütter auf.

Die unvollständige Freisetzung der arbeitenden Klassen aus der Landwirtschaft während der kapitalistischen Entwicklung

Der Verlust des Zugangs zu Produktionsmitteln, der sich im Zusammenhang mit der kapitalistischen Durchdringung der Landwirtschaft ergab, war die zweite wichtige Ursache bei der Formierung der arbeitenden Klassen. Das Vordringen kapitalistischer Verhältnisse im Agrarbereich ist ein komplexer, weltweit sehr ungleicher Prozeß. Es ist m.E. deswegen nicht möglich, von einem oder einigen wenigen "Modellen" der kapitalistischen landwirtschaftlichen Entwicklung auszugehen. Allerdings geschah dies oft implizit oder explizit, wenn der "englische", der "preußische" oder der "(US)-amerikanische Weg" als allein geltende Paradigmen angesehen wurden. Dieses Modell-Denken hat m.E. auch die Debatte über den kapitalistischen oder vorkapitalistischen Charakter der Landwirtschaft in sich industrialisierenden Ländern stark beeinflußt (29).

Zu den verschiedenen Typen landwirtschaftlicher Transformation

Bei der kapitalistischen Umformung der Landwirtschaft treten unterschiedliche Stufen auf. Eine erste ist die Integration in die kapitalistische Ökonomie und die Übernahme allgemeiner, privatwirtschaftlicher Grundsätze. Davon zu trennen ist die weitere Stufe der "Durchkapitalisierung", in der wie z.B. im Agrobusiness auf Basis von Lohnarbeit und Maschinen nach kapitalistischer Rationalität gewirtschaftet wird.
Für die erste Stufe der kapitalistischen Durchdringung sind m.E. drei Prozesse zentral: Der wichtigste ist der Einbezug in das "kapitalistische Weltsystem", der als treibender Faktor bei den folgenden Veränderungen wirkt. Die weiteren sind die Durchsetzung von "Freiheit von Land und Leuten". Das Land wird zur frei verkäuflichen Ware, indem das Privateigentum an Boden als öffentlich-rechtliches Verhältnis gegenüber den abgestuften Besitzrechten der unmittelbaren Produzenten in vorkapitalistischen Gesellschaften etabliert wird. Persönliche Hörigkeitsverhältnisse, die die Abforderung von Mehrarbeit legitimieren, werden aufgehoben; die Produzenten treten grundsätzlich frei auf dem Arbeitsmarkt auf.

Die beiden letzteren Prozesse waren in Europa in Einzelschritten oder im Verbund der Bauernbefreiung im 19.Jh. in ungefähr abgeschlossen. In unserem Zusammenhang ist die Durchsetzung des privaten Grundeigentums besonders wichtig. Denn sie brachte die Aufhebung kommunaler Nutzungs- und Kooperationssysteme und damit den Verlust bisheriger "Subsistenznischen" von landarmen oder landlosen Haushalten. Z.B. planten die englischen Bauern im open field System den Beginn und die Arbeitsschritte des Anbaus, sowie den Fruchtwechsel in Absprache miteinander und die Felder wurden nach der Ernte als Viehweide und zum Ährenlesen genutzt (Hilton 1973:30 ff.). So konnten auch Häusler dort eine Kuh oder Ziege halten und Milch, Fleisch, ggfs. auch Dünger bekommen. Dies System stand im Gegensatz zu den vordringenden kapitalistischen Betrieben, denn es verunmöglichte individuelle Entscheidungen der Agrarunternehmer und - aufgrund der Abspracheregelungen - spezifische Investitionen zur Produktivitätssteigerung, z.B. zum Winteranbau. Im Zuge der Einhegungsbewegung, die im 15.Jh. begann und von 1760-1820 zu einer Privatisierung des Großteils der englischen Commons führte (30), wurde das kommunale Entscheidungs- und Nutzungssystem aufgelöst und die freie Verfügung des Eigentümers über sein Land konsolidiert.

Aufgrund der jeweiligen historischen Besonderheiten und der ungleichen und ungleichzeitigen Einbeziehung von nationalen Gesellschaften in das "kapitalistische Weltsystem" ergaben sich in diesen nach Ablauf der erwähnten zentrlane Prozesse unterschiedliche Klassenkonstellationen, technologische Niveaus und "Kapitalisierungsgrade" der Landwirtschaft.

In England führte dies im 18. und 19. Jh. zur Vorrangstellung des durchkapitalisierten Großbetriebs. Dieser Durchkapitalisierung auf dem "englischen Weg" lagen allerdings eine Reihe von Sonderbedingungen zugrunde. Im allgemeinen werden die folgenden Faktoren genannt· Die von 1750-1820 konstant hohen Kornpreise bedeuteten eine Einkommensverteilung zugunsten der Großgrundbesitzer und ermöglichten ihnen gewaltige Investitionen zur Verbesserung der Böden (Pinchbeck 1930:28). Es stand auch ein großes Heer an potentiellen Lohnarbeitern bereit, die schon lange von feudaler Hörigkeit befreit worden waren und an ländliche Lohnarbeit gewöhnt waren. Als in der frühen Industrialisierung eine starke Migration in die industriellen Zentren mit ihrem etwas höheren Lohnniveau einsetzte, stiegen auch die Agrarlöhne leicht an, was ein zusätzliches Motiv für die Mechanisierung der Landwirtschaft brachte (31).

Diese Bedingungen waren weder in Frankreich, Preußen, Österreich, Rußland noch in Japan gegeben. Für abhängige kapitalistische Länder der "Dritten Welt" erscheinen solche Konstellationen vollends unrealistisch. Eine Fixierung auf das Modell Großbritannien verstellt den Blick auf weitere mögliche Typen der Transformation der Landwirtschaft, die andere Produktionsverhältnisse neben dem Lohnarbeit- Kapitalverhältnis beinhalten können.

In anderen Anbausystemen z.B. in Japan und in Teilen Chinas wurde in der Landwirtschaft trotz der stufenweisen Integration in die Weltwirtschaft, der juristischen Geltung des Privateigentums und der Aufhebung persönlicher Hörigkeitsverhältnisse, sowie trotz einer gewissen ländlichen Kapitalakkumulation durch Pachtherren und dörfliche Manufakturunternehmer der Schritt zum Großbetrieb kaum getan. Für die "Groß"-Grundbesitzer erschien es profitabler, den Boden gegen eine hohe Teilpacht an Pächterhaushalte abzugeben. Deswegen waren die Betriebseinheiten parzelliert. Die Pächter konnten auf ihrem relativ niedrigen technischen Niveau eine ausreichende Ernte nur durch starke Selbstausbeutung aller Haushaltsmitglieder erreichen (32).

Es reicht demnach nicht hin, additiv nur etliche äußerliche Merkmale landwirtschaftlicher Betriebe, wie die Größe, Fortbestehen eines Naturalanteils oder den geringen Maschinenbestand als Beleg für ihren nichtkapitalistischen Charakter aufzuführen. Denn die Entstehung kapitalistischer Großbetriebe in der Landwirtschaft ist nur eine der möglichen Entwicklungen. Die fortgesetzte Reorganisation" von Systemen mit marktabhängigen Kleinbauern und Pächtern in vielen Ländern der "Dritten Welt", die zugleich minimale Reservate des Überlebens für die arbeitenden Klassen darstellen, verweist darauf, daß sie sich auch in Zukunft nicht notwendig verallgemeinern werden (33).

Zur fragmentierten Subsistenzproduktion auf der landwirtschaftlichen Parzelle

Die Durchsetzung des unbegrenzten freien Privateigentums an Boden und die Aufhebung der bisherigen Staffelung von Nutzungs- und Besitzrechten bedeutete die faktische Enteignung derer, die diese Rechte bisher innehatten. Letztere waren häufig durch ihre ökonomisch und politisch schwächere Position gehindert, ihre Rechte weiter geltend zu machen oder wenigstens eine entsprechende Entschädigung zu erhalten. Hier liegt ein Ursprung der arbeitenden Klassen auf dem Lande.

Dieser Prozeß führte jedoch nicht unbedingt zur Freisetzung von jeglichem Zugang zu Produktionsmitteln. Denn dies würde Löhne in der Höhe des Existenzminimums oder Armenhilfe erfordern - zumindest solange als das Prinzip der "Nahrung" in der bisherigen "moralischen Ökonomie", jedem Menschen eine Basis für ein eigenständiges Auskommen durch Arbeit zu schaffen, nicht in Vergessenheit geriet. In England, wo die Durchkapitalisierung der Landwirtschaft fortgeschritten war, stellte um 1800 das einflußreiche

Commercial and Agricultural Magazine folgende Berechnung auf, um zu begründen, warum ein beschränkter Zugang zu Land für die Armen auch im ökonomischen Interesse der wohlhabenderen Farmer sein könnte:

> "But the interest of the other claimants is ultimately concerned in permitting the labouring man to acquire a certain portion of land...for by this indulgence the poor-rates must be speedily diminished since a quarter of an acre of garden-ground will go a long way towards rendering the peasant independent of any assistance. However in this beneficent intention moderation must be observed, or we may chance to transform the labourer into a petty farmer; from the most beneficial to the most useless of all the applications of industry. **When the laborer becomes possessed of more land than he and his family can cultivate in the evenings the farmer can no longer depend on him for constant work**, and the hay making and harvest must suffer to a degree which...would sometimes prove a national inconvenience." (Nach Thompson 1963:243; Betonung I.L.)

Die Rationale der reorganisierten Subsistenzproduktion ist klar benannt:Minimierung von Löhnen und Aufwendungen für Sozialfürsorge. während die Arbeitskraft unter einem strukturellen Zwang zur Lohnarbeit verbleibt. Hier tritt der Zusammenhang von Subsistenzproduktion und fortgesetzter ursprünglicher Akkumulation in der Lohnarbeit klar zutage.

Die Mischökonomie der arbeitenden Armen und die Sprünge in der geschlechtlichen Arbeitsteilung

Trotz ihrer Heterogenität haben die arbeitenden Klassen in Stadt und Land auf allgemeiner Ebene vergleichbare Strukturen in ihrer Mischökonomie von Subsistenzproduktion und Erwerbstätigkeit. In dieser Mischwirtschaft nun treten Sprünge in der bisherigen Arbeitsteilung nach Geschlecht auf. Ich will zunächst diese Strukturen umreißen.(35).

Die arbeitenden Klassen verfügen nicht über hinreichenden Boden, um die Reproduktion ihrer Hauswirtschaft zu gewährleisten, sondern sind auf zusätzlichen Erwerb angewiesen. Die kontinuierliche Interaktion zwischen Produktion und Reproduktion ist für sie aufgehoben. Nur in Ausnahmefällen können sie den Sprung zum kapitalistischen Unternehmer vollziehen. **Sie arbeiten für sich und für andere.**

Sie verfügen aber häufig noch weitgehend über Reproduktionsmittel oder den Zugang dazu: die eigene Hütte mit einem Garten, das Recht auf Viehweide, auf Brennholz- und Düngersammeln, sowie auf Nachlese nach der Ernte sind die wichtigsten darunter.

Entsprechend dieser Verfügung über Reproduktionsmittel und weitgehendem Verlust des eigenen Zugangs zu Produktionsmitteln schlagen sie sich in einer **Koppelung von Erwerbstätigkeit und Subsistenzproduktion in den verschiedensten Bereichen** durchs Leben. Dabei ist die Subsistenzproduktion fragmentiert; insgesamt ist sie über den Arbeitsmarkt der kapitalistischen Akkumulation subsumiert. Sie bietet kein eigenständiges Auskommen, sondern hat als untergeordnete Ergänzung die Funktion, die Reproduktionskosten der Arbeit zu senken, indem sie teilweise vom Kapital auf die Eigenarbeit der arbeitenden Klassen abgewälzt werden kann. In ihrer "Flickenwirtschaft" der unterschiedlichsten Einkommensformen gilt jeder als seines Glückes Schmied und muß seinen Unterhalt selbst suchen. Das Konzept eines Familienlohnes in dem Sinne, daß ein (männlicher) Verdiener für die ganze Familie sorgen soll, ist kaum existent; vielmehr tragen Frauen, Kinder und Männer selbst zu ihrem Unterhalt und damit zur Reproduktion des Haushalts bei. Ihr Einkommen, ob aus Subsistenzproduktion oder Erwerbstätigkeit, spielt für den ganzen Haushalt eine Rolle, wird - allerdings oft widersprüchlich - wahrgenommen. Eine zusätzliche Abstützung durch stabile Systeme der sozialen Sicherung existiert kaum oder ist den arbeitenden Armen gar nicht oder nicht hinreichend zugänglich. Deswegen ist der Lebenszusammenhang der arbeitenden Klassen von Unruhe, Unsicherheit und der Suche nach sozialen Existenzgarantien geprägt (Vgl. Elwert, Evers 1983).

Nach außen hat diese zusammengesetzte Arbeiterklasse die Funktion eines gewaltigen Arbeitskräftereservoirs für die kapitalistische Produktion, das sich durch seine Mischökonomie weitgehend selbst reproduzierte und so zumindest die Zahlung von Löhnen, die die Reproduktion von Kindern/ der nächsten Generation der Arbeitskraft ermöglicht hätten, nicht notwendig erforderte (Vgl. dazu Bennholt-Thomsen 1979).

In dieser Mischökonomie traten Brüche in der Arbeitsteilung und den Machtverhältnissen zwischen den Geschlechtern auf, die im folgenden umrissen werden sollen. Die Zuordnung zu Subsistenzproduktion oder Erwerbsproduktion verläuft nicht nach Geschlecht; vielmehr sind Frauen und Männer in beiden Bereichen tätig (Duden, Hausen 1979:11 ff.).

Oben wurden bereits die wichtigsten Formen der Subsistenzproduktion der ländlichen arbeitenden Klassen angedeutet: Brennholz-Sammeln, Ährenlesen oder Kartoffelklauben nach der Ernte, Garten- oder Feldanbau - häufig mit dem Dünger der Kuh, die sich auf der Allmende kümmerlich durchbringen ließ - ‚Milchproduktion, Schweine- und Geflügelzucht, Spinnen und Weben. All diese Aufgaben waren, mit Ausnahme von Teilen der Feldarbeit und auch gewerbsmässig betriebener Heimweberei, fast durchgängig Frauen- und Kinderarbeit. Die selbständige Verwaltung der Überschüsse bot Frauen ein eigenständiges Einkommen, das im Rahmen der Verhältnisse beträchtlich war. Arthur Young berichtete zu Ende des 18.Jhs., daß Ährenlesen der Frauen und Kinder oft ebensoviel einbrachte wie entlohnte Erntearbeit (Pinchbeck 1930:56). Männer führten Teile des Feldbaus durch.

Der Übergang von subsistenz- zu erwerbsorientierter Arbeit in dieser Mischökonomie war oft fließend. So wurden etwa Überschüsse aus der Subsistenzproduktion (Gemüse, Milch, gelesene Ähren) vermarktet. Die Arbeit im Haushalt im engeren Sinne, also Waschen, Kochen, Kinderpflege und Putzen fiel teilweise an die Frauen, teilweise wurde sie an die Kinder delegiert. Sie konnte aber auch von Männern übernommen oder gegen Bezahlung außerhalb des Hauses verrichtet werden, wenn die Frau in der dafür nötigen Zeit anderweitig mehr verdienen konnte. Deshalb wurden in dieser Umbruchperiode Arbeiten, die sich gegenwärtig der "Durchschnittseuropäer" als unentlohnte weibliche Tätigkeiten in den intimen vier Wänden vorstellt, außer Haus gegen Entgelt von Frauen geleistet. Darunter fällt das Waschen, das "Auskochen", aber auch das Stillen und die Kleinkinderversorgung. Erst in der Folge wurden bisherige häusliche Erwerbsbereiche voll in die "moderne Hausarbeit", die nicht entlohnte Subsistenzproduktion der Hausfrauen, aufgenommen. Ein prominentes Beispiel ist der Wandel des sozialen Kontextes beim Stillen. In England, Deutschland und vor allem Frankreich wurde im 18. und im frühen 19. Jh. ein Großteil der Kinder auch der Unterschichten zu Ammen auf dem Land in Kost gegeben. So schildert Shorter das Ammenwesen in Frankreich (35):

> Nur beim Großbauerntum stillten die Frauen fast immer ihre Babys oder gaben ihnen die Flasche, das aber auch nur, weil sie in der sonst frei gewordenen Zeit nicht genug verdient hätten, um eine Amme zu bezahlen. Bei den anderen Ständen gaben die Frauen, deren Verdienst den Lohn der Amme deckte, oder deren Männer die Kosten tragen konnten, ihre Kinder in großer Zahl nach auswärts in Kost und Logis. Arme Frauen in ländlichen Gebieten gaben zum Beispiel ihre eigenen Kinder zu niedrigen Sätzen nach auswärts, um dafür einen bezahlten Säugling von anderswo zu sich zu nehmen." (Shorter 1977:205)

Anscheinend waren die Fabrikarbeiterinnen die einzige Gruppe in der Unterschicht, die ihre Säuglinge nicht nach auswärts in Kost gaben, obwohl sie oft Tagesammen beschäftigten (ibid.). Die Grenze zwischen entlohnten und nicht entlohnten Arbeiten lag also, wenn wir von den nicht kommerzialisierbaren Bereichen der Reproduktion absehen (36), nicht primär im Inhalt dieser Arbeit, sondern in ihrer sozialen Organisation.

Frauen wie Männer erreichten Geldeinkommen im Heimgewerbe, als Lohnarbeiter oder als "Selbständige" oder abhängig Beschäftigte im Dienstleistungsbereich. Die Männerlöhne lagen in Landwirtschaft und Industrie deutlich über den Frauenlöhnen. Wenn allerdings vorwiegend die Frauen Erwerbsmöglichkeiten hatten, wie etwa die Spinnerinnen in der Krise der Heim-Leinenweber durch die industrielle Konkurrenz um 1850 in Deutschland, so sehen die erstaunten Beobachter eine "verkehrte Welt", eine Umdrehung zwischen Subsistenzproduktion und Erwerbstätigkeit, die zugleich die Brüche in der geschlechtlichen Arbeitsteilung aufzeigt:

> "Nicht selten sieht man Großmutter, Mutter und Enkelin mit Spinnen beschäftigt, während der Vater und der erwachsene Sohn auf dem Felde arbeiten oder andere häusliche Arbeit verrichten, die Mahlzeit vorbereiten, Rüben putzen oder Kartoffeln schälen..." (Nach Duden, Hausen 1979:22)

Dies Urteil eines Zeitgenossen über die "verkehrte Welt" (ibid.) verdeutlicht, daß gerade im Heimarbeiter-Haushalt, der sich als Erwerbsgemeinschaft ohne große Ressourcen herausgebildet hatte, das Geldeinkommen Vorrang hatte sowohl gegenüber den herrschenden Vorstellungen der geschlechtlichen Arbeitsteilung als auch gegenüber der Subsistenzproduktion.

Wie neue und alte Studien zeigen, war die Industrialisierung **nicht** die große Wasserscheide in der Frauenerwerbstätigkeit. Der Anteil der Frauen in England und Deutschland an den Erwerbspersonen schwankt in der frühen und mittleren Industrialisierung zwischen 35-45% (37). Dabei ist eine Unterrepräsentierung der Bäuerinnen und anderer Gruppen, z.B. der Prostituierten nicht auszuschließen (Hunt 1981:20). Bereits 1930 hatte Pinchbeck die umfassende Frauenerwerbstätigkeit in Landwirtschaft, Dienst, Handel und Manufakturen im 18. Jh. vor dem Einsetzen der eigentlichen Industrialisierung detailliert beschrieben und hatte dies mit der grundsätzlichen Norm ökonomischer Selbständigkeit von Frauen, die in diesem Zeitraum noch galt, verbunden (1930 passim):

> "Public opinion in the eighteenth century expected women and children to earn at least sufficient for their own maintenance,

and men's wages were based on the assumption that they did so." (Pinchbeck 1930:1)

Hunt kam 1981 zu einer ähnlichen Wertung:

Industrialization created new opportunities for women, as it did for children, in new surroundings outside the home and more in the public eye: but the proportion of women at work in nineteenth century Britain was probably not larger than the proportion that had worked before the industrial revolution." (Hunt: 1981:17)

Für Deutschland liegen m.W. keine umfassenden Daten für die erste Hälfte des 19. Jh. vor. Unter dem Vorbehalt, daß erst in der zweiten Hälfte des 19. Jh. repräsentative Statistiken existieren, lassen sich aus Branchenbeschreibungen, Fabrikstudien und Biographien von Arbeiterinnen zwei Tendenzen der industriellen Frauenbeschäftigung im 19.Jh. vermuten: die industrielle Frauenarbeit zentrierte sich um die Gruppe der Jungen und Unverheirateten und die Frauenlöhne veränderten ihren Charakter: wurden sie bei den arbeitenden Klassen noch im Rahmen des allgemeinen Haushaltseinkommens wahrgenommen, zu dem schließlich alle Mitglieder beitrugen, so sind sie wohl in der Folge immer mehr zum Einkommen des Ehemanns in Korrelation gesetzt worden.(38).

Hunt stellt fest, daß der Anteil der Ehefrauen, die beschäftigt waren, von ca. einem Viertel 1851 auf 10% 1911 zurückging (ibid.·18). In Deutschland wuchs im letzten Viertel des 19.Jhs. der Anteil der Beschäftigten an den Ehefrauen an; jedoch waren 1882 immerhin 75.9% und 1907 noch 73,6 % der Arbeiterinnen ledig (Willms 1980·110). Zu Beginn überwiegt in der Industrie der Anteil der ledigen Beschäftigten und erst allmählich steigt die Erwerbsbeteiligung der verheirateten Frauen und Mütter.

Das Konzept eines "Familienlohns" für den männlichen "Brotverdiener", der die Reproduktionskosten von Frau und Kindern mit decken sollte, hatte sich zumindest im England des 18.Jh. nicht durchgesetzt. Vielmehr stand dem das gebündelte Familieneinkommen aller Haushaltsmitglieder gegenüber. Pinchbeck verweist darauf, daß bereits bei den Heimwebern der Mann als Betriebsvorstand den Lohn für die Arbeitsleistung der ganzen Familie entgegennahm. Die Annahme, daß der Lohn der Frauen nur ein Zuschuß zum Familieneinkommen sei, solle sich von ihrer assistierenden Rolle in der Heimindustrie herleiten; ähnlich argumentiert Rosenbaum (Pinchbeck 1930:122; Rosenbaum 1982:406). Mir scheint aber, daß dabei das Ausmaß des weiblichen Beitrags in der Heimarbeiterökonomie übersehen wird. Wenn z.B. drei bis acht Spinnerinnen einem Weber zuarbeiten, ist ihre Beteiligung mit "Hilfe" wohl nicht ganz adäquat gefaßt (Pinchbeck a.a.O.). Außerdem hatten die Frauen als Spinnerinnen auch eigenständige Verdienstmöglichkeiten, wenn sie nicht für die häusliche Weberei arbeiteten. Es lag wohl auch in den Heimarbeiterfamilie eine gewisse ökonomische Vormachtstellung der Männer vor, obwohl gerade dort die innerhäuslichen Auseinandersetzung um die Verwendung des Familieneinkommens oft offen zutage traten. Doch ist das gemeinsam erwirtschaftete Familieneinkommen m.E. nicht zu verwechseln mit dem Anspruch auf einen "Familienlohn" für einen männlichen Lohnarbeiter, der in der frühen Industrialisierung aufgestellt wurde und zum Teil mit patriarchalischen Forderungen gegen die Frauenlohnarbeit verbunden wurde (Vgl. Hunt 1981:24-5; Braun 1901:222-4; Thönessen 1969). In der folgenden Petition männlicher Spinnereiarbeiter z.B. überkreuzen sich die Forderungen nach ökonomischer Besserstellung und allgemeiner Dominanz über Frauen:

> "The women, in nine cases out of ten, have only themselves to support, while the men, generally, have families...The women can afford their labour for less than the men...Girls, many of them interesting ones...are thus rendered independent of their natural guardians..." (1824, nach Hunt 1981:25).

Erst eine genauere historische Untersuchung des Wandels der Männer- und der Frauenlöhne könnte hier weiteren Aufschluß bringen. Wenn auch die Arbeiterbewegung in der Folge sowohl für das Recht der Frauen auf Lohnarbeit als auch für gleichen Lohn für gleiche Arbeit eintrat, ist die ideologische Figur des "zusätzlichen" Frauenlohns im allgemeinen Verständnis bis heute noch nicht beiseite gelegt worden. Immer noch wird der Lohn einer Frau in Korrelation gesetzt zu dem ihres Mannes und sie tendenziell auf dem Arbeitsmarkt benachteiligt, während umgekehrt ein "Familienvater" kaum nach dem Einkommen seiner Frau eingestuft werden wird. Das Familieneinkommen der Hauswirtschaften in den arbeitenden Klassen wurde also nicht in gleiche Individuallöhne aufgebrochen. Vielmehr blieb der kollektive Bezug, wurde aber nach dem patriarchalischen Leitbild, das die Frau primär als Hausfrau und Mutter sah, geschlechtsspezifisch polarisiert. Der weibliche Lohn, der schon zuvor deutlich unter dem vergleichbaren männlichen lag, wurde als "zusätzlich" eingestuft. Auch der Männerlohn wurde weiterhin auf das Kollektiv Familie bezogen, aber zum "Hauptlohn" erhoben(39).

U.a. aufgrund der eigenständigen Erwerbsmöglichkeiten der Frauen in den arbeitenden Klassen war die **Kernfamilie nicht notwendig Grundeinheit der Reproduktion.** Mutter-Kind-Gruppen scheinen ab 1750 in wachsendem Umfang aufzutreten (Pinchbeck 1930:2; Shorter 1977:100-6; Thompson 1963:59ff.). Sie ergeben sich vor allem aus der hohen Zahl der Witwen und der Zunahme unverheirateter Mütter und verlassener oder getrennt lebender Ehefrauen (Pinchbeck aa O)(40).Allerdings sollten diese Tendenzen nicht mit einer wachsenden Emanzipation der Frauen gleichgesetzt werden. Denn äußerer Zwang und stärkeres Streben nach Unabhängigkeit mögen hier zusammenwirken. Ebensowenig bedeutete die relativ ungebundere Sexualität oder die offenere Widerrede gegen die häusliche männliche Autorität, oft auch gegen die Gewalt des Ehemanns, eine reale Selbstbestimmung der Frauen (Vgl. Dulden 1910:8-9; Popp 1927: 3). Allerdings verlief der Widerstand der Frauen in den patriarchalisch geprägten häuslichen Machtverhältnissen noch offen; auch die Nachbarschaft wurde einbezogen, die der Frau manchmal Zuflucht bot, aber zugleich in Charivaris oder Katzenmusiken auch die Autorität der Ehemänner stützte (41). In der Folge bedeutete die Übernahme des in der bürgerlichen Literatur entwickelten zugeschriebenen weiblichen Geschlechtscharakters und des bürgerlichen Familienideals in weiten Kreisen der Gesellschaft (Hausen 1976; Ladj-Teichmann 1983), daß die "Widerstandsstrategien" der Frauen privater und wesentlich passiver wurden - von der Flucht in die Krankheit bis zur sanften Verweigerung (Listen der Ohnmacht 1981:40-50).

DIE ENTMISCHUNG DER ARBEITENDEN KLASSEN UND DIE HERAUSBILDUNG VON LOHNARBEIT UND "MODERNER HAUSARBEIT" IN DER KAPITALISTISCHEN ENTWICKLUNG

Die Überlebensökonomie des "Brot für heute und Hunger für morgen" der arbeitenden Klassen wurde in Europa in der Folgezeit im Destillierapparat der ungleichen kapitalistischen Entwicklung entmischt, während eben diese Entwicklung sie in den gegenwärtigen Ländern der "Dritten Welt" neu hervorrief. Dies ist kein quasi-naturgeschichtlicher Prozeß, der von einer übermenschlichen Mechanik kapitalistischer Gesetzmäßigkeiten gesteuert worden wäre. Es gingen sowohl Anforderungen der kapitalistischen Akkumulation als auch Wünsche, Bedürfnisse und Widerstand der beteiligten und betroffenen Gruppen darin ein.

Vor allem zwei Aspekte dieses Entmischungsprozesses wurden sozialgeschichtlich im Detail erforscht: die Veränderung und Verbesserungen im Bereich der Lohnarbeit und die Motive und Reorganisationen der staatlichen Sozial- und Bildungspolitik. Weitgehend übersehen wurde jedoch, daß auf der Rückseite dieser Prozesse und in Verbindung damit eine Umstrukturierung der gesellschaftlichen Verteilung von Erwerbstätigkeit und Subsistenzproduktion verlief, wobei die letztere weitgehend aus der Gesellschaftsanalyse ausgeklammert wurde. Doch wurde entgegen den Erwartungen die Subsistenzproduktion nicht aufgelöst oder gänzlich kommerzialisiert, sondern in neuen Formen stets reorganisiert. Dabei ist ein historischer Substanzverlust, eine Entmaterialisierung und ein wachsende Außenkontrolle durch Vermarkungsinteressen des Kapitals zu beobachten (Schiel, Stauth 1981). Ein Beispiel ist der Übergang von der Verwendung von selbstangebautem Gemüse, das gemeinsam manchmal von Gesang oder Geschichten begleitet verarbeitet wird, zum TV Dinner das in vorgekochter Form gekauft, aufgewärmt und vor dem Fernsehapparat serviert wird - ein Wandel, den ich persönlich erlebt habe. Dieser Prozeß wird von manchen Autoren als Unterentwicklung der Subsistenzproduktion innerhalb der kapitalistischen Entwicklung verstanden (Schiel, Stauth 1981).

In dieser Entmischung der Arbeitsverhältnisse wurden die Sphären von Produktion und menschlicher Reproduktion durchgreifender voneinander getrennt und dann im neuen Reproduktionssystem von Lohnarbeit/ "moderner Hausarbeit" kombiniert. Faßte die haushaltliche Arbeit in den arbeitenden Klassen als ein Mischsystem noch Subsistenzproduktion und Erwerbstätigkeit unter Beteiligung beider Geschlechter in beiden Bereichen zusammen, so besteht die "moderne Hausarbeit" vorwiegend aus unentlohnter Frauenarbeit in der Subsistenzproduktion zur Versorgung der Familienmitglieder. Der nicht entlohnte Teil der Reproduktion der gesellschaftlichen Arbeitskraft -die Herstellung neuen menschlichen Lebens, die Versorgung durch Essen, Kleiden, Bereitstellen einer sauberen, gesunden und angenehmen Wohn-Umwelt -all dies wurde fast in geschlechtlicher Segregation an die Frauen in den Privathaushalten delegiert. Während der Arbeitsmarkt formell geschlechtsneutral erscheint, wirken sich die familialen Versorgungsaufgaben, die entsprechende Sozialisation, die lange eine Vernachlässigung höherer beruflicher Qualifikationen beinhaltete u.a.m. in Richtung auf einen verspäteten Eintritt und eine untergeordnete Stellung der Frauen in ihren jeweiligen Bereichen aus (42). Männer hatten also einen strukturellen Startvorteil auf dem Arbeitsmarkt, der sich auch in der Organisation der Lohnarbeiterschaft und ihrer breiten Zielsetzung niederschlug.

Dieser Wandel kann hier nicht im Einzelnen verfolgt werden, da die Fragestellung sich vor allem auf die Transformation der Frauenarbeit zwischen ländlicher Subsistenzproduktion und Industrie richtet, es sollen eher als Ausblick einige strukturierende Faktoren dieser Veränderung umrissen. werden.

Zur Dynamik des Lohnarbeitsverhältnisses und zur marginalen Subsumtion der Hausarbeit

Die gesellschaftliche Ausweitung und Aufwertung der Lohnarbeit in den Metropolen hatte eine vorantreibende und polarisierende Wirkung in der Entmischung der "arbeitenden Klassen". U.a. aufgrund der wachsenden Produktivität und des Einsatzes der organisierten Arbeiterbewegung konnten dort nach einer gewissen Zeit vor allem für Männer Löhne erkämpft werden, die hinreichten, die Reproduktionskosten auch für Kinder zu decken. Die anderen fortbestehenden Formen des Familieneinkommens wie z.B. Eigenproduktion im Garten, verschiedene Formen von entlohnter haushaltlicher Arbeit, wie das "Auskochen", "Putzen", Vermieten an "Schlafburschen" und die nicht entlohnte Hausarbeit erscheinen im öffentlichen Urteil komplementär zu dem Lohn und sie werden nicht als Arbeit gewertet.

In den Metropolen war die Lohnarbeiterschaft Teil der dynamischen kapitalistischen Entwicklung. Wurde sie einerseits durch die kapitalistische Produktionsweise in großem Umfang geschaffen, so war ihr organisierter Widerstand ein wichtiger Faktor für die Fortentwicklung und Krisenbewältigung des Kapitalismus (Elsenhans 1978:12-3). Hier kann nicht auf die einzelnen Etappen dieser Krisenbewältigung. die Widersprüche zwischen dem Ziel der Systemüberwindung und der Systemreform. sowie die komplizierten sozialen Allianzen in diesen Prozessen eingegangen werden (43). Doch beinhaltete diese Entwicklung Konsequenzen für das Verhältnis von Lohnarbeit und Subsistenzproduktion: Die Umverteilung von gesellschaftlichen Produktivitätserhöhungen und die Systeme der sozialen Sicherung siedelten sich im Bereich der Lohnarbeit an. So wirkte die Erhöhung der Reallöhne, die im entwickelten Kapitalismus auch an die jeweilige Erhöhung der Produktivität gekoppelt war, auf eine Erweiterung des inneren Marktes und damit eine Verbesserung der Realisierungschancen des Kapitals. Staatlich garantierte Sicherungssysteme wie die Kranken-, Renten- und Arbeitslosenversicherung usw. gehen von Lohnarbeitsverhältnissen (oder anderen Formen geldlichen Einkommens) aus. Die Hausarbeit, feminisierte Subsistenzproduktion im entwickelten Kapitalismus, wurde davon nicht direkt erreicht, sondern über die Lohnarbeit indirekt mit eingeschlossen. Es gibt weder direkte geldliche Anerkennung dafür noch die Anrechnung z.B. des Gebärens und Versorgens von Kindern auf die Rente. Erst die massive Verweigerung im Bereich gerade der Mutterschaft in den 1970er Jahren und die Forderung eines eigenständigen Lohns für Hausarbeit hat zu ernsteren Überlegungen über Bezahlung der Hausarbeit geführt (44).

Bennholt-Thomsen hat ein Modell entwickelt, um die unterschiedlichen Beziehungen der Lohnarbeit und der Hausarbeit, deren Koppelung dieses Reproduktionssystem bildet, zur kapitalistischen Akkumulation aufzuzeigen. Indem sie den Begriff der Subsumtion, den Marx anhand des Übergangs von Heimindustrie zur fabrikmäßigen Lohnarbeit entwickelt (45), aufnimmt, entwirft sie eine Typologie der Unterordnung von Arbeitsformen unter die Akkumulation.
Sie konfrontiert folgende Verhältnisse:
1. die reelle Subsumtion unter das Kapital in der Form der Lohnarbeit. Hier organisiert das Kapital den unmittelbaren Produktionsprozeß selbst. Dies ermöglicht u.a. eine ständige Erhöhung der Produktivität durch technische Umwälzungen. Das Kapital zahlt einen Teil der Reproduktionskosten in Form des Lohns.
2. "die marginale Subsumtion von Nicht-Lohnarbeitsverhältnissen oder so extrem niedrig bezahlten Arbeitsverhältnissen, die die Reproduktion der Arbeitskraft nicht ermöglichen." (Jacobi, Nieß 1980: 48). Darunter werden die Hausfrauen-Arbeit und die kleinbäuerliche Produktion in Länder der "Dritten Welt" eingeordnet. In beiden Fällen ist die Arbeit der Produzenten "der Verwertung durch das Kapital unterworfen....deren Reproduktion jedoch ihnen selbst aufgelastet."(Bennholt-Thomsen 1981:44) Die marginal subsumierten Subsistenzproduzenten reproduzieren ihre eigenen Arbeitskraft und die der Angehörigen ihrer Hauswirtschaft; sie stehen zugleich potentiell dem Arbeitsmarkt zur Verfügung und bilden einen Teil der "industriellen Reservearmee"(ibid.).

Nach dieser These kann sich das Kapital Mehrarbeit sowohl aus der Lohnarbeit als auch aus der nicht-entlohnten Subsistenzproduktion aneignen. Es vollzieht also neben der Akkumulation auf Basis von Mehrwertproduktion eine fortgesetzte "ursprüngliche Akkumulation" aus der Subsistenzproduktion (46). Zwar teile ich diese Position nicht insgesamt (47). Doch erfaßt sie m.E. treffend die Einbindung der notwendigen, aber marginalisierten Hausarbeit in die kapitalistische Akkumulation, die so zugleich Ort der Reproduktion der Arbeitskraft, der privaten und begrenzten Bedürfnis-Befriedigung und Arbeitskräftereservoir wird.

Zur "modernen Hausarbeit und Mutterschaft"

Was sind die Ursachen für die sexuelle Segregation der Hausarbeit, die sich im Zuge der Industrialisierung verschärfte und erst in den entwickelten kapitalistischen Industrieländern, vor allem den US und Westeuropa, allmählich wieder aufgelockert wird (Vgl. Kittler 1980)? Allgemein gesagt, zeigt sich hier die Kontinuität des Patriarchats im Wandel: die reproduktive Arbeit der Frau wird in der ökonomischen und sozialen Abhängigkeit der Hausfrau weiter kontrolliert und sie wird auch im Erwerbsleben diskriminiert.

Die formale Trennung zwischen Produktion und Reproduktion im entwickelten Kapitalismus wurde also in Geschlechtsgrenzen ausgedrückt. Quer zu den Klassen im Produktionsbereich wurde mit der Herausbildung der "modernen Kleinfamilie", die nach bürgerlichen Leitbildern als Ort liebevoller, unbezahlbarer und deswegen unentlohnter menschlicher Reproduktion durch die Mutter und Hausfrau verstanden wurde, eine primäre Teilung zwischen Reproduzentinnen/ Hausfrauen, nämlich grundsätzlich allen Frauen, und Produzenten gezogen. Der Trennstrich existierte in dieser Gründlichkeit in vorkapitalistischen Gesellschaften, wie ausgeführt, nicht, da in ihnen Produktion und Reproduktion in Interaktion standen. Diese primäre Spaltung wurde von der Gesellschafstheorie tendenziell nicht mehr wahrgenommen, weil auf die Lösung durch den Markt oder die Umgestaltung der Erwerbsarbeit gesezt wurde, die Frauen/ Hausfrauen aus dem gesellschaftlichen Diskurs ausgeblendet wurden und ihre gesellschaftlich notwendige Arbeit zur "natürlichen, biologischen Rolle" umdefiniert wurde.

Zu Beginn der bürgerlichen Gesellschaft oder im Übergang zu ihr wurde in Europa über die Verfassung der Gesellschaft, die "Konstitution" debattiert. In diesen Diskussionen wurden zunächst Frauen, Kinder. Sklaven als Subjekte in der Gesellschaft ausgeschlossen. Dies erforderte eine Polarisierung der "Geschlechtscharaktere" im öffentlichen. androzentrischen Diskurs , nach der "die Frau als das Geschlechtswesen. der Mann als der zur Kulturarbeit Bestimmte definiert" wurden (Hausen 1976·161).

> "Der Geschlechtscharakter wird als eine Kombination von Biologie und Bestimmung aus der Natur abgeleitet und zugleich als Wesensmerkmal in das Innere der Menschen verlegt. Demgegenüber sind die älteren. vor allem in der Hausväterliteratur überlieferten Aussagen über den Mann und die Frau Aussagen über den Stand. also über soziale Position und die diesen Positionen entsprechenden Tugenden."(ibid.:162)

Diese Geschlechtscharaktere wurden als verbindliches Vorbild zunächst von Teilen des Bürgertums, vor allem den Beamten angenommen (ibid. 173-9). Sie strahlten aber aufgrund der sozialen Führungsposition des Bürgertums in weitere Kreise aus und wurden in einem langen historischen Prozeß auch weitgehend in der Arbeiterschaft übernommen (Lucas 1983:45-71).

Ein aus der Natur abgeleiteter Geschlechtscharakter der Frau der sie zu Ehe, Hausarbeit und Mutterschaft bestimmt, schließt per se eine Vielfalt - auch in diesen Lebensbereichen - aus. Individuelle, andere Entwicklung wird zur Abweichung, "Unnatur", sie wird in der Regel durch soziale Sanktionen, wie Ächtung oder patriarchale Gewalt z.B. gegenüber "schlechten Müttern", sexuell selbständig aktiven Frauen, Lesbierinnen usw. bestraft. Diese Geschlechtscharaktere werden kontrastiv in der zweigeschlechtlichen Zuschreibung zwischen Mann und Frau festgelegt. Frauen "dürfen" nur "weibliche" Eigenschaften, Männer nur "männliche" zeigen. So beinhaltet diese Zweigeschlechtlichkeit einen Trend zur Homogenisierung, "Mono-Kultur" der sexuellen Identität insgesamt (48).

Die primäre Zuordnung als nichtentlohnte Reproduzentin wird überlagert und relativiert durch weibliche Erwerbstätigkeit; sie wird aber nicht dadurch aufgehoben. Denn die gesellschaftlich notwendige Hausarbeit muß ja weiter geleistet werden. So ermöglicht selbständige Erwerbsarbeit zwar der Frau eine relative Eigenständigkeit im Kapitalismus, vermehrt aber insgesamt ihre Arbeitsbelastung. Sie emanzipiert zwar aus der unmittelbaren Abhängigkeit von einem anderen "Verdiener", meist dem Vater oder Ehemann. Doch wenn das Patriarchat wirklich in den Reproduktionsverhältnissen verwurzelt ist, führt kein Weg zur Frauenbefreiung daran vorbei, sich auch hier neue Lösungen auszudenken, die die Interessen beider Geschlechter und der Kinder berücksichtigen. Die recht hohe Erwerbstätigkeit der Frauen vor und während der Industrialisierung ermöglichte ihnen nicht den Schritt zur individuellen Selbstbestimmung. Die Frauen erschienen eher wie "kollektive Natur- und Geschlechtswesen", die für andere da sein sollten. Patriarchat und Kapitalismus gingen in langgezogenen und komplizierten Bewegungen in allen Klassen intime Verbindungen ein, bis sie als "siamesischer Zwilling" (Werlhof) erschienen. Am Beispiel der japanischen Industrialisierung, in der die Frauen mehr als die Hälfte der frühen Industriearbeiterschaft stellten, soll diese Annahme in einem außereuropäischen Kontext überprüft werden. Dabei konzentriere ich mich auf die grundlegenden sozialökonomischen Prozesse, nämlich die Transformation der Bauernschaft, die Reorganisation der Subsistenzproduktion und die Herausbildung des Arbeitssektors der jungen ländlichen Arbeiterinnen unter patriarchaschen Vorzeichen.

LANDWIRTSCHAFTLICHE ENTWICKLUNG UND FORMEN PATRIARCHALISCHER HERRSCHAFT IM JAPANISCHEN FEUDALISMUS

Die Transformation von einer Bauerngesellschaft zur kapitalistischen Industriegesellschaft in Japan brachte eine ähnliche Umstrukturierung der geschlechtlichen Arbeitsteilung mit sich. Die ländliche Subsistenzproduktion spielte wegen der lange anhaltenden Verbindung zwischen den ländlichen und den städtischen arbeitenden Klassen eine bedeutende Rolle in der Reproduktion auch der Lohnarbeiterschaft. Die Frauenarbeit war zentral für die Reproduktion der kleinbäuerlichen Betriebe und war in gewissem Umfang sozial anerkannt. In der Industrie stellten die Frauen von den Anfängen um 1880 bis ca. 1930 die Mehrheit der Beschäftigten. Neuß faßte die fundamentale Bedeutung der Frauenarbeit für die Industrialisierung zusammen:

> "Die Japanerin ermöglichte in mehrfacher Weise überhaupt erst den raschen Aufstieg der Industrialisierung Japans: Noch bis in die 20er Jahre stellten die weiblichen Arbeitskräfte die Mehrheit der gesamten Industriearbeiterschaft; ihre geringen Löhne hielten das Gesamtlohnniveau vor dem Kriege unverhältnismäßig niedrig, und schließlich trugen auch die befristete Anstellungszeit der überwiegend unverheirateten Frauen einerseits sowie die Rolle der Japanerin als Fürsorgerin der Familie andererseits dazu bei, daß gezielte Investitionen in das Wohlfahrtssystem unterlassen wurden." (Neuß 1980:41)

Eine zeitgenössische Beobachterin wies auf die zentrale Frauenfigur hin, die hinter diesen unterschiedlichen Formen der Verwertung der Frauenarbeit stand und dennoch meist unsichtbar blieb:

> "Was folgt daraus....daß die Textilarbeiterinnen, die 80% der städtischen Arbeiterinnen ausmachen, Mädchen vom Dorf sind, daß die 'berufstätigen Frauen' von der Sekretärin, Telefonistin und Angestellten bis zur Kellnerin und Tänzerin überwiegend vom Land kommen und daß eine bedeutende Zahl der städtischen Hausfrauen ein dörfliches Elternhaus hat?...Ich möchte

...betonen, daß die soziale Stellung 'der Frau' mit ihren vielen Leiden konzentriert in der Bäuerin zum Ausdruck kommt." (Maruoka 1937:1)

Im gegenwärtigen Japan haben die Frauen vor allem die Rolle der "modernen Hausfrau" übernommen. Sie leisten die Hausarbeit fast allein (Lenz 1981:187) und sind zugleich an sekundärer Stelle in den Arbeitsmarkt einbezogen (1).

In dieser Studie will ich einen Strang im Gewebe dieser Entwicklung herausgreifen, der von den Bäuerinnen der ländlichen arbeitenden Klassen über ihre Töchter, die als Migrantinnen in die Baumwollindustrie gingen, letztlich zur geschlechtlichen Segregation in der "modernen Hausarbeit" führt. Dabei wird es notwendig sein, die Klassenveränderungen an der bäuerlichen Basis der japanischen Gesellschaft im Übergang vom Feudalismus zum Kapitalismus und die ländliche geschlechtliche Arbeitsteilung umfassend darzustellen. Dies gilt umsomehr, als meines Wissens eine zusammenfassende Studie zu diesem Fragebereich in europäischen Sprachen noch nicht vorliegt. Auch meine Untersuchung hat eher den Anspruch einer Fallstudie mit dem Regionalbezug Nordostjapan (Niigata). Für die Entwicklung der Industrie und des Arbeitsmarktes liegen hervorragende, detaillierte Veröffentlichungen vor (2), die allerdings nur selten einen unmittelbaren Bezug zur landwirtschaftlichen Entwicklung herstellen und sich weiterhin eher auf das System der lebenslänglichen Beschäftigung und die männlichen Stammarbeiter konzentrieren (3). Ich will im folgenden keine Gesamtdarstellung der historischen Herausbildung von industriellen Beziehungen und Arbeitsmarkt in Japan versuchen, sondern an einem zentralen Entwicklungsstrang die verschüttete bäuerliche und weibliche Dimension in diesem Prozeß rekonstruieren. Diese Dimensionen werden zunehmend aktuell durch die Parallelen in den ostasiatischen Ländern, die dem assoziativen "japanischen Modell" folgen und ähnliche Strategien der Verwertung der Frauenarbeit entwickeln.

Der Frauenarbeit in der Baumwollspinnerei kam m.E. über die große Zahl der Beschäftigten hinaus eine strategische Bedeutung zu. Denn diese war über längere Zeit einer der größten modernen Industriebranchen und sowohl von der verwendeten Technologie als auch vom Management her war sie zu den fortgeschrittenen Industriezweigen zu zählen (4). Dabei stellen sich weitergehende Fragen, die nicht insgesamt beantwortet werden können: Warum bedeutete der Einbezug der Frauen in einer der modernsten Bereiche der Lohnarbeit nicht ihre Befreiung von patriarchalischen Normen, wie der Bindung ans Haus, sondern wurden diese eher verstärkt? Welche Bedeutung hatte der Charakter der Frauenlohnarbeit in moderner

Industrie sowohl für die industriellen Beziehungen als auch die Gesellschaftsstruktur insgesamt?

Eine vorherrschende Interpretation für die Schlechterstellung der Arbeiterinnen in der japanischen Baumwollindustrie lautet, daß sie auf "halbfeudale" oder "vormoderne" Elemente zurückgehe, die den verspäteten oder deformierten Charakter der Industrialisierung insgesamt verursachten. Es ist interessant, daß diese Erklärung auch für die Arbeitsbedingungen der Frauen in der Exportindustrie Südkoreas gegenwärtig vorgebracht wird (Vgl.Kim 1979). Dies bietet ein weiteres Motiv, ausführlicher auf den feudalen Appropriationszusammenhang und die feudale Herschaftslegitimation mit ihren patriarchalischen Grundlagen einzugehen. Besteht hier wirklich eine Strukturgleichheit oder werden die feudalen Werte nicht umgemünzt, partiell verändert und eingebunden in den neuen Zusammenhang der verspäteten Industrialisierung? Werden sie nicht aus statischen zu dynamischen Werten, die so die gesellschaftliche Transformation trotz aller tradioneller Bezüge gerade fördern?
Ich möchte in diesem und dem nächsten Kapitel die Grundlage für einen anderen Erklärungsansatz legen. Ich will die Bedeutung der landwirtschaftlichen Subsistenzproduktion - in deren Zentrum die Bäuerin steht - für die Reproduktion der industriellen Arbeitskraft aufzeigen. Dabei versuche ich den allmählichen Wandel von feudalen Landwirtschaft zu einer verstärkten Differenzierung der bäuerlichen Schichten und der Herausbildung der arbeitenden Klassen auf dem Lande nachzuzeichnen.

Allerdings können die Strukturbedingungen der Reisbauerndörfer nicht nur aus dem feudalen Appropriationszusammenhang abgeleitet werden. Wie bei derEntfaltung des Idealtyps der Subsistenzwirtschaft vertreten wurde, existiert ein innerer Strukturzusammenhang in vorkapitalistischen bäuerlichen Hauswirtschaften. In einer vergleichenden Übersicht über die Naßreisdörfer in Ostasien sollen gemeinsame Eigenschaften zusammengefaßt werden. Ich will weiter aufzeigen, daß die ländlichen Differenzierungsprozesse unter dem Einfluß des vordringenden Weltmarktes ähnlich verlaufen, also nicht nur auf den - nur in Japan gegebenen - "Feudalismus" zurückzuführen sind. Vielmehr bringen wohl die patriarchalische Sozialstruktur und die Arbeitskultur in diesen Reisbauernökonomien bestimmte Vorgaben für die Herausbildung einer industriellen Arbeitskraft mit sich (5).

EXKURS: DER DURCHLÄSSIGE BAMBUSVORHANG UM DIE NASSFELD-REISDÖRFER

> Die Macht des Kaisers endet am Bambusvorhang vor dem Dorf.
> (Vietnamesisches Sprichwort)

Ein Dorf in einer nicht durchkapitalisierten Landwirtschaft ist mehr als eine zufällige Ansammlung von Bauernhöfen. Die einzelnen Hauswirtschaften, die Grundeinheiten von Produktion und Reproduktion sind wie Trauben an einem Stiel durch die Regeln der Kooperation, der innerdörflichen Schichtung mit ihren Klientelverhältnissen und Redistributions-Mechanismen verbunden. Um im Bild zu bleiben: Die herrschenden Klassen können sich bei ihrem Bezug auf die Dörfer, etwa bei der Aneignung von Mehrarbeit, auf einzelne Haushalte richten; sie können aber auch die ganze Traube, das Dorfensemble, erfassen.

Die Dörfer konstituieren sich also "von innen" durch Zusammenhänge, die für die Reproduktion der Hauswirtschaften von Bedeutung sind (s.u.) und "von außen" durch einer Herrschaftsbezug etwa der staatlichen Verwaltung. Die beiden gegensätzlichen Konzepte, die dieser Binnenkonstitution oder aber Außenkonstitution entsprechen, lassen sich mit "Dorfgemeinschaft" versus "Dorf als Grundeinheit der Verwaltung" bezeichnen. Zwischen beiden bewegt sich die Herausbildung des Dorfes als Prozeß: So etwa können zentralstaatlich übermittelte Ideologien dörfliche Subkulturen überlagern oder durchdringen. Ein weiteres Beispiel ist die Herausbildung lokaler Führungsschichten, die durch ihren Besitz und ihre Persönlichkeit, aber auch durch die Verbindung zu zentralstaatlichen Instanzen und ggfs. die Übertragung staatlicher Funktionen gestützt werden können. Shimpo Mitsuru schreibt in Bezug auf Japan:

> "The formation of a village has always been through the process of interaction between the local farmers and the government (not necessarily a modern and centralised one)." (Shimpo 1976:XV)

Auf allgemeiner Ebene ergeben sich für die Untersuchung der dörflichen sozialen und ökonomischen Organisation eine Reihe von Leitfragen, die hier nur kurz als einzelne Ebenen der Untersuchung angeben werden sollen: 1. der Stand der Auseinandersetzung mit der Natur, d.h. die bäuerlichen Hauswirtschaften als Teil eines Ökosystems, an das sie sich oft in jahrhundertelanger Erfahrung angepaßt haben. 2. die Ebene der Einzelhaushalte. 2. die Ebene der Dorfgemeinschaft. 4. das Dorf in einer Klassengesellschaft.

Auf diesen Ebenen lassen sich spezifische Gemeinsamkeiten und Ähnlichkeiten der reisanbauenden, kleinbäuerlichen Agrargemeinden in Ost- und Südostasien aufzeigen. Ich spreche hier von Naßfeld-Reiskultur auf einem bestimmten Entwicklungsstand, nämlich wenn sie eine Triade von Bedingungen umfaßt :
1. Die menschliche Arbeitskraft ist die wichtigste Produktivkraft und ihr werden zeitweilig außerordentlich hohe Arbeitseinsätze abverlangt.
2. Über die Hauswirtschaft hinaus wird der Einsatz von Bewässerung und werden gemeinsame Produktionsvorgänge geplant.
3. Der Boden wird intensiv genutzt, wobei die Reiskultur mit diversifiziertem Anbau für weitere Nahrungsmittel und bäuerlichem Nebengewerbe kombiniert werden kann.

Diese Naßfeld-Reiskulturen bildeten in Japan, Java, im südlichen China und in Korea bis zur Mitte des 20.Jhs. in weiten Regionen die Kernstruktur der Landwirtschaft, auf der aufbauend sich die weiteren landwirtschaftlichen Aktivitäten entfalteten. Sicher bestehen dabei auch große regionale Diffenrenzen. So bildeten sich diese Naßreiskulturen in jeweils unterschiedlichem Kontext heraus und erhielten sich in verschiedenen einheimischen Herrschaftssystemen, auch der westliche Einfluß wirkte sich sehr unterschiedlich aus (6).

In der obigen Triade von Bedingungen sind die ökologischen und sozialen Vorzüge und Schwachpunkte der Naßfeld-Reiskultur zu erkennen: ihre Verwundbarkeit durch die außerordentliche Abhängigkeit von natürlichen Bedingungen, vor allem dem Wasserzustrom, und ihre Stärke aufgrund der zentralen Rolle der menschlichen Arbeitskraft.

Denn durch erhöhten menschlichen Arbeitseinsatz lassen sich zu normalen Zeiten die Erträge auf den kleinen, gartenmäßig bebauten Parzellen bis zu einer gewissen Obergrenze steigern. Ungünstige Bedingungen z.B. Trockenheit können ebenfalls so teilweise aufgewogen werden. Geertz beschreibt dies Verhältnis anschaulich für die Naßfeldreiskultur Javas:

> In addition to improving the general irrigation sytem within which a terrace is set, the output of most terraces can be almost infinitely increased by more careful. finecomb cultivation techniques; it seems almost always possible somehow to squeeze just a little more out of even a mediocre sawah (Reisfeld, I.L.) by working it just a little bit harder. Seeds can be sown in nurseries and then transplanted in the house. Yield can be increased by planting shoots in exactly spaced rows, more frequent and more complete weeding, periodic draining of the terrace during the growing season for purposes of aeration, more

thorough ploughing, raking and leveling of the mussy soil before planting, placing selected organic debris on the soil and so on, harvesting techniques can be similar perfected both to reap the fullest percentage of the yield and leave the greatest amount of the harvested crop on the field to refertilize it, such as the technique of using the razor-like blade found over most of inner Indonesia; double cropping and, in some favourable areas, perhaps triple cropping can be instituted." (7)

In der Naßreiskultur besteht also eine erhebliche "Elastizität"(8) in dem Verhältnis von Arbeitskräften des Haushalts zur Betriebsfläche und den resultierenden Erträgen. Z.B. kann nun eine Parzelle von 0,4 ha je nach Arbeitsintensität und -sorgfalt sehr unterschiedliche Erträge bringen. Ein zusätzliches Moment, das in der Folge behandelt wird, sind herkömmliche Methoden des Arbeitsaustauschs. Diese Elastizität bewirkt die Zählebigkeit der Naßreisparzellenbetriebe bei sehr begrenzten Ressourcen oder sich verschlechternden Bedingungen (9).

Mit den intensiven Arbeitseinsätzen und den intellektuellen Anforderungen, die der diversifizierte, minutiös über das Jahr geplante Anbauprozeß stellt, hat sich eine spezifische bäuerliche Arbeitskultur entwickelt. Wittfogels Beurteilung der

> "Qualifikation des chinesischen Arbeiters von gestern...(die, I.L.) uns den Schlüssel zum Verständnis des chinesischen Arbeiters von heute und morgen liefert " (Wittfogel 1931:137)

kann auch für die Naßreiskulturen Japans, Koreas und Javas bis ins 20. Jh. hinein gelten.

Er nennt als "physiologische Arbeitseigenschaften", die durch die lange Tradition der gartenbaumäßigen Agrikultur zur zweiten Natur der Arbeitenden geworden seien, eine "zähe Ausdauer", "Widerstandsfähigkeit" und "äußerste Geduld", weiter eine beträchtliche Arbeitslust und ein entsprechendes Arbeitsgeschick" (ibid.:145-7). Als geistige Komponenten dieser Arbeitskultur führt er einen praktischen Verstand,eine hohe Kombinationsgabe, und große "Arbeitssorgfalt" (150) an. In Anlehnung an Richthofens Äußerungen über den Chinesen als eine "überaus billige und intelligente Arbeitskraft" (150) stellte er fest:

> "Das bisher mitgeteilte läßt von vorneherein vermuten, daß die physiologisch-intellektuellen Anlagen des arbeitenden Chinesen sich bei seinem Eintritt in die maschinelle Produktion in sehr günstiger Weise geltend machen werden. So ist es in der Tat." (151)

In den bäuerlichen Hauswirtschaften mit dieser intensiven Arbeitskultur sind der junge Mann und besonders die junge Frauen die wichtigsten Arbeitskräfte. Die junge Frau hat neben einem hohen Einsatz in Feld und Garten (s.u.) auch den Großteil der reproduktiven Arbeiten zu leisten. Beide werden durch ein "extensives" Patriarchat, in dem ältere Männer und Frauen umfassend Herrschaft im Haus ausüben und jüngere Männer beschränkt daran teilhaben, kontrolliert. Doch stehen die jungen Frauen wohl im Zentrum der Unterordnung. Dies "extensive Patriarchat" ist in dem patrilinearen, patrilokalen "konfuzianischen Gürtel" China, Korea und Japan verankert. In den konfuzianisch geprägten Gesellschaften (11) stellt die Kontinuität der Hauswirtschaft über die männliche Nachfolge ein allgemeines soziales Ordnungsprinzip dar. Die Achtung der Ahnen und das Prinzip der männlichen, patrilinearen Nachfolge wurde kombiniert mit der Anerkennung der politischen Hierarchie zwischen Herrscher und Volk. Die Herrschaft der "Höhergestellten" - der Herrscher, der Eltern, der Männer - wird also in einer Legitimationskette zusammengeschlossen. In dieser konfuzianischen Legitimationskette sind Formen der Herrschaft auf unterschiedlichen sozialen Ebenen, im Haus und im Staat, miteinander gekoppelt und die Position der Herrschaftsträger auf verschiedenen Stufen der Machtpyramide - der männlich besetzten Bürokratie, der Herrscher, der Eltern und der Männer - miteinander verbunden. Das reale Sozialverhalten widersprach häufig der konfuzianischen Ideologie, doch das extensive Patriarchat setzte sich in regionalspezifisch und schichtenspezifisch unterschiedlichem Ausmaß in dem "konfuzianischen Gürtel" fest. Allerdings gab es in manchen Teilen Chinas, Japans und Koreas "dissidente Formen" von Ehe, Familie und Sexualität (12). Regionale und schichtenspezifische Diversitäten widersprechen dem Bild einer einheitlichen patriarchalischen Familienform und einer "sexuellen Monokultur" mit absoluter Unterwerfung der Frau.

Die untergeordneten Jungen hatten eine unterschiedliche Position: Die jungen Männer wurden diszipliniert, und sie arbeiteten für die Hauswirtschaft, aber es wurden ihnen partielle Herrschaftsoptionen im Haus eingeräumt. Die jungen Frauen wurden als Produzentin und Reproduzentin kontrolliert, ohne gegenüber Vater, Mutter, den Schwiegereltern und dem Mann ein Recht auf Mitentscheidung in der Hauswirtschaft geltend machen zu können. In der patrilinearen Generationenfolge waren sie nur zweitrangiger Ersatz, wenn Söhne fehlten, und sie mußten nach der patrilokalen Eheschließung weitgehend den Bezug zu ihrer Herkunftsfamilie abbrechen. Sie erschienen dort und im Haushalt des Ehemanns wegen ihres transitorischen Verweilens als Fremde, die oft vor allem als Arbeitskraft und potentielle Gebärerin eingeschätzt wurden.

Die geschlechtliche Arbeitsteilung zeigt ein grundlegendes Muster.
Wohl wegen der hohen Arbeitsanforderungen der Naßfeld-Reiskul-
arbeiten beide Geschlechter kontinierlich im Anbau. Diese hohe
Einsatz in der außerhäuslichen Arbeit könnte eine mögliche Erklärung für den relativ hohen Anteil der Frauen unter den Erwerbspersonen und auch der Industriearbeiterschaft in Ostasien sein
(13). Der Reisanbau beinhaltet nicht notwendig eine bestimmte
Form der geschlechtlichen Arbeitsteilung; es gibt regionale Unterschiede z.B. beim Pflanzen des Reises. Die folgenden Aussagen
fassen also eher Tendenzen zusammen und es können durchaus regionale oder kulturelle Abweichungen von ihnen auftreten (14).

Frauen und Männer verrichten Subsistenzproduktion und Marktproduktion. Es gibt relativ klar abgegrenzte männliche und weibliche
Arbeitsfelder und einen breiten Bereich der Überschneidung, in
dem sich Arbeitsgruppen aus beiden Geschlechtern betätigen. Als
"Männersache" gilt die Aufrechterhaltung der Produktionsbedingungen (Landerschließung, Aufrechterhaltung des Bewässerungssy-
stems), die Vorbereitung des Anbaus (Pflügen, Säubern der Felder,
Bewässern) und die überhäusliche Planung mit Nachbarn oder in der
Dorfgemeinschaft. Dagegen wird die kontinuierliche Subsistenzproduktion, die zur menschlichen Reproduktion nötig ist, z.B. Kochen,
Wasser- und Feuerholz-Holen, Lebensmittel- und Textilverarbeitung
im allgemeinen als Arbeitsbereich der Frauen, teilweise auch der
Kinder, betrachtet. In der laufenden Feldarbeit überschneiden sich
Männer- und Frauenbereiche. In vielen Regionen z.B. pflanzen vor
allem Frauen und Mädchen den Reis um - eine Arbeit, die Geschicklichkeit, fingerfertiges und diszipliniertes Arbeiten und kontinuierlichen Einsatz erfordert. Die Männer beteiligten sich in Japan örtlich eher am Rande daran, z.B. indem sie den Pflanzrhythmus angaben oder das Pflanzseil für die Pflanzerinnen hielten und
damit die Reihen anzeigten. Weniger verbreitet ist das Pflanzen
nur durch Männer, was in einigen Gegenden Chinas üblich war.

Pflanzen und Ernten, wie auch andere Arbeiten, werden häufig in
Gruppen ausgeführt. Diese "Arbeitskollektive" setzten sich nach
der Hauswirtschaft, nach der Nachbarschaft/Kooperationsgruppe
und in manchen Fällen nach Geschlecht zusammen. Sie konnten,
wie etwa eine Schwiegermutter-Schwiegertochtergruppe durchaus
hierarchisch aufgebaut sein.

Als Kennzeichen der Männerarbeit erscheinen also die **Verausgabung körperlicher Kraft, Planungs- und Leitungsfunktionen**, sowie
die zeitliche Begrenzung der Arbeitseinsätze und - über das Jahr
hin gesehen - **die Diskontinuität**. Frauenarbeit erforderte meist
eher **Geschick und Sorgfalt"** als extremen Kraftaufwand; sie

zeichnet sich durch die dauernde **Kombination verschiedenster Arbeitsbereiche** – Hausarbeit, Feldarbeit, Nebengewerbe – und ihre **Kontinuität über den gesamten Tages- und Jahresablauf** aus. Die Bäuerin steht im allgemeinen vor den andern auf, läßt den Tag über die Hände nicht ruhen und macht abends noch Heimarbeit und weitere Hausarbeiten, wie Nähen oder Spinnen. Dem harten, aber begrenzten Arbeitstag der Männer stand oft ein nur durch die minimalsten physischen Ruhebedürfnisse eingeschränkter Arbeitstag der jungen Frauen gegenüber. Während die Leistungsfähigkeit in der landwirtschaftlichen Arbeit oft nach einem androzentrischen Arbeitsbegriff, nach der Verausgabung von Kraft oder dem "Einsatz des Bizeps", bemessen wird (15), wird oft übersehen, daß die Frauen die "kontinuierlich tragenden Muskeln" des Arbeitsprozesses bilden.

Oben habe ich auf die Elastizität der Naßfeld-Reiskultur, das Verhältnis von höherem Arbeitseinsatz und wachsenden Erträgen bei Parzellenanbau, hingewiesen. M.E. liegt in diesem Verhältnis ein Schlüssel zu ihrer doppelten Ausbeutbarkeit durch hohe Grundrenten einerseits, durch die Bereitstellung von teilweise durch sie reproduzierten Arbeitskräften für den Industrialisierungsprozeß andererseits.

Diese Elastizität könnte auch mit anderen Faktoren der Konservierung der bäuerlichen Parzellenwirtschaften während der Ausweitung der Warenproduktion zugrundeliegen. Die Kleinbauern können so versuchen, durch eine Ausweitung der Arbeit aller Haushaltsmitglieder auch unter erschwerten Bedingungen die Reproduktion der Betriebe zu ermöglichen. Ähnliches wäre für die Ausweitung von ländlichen Nebengewerben und Heimarbeit in Parzellenwirtschaften, die dem Kapitalverhältnis subsumiert sind, zu überlegen. Klassische Beispiele sind die Zunahme der Seidenzucht für den Weltmarkt in China und Japan im 19. und frühen 20.Jh. und das Fortbestehen der Heimweberei für den Markt. Die Einnahmen aus der Seidenzucht ermöglichten den Pachtbauern teilweise die Zahlung der hohen Grundrente oder der beträchtlichen Düngerpreise. Aber Seidenzucht brachte neben dem üblichen Anbau zwei oder drei Hauptarbeitszeiten für die damit beschäftigten Frauen mit sich. In Japan bedeutete dies einen über 15-16 stündigen Arbeitstag in mehreren Monaten im Jahr für die Bäuerin (Maruoka 1937:30). Auch die Weberei in Heimarbeit, bei der im ländlichen Nebengewerbe die Konkurrenz zur Industrie durch niedrige Entlohnung und sehr lange Arbeitszeiten aufrechterhalten wurde, war Frauenarbeit. Daß die Parzellenbauern Krisen durch intensivierte Selbstausbeutung aufzufangen versuchten, kann der Appropriation von Mehrarbeit durch verschiedene Instanzen, z.B. Grundbesitzer und Verleger in der Heim-

industrie, entgegengekommen sein. Weiterhin waren die Frauen
zumindest in den Höfen mit Nebengewerben von den chronischen
Strukturkrisen der kleinbäuerlichen Landwirtschaft besonders betroffen, da sie ihre Arbeitsleistung oft bis zum physisch gerade
noch erträglichen Maß steigern mußten, um die Reproduktion der
Familie zu ermöglichen.

Die Akkumulation von Arbeitskräften auf dem Land, die nur saisonal zu bestimmten Arbeiten benötigt wurden oder deren Arbeit
in der Hauswirtschaft auf - häufig schon überlastete Mitglieder ihrer "peer group" verteilt werden konnte, bedeutete, daß diese
dem allgemeinen Arbeitsmarkt zu Niedriglöhnen bereitstanden und
somit das Reproduktionsniveau für nicht-qualifizierte Arbeiter/in-
nen auf der Höhe der ländlichen Unterschicht gehalten werden
konnte. Die Naßreiskultur könnte also ein inhärente Tendenz zur
Intensivierung der bäuerlichen Arbeit enthalten, die stärker als z.B.
im Getreidebau ist. Dies würde auch erhöhte Möglichkeiten der
Appropriation durch die herrschenden Klassen und zur Erhaltung
der Lohnarbeitsbedingungen auf niedrigem Niveau mit sich bringen.

Bisher habe ich Ähnlichkeiten in den ostasiatischen Naßfeld-Reiskulturen auf der Ebene der Hauswirtschaft umrissen. In den Dorfgemeinschaften besteht zwischen diesen eine eigentümliche Kombination von **Kooperation**, um die knappen Ressourcen gemeinsam
möglichst effektiv zu nutzen, und **Konkurrenz**, um der eigenen
Hauswirtschaft dabei eine möglichst vorteilhafte Stellung zu verschaffen. Man könnte dies Verhältnis mit einer Gruppe vergleichen, die sich in einem Regenguß unter einen engen Vorsprung
drängt. Jeder - außer den anerkannten lokalen Patronen, den
"Dicken" - zieht den Bauch ein, um Platz zu sparen und versucht,
seinen Nachbarn nicht zu stoßen, um die Ordnung des Ganzen nicht
zu stören. Zugleich aber drängt jeder sachte auf den besten Platz
hin (16).

Aus den Anforderungen des Anbaus und der Erhaltung seiner Rahmenbedingungen ergeben sich mehrere Formen der Kooperation.
Die Bewässerung wird im allgemeinen in größeren Einheiten -
auf der Ebene mehrerer Haushalte, des Dorfes oder einer Vielzahl
von Dörfern - geregelt. Meist wird das Wasser, ein grundlegender
Produktionsfaktor, formell gleichermaßen an die Mitglieder der
Dorfgemeinschaft verteilt. Reell aber haben die reicheren und
angeseheneren Höfe im allgemeinen entscheidende Funktionen
in der Wasserregulierung auf unterster Stufe; so können sie oft
für sich eine vorteilhafte Verteilung erreichen.

Es gibt Formen des egalitären und des hierarchischen Arbeitsaustausches. Beim Umpflanzen und Ernten des Reises arbeiten

häufig Mitglieder einer bestimmten Gruppe von Haushalten zusammen, wobei die Arbeit der Reihe nach auf ihren Feldern vorgenommen wird. Bei dieser egalitären Form des Arbeitsaustausches wird von den Mitgliedern der anderen Haushalte erwartet, daß sie dem eigenen Haushalt die "vorgestreckten" Arbeitsstunden exakt zurückerstatten. Im Fall des hierarchischen Arbeitsaustausches arbeiten Klientelhaushalte für Patrone im Rahmen von Verpflichtungen, die durch Pachtverhältnisse oder gelegentliche Beihilfe in Geld- oder Naturform entstehen. Er kann auch als eine Arbeitsrente gegen allgemeine Absicherung oder Zugang zu Boden durch die Patrone verstanden werden. Eine Fortentwicklung ist die Verpflichtung gegen niedrige Löhne Arbeitskräfte aus den Klientelhaushalten zu beschäftigen, bzw. beim Patron zu arbeiten.

Das egalitär-kooperative Moment ergibt sich u.a. aus dem natürlichen "Zeitdruck"; die bewässerten Felder müssen rasch bepflanzt werden und die Ernte muß schnell eingebracht werden. So kann zwischen dem beschränkten Arbeitskräftepotential und dem kurzfristig hohen Produktionsdruck ausgeglichen werden.

Andere Formen der Kooperation oder des Arbeitsaustauschs entstehen aus den Bedürfnissen der Gemeinschaft oder außergewöhnlichen Anforderungen an die Reproduktion der Einzelhaushalte. So werden Gemeinschaftsprojekte, wie Straßen-, Tempel- oder Kanalbauten ganz oder teilweise durch die unentlohnte Arbeit von Dorfmitgliedern durchgeführt. Die Nachbarschaftshilfe konnte außerordentliche wirtschaftliche Belastungen auf mehrere Haushalte verteilen. So trat sie bei Naturkatastrophen, wie Überschwemmungen oder Feuer, in Kraft. Sie trug aber auch reihum zu der Durchführung der kostspieligen Übergangsriten im Lebenszyklus z.B. bei Beerdigungen oder Hochzeit bei oder bei Einzelaufgaben, die jeden Haushalt treffen können, wie Hausbau. D.h. sie überbrückte bei den Anforderungen, die durch den Sparfonds und die Arbeitskräfte nicht abgedeckt werden konnten. In Japan wurden diese Leistungen in bestimmten Verbänden ausgeführt, über lange Zeit genau berechnet und jeweils exakt zurückerstattet (17).

Schließlich existieren noch alltägliche oder festtägliche Umverteilungen im Konsum, wie z.B. bei Nachbarschaftsmählern (den **selamatan** in Indonesien, den **kumi** Festen in Japan) oder bei Reisspenden zu Festtagen. Sie haben die Funktion einen kontinuierlichen, angenehmen und allgemeinen Umgang in den Nachbarschaftsgruppen und der Dorfgemeinschaft herzustellen, der von persönlichen Vorlieben und Feindschaften unabhängig ist.

Diese kooperativen Strukturen beeinflußten die dörflichen Sozialbeziehungen. Sie hatten sowohl gleichheitliche als auch hierarchiestärkende Effekte. Die Kooperation, vor allem wenn sie mit Redistribution vonseiten der Wohlhabenderen an die Armen verbunden war, konnte die vertikale Orientierung der Unterschicht an die Patrone und eine gewisse Konformität aller verstärken und dies erschwerte eine Bewußtwerdung und Äußerung eigener Interessen bei den landlosen und landarmen Bauern/Pächtern und bei den jungen Bauernfrauen. Die Naßfeld-Reiskultur bringt wegen der relativ hohen Bevölkerungsdichte und der Notwendigkeit kooperativer Formen einen "Zwang" zum Übereinklang zwischen Gruppe und Individuum mit sich (18). Diese "Harmonie" bedeutet allerdings unter Bedingungen eines extensiven Patriarchats in der bäuerlichen Schicht, die durch den Zentralstaat verstärkt werden kann, eine Anpassung an die Normen der Dominanz der "Höhergestellten", der Älteren und der Männer. Sie wirkt also auf ein Verstummen der armen Bauern und Frauen hin. Aber wie auch Bauernbewegungen zeigen, melden sich diese zum Teil mit sehr spezifischen Forderungen in Umbruchsphasen zu Wort und durchbrechen die Kultur des Schweigens (19).

Die kleinbetriebliche Agrarstruktur bei eng begrenzten Boden-, Wasser- und Flurressourcen bedeutete andererseits eine ständige unterschwellige Konkurrenz der Hauswirtschaften untereinander. Am augenfälligsten tritt dies in den Vorsichtsmaßnahmen gegen Diebstahl und Wasserdiebstahl zutage. Shimpo beschreibt das Ausmaß des Mißtrauens, das wohl durch Erfahrung gerechtfertigt sein mag, in einem Dorf in Nordostjapan:

> "In the dry season, Shiwa farmers appointed water guards who were supposed to watch others so that they might not introduce extra water into their paddies. However, the water guards could turn into water stealers unless others watched them. Consequently, when Shiwa farmers really needed water, no male adult slept in his bed...every one of the farmers was a possible offender." (Shimpo 1976:9)

Die Beispiele lassen sich lange fortsetzen (20). Die Tendenz einzelner Hauswirtschaften, nach kleinen Vorteilen in der Gemeinschaft zu streben, schafft kontinuierlich untergründige Konflikte, die fortlaufend wieder durch die Dorfgemeinschaft geregelt werden müssen. Die disziplinierende Funktion der Harmonie **und** die Konkurrenz, die die Hauswirtschaften heimlich gegeneinandersetzt, wurden in Japan während der Industrialisierung in die paternalistischen Arbeitsbeziehungen und in die allgemeine politische Kultur übernommen, während die solidarische Komponente der Dorfgemeinschaft wohl allmählich verfiel (21).

Eine zusätzliche Ursache des kollektiven Zusammenhalts war durch den Status der Dörfer als kollektives Steuersubjekt, bzw. die kollektive Steuerhaftung in manchen Regionan gegeben. Die Zentralstaaten erfaßten, wenn auch auf sehr unterschiedliche Weise, die Dörfer auch in ihrer Gesamtheit; allerdings blieb ihre Kontrolle partiell und wurde im allgemeinen durch eine Kooptation der dörflichen Oberschicht auf Lokalebene durchgesetzt. Selbst die Steuererfassung, aber auch Polizeiwesen und Personenstandserfassung, hatten eher einen partiellen Zugriff und verließen sich auch teilweise auf innerdörfliche Mechanismen der Konfliktregelung und Zuteilung. In diesem Sinne ist das Sprichwort aus Vietnam: "Die Macht des Kaisers endet am Bambusvorhang vor dem Dorf." übertragbar. Gegen die "great tradition" der konfuzianischen und buddhistischen Normsysteme hatten sich bäuerliche Subkulturen in Resten erhalten. In China und Japan z.B. bestanden bis ins 20.Jh. "heterodoxe" Eheformen, wie matrilokale Eheschließungen in Japan oder taoistische Gruppenehen in China.

In der Neuzeit wurden die ostasiatischen Gesellschaften in das sich formierende Weltsystem einbezogen und ihre gesellschaftliche Reproduktion entscheidend von wirtschaftlichen und sozialen Interessen der Metropolen beeinflußt und verändert. Die abhängige kapitalistische Entwicklung in der Region führte nicht zur Durchkapitalisierung der Landwirtschaft, d.h. Wirtschaft in Großbetrieben auf Basis von Lohnarbeit. Stattdessen führte das Scheidewasser der sich plötzlich ausdehnenden Warenwirtschaft zu einer Konzentration des Grundeigentums auf mittlerer, selten auf hoher Stufe. Durch Verschuldung der Kleinbauern - oft gegen Wucherzinsen, Verfall der bäuerlichen Nebengewerbe und andere Ursachen expandierte die teilweise schon bestehende Schicht der Pachtherren mit ca.3-10ha und vermehrte sich auch die Zahl der großen Pachtherrn mit mehr als 50ha, die häufig aus städtischen Führungsschichten, Kaufleuten oder dem Militär kamen. Da die Pachtherrn Parzellen in Teilpacht mit einer hohen Pachtrate von 40-70% der Ernte verpachteten, hatten sie wirtschaftlich einen festen Stand. Sie konzentrierten in den Dorfgemeinschaften ökonomische und soziale Macht bei sich; oft bildeten sie auch ländliches Handels- und Wucherkapital und frühe Manufakturen heraus (22).

Diese landwirtschaftlichen Strukturveränderungen sind sowohl im abhängigen China, dem kolonialen und neokolonialen Java und dem sich "autozentrisch" entwickelnden Japan (23) erkennbar (24). Da die Teilpacht im südlichen China in Reisanbaugebieten und in Japan im Naßreisanbau verstärkt auftrat (25), wäre zu überlegen, ob nicht u.a. ein besonderer Zusammenhang zwischen ihrer Ausdehnung und der Arbeitsintensität im Reisanbau besteht. Denn bei dem Einsatz

von Lohnarbeit bilden die relativ hohen Arbeitseinsätze und die
Investitionen in Maschinen, die bis zur Entwicklung mechanischer
Reispflanzgeräte nur begrenzt effektiv waren, bedeutende Kostenfaktoren für die Grundbesitzer. Es erschien ihnen, sehr kurz gesagt,
wohl günstiger ihre Pächter sich abarbeiten zu lassen und dabei
auch Ertragsrisiken und die Reproduktionskosten der Arbeitskraft
auf sie zu externalisieren, als die Betriebe selbst zu führen. Das
Teilpachtsystem ermöglicht zudem die Ausbeutung der Arbeitskraft
der gesamten Pächterfamilie. Auch im sich industrialisierenden Japan war es trotz niedriger Produktivität in einer Zeit steigender
Agrarpreise im allgemeinen rentabel (26).

Das Pachtsystem ist widersprüchlich. Die Pächter verstanden sich
bald als abhängige Eigenarbeiter, bald als Protolohnarbeiter. Dies
trat auch in den Zielen zugrunde, die z.B. die japanischen Pächter
in den Pachtkämpfen der 1920er Jahre äußerten. Sie forderten
feste und langfristige Kontrakte, also eine Sicherung des Arbeitsverhältnisses, weiterhin die Senkung der Pacht und damit eine höhere Entlohnung ihrer Arbeit und als radikalstes Ziel eine Bodenreform (27).

Die dörfliche Unterschicht, die aus Pächtern, Besitzern von Parzellen und der Unterschicht der Halbpächter und Kleinbauern bestand, schlug sich in den verschiedensten Formen von Subsistenzproduktion, Nebengewerben und gelegentlicher Lohnarbeit durchs
Leben. Sie bildeten ein Arbeitskräftereservoir, das sich überwiegend durch den eigenen Einsatz reproduzierte. Ein Geheimnis der
ostasiatischen Niedriglöhne lag in der fortgesetzten ursprünglichen Akkumulation durch die Rekrutierung von Lohnarbeitern aus
diesen nicht industriekapitalistischen Bereichen.

ZUR BEDEUTUNG DER LANDWIRTSCHAFT IM JAPANISCHEN FEUDALISMUS

Ein stetig wiederkehrendes Problem in den Debatten über den japanischen Kapitalismus ist die Frage, warum in Japan sich nicht
die Lohnarbeit in der Landwirtschaft verallgemeinert habe, sondern
umgekehrt die industriellen Verhältnisse so stark vom Einfluß der
agrarischen Strukturen geprägt waren. Auch die Arbeitsmigrantinnen in die Textilindustrie stellen eines der beliebtesten Beispiele
für die "Feudalisierung", bzw. den vormodernen Charakter der ja-

panischen industriellen Beziehungen dar. Während bisher allgemeine
Charakteristika der Naßfeld-Reisdörfer, die in diesem Zusammenhang wichtig erscheinen, umrissen wurden, so fordert die Frage
der (halb)feudalen industriellen Arbeitsverhältnisse eine Beschäftigung mit dem japanischen Feudalismus. Insbesondere Brüche und
Kontinuitäten in der Agrarstruktur im Übergang vom Feudalismus
zum Kapitalismus werden zu betrachten sein. Dabei spielt die Differenzierung der bäuerlichen Schichten eine wichtige Rolle, da
diese auch der Entwicklung der ländlichen Arbeitsmigration zugrundeliegt.

Dabei will ich unterscheiden zwischen dem feudalen Appropriationszusammenhang, der hier nur kurz skizziert werden kann, und dessen
Grundlage, der bäuerlichen Produktion, die während der Tokugawazeit von einer starken Subsistenzorientierung sich auf eine wachsende Marktorientierung hin bewegte.

Der feudale Appropriationszusammenhang und die patriarchalische politische Kultur

Nach einem Jahrhundert voll von heftigen Auseinandersetzungen
zwischen Kriegsführern, von Volksaufständen und sozialem und kulturellem Wandel etablierte um ca. 1600 Tokugawa Ieyasu die Vorherrschaft seines Hauses über die anderen Fürsten und Kriegsführer und begründete das Herrschaftssystem des Tokugawa-Shogunats
(28). Eine Kette von Maßnahmen der Shogun zu Ende des 16. und
zu Beginn des 17.Jhs. bestimmte die Stellung der Bauern auf lange Sicht. Dabei sind sowohl Interessen der Feudalherrn an einer
Stabilisierung der ökonomischen und sozialen Situation der Bauernschaft als auch an der Ausweitung ihrer Produktion und Erhöhung
der Produktivität erkennbar. Hinter beiden Interessen stand das –
in sich tendenziell widersprüchliche – Motiv nach einer möglichst
stabilen und möglichst hohen feudalen Grundrente.

Zunächst richtete sich die Politik auf eine "Verbauerung" der
Bauern, d.h. ihre Einschränkung auf den Stand reiner Agrarproduzenten. In den "Schwertjagden" des Vorläufers von Tokugawa Ieyasu, Toyotomi Hideyoshi, wurden die Bauern entwaffnet (29). Die
Schicht der "Kriegerbauern", die sich im unruhigen japanischen
Mittelalter und der frühen Neuzeit herausgebildet hatte, wurde
aufgelöst, ihre Angehörigen in den Kriegerstand oder Bauernstand
überführt und die bisherige soziale Mobilität zwischen den beiden
Ständen weitgehend eingeschränkt. Waffentragen wurde nun Privi-

leg der Samurai und einiger weniger Besitzer von erkauften Sonderrechten. Ebenso wurde der Bauernstand und der in der konfuzianischen Ideologie formell diesem unterstellte Kaufmannsstand getrennt. Den Bauern wurde eine enge Standesbeschränkung auferlegt.

Zugleich wurden in den großen Landvermessungen, die der Feststellung des möglichen Steueraufkommens dienten, die landwirtschaftlichen Produzenten als Bodenbesitzer und "Stammbauern" (**honbyakushō**) anerkannt. Um einen Sockelbetrag zur Errechnung der feudalen Grundrente zu erhalten, wurde die durchschnittliche Produktivität ihrer Felder eingeschätzt. Diese Landvermessungen begannen bereits unter Hideyoshi im späten 16.Jh. und wurden unter den Tokugawa in längeren zeitlichen Abständen fortgesetzt. Während im Mittelalter zwischen den Feudalherren und den unmittelbaren Agrarproduzenten in vielen Fällen eine ländliche Oberschicht stand, die letztere bei der Zahlung der Grundrente gegenüber den "Herren" repräsentierte und umgekehrt auf lokaler Ebene parastaatliche Funktionen hatte (30), wurde nun im nationalen Rahmen der einzelne Haushalt grundsätzlich als Steuersubjekt festgehalten und zugleich wurde sein Bodenbesitz anerkannt.

Die tatsächliche Zahlung der Grundrente erfolgte allerdings überwiegend kollektiv von den Einzeldörfern und wurde innerhalb dieser von den dörflichen Amtsträgern koordiniert. Dieser ambivalente Status, der das Dorf bei individueller Notierung der Haushalte eher zum kollektiven Steuersubjekt erhob, und die Übertragung bestimmter Ordnungsfunktionen an die dörflichen Amtsträger bildeten die Grundlage der dörflichen Halbautonomie. Angesichts dieser Halbautonomie konnten bestimmte Gesetze und Erlasse auf Dorfebene nicht voll durchgesetzt werden wie z.B. das Verbot des Landverkaufs oder die detaillierten Lebenshaltungsregeln für die Bauern. Der bekannte Agrarhistoriker und Soziologe Furushima faßte den Einfluß der Landvermessung auf die kollektiven und individuierenden Faktoren in den Dörfern, wie folgt, zusammen:

> "Eine Eigenart der Bauerndörfer der Edozeit liegt darin, daß das Dorf in dieser (kollektiven, I.L.) Weise die grundlegenden Produktionsbedingungen kontrolliert und nutzt. Häufig ist eine Region, die ein solches kollektives Subjekt darstellt, erst durch die Herrschaft der **ryōshu** (Territorialherren, I.L.) als ein Dorf gefaßt und konstituiert worden. Die **shōen**-Domänen, die früheren Herrschaftseinheiten der **ryōshu** wurden unter der Herrschaft der **daimyō** der Sengokuzeit (1482-1558,I.L.) als deren Territorien...zusammengefaßt. Diese wurden daraufhin in mehrere Dörfer aufgeteilt, und auf Basis dieser Einheiten wurde die Landvermessung durchgeführt. So fand der Übergang zur spezi-

fisch neuzeitlichen Form statt, in der die Abgaben von einem
Dorf gefordert wurden, wenn dies insgesamt einem ryōshu unterstand.
Eine besondere Eigenheit der Dörfer der Neuzeit besteht darin,
daß sie nicht nur politische Einheiten darstellen, sondern auch
Subjekte der gemeinsamen Kontrolle und Nutzung der grundlegenden Produktionsmittel sind. Also lag eine Besonderheit der
Kleinbauern in dieser Epoche darin, daß sie erstmals eine Existenz als individuelle Produzenten führen können, während sie
Wald und Wasser, die vom Dorf verwaltet werden, nach den
Richtlinien des Dorfes benutzen." (Furushima 1978:72)

Nach der Trennung von den anderen Ständen wirkte eine Reihe von
Gesetzen auf die weitere "Verbauerung" der Bauern: sie sollten
im Interesse einer stabilen Zahlung der feudalen Naturalabgaben
auf die Subsistenzwirtschaft festgelegt und ihre Mobilität sollte
scharf eingegrenzt werden. Das Verbot des Verkaufs von Ackerland
durch die Hauswirtschaften wurde zunächst als "ewiges Verbot"
(**tahata eitai baibai kinshirei**) 1643 erlassen und dann in unregelmäßigen Abständen wiederholt. In den einzelnen **han** (feudalen Territorrien) häuften sich ähnliche Vorschriften. Auch das Verbot der
Abwanderung von Bauern wurde wiederholt proklamiert und war,
wie gerade die ständige Repetition zeigt, nur begrenzt effektiv.

Außerdem versuchten die Tokugawa-Herrscher und die **daimyō**
durch zahlreiche Erlasse die Wirtschaftsweise und die Lebensführung der Bauern detailliert zu bestimmen. Dahinter stand eine Auffassung vom Wert der Bauern für die herrschende Klasse, die in
der folgenden Äußerung eines Beamten der Tokugawa zynisch zusammengefaßt wurde: "Sesame seeds and peasants are very much
alike. The more you squeeze them, the more you can extract from
them." (Hane 1982:9) So sollten die Bauern ihr Haar mit Stroh
aufbinden und keine Regenmäntel aus Stoff, sondern selbstgefertigte Strohmäntel tragen. Die Familienarbeitskräfte sollten fleißig
auf den Feldern schaffen und die Frauen sollten nie müßig gehen,
sondern abends und in der "stillen" landwirtschaftlichen Zeit spinnen und weben (31). Diese Politik verstärkte die Arbeitskultur des
Fleißes und der Selbstgenügsamkeit der Reiskultur und gab ihr zugleich eine Wendung in die erzwungene Subalternität.

> "These pronouncements were backed by the sword; little wonder that the ethos and mores of the Japanese came to be characterized by diligence, frugality, submissiveness, subservice
> and self-denial." (Hane 1976·7)

Die Verwaltung des Shogun und einzelner **han** versuchte auch, allerdings recht ineffektiv, die menschliche Reproduktion durch Bevölkerungsplanung zu kontrollieren. Als das Bevölkerungswachstum ab ca 1700 abflachte, bestärkten sie das Verbot von Abtreibungen und Kindstötungen, da sie ein Sinken der zu besteuernden Bevölkerung befürchteten (Hanley, Yamamura 1977:234). Diese Verfügungen beeinflußten die bäuerliche Arbeits- und Lebenskultur und die geschlechtliche Arbeitsteilung.

Die Agrarpolitik zielte also einerseits auf eine doppelte "Verbauerung" - die Beschränkung der Bauern auf die Landwirtschaft und die Konsolidierung ihrer Subsistenzwirtschaft. Die bäuerliche Hauswirtschaft als letztlich unterstes Steuersubjekt sollte dadurch stabilisiert werden.

Das Haus Tokugawa hatte den **daimyō** sowie seinen unmittelbaren Vasallen (**hatamoto**) Land als Lehen überlassen, in dem diese zunächst kraft ihrer militärischen Macht dezentral herrschten und die Grundrente einzogen (Vgl. Furushima 1978:49). Allgemeine Leitsätze für die Berechnung der Grundrente lauteten "vier Teile (der Ernte, I.L.) für den Fürsten, sechs für das Volk" oder "fünf Teile für den Fürsten, fünf für das Volk". In manchen **han** vor allem im Norden lag die Grundrente höher.

In der Mehrzahl der **han** außer im Nordosten blieb die Höhe der Grundrente in etwa gleich oder nahm nur leicht zu, während die landwirtschaftliche Produktivität erheblich wuchs. Dies hieß, daß der Anteil des angeeigneten Mehrproduktes am Gesamtprodukt zurückging und ein größerer Teil davon bei den Bauern verblieb (Hanley, Yamamura 1977 passim)(32). Laut Schätzungen betrug sie im nationalen Durchschnitt ca 37% (33) und in den Ländern des Hauses Tokugawa weniger als 30% der Erträge (ibid.:342).

Im wesentlichen bestand sie aus der Naturalrente auf den Boden (**mononari**), der weiteren Naturalrente auf die Nebenprodukte (**komononari**) und Arbeitsrenten (34). Die erste, wichtigste Produktenrente wurde in Reis berechnet und überwiegend in Reis bezahlt. Sie wurde für Naß- und Trockenfelder erhoben. Allmählich aber wurden einzelne Bestandteile, vor allem für Marktfrüchte auf Trockenfeldern, in Geldrenten umgewandelt. Z.B. war der Brauch verbreitet, ca. 1/10 der Abgaben auf mit Soyabohnen bepflanzte Trockenfelder in Geld zu bezahlen. Noch rascher wurde der Schritt zur Geldrente bei "Nebenprodukten" vollzogen, z.B. bei verschiedenen Landesprodukten, wie Fische, Salz, Wald- und Forstprodukte, Papier, Flachstuch, Seide, die sich nicht einfach in Reisäquivalente umrechnen ließen. Zu Beginn der Tokugawaherrschaft wurden sie in Naturalien bezahlt, aber schon um 1605 wurde dies System in den Tokugawa-Ländereien durch eine Geldrente abgelöst (35).

Die feudale Agrarpolitik beschränkte sich nicht auf die Appropriation; sie richtete sich auch auf eine Stabilisierung der natürlichen Produktionsbedingungen durch den Bau großer Bewässerungsanlagen, eine Produktionsausweitung durch Neulanderschließungen und auf Redistribution durch Katastrophenhilfe in beschränktem Umfang. Die Tätigkeit der zentralen und dezentralen Herrschaftsinstanzen war also wichtig für die Agrarproduktion und somit auch für die gesellschaftliche Reproduktion und stand dieser nicht getrennt gegenüber.

Die Ausweitung der landwirtschaftlichen Produktion, vor allem von Reis (Smith 1958:288), unterstützten die Feudalherren entweder positiv durch eigene Investitionen oder passiv durch Steuererlässe. Sie organisierten selbst Neulanderschließungen in den großen Schwemmlanddeltas der Flüsse, die durch neuere Bewässerungstechniken möglich geworden waren. Zudem förderten sie solche Projekte von Kaufleuten und Großbauern, indem sie diese als Grundbesitzer des erschlossenen Landes anerkannten und ihnen für eine bestimmte Zeit Steuernachlaß gaben. Damit war das Prinzip, die Hauswirtschaft der unmittelbaren Produzenten als notiertes, letztlich unterstes Steuersubjekt zu setzen, durchbrochen und die Verpachtung von Land durch diese Grundbesitzer wurde anerkannt. Ushiyama führte die Entstehung des Großgrundbesitzes in der Kambara-Ebene in Niigata, die später ein "Pachtherren-Königreich" genannt wurde, auf diese Erschließungspolitik zurück (Ushiyama 1975:55-58).

In Hungersnöten waren die Feudalherren durch das konfuzianische Leitbild einer "gütigen Regierung" zum Erlaß der Grundrente und zu Lebensmittelspenden verpflichtet, wenn sie dem auch nicht immer nachkamen. Die Grenze zwischen Aneignung von Mehrprodukt und notwendigem gesellschaftlichen Reproduktionsfonds in Händen der **daimyō**, der für Redistribution und landwirtschaftliche Investitionen verwendet wurde, war verwischt.

Die Agrarpolitik der Tokugawa hatte sich also die Stabilisierung der kleinbäuerlichen Betriebe als Steuersubjekte zum Ziel gesetzt und dabei eine Verstärkung der Subsistenzproduktion angestrebt, wie etwa die häusliche Textilproduktion der Frauen oder einen Ver-Verzicht auf Warenkonsum im allgemeinen. Dem lag die Einsicht in die mögliche rasche Verelendung der Kleinbauern durch eine Expansion der Warenwirtschaft und damit einer Gefährdung der Steuereinnahmen zugrunde. Doch war diese Politik aus verschiedenen Gründen nicht effektiv.

> "The government edicts were unenforcable - the more so because the village self-government system left supervision of

of these matters to the headman, and the headmen, coming as they did from the upper stratum of villagers were the main beneficiaries of free land movement." (Dore 1978:33)

Deswegen hatte das feudale Verbot des Verkaufs von Land keinen durchgreifenden Effekt. Ähnlich verhielt es sich im Fall der Konsumbeschränkungen.

Denn die Regierung hatte mit der dörflichen Oberschicht nicht nur als Trägerschicht der halbautonomen Dorfverwaltung und als potentielle Neulanderschließer kooperiert, sondern die einzelnen **han** waren auch spätestens ab Mitte der Tokugawazeit dazu übergegangen, die ländlichen Gewerbe und den Handel zu tolerieren oder zu fördern. Eine bedeutende Erhöhung der Grundrenten war wohl nicht durchsetzbar und die chronisch finanzschwachen **han** Verwaltungen konnten zusätzliche Einkommen durch Besteuerung oder "Spenden" dieser frühkapitalistischen Kräfte erreichen. So war eine fortschreitende bäuerliche Schichtendifferenzierung infolge der zunehmenden Warenproduktion trotz aller entgegenlaufenden Proklamationen nicht aufzuhalten (36).

Die patriarchalische Herrschaftslegitimation

Das politische System der Tokugawa beruhte nicht nur auf militärischer Macht und sozialer Kontrolle (Vgl.dazu Norman 1940:121-2). Wir können darin einen Typ der patrimonialen Herrschaft entsprechend Webers Definition erkennen (37). Die patrimoniale Herrschaft stützte sich auf die Legitimationskette des extensiven Patriarchats, also die Vermittlung der Unterordnung der Niedergestellten unter die Oberen, der Jungen unter die Älteren und der Frauen unter die Männer.

Frauen wurden weitgehend aus der öffentlichen Herrschaftssphäre ausgeschlossen und verschwanden als Subjekte aus dem politischen Diskurs. Doch in Spezialtraktaten, z.B. Kaibara Ekiken's "Schule der Frauen " (38) wurde ihr Alltagsverhalten in einzelnen Regeln normiert. Der Staat der Tokugawazeit formierte sich u.a. aufgrund seiner militärischen Entstehung als Männerstaat.

Weitere noch lange nachwirkende Strukturen in der patriarchalischen Herrschaftslegitimation waren das Fehlen einer Instanz im politischen System, vor der sich die Oberen verantworten mußten und die persönliche, emotionale Färbung von Loyalitätsbeziehungen. Die Herrschaftslegimation beruht auf patriarchalischer, persönlicher Loyalität und war nicht durch eine sachlichen Zwecken dienende bürokratische Herrschaft oder ein gesellschaftliches Vertragssystem vermittelt. Das bedeutete, daß die Oberen in dem politischen System keiner Instanz unmittelbar verantwortlich waren und ihr Handeln eher durch die Regeln der Tradition begrenzt war (Vgl. Weber 1980:580-5). Die Beherrschten sind aufgrund ihrer persönlichen Loyalität, die durch das extensive Patriarchat noch verstärkt wurde, nicht imstande, die Höheren zur Rechenschaft zu ziehen. Sie können ihnen höchsten darlegen, daß sie die tradionellen Übereinkünfte durchbrochen haben (39).

Die Emotionalisierung der Loyalitätsbeziehungen, die z.B. in der Forderung von "absoluter Kindesliebe" oder "unbegrenzter Gefolgschaftstreue" zutage trat, führte zu einer eigentümlichen Struktur sozialer Kompensation durch die emotionale und moralische Einstellung der Oberen. Zur Verdeutlichung möchte ich das Verständnis von Ausbeutung im Kontext japanischer Gruppen, die durch eine Ideologie fiktiver Verwandtschaft verbunden sind, zitieren:

> "If we define 'exploitation' as the uncontrolled and arbitrary use of power for the benefit of the leader at the expense of the followers, such exploitation has been seen in ritual kinship groups. It occurs to the degree to which (1) the leader **lacks affective consideration for his followers**, which may happen because the leader and the follower often have limited contacts which do not allow emotional bonds to develop between them; (2) the leader fails to **internalize the moral obligation** or the norm associated with his obligation to **'look after his followers'**; and (3) the follower cannot find alternative courses of action, as when jobs are scarce and cannot be secured easily if he leaves his leader." (Befu 1971:64; Hervorhebung I.L.)

In diesem patriarchalischen Wertesystem ist die soziale Ungleichheit einer Gruppe bereits fast axiomatisch vorausgesetzt. Ausbeutung ergibt sich nicht aus inegalitären Strukturen, sondern vielmehr dann wenn die emotionale Bindung der Oberen an die Gefolgsleute fehlt, oder wenn sie sich nicht an die Grundregel der Reziprozität, d.h. paternalistische Gegenleistungen gegen die Arbeit oder den Dienst der Gefolgschaft zu erteilen, halten. "Ausbeutung" wird hier zu einer emotionalen oder moralischen Kategorie, die sich vor allem auf die Disposition der Führer bezieht. So unterscheidet sie sich grundlegend von dem materiell begründeten Ausbeutungsbegriff in der europäischen Tradition (40).

Die Gefolgsleute konfrontieren ihren Führer nicht mit Forderungen und seiner Verantwortung, sondern scheinen im Normalfall "mit den Füßen abzustimmen" und zu einer anderen Autorität zu gehen.

Erst wenn der Patron ihre wirtschaftliche Abhängigkeit übermäßig ausnutzt, ohne daß ihnen andere Wege offenstehen, wird ein materiell gestützter Ausbeutungsbegriff angewandt.

Nicht der gleichheitliche oder langfristig egalisierende Tausch, sondern das Leitbild der Redistribution durch die Oberen zur Versorgung der Unteren scheint diesem Ausbeutungsbegriff zugrunde zu liegen. In diesem Zusammenhang sind Polanyi's Überlegungen zum Zusammenhang von Zentralherrschaft und Redistribution von Interesse. Laut Polanyi bildet der Prozeß der materiellen "Redistribution in der Regel einen Teil des vorherrschenden politischen Regimes" (1978:83) in vorkapitalistischen Gesellschaften. Sie stellt ein wichtiges Moment der Legitimation der herrschenden Klassen dar. In der japanischen patriarchalischen politischen Kultur trat eine "emotionale Redistribution" daneben; die reale Mehrarbeit und Lebenshärten der Niederen konnten durch die wohlwollende emotionale und moralische Einstellung der Oberen aufgewogen werden.

Den Untergeordneten, den Frauen, Jungen und den unteren Klassen ist ein Arrangement mit diesem Wertesystem durch Verdrängen und durch Behauptung einer unterstützenden Emotionalität gegenüber den Oberen möglich. Selbstbehauptung oder Hinterfragen der axiomatischen sozialen Unterschiede bedeuten einen radikalen Bruch mit ihm.

Wieweit diese patriarchalischen Normen wirklich das Denken und Handeln der Mehrheit der Bevölkerung bestimmten, ist schwer einzuschätzen. Da sie vor allem im Diskurs der an der Herrschaft Beteiligten wiederholt wurden, sind sie evtl. in abgeschwächter Form bei der dörflichen Unterschicht angekommen. Doch bieten sie ein soziales Interpretationsmuster, das die Rührung oder Trauer der Herrschenden als hinreichende Reaktion auf die Zerstörung oder Selbstaufopferung der Beherrschten ,z.B. der in die Bordelle oder Manufakturen verkauften Bauernmädchen oder der nach Mißernten verhungerten Bauern erscheinen ließ. Es hemmte somit tiefergehende Emanzipationsbewegungen gegen die Autoritäten (41). Diese Züge der politischen Kultur bildeten insofern eine Hypothek für die Entwicklung des nachfeudalen Japan.

Zur Differenzierung der Bauernschaft im Feudalismus

Im japanischen Feudalismus weitete sich die Warenwirtschaft aus und bildeten sich auch frühkapitalistische Elemente, wie städtische und ländliche Manufakturen in der Textilproduktion, der Sakebrauerei und bestimmten regionalen Spezialprodukten, die auf Mischformen von Lohnarbeit und persönlichen Gebundenheit beruhten, heraus. Doch wurde die kleinbäuerliche Struktur nicht aufgelöst. Anders gesagt, eine Desintegration der bäuerlichen Schichten in wenige kapitalistische Unternehmer und in Lohnarbeiter wie in England war auch der Tendenz nach nicht gegeben. Vielmehr fand in Japan statt einer Auflösung der Bauernschaft eine **Schichtendifferenzierung** mit spezifischen Beziehungen zwischen den einzelnen Schichten der Pachtherren, Mittelbauern, Kleinbauern, Pächter und Landlosen statt (42). Die wachsende Bodenkonzentration führte nicht wie in England von ca 1750-1850 zu Großbetrieben kapitalistischer Unternehmer mit Einsatz kapitalintensiver neuer Technologie unter "economies of scale". Doch fand durchaus eine Umstrukturierung statt im Sinn der wachsenden Bedeutung der Pachtherren (43). Diese behielten im allgemeinen eine Fläche von einigen chō in ihrer Eigenwirtschaft; den Rest verpachteten sie in kleinen Parzellen, meist gegen eine Naturpacht von ca 50% der Ernte und eine Arbeitsrente, d.h. den Anspruch auf Dienste bei den landwirtschaftlichen Arbeiten.

Der Wandel in der japanischen Landwirtschaft soll anhand des strukturellen Beziehungskerns der Hauswirtschaft, den ich in dem Idealtyp der Subsistenzwirtschaft umrissen habe, zusammengefaßt werden. Ich werde also auf das Verhältnis von Produktion und menschlicher Reproduktion, das technologische Niveau, die Veränderungen im Bodenbesitz und die geschlechtliche Arbeitsteilung eingehen. Dabei wird zu zeigen sein, daß die kleinbäuerliche Wirtschaft im feudalen Japan die Grundzüge einer Subsistenzwirtschaft trägt, daß sich jedoch Frühformen der ländlichen Marginalisierten, der arbeitenden Armen, herausbilden.

Trotz der Fortschritte in der landwirtschaftlichen Technologie während der Tokugawazeit blieb die menschliche Arbeitskraft die wichtigste Produktivkraft. Die bemerkenswerten Produktivitätssteigerungen gingen zum Teil auf die zunehmende Verwendung kommerzieller Fischmehl- und Soyakuchendünger neben dem herkömmlichen selbstgeschnittenen Gründünger und auf Saatgut-Verbesserungen zurück. Zum anderen lag ihnen aber ein erhöhter Arbeitseinsatz, z.B. in der Ausweitung und Intensivierung des "double cropping", sowie in der Verbesserung des Bewässerungssystems zugrunde. Außerdem wurden die Anbauflächen durch Neulanderschließung ausgeweitet.

Das Verhältnis von ökologischer Verwundbarkeit und sozialer Stärke aufgrund der Bedeutung der menschlichen Produktivkraft kennzeichnete auch die Kleinbauernwirtschaft in Japan. Sie war durch die Begrenzung der natürlichen Ressourcen, als auch häufig wiederkehrende Naturkatastrophen, vor allem Dürren und Überschwemmungen (Vgl. Waswo 1969:70) ständig bedroht. Andererseits konnte sie sich trotz ihrer extrem kleinen Bodenressourcen durch hohe Arbeitseinsätze halten.

Die Zahl der Arbeitskräfte wurde den materiellen Möglichkeiten der Hauswirtschaft angepaßt; es besteht eine enge Interaktion zwischen Produktion und menschlicher Reproduktion. Wie einzelnen Studien der letzten Jahre zu entnehmen ist (44), haben die verschiedenen dörflichen Schichten bewußt Geburtenkontrolle betrieben, um die Nachkommenschaft an die vorhandenen Ressourcen anzupassen. Als Methoden der Geburtenkontrolle werden die relativ späte Heirat der Frau im Alter von 20-25 Jahren, die Abtreibung und die Kindestötung aufgeführt (45). Smith stellte in seiner Untersuchung der Geburtenkontrolle in einem Dorf in Mitteljapan eine Tendenz zur bewußten Steuerung der Alters- und Geschlechtszusammensetzung der Kinder fest, in denen sich auch ein Interesse an einer im Sinne der Bauern "adäquaten" geschlechtlichen Zusammensetzung der familialen Arbeitskräfte äußern könnte:

> "We perceived that the population was practicing sex-selective infanticide, a form of family limitation and there was a tendency to use this practice to balance the sexes of the sibling set at each birth or after the second. This suggested that infanticide was not wholly a function of poverty or of momentary desperation but in part a method of planning the sex composition and ultimate size of the family." (Smith 1977:14)

Es bestanden Tendenzen, entweder Kinder aus dem entgegengesetzten Geschlecht zu den bisherigen Kindern überleben zu lassen oder eher Söhne zu behalten. Als gegen Ende der Tokugawazeit die Lohnarbeitsmöglichkeiten von Frauen in Manufakturen von Textilien, Tee und Papier, sowie im Dienstleistungsbereich wuchsen, stieg in einem untersuchten Dorf der Frauenanteil (ibid.:151-3). Weiterhin wurde eine sehr hoher Anteil von Personen im ökonomisch aktiven Alter zwischen 14-64 Jahren festgestellt; in vier Dörfern schwankte er von ca 1780-1860 zwischen 60-80% der Bevölkerung (Hanley, Yamamura 1977:260 ff.).

Leider gehen diese Untersuchungen nicht auf die Entscheidungsmöglichkeiten oder die Motivation der Mütter bei der Geburtenkontrolle ein. M.E. waren diese Möglichkeiten nicht gering. Denn die Kenntnis von Abtreibungsmitteln war stark verbreitet und bei der

Geburt waren in vielen Regionen aufgrund der Geburtstabus Männer ausgeschlossen (NSMJ 2.Bd.:634,883). Trotz sehr viel stärkerer polizeilicher Kontrolle waren noch in der Meijizeit Kindstötungen nicht selten.

Da die historische Demographie sich bisher auf einzelne Regionalstudien konzentriert hat, um daraus später ein Gesamtbild der Tokugawazeit herstellen zu können (Hanley, Yamamura 1977:39), sind gegenwärtig nur vorsichtige Thesen möglich. In diesem Sinne gibt es eine Reihe von Anzeichen dafür, daß die einzelnen Hauswirtschaften in einer selbständigen Geburtenplanung, die der wenig effektiven Bevölkerungspolitik des Staates zuwiderlief, sowohl Alter als auch Geschlecht der Nachkommen in Entsprechung zu ihren Ressourcen in etwa bestimmten. Diese Interaktion zwischen Produktion und Reproduktion wurde allmählich aufgegeben, als die Bevölkerungspolitik des Meijistaates mit ihren wirksamen Verboten einsetzte und sich die Erwerbsmöglichkeiten neben der Landwirtschaft erheblich ausweiteten.

Aus der Makroperspektive betrachtet, sind die Auswirkungen der Geburtenplanung bemerkenswert: Die Bevölkerung wuchs von 1600-1720 von ca 10-18 Millionen (Smith 1977:5) auf ca 26 Millionen; sie verdoppelte sich also fast in 120 Jahren. In den folgenden 120 Jahren bis 1846 stieg sie nur auf ca 27 Millionen an (46). Doch in den 65 Jahren von 1875-1940 verdoppelte sie sich wiederum von 34 Millionen auf 72 Millionen (47). Zwischen zwei Verdoppelungsphasen ist ein derart langsames Wachstum über mehr als 120 Jahre kaum anders als durch Geburtenplanung auf unterster Ebene zu erklären.

Die Klassenschichtung und die Dorfgemeinschaft

Vor diesem Hintergrund formten sich in der Tokugawazeit die Beziehungen zwischen der bäuerlichen Ober- und Unterschicht von rein persönlichen Abhängigkeitsverhältnissen zu halb vertraglich, halb persönlich vermittelten Pachtverhältnissen um. Zu Beginn der Tokugawazeit war die Bodenverteilung unter den unmittelbaren bäuerlichen Produzenten nicht egalitär (Smith 1959:2-11). Die **"Stammbauern"** (honbyakushō) wurden mit ihrem Grundbesitz als Steuersubjekte registriert; in den Grundbüchern des 17.Jh finden sich kleine Parzellen, kaum größer als Gärten, neben Bauernstellen, die zehn- ,zwanzig- oder dreißigfach größer waren (Smith 1952:266).

Die großen Stammbauernhöfe außerhalb des Kinai-Gebietes betrieben ihre Landwirtschaft überwiegend mit der Arbeitskraft von

Dienstleuten (**fudai**), die sich meist in erblicher Abhängigkeit von ihnen befanden, oder von **nago** (Dienstleute/Abhängige in einem realen oder fiktiven Verwndtschaftsverhältnis). Die kleinen Stammbauern setzten ihre Familienarbeitskraft ein (48). Die **fudai** und **nago** lebten und arbeiteten meist zunächst im Stammhof. Nach langem Dienst wurde ihnen oft eine kleine Bauernstelle mit einer Parzelle vom Haupthaus überlassen. Im allgemeinen blieben diese Grundstücke bei dem Haupthaus (**honke**) registriert und dieses zahlte die feudalen Abgaben dafür. Als Gegenleistung erwartete das **honke** eine Arbeitsrente auf seinen Feldern und im Haushalt.

Solche kleinen vom Haupthaus eingerichteten Höfe galten im allgemeinen als "Zweighaus" (**bunke**) und ihre Angehörigen wurden als "Kinder" (**kokata**) des Haupthauses, das eine "Elternrolle" (**oyakata**) einnahm, eingeordnet. Haupthaus und Zweighaus waren also durch fiktive oder reale Verwandtschaft verbunden, je nachdem ob es sich um Dienstleute oder jüngere Söhne des Haupthauses handelte. Jedoch wurde zwischen realer und fiktiver Verwandtschaft kaum unterschieden.

Die fiktive Verwandtschaft, die sich auf die Ideologie des extensiven Patriarchats stützte, diente vielmehr zur Kodierung ökonomischer Herrschafts- und Ausbeutungsbeziehungen. Zwar wurden die hierarchischen Beziehungen rituell in der sozialen Interaktion bekräftigt, was z.B. Smith dazu führte, sie eher als paternalistische Sozialbeziehungen zu interpretieren. Z.B. mußten die **kokata** die **oyakata** zu Neujahr und anderen Feiertagen besuchen und sie nahmen an gemeinsamen Ahnenfeiern unter Leitung des Haupthauses teil. Doch ist m.E. Nakanes Wertung zuzustimmen, daß die Verwandtschaft im Kern ein ökonomisches Verhältnis darstellt, das die Arbeitskräfte einer Hauswirtschaft miteinander und verschiedene Häuser untereinander verband und daß sie auch von Zeitgenossen so interpretiert wurde (Vgl. Nakane 1967 passim). Es gibt eine Reihe von Anzeichen für den ökonomisch bestimmten Charakter der Verwandtschaftsbeziehungen. So wurde kaum zwischen fiktiver oder realer Verwandtschaft im Verhältnis von Haupthaus und Zweighaus differenziert. Ein Zweighaus, das wirtschaftlich aufgestiegen war, konnte den Rang des Haupthauses übernehmen, wenn dieses seinen ökonomischen Verpflichtungen gegenüber den abhängigen Hauswirtschaften nicht mehr erfüllen konnte. Schließlich wurde auch die Eheschließung als eine Allianz zwischen zwei Höfen bewertet. Die Braut wurde "Braut des Hauses" genannt ebenso wie in den Fällen, in denen ein Bräutigam als Ehemann für die älteste Tochter ausgewählt und zugleich adoptiert wurde, dieser "Bräutigam des Hauses" hieß. In beiden Fällen werden die angeheirateten "Neulinge" in der Hauswirtschaft vor allem als neue Arbeitskraft gewertet (49).

Auch wenn die Zweighäuser Besitzer ihres Landes wurden, was
sich teilweise in Grundbucheintragungen niederschlug, war der Bodenbesitz der neuen Wirtschaft im allgemeinen so klein angelegt,
daß sie von dem Haupthaus abhängig blieben. Z.B. waren sie oft
auf Lebensmittel- und andere Naturalspenden oder Kredite in
schlechten Jahren angewiesen und mußten dafür Arbeitsleistungen an das Haupthaus erbringen.

Im wesentlichen aber sah die Bodenverfassung den Bodenbesitz bei
den Stammhäusern vor, während das Land gegen eine Arbeitsrente durch Übereinkommen an Dienstleute und jüngere Nachkommen überlassen werden konnte. Andere Produktionsmittel, wie Wasser, Wald oder das Ödland, aus dem das Viehfutter und der Gründünger geschnitten wurden, waren überwiegend im Besitz der Dorfgemeinschaften. Über ihre Nutzung wurde der Form nach im kommunalen Rahmen, in der Realität aber oft in hierarchischen Verhältnisse entschieden. Die Stammbauern hatten im allgemeinen
Nutzungsrechte an Wald und Wasser. Die **kokata** waren meist davon ausgeschlossen und konnten nur über vollgültige Mitglieder der
Dorfgemeinschaft, d.h. vor allem ihre **oyakata**, Zugang dazu erhalten. Das arbeitsintensive Schneiden von Gründünger und Unterholz
im Gemeindewald war so organisiert, daß die großen Stammbauern,
die viel Dünger brauchten, ihren **kokata** die Nutzung des Waldes
über ihre Rechte ermöglichten, diese dafür Dünger für sie schnitten oder andere Arbeitsleistungen erbrachten. Auch kommunale
Nutzungsrechte konnten also Anlaß werden, von den davon Ausge-
schlossenen Arbeitsrenten zu fordern.

Die dörfliche Oberschicht hatte im allgemeinen bevorzugten oder
alleinigen Zugang zu den Dorfämtern, deren Inhaber über die konkrete Regelung der Bewässerung entschieden und die kollektive
Zahlung der feudalen Abgaben koordinierten. Laut einer Dorfstudie
lagen ihre Grundstücke noch in neuerer Zeit an den günstigsten
Plätzen im Bewässerungssystem (Shimpo 1976:5-7); allerdings ist
offen wieweit davon Rückschlüsse in die Vergangenheit zu ziehen
sind.

Die Großbetriebe der dörflichen Oberschicht, die Eigenanbau auf
ihrem Land durchführten, beruhten auf der Arbeitsrente der Unterschichten, der Dienstleute und **kokata**. Die Ausbeutungsbeziehungen
wurden durch die hierarchische Kooperation und eine gewisse Umverteilung gerade in schlechten Zeiten im Sinne der den Großbauern geläufigen patriarchalischen Ideologie gemildert. Die Abhängigkeitsverhältnisse drückten sich in den "versäulten" Klientelverhältnissen aus, in denen über die Säulen der vertikalen fiktiven Verwandtschaft die **oyakata** an der Spitze mit den **kokata** verbunden

waren. Die ökonomischen Zwänge und der Druck zu Harmonie und Kooperation in der Dorfgemeinschaft ließen offene Konflikte und einen einfachen Wechsel der Patrone nur in Ausnahmesituationen zu (50). Die von Smith hervorgehobenen Werte der Solidarität, des Schutzes und des Gehorsams innerhalb der Verwandtschaftsgruppen müssen im Zusammenhang dieses patriarchalischen strukturellen Zwangs gesehen werden.

Eine eher gleichheitliche Kooperation fand in dem Arbeitsaustausch der Nachbarschaftsgruppen und in einzelnen Verbänden zu bestimmten Zwecken - zu Beerdigungen, zum Sparen usw. - statt. Während des Reisumpflanzens waren die Wasserzuteilungen pro Feld begrenzt und es mußte also mit großer Geschwindigkeit vor sich gehen; auch die Ernte mußte rasch eingebracht werden, u.a. zum Schutz vor dem Verderben und vor Schädlingen. Deswegen leisteten die Mitglieder mehrerer Häuser in einer Nachbarschaft die Arbeiten gemeinsam. Die arbeitende Gruppe wurde von dem Haus, auf dessen Feldern sie tätig war, bewirtet und die Arbeitsstunden und -einsätze wurden sorgfältig gegeneinander aufgerechnet. Das zähe Fortbestehen dieses Arbeitsaustausches während der kapitalistischen Entwicklung könnte sich neben der Tradition der dörflichen Solidarität daher herleiten lassen, daß sie der einzelnen Hauswirtschaft den Einsatz von Lohnarbeit und somit Bargeld-Ausgaben ersparte. Auch die Spargemeinschaften, bei denen in einen gemeinsamen "Topf" periodisch kleine Summen eingezahlt wurden und dieser reihum an die Mitglieder ausgehändigt wurde, können eher als egalitäre Gruppen und zugleich als Puffer der Hauswirtschaften gegen unerwartete Bargeldausgaben interpretiert werden. Bargeld war "Mangelware" und konnte sonst nur bei Geldverleihern, oft zu Wucherzinsen, geliehen werden (51).

Die Dorfgemeinschaft erscheint so als hierarchischer Verbund, der für die Reproduktion der Hauswirtschaften unerläßlich ist. Dies bedeutete neben den allgemeinen Bedingungen der Naßreiskultur einen zusätzlichen Anpassungsdruck auf ihre Mitglieder, der auf Harmonie durch Anpassung und durch Unterordnung unter die soziale Hierarchie hinwirkte. So etwa wurde das Verhalten der Mitglieder der einzelnen Haushalte, ganz besonders das der jungen Ehefrauen der älteren Söhne (**yome**) dauernd kritisch betrachtet. Die **yome** waren oft die wichtigsten Arbeitskräfte der Haushalte, die "Ochsen ohne Zugseil" (Maruoka Hideko) auf dem Feld und in der Hausarbeit. Es verschaffte dem Hof und auch der **yome** soziales Ansehen, wenn sie möglichst hart arbeitete und hinter keiner anderen jungen Ehefrau im Dorf zurückstehen mußte - was im übrigen wieder auf die Dialektik der inneren Disziplinierung im Wechselspiel von Harmonie und Konkurrenz verweist.

So hatte die Dorfgemeinschaft eine solidarische und eine herrschaftsstützende Seite. Wie zwei ineinander verwundene Seile verstärkten diese beiden Züge, Solidarität und Konformitätsdruck, die Nabelschnur, mit der das Individuum an der Gemeinschaft hing. Sowohl die Unmöglichkeit, für sich zu überleben, als auch die zensierende Beobachtung der anderen Dörfler mit ihrem Lob und ihren informellen Strafen, wie Tadel, Klatsch, Spott und offene Verwarnungen, hemmten die Individuation.

Das stärkste Strafmittel war der Abbruch der sozialen Beziehungen mit einem Haushalt, der sich entweder abweichend oder schädigend verhielt (52). Es wurde wegen Kleinkriminalität wie wiederholtem Diebstahl oder Gewalttätigkeiten im Dorf, Brandfällen durch Nachlässigkeit und allgemeiner Nonkonformität, z.B. dem Beitritt zu einer neuen Religion, was in der Meijizeit häufig war, verhängt. Die davon betroffenen Haushalte mußten meist das Dorf verlassen, da ihre ökonomische und soziale Existenzgrundlage zerstört war.

Die Herausbildung des Pachtsystems

Diese Grundstrukturen der Dorfgemeinschaft blieben teilweise trotz des ökonomischen und sozialen Wandels zumindest bis zur Mitte des 20.Jhs erhalten; zum Teil wurden sie in seinem Verlauf aufgebrochen und instrumentell in andere Zusammenhänge eingebracht. Eine grundlegende Veränderung unter dem Einfluß der expandierenden Marktwirtschaft bestand in der Ablösung der auf Arbeitsrente gegründeten Großbauern-Wirtschaften durch ein Pachtsystem mit Parzellenpacht und einer hohen Naturalrente in vielen Landesteilen (Smith 1959 passim). Wichtige Faktoren in diesem Prozeß waren u.a. eine Ausweitung der städtischen und ländlichen Lohnarbeit im frühen 18.Jh und steigende Löhne trotz der feudalen rechtlichen Beschränkungen auf der einen Seite, technologische Neuerungen, die eine höhere Arbeitsintensität, mehr Aufmerksamkeit, Geschick und längere Arbeitszeiten erforderte, auf der anderen Seite.

Höhere Arbeitsanforderungen traten also zugleich mit Lohnanstiegen und stärkerer Mobilität auf. Der vorherige Großbetrieb auf Basis von Arbeitsrente wurde so allmählich obsolet. Die größeren Grundbesitzer standen vor der Alternative, den Eigenanbau unter Einsatz von Lohnarbeit fortzusetzen oder den Boden - wie es bereits im Kinai-Gebiet üblich war - gegen eine hohe Naturalpacht an Pächter zu überlassen, die ihn mit ihrer Familienarbeitskraft bewirtschafteten. Meist waren dies bisherige **kokata**.

Es entstand so ein System des gestaffelten Grundbesitzes, das einer Pyramide mit drei Stufen vergleichbar ist (Vgl. NSMJ 1.Bd.: 409-10). Der feudale Herrscher als oberster Grundeigentümer stand an der Spitze; die nächste Stufe unter ihm bildeten die bäuerlichen Grundbesitzer, von denen ein Teil als Pachtherren kurz- oder langfristig Land verpachtete. Bei langandauernden Pachtverhältnissen (**eikosaku**) trat der Pächter als Grundbesitzer der dritten Stufe auf. Bei der Erhebung wurden feudale Grundrente und Pacht oft vermischt, da die Inhaber der Dorfämter die dörflichen Abgaben eintrieben und dabei den tatsächlichen Anteil der Einzelhaushalte festlegten (53).

Laut Schätzungen teilte sich die Ernte der Pächter durchschnittlich wie folgt auf: 37% wurden in Naturalform als feudale Grundrente an die **han** Verwaltung gezahlt, 20-28% ebenfalls in Naturalform an den Pachtherren gegeben, während bei dem Pächter ca 35-43% verblieben (54). Beim Anbau von Marktfrüchten, wie von Maulbeerbäumen für die Seidenproduktion oder von Baumwolle hatte sich im 17.-18.Jh weitgehend sowohl bei den feudalen Abgaben als auch bei der Pacht die Zahlung in Geld durchgesetzt. Bei Mißernten wurden häufig von den **han** Verwaltungen und den Pachtherren Minderungen der Zahlung zugestanden.

Trotz dieser Ähnlichkeiten im Erscheinungsbild, z.B. dem Vorherrschen der Naturalform und dem häufig vermischten Erhebungsverfahren sollten m.E. feudale Bodensteuer und Pacht nicht einfach als "feudale Grundrente" gleichgesetzt werden, da sie sich aus unterschiedlichen Ausbeutungsverhältnissen herleiten. Für die feudale Bodensteuer war die militärisch-bürokratische Herrschaft der **daimyō** konstitutiv, sie ging also überwiegend auf ein außerökonomisches Verhältnis zurück (55). Die Pachtverhältnisse waren demgegenüber in ihrem Kern ökonomische Austauschbeziehungen, die sich mit der Ausweitung der Warenproduktion verbreitet hatten und bei denen der Zugang zu Boden gegen Pacht, häufig auch eine zusätzliche Arbeitsrente ausgetauscht wurde. Allerdings war das Milieu dieser ökonomischen Beziehungen durch die soziale Vorherrschaft der Pachtherren geprägt. die sich aus ihrem Besitz, ihrem Status und ihrer führenden Stellung bei der Besetzung der Dorfämter ergab. Unterschiedliche Machtverteilung in einer Austauschbeziehung begründet jedoch noch nicht ein feudales Verhältnis, wenn sie nicht selbst zur Konstituante dieses Verhältnisses wird und sich mit anderen feudalen Elementen wie z.B. dem feudalen Lehenskomplex in der Begründung des Appropriationszusammenhangs (Vgl. Kuchenbuch. Michael 1977 passim) vermischt. Ich möchte mich der Interpretation des Pachtsystems anschließen, die darin eine Übergangsform zum Kapitalismus in einer kleinbäuerlichen Agrarstruktur sieht (NSMJ 1.Bd.:411), die während der kapitalistischen Entwicklung weiter modifiziert wurde, aber in ihrer Grundform lange erhalten blieb.

Diese Wertung wird dadurch gestützt, daß bei der Verbreitung des Pachtsystems offensichtlich auch bewußte ökonomische Berechnungen auf Seite der Grundbesitzer mitspielten. Smith zitiert umfangreich aus den Debatten zwischen Agrarökonomen im 18. und 19. Jh. in denen diese die Vorteile des Pachtsystems gegenüber dem Eigenanbau mit Lohnarbeit für den Grundbesitzer erläutern wie z.B. der folgende Autor um 1800:

> "If one compares the advantage to the large holder of working his land with hired labour or entrusting it to tenants, the advantages of the latter method are obvious. Adoption of the former may even result in losses. Hence all large owners have adopted tenant cultivation.
> The reason for this is that the tenant by extraordinary diligence will cultivate twice as much as hired labour, and he will provide his own fertilizer by the bitter work of gathering it. Thus **he can make a bare living from a very small plot**, even though he has no additional land of his own and no income from work outside his home." (Smith 1959:128)

Dieser Beobachter hat wesentliche Gründe für die "Überlegenheit" des Pachtbetriebs aufgeführt: Als abhängige Eigenarbeiter erhalten die Pächter ihre Familienarbeitskraft selbst durch hohen und harten Arbeitseinsatz auf kleinen Parzellen. Die Reproduktionskosten ihrer Arbeitskraft konnten auf sie abgewälzt werden. Die laufenden fixen Sachkosten konnten ebenfalls auf sie übertragen werden. Teilweise setzten sie dann mühsame Subsistenzproduktion anstelle von Bargeldausgaben. Z.B. schnitten manche Pächterfamilien Gründünger, statt Geld für kommerziellen Dünger auszugeben oder evtl. vom Pachtherren zu fordern, oder sie hackten den Boden, anstatt Zugvieh anzuschaffen oder die Miete dafür zu bezahlen (56). Dazu setzte der Pächterhaushalt alle Arbeitskräfte ein, Frauen, Männer und Kinder. Durch die Verwendung der gesamten Familienarbeitskraft konnten so hohe Erträge pro Fläche erreicht werden, daß der Abzug der Naturalpacht neben der feudalen Abgabe möglich war.

Demgegenüber erschienen Lohnarbeiter teuer. Die ländlichen Löhne stiegen von 1750-1800; sie lagen in der ersten Hälfte des 19.Jhs bei ca 2,5-4 **ryō**. Ein männlicher Lohnarbeiter verdiente neben Wohnung und Essen ca 3 **koku** Reis, was für den Erhalt einer kleinen Familie hinreichte (Smith 1959:125).

Pächter waren eher als Lohnarbeiter bereit, die hohe Arbeitsintensität und die Aufmerksamkeit, die von neuen Produkten und Arbeitsmethoden gefordert wurde, aufzubringen. Es bestehen geteilte Meinungen, ob dieser Bereitschaft eher der Zwang zum Überleben oder proto-betriebswirtschaftliche Rationalität aufseiten der Pächter zugrundelagen (57). Da ihnen ihre eigene Reproduktion aufgebürdet war, wirkte die Sorge um die Reproduktion des Haushaltes und seiner Mitglieder zumindest als scharfer Stachel. Lohnarbeiter mußten demgegenüber angeleitet und in ihrer Leistung kontrolliert werden. Wägt man diese Vorteile für die Pachtherren ab, so ergibt sich als eine grundlegende ökonomische Rationale des Pachtsystems gegenüber der Lohnarbeit beim gegebenen technologischen Stand die Aneignung von Mehrprodukt auf Basis der Nutzung der Arbeitskraft der gesamten Pächterfamilie, was einen Trend zur Selbstausbeutung der letzteren einschloß.

Die Ausbreitung des Pachtsystems vollzog sich zeitlich und regional recht unterschiedlich (58). Ab 1750 war in weiten Teilen Japans trotz des staatlichen Verbotes von Landverkauf eine deutliche Bodenkonzentration festzustellen, die zu Ende der Tokugawazeit und zu Beginn der Meijizeit noch zunahm. Die treibenden Kräfte waren die Verschuldung der Kleinbauern und der resultierende Bodenverlust im Zuge der Marktausweitung und die großen Neulanderschließungen durch die **han** Verwaltungen oder reiche Bauern und Kaufleute, die das neugewonnene Land i.a. an Parzellenpächter vergaben und den Pachtreis vermarkteten (Vgl. Ushiyama 1975:40; Waswo 1969:55-64).

Der Agrarökonom Ōuchi hat eine Typologie der regionalen Entwicklungsdynamik aufgestellt, die die unterschiedlichen Faktoren bei der bäuerlichen Schichtendifferenzierung und die Ungleichzeitigkeit dieses Prozesses verdeutlicht (Ōuchi 1969:31-133). Diese ungleiche Entwicklung spielt für die Herausbildung und Bewegung des Arbeitsmarktes eine wichtige Rolle, denn die "spät entwickelten" Gebiete von gestern bildeten die Arbeitskraftreservoirs der Zukunft.

Deswegen soll dieser Typologie ausführlicher wiedergegeben werden. Für die Entwicklung ab Mitte der Tokugawazeit schlägt Ōuchi drei Typen vor, wobei er sich auf eine systematische Auswertung vorliegender Regional- und Dorfstudien stützt.

I. Der fortgeschrittene Entwicklungstyp (**senshinkata**)

Er umfaßt das Kinai-Gebiet, die Inlandsee und Aichi. Der Anteil von Pächtern und von Pachtland ist bemerkenswert hoch, wohingegen Halbpacht (**jikosaku**, d.h. Zupacht von Land neben eigenem Bodenbesitz) und selbstanbauende Kleinbauern mit ausreichendem

Land für die eigene Reproduktion relativ gering vertreten waren. Die dörfliche Oberschicht setzte sich um 1850 aus selbstanbauenden Großbauern, die Betriebe von ca 1-3 chō mit Lohnarbeitern bewirtschafteten, Pachtherren mit Eigenbetrieb und in einigen Dörfern aus nicht anbauenden Pachtherren zusammen, die selbst keine Landwirtschaft betrieben und die ihre Einkünfte aus Pachtzahlung, Handel, Geldverleih und Manufakturen bezogen.

In einzelnen Dorfstudien waren bereits um 1730-50 zahlreiche landlose oder landarme Bauern auf Kleinstparzellen festzustellen. In der Gegend um Ōsaka betrug ihr Anteil damals ca 40%, aber in manchen Dörfern lag er über 60% (Ōuchi 1969:54). Häufig waren die Pachtparzellen sehr klein, was für die Pächter einen hohen Arbeitseinsatz pro Fläche mit sich brachte und so in der Addition der Einzelpachten insgesamt hohe Pachteinnahmen ermöglichte. Das Haus Nakamura z.B. verpachtete 1832 insgesamt 13,53 chō Land an 80 Pächter, von denen 60 weniger als 2 **tan** (59) innehatten (ibid.: 67). Diese extreme Zersplitterung trat auch in kommerziellen Neulanderschließungen auf. In einem von dem Handelshaus Mitsui eröffneten Gebiet verpachtete dieses den Boden an 42 Pächterwirtschaften, von denen 14 (d.h.32,3%) weniger als 1 **tan**, 16 (d.h.39,1%) weniger als 3 **tan**, 10 (d.h.23,8%) weniger als 6 **tan** und nur jeweils Haushalt ca.6-8 **tan** und mehr als 1 **chō** hatten.

Diesem Entwicklungstyp entsprach ein relativ fortgeschrittenes Stadium der kommerziellen Landwirtschaft, wobei neben die Reis die Baumwolle die wichtigste Marktfrucht vor allem in der Region um Ōsaka darstellte.

II. der langsame Entwicklungstyp (**kōshinkata**)

Er tritt auf im Nordosten entlang der japanischen See, in Kōchi in Südshikoku und in Südkyūshū, wo die Warenwirtschaft wesentlich unbedeutender und die Bodenproduktivität geringer als im Typ I war. Die landwirtschaftliche Marktproduktion bestand dort in der Tokugawazeit vor allem aus Seide (Shinano), Gemüse (Aizu) und Reis (Fukushima). Bis zur Mitte der Tokugawazeit erhielten sich große Eigenanbau-Höfe mit Dienstleuten und dem System der Arbeitsrente. Zum Teil leiteten sie sich von größeren Höfen aus der ländlichen Oberschicht (**myōshu**) des Mittelalters her. Die bäuerliche Mittelschicht mit Betrieben von 0,5-1**chō** war wesentlich größer als im Typ I, und die Gruppe der Großgrundbesitzer, sowie die Betriebe mit weniger als 5 **tan** bedeutend geringer. Von 1850-70 wuchs diese Mittelschicht nochmals leicht an.

Ab ca 1760 war eine deutliche, um 1850 nochmals gesteigerte Bodenkonzentration festzustellen, die neben Neulanderschließung vor allem auf der wachsenden Verschuldung beruhte, wobei der Boden als Pfand eingesetzt wurde. Kleinbauern konnten die Kredite zu Wucherzinsen nur schwer zurückzahlen; das Land fiel also häufig an den Gläubiger, während der bisherige Besitzer es meist gegen Pachtzahlung weiterbestellen konnte. Angesichts des feudalen Verbots von Landverkauf hatten diese Arrangements einen unterschiedlichen Grad von Formalität. Ein Pachtherrenhaus in Nanbu hatte sich 1757 als Zweighaus mit einem Bodenumfang von 22 **koku** etabliert; 1863 hatte es bereits einen Bodenbesitz von 51 **koku** und 1864 von 106 **koku**. Dabei war der Anteil des Pfandlandes vorherrschend: von 1780-1867 hatte es in 35 Fällen insgesamt 77 **koku** als Pfandland erhalten. Um 1865 verpachtete es 60 **koku** - zum Teil an frühere Dienstleute - und bebaute 40 **koku** selbst mit der Familienarbeitskraft, 2-3 **nago**, 2-3 entlohnten Dienstboten und der Arbeitsrente von ca 280 Abhängigen (ibid.:75,82-3). In der Arbeitsorganisation wurden also herkömmliche und neue Formen, Lohnarbeit, persönliche Abhängigkeit und Pächter-Arbeit, gemischt. Ebenso kombinierte dies Haus neue und alte Produktionsverhältnisse in der Verpachtung: Es hatte sowohl vertragliche Pachtverhältnisse als auch die Pacht von ehemaligen Dienstleuten und Angehörigen der Seitenlinien, die in fiktive Verwandtschaftsbeziehungen eingeschlossen waren.

Neben dem Trend zum Mittelbauern trat eine gewisse Bodenkonzentration auf, der auf der anderen Seite eine Zunahme der dörflichen Unterschicht entsprach. In einem Dorf in Fukushima gehörten z.B. um 1846 ca 30 Höfe zur Schicht der armen Bauern, deren Land nicht ausreichte. Teilweise pachteten sie Land dazu und schickten ihre Kinder in den Dienst oder in Lohnarbeit (ibid.:81 ff). Auch in diesen Regionen, wo die Warenwirtschaft relativ schwach entwickelt war und persönliche Abhängigkeitsverhältnisse, die sich mit der Arbeitsrente verbanden, tief verwurzelt waren, war zu Ende der Tokugawazeit eine deutliche Schichtendifferenzierung festzustellen.

III. Verschiedene Mitteltypen (**chūkankata**)

Bei diesen Typen stand die Kommerzialisierung der Landwirtschaft auf einem mittleren Niveau. Ōuchi unterscheidet sie nach der Sozialstruktur und nach den wesentlichen Marktprodukten der Region.

Der erste Mitteltyp umfaßt Kantō, Chūgoku ohne die Seidenregionen in Gumma und Saitama, die südlichen Regionen an der Inlandsee, Yamaguchi und Nordkyūshū. In diesen Regionen waren Trockenfelder weit verbeitet, auf denen bereits ab Mitte der Tokugawazeit Gemüse und andere Produkte für den Markt angebaut wurden. Allerdings unterscheiden sich diese Regionen beträchtlich. Dennoch waren zwei allgemeine, einander gegenläufige Tendenzen festzustellen: ein Ansteigen der Mittelbauern und zugleich eine gewisse Bodenkonzentration und Zunahme der Landarmen. Die erste Tendenz geht wohl auf den Aufstieg von bisherigen Dienstleuten zu Stammbauern in den "rückständigen" Gebieten zurück. In anderen Regionen hatten in der ersten Hälfte des 19. Jh ca 60-70% der Bauern zu wenig Land, so daß sie entweder Boden dazupachten oder Nebengewerbe oder Lohnarbeit aufnehmen mußten (ibid.:94). Der Anteil von Pächtern war kleiner als im Typ I., der von selbständigen Kleinbauern niedriger als im langsamen Entwicklungstyp II., wohingegen relativ viele Höfe Halbpacht betrieben. Eine gewisse Bodenkonzentration ist ausgeprägt und es treten viele ländliche Handelshäuser auf. Aber nicht selbstanbauende Pachtherren waren selten.

Einen weiteren Mitteltyp sieht Ōuchi in Nordkantō und den Seidenregionen in Gumma und Nagano. Hier war die Kommerzalisierung der Landwirtschaft beträchtlich und zu Ende der Tokugawazeit konnte sich die breite Gruppe von Pachthöfen mit 2-5 **tan** nur von Nebengewerben, vor allem Seidenzucht und irregulärer Arbeitsmigration (**dekasegi**) erhalten. In einem Dorf in Nagano hatten um 1845 mehr als 60% der Höfe weniger als einen **chō** Land - und lagen damit unter dem Minimum für die Reproduktion eines Hofes - um 1870 traf dies für alle Höfe zu. Wanderarbeit war allgemein: von den 49 Höfen 1871 gingen 44 Peronen in der landwirtschaftlich stillen Zeit auf Arbeitsmigration. Dabei waren typische Frauenberufe wie Seidenspinnen (7 Personen), Sockenmanufaktur und Färben (je 6), Seidenhaspeln (4 Personen) stark vertreten.

Es hatten sich Pachtherren mit ca 10 **chō** herausgebildet, die teilweise ihr Land in Parzellen zu ca 2 **tan** verpachteten. Häufig waren sie zugleich Seidenhändler oder Besitzer einer Seidenmanufaktur. Nichtanbauende Pachtherren waren selten.

Der letzte Mitteltyp umschließt vor allem die Reisanbaugebiete ohne zweite Ernte an der japanischen See, die bereits im Schneefallgebiet lagen. Da vor allem Niigata in ihrer Mitte ein "klassisches" Reservoir für die Arbeitsmigration bildete, will ich diesen Typ detaillierter darstellen. Die zentrale Marktfrucht war Reis; sie wurde entweder indirekt im Auftrag der **han** Verwaltung oder direkt von reichen Bauern oder Händlern, die die finanzielle Ausstattung und das organisatorische Können für den weiten Transport zur Reisbörse nach Ōsaka hatten, verkauft.

Während in Tōyama, Kaga und manchen Dörfern Yamagatas der Anteil armer Bauern gering war und die Stammbauern überwogen, wobei ihr Anteil an den Höfen 80-80% umfassen konnte, zeigten andere Dörfer vor allem in Niigata eine sehr scharfe Polarisierung

der Schichten mit mehr als 60-70% armer Bauern (ibid.:101). Die
Ursachen für diesen hohen Anteil der Dorfarmut lagen einerseits in
den natürlichen Anbaurisiken einer Einfrucht-Region mit vielen
Überschwemmungen, andererseits aber in der raschen Bodenakkumulation bei frühkapitalistischen Händlern, Wucherern und Pachtherren – häufig in Personalunion – , die sowohl durch Zukauf als auch
Geldverleih und den resultierenden Erwerb von Pfandland ihren
Grundbesitz erweiterten. Schließlich spielte die kommerzielle Erschließung der Schwemmlandebenen, z.b. der Kambara Ebene in
Niigata und der Shōnai Ebene in Yamagata eine wichtige Rolle bei
der Entstehung von "Pachtherren-Königreichen" schon in der Tokugawazeit (Vgl. ibid.:103-114; Ushiyama 1975:40; Waswo 1969:55-64).

Die Verbindung des Aufstiegs der "Riesenpachtherren" mit der vordringenden Markt- und Geldwirtschaft und ihr frühkapitalistischer
Charakter läßt sich an den einzelnen Hausgeschichten aufzeigen.
Das weitbekannte Pachtherrenhaus Homma in Yamagata betrieb im
frühen 18.Jh ein Handels- und Transportunternehmen und kaufte
1736 Boden mit einem geschätzten Ertrag von 350 Ballen Reis, womit es sich als Grundbesitzer etablierte. Es kombinierte Handel,
Geldverleih zu Wucherzins und Verpachtung von Land. Ende der Tokugawazeit war sein Landbesitz auf mehr als 1 000 chō gestiegen
(Ōuchi 1969:109). Drei der fünf größten "Riesenpachtherren" mit
mehr als 50 chō in Niigata lassen sich auf ländliches Handels- und
Wucherkapital zurückverfolgen (60); bei den restlichen zwei ist der
Ursprung nicht klar. Auf dem von ländlichem Handelskapital gelegten Grundstein akkumulierten diese Häuser sowohl durch Produktionsinvestitionen in den Neulanderschließungen und die Verpachtung dieses von feudalen Abgaben freien Landes, als auch in der
Zirkulation durch Geldverleih mit Wucherzinsen an die kleinbäuerlichen Hauswirtschaften.

Daneben hatten sich mittlere Pachtherren und Großbauern mit
Dienstleuten, die ca 3-10 chō Landbesitz hatten, gehalten. Diese
Grundbesitzer leiteten sich zum Teil vom Landadel oder von Amtsträgern der han Verwaltung her und ihre Betriebe beruhten noch stark
auf persönlichen Abhängigkeitsverhältnissen. Doch in den großen
Ebenen bestand eine deutliche Polarisierung zwischen den nichtanbauenden, oft nicht im Dorf wohnenden Pachtherren und einer breiten Masse von Halbpächtern und Pächtern, wobei die anwesenden
kleineren Pachtherren eine ambivalente Zwischenstellung hatten. Die
ländliche Verarmung drückte sich auch in der Figur der "Echigo-Geisha" aus – den tausenden junger Frauen, die vor allem während
Hungersnöten oder Agrarkrisen oder auch bei Notlagen der einzelnen
armen Höfe in die städtischen Bordelle verkauft wurden. Als Extremfigur symbolisiert die Echigo-Geisha das doppelte Leiden

der Mädchen und jungen Frauen an den patriarchalischen Verhältnissen und der ländlichen Armut.

Die Entstehung der ländlichen arbeitenden Armen und ihre Alltagskultur

Aus diesen Regionaltypen wird ersichtlich, daß sich bereits zu Ende der Tokugawazeit die Schichten der Pachtherren, der Pächter und der armen Zwergbauern, die von Landwirtschaft und den verschiedensten Tätigkeiten lebten, herausdifferenziert hatten. Die Klein- und Mittelbauern bestanden weiter, waren aber je nach Region sehr zurückgegangen. Der Anteil des verpachteten Landes an der gesamten Anbaufläche um 1865 wird im allgemeinen auf 20-30% geschätzt.

Wir sahen, daß begleitend zu einer bedeutenden Bodenkonzentration eine embryonale ländliche Kapitalkkumulation stattgefunden hatte. Die Gruppe mittlerer und kleinerer selbstanbauender Pachtherren mit ca 3-10 **chō** war zum Teil mit diesen ländlich-kapitalistischen Kräften verbunden. Zusammen hatten sie meist eine führende Stellung in der Dorfgemeinschaft. In den stärker kommerzialisierten Regionen hatte sich in Entsprechung zu dieser Bodenkonzentration eine breite Masse von armen Bauern, die "Wasserschlucker" von der vorherigen persönlichen Abhängigkeit befreit. Sie lebte in prekären Mischexistenzen von gartenbaumäßigem Anbau auf manchmal handtuchgroßen Parzellen, Nebenerwerb durch Vermarktung von Überschüssen oder Marktfrüchten, Handwerk oder Heimarbeit in der "stillen Zeit" oder von irregulärer Lohnarbeit oder Wanderarbeit. Sie konnten überleben durch den angespannten Arbeitseinsatz der gesamten Familienarbeitskraft, der zur Selbstausbeutung tendierte. Der Übergang zwischen Zwergbauern und Parzellenpächtern erscheint fließend.

Der Begriff der arbeitenden Armen erscheint hier präziser als das oft verwendete Wort von den "halbproletarisierten Bauern". Denn er zeigt die Flickwerkökonomie von vielfältigen Einkommensformen, die Arbeit für das eigene Überleben ohne die herkömmlichen und ohne neue Sicherheiten, sowie die Funktion eines Arbeitskräftereservoirs auch für Frühformen der kapitalistischen Betriebe auf. Gerade die Zähigkeit mit der diese arbeitenden Armen an dem Rest des Bodens, an Subsistenznischen festhalten wird hier erklärlich, anstatt wie in den Thesen von der notwendigen Proletarisierung der Bauern verwunderlich oder irgendwie "zurückgeblieben" zu wirken. Den arbeitenden Armen ist in ihrer Nutzung aller Einkommensmöglichkeiten zum Überleben oft weder die Wahl zum Vollbauern, noch zum "Voll-Lohnarbeiter" offen, und so bewegen sie sich zwischen den existierenden Möglichkeiten im Netzwerk ihrer Hausgemeinschaft.

Diese Schichten stellten einen im Umfang nicht genau zu bestimmenden Teil der frühen Lohnarbeiter in den Manufakturen, die unter ähnlichen Bedingungen wie das ländliche Gesinde beschäftigt wurden. Männer arbeiteten als Wanderarbeiter in der "stillen Zeit" u.a. in Sakefabriken und Salzmanufakturen. Die Arbeitsmigration von Frauen vor der Ehe war in etwa gleich hoch oder höher als die von Männern (61):

> "Sericulture, tea processing, textiles, papermaking and of course service occupations - work in eating places, grog shops, roadside stands, inns or brothels - were wholly or predominantly female employment." (Smith 1977:153)

Ein großer Teil der Frauenbeschäftigung vor allem in den Dienstleistungen war weniger unter der Rubrik Lohnarbeit einzuordnen; es handelte sich vielmehr um eine Art Menschenhandel, die zwischen der Hauswirtschaft, bzw. ihrem Vertreter und dem Unternehmer abgeschlossen wurde, und bei der die verhandelten Frauen für eine bestimmte Zeit, lebenslänglich oder bis sie sich freikaufen konnten, den Status von Leibeigenen hatten. Eltern, ältere Brüder und Ehemänner verkauften bis in die Meijizeit ihre Töchter oder Frauen gegen eine einmalige Zahlung in Bordelle oder als Dienerinnen in Gasthäuser. Die "Echigo-Geisha" hatte Gefährtinnen in ganz Japan und Nachfolgerinnen z.B. in den **karayuki-san**, den jungen Bauernmädchen aus Kyūshū die nach der Öffnung des Landes 1868 in Bordelle quer über Ostasien verhandelt wurden. Sie zeigen die Zwischenstellung der Bauernfrauen und -mädchen in der Dorfarmut zwischen anerkannter häuslicher Arbeitskraft und "letzter Ware" der Familie, die sowieso einmal aus dem Haus gegeben wird (62). Insofern war die Bindung der Hauswirtschaften an die jungen Frauen trotz ihrer Stellung als wichtige Arbeitskräfte schwach und ihr Schutz gering.

Trotz der weitgehenden Kommerzialisierung zum Ende des Feudalismus wurden in fast allen Hauswirtschaften die "Subsistenzgüter" des Haushalts - Getreide, Gemüse, Reis, Brennholz, ein Großteil der Textilien - selbst produziert. Dieser Kernbereich der menschlichen Reproduktion beruhte noch auf Subsistenzproduktion, auch wenn die Haushalte schon hohe Marktraten hatten. In diesem Sinne war die bäuerliche Subsistenzproduktion grundlegend für die Reproduktion der Mehrheit der sozialen Arbeitskraft in der japanischen Agrargesellschaft und blieb dies bis weit ins 20.Jh hinein.

Zwar hatte sich das Abhängigkeitsverhältnis der Landarmen oder Landlosen bei dem Zugang zu Boden von einem persönlichen Dienstverhältnis in ein im Kern ökonomisches Austauschverhältnis gewandelt. Doch wirkten eine Reihe von Momenten daraufhin, daß es weiterhin patriarchalisch und persönlich gefärbt blieb. Auch das Pachtherrn-Pächter-Verhältnis wurde oft in der Terminologie der hierarchischen, fiktiven Verwandschaft eingeordnet und mit patriarchalischen Werten durchsetzt, die sich in einer paternalistischen Führung der Pachtherrn und in persönlicher Unterordnung der Pächter im Alltag und bei Ritualen zeigen sollten. Im Zusammenhang des Pachtverhältnisses wurde weiterhin eine Arbeitsrente, die manchmal nicht genau spezifiziert war, sondern sich in gewissen Grenzen nach dem Bedarf der Pachtherrn richtete, von der Pächterfamilie erwartet. Bei der Nutzung von Wald und Wasser bestand die hierarchische Kooperation mit einer starken Vormachtstellung der dörflichen Oberschicht fort, was eine zusätzliche Abhängigkeit der armen Haushalte bedeuten konnte, die keinen Zugang zu Wald und Ödland hatte. Auch die Solidarität und der Konformitätsdruck der Dorfgemeinschaft erhielt sich ebenso wie auch ihre materiellen Ursachen, nämlich die Notwendigkeit der Kooperation und die Knappheit der gemeinsam zu nutzenden Ressourcen weiter existierten.

Bei einer Durchsicht von ethnologischen Berichten und Biographien aus dem 19.Jh (63) kann der Eindruck entstehen, als nehme die Einbindung in konfuzianische Werte und Ordnungsvorstellungen mit dem Vordringen in die dörflichen Unterschichten ab, und als bestünde dort eine relative Ungebundenheit und direktere Emotionalität zwischen den Geschlechtern und Altersgruppen. Dort auch scheinen regionale Kulturformen, die einem konfuzianischen Weltbild subversiv erscheinen mögen, zu überleben. Die Burschen- und Mädchenhäuser, in denen die Jugendlichen sich trafen, ländliche Werbungen durchführen und Beziehungen schließen konnten, wurden von den Kindern der führenden Dorffamilien meist gemieden.

Das Weiterbestehen von von Lokalkulturen, die nicht den konfuzianischen Normen entsprachen, zeigte sich auch in dem Auftreten matrilokaler Eheformen bis nach 1900 (64). Schließlich wurde auf den orgiastischen Wallfahrten vor allem nach dem Ise-Schrein eine "verkehrte Welt", das zeitlich begrenzte Durchbrechen strenger sexueller und spar-wirtschaftlicher Normen, ausgelebt.

Während der strenge Kanon der konfuzianischen Normen für die Frauen, in starren "Frauenschulen" zusammengefaßt, voll überliefert ist, erinnert die Suche nach der weiblichen Alltagskultur in den dörflichen Unterschichten im 19.Jh an die Suche nach der Spur des Schiffes in den Wellen. Wenige zufällige und häufig anonyme Quellen - Sprichwörter, Lieder, Brauchtum, einige biographische Berichte - geben Hinweise auf den Lebensalltag, auf das Denken und Fühlen der Frauen.

Dies hängt mit einem grundsätzlichen methodischen Problem der Frauenforschung zusammen, das sich verschärft, wenn wir Frauen in anderen Kulturen verstehen wollen. Während die herrschende soziale Definition der Frauenrolle allgemein verbreitet und somit leicht zusammenzufassen ist, ist der reale Lebensalltag der Frauen und sind ihre Gedanken und Gefühle von einer Vielzahl widersprüchlicher, oft tabuisierter Faktoren bestimmt, wie z.B. der Gewalt der Ehemänner, eigene sexuelle Bedürfnisse, der Konflikt der jungen Braut zwischen Widerstand und Anpassung an ihren Haushalt. Die Frauen halten aus verschiedenen Gründen ihre Stimme zurück - sie können auch ihre ganz anders gerichteten Alltagsstrategien hinter einem "Bekenntnis" zur herrschenden Frauenrolle verstecken. Oft werden sie systematisch nicht gehört oder ihre Äußerungen totgeschwiegen (Vgl. Listen der Ohnmacht 1980).

Ein Frauenbild, das von der herrschenden Rollendefinition im extensiven ostasiatischen Patriarchat bestimmt ist, beruht auf sozialer Distanz. Es ist mit einer Begegnung im Empfangszimmer mit der höflich sich verneigenden, Tee servierenden Ehefrau zu vergleichen, die sofort wieder hinter der Schiebetür verschwindet. Die Optik des "Empfangsraums" - der Situation der Bestätigung der dominierenden Rolle - wird den Mythos der grundlegenden Unterwürfigkeit der Frau in Ostasien bekräftigen. Ähnlich verhält es sich übrigens mit der scheinbar intimen, aber doch distanzierten Konstruktion der asiatischen Weiblichkeit aus männlicher Perspektive, nämlich dem Bild der "Miss Butterfly", die in neuen Formen immer wieder auflebt (65).

Die Optik des "Empfangsraums" muß mit der Optik des "Hintereingangs" zu Küche, Arbeitsraum, Schlafzimmer ersetzt werden. Aus einer Wahrnehmung der Bäuerinnen als Subjekt zwischen Feld, Küche und Bett wird die Vielfältigkeit und die Gebrochenheit der weiblichen Strategien und Verhaltensformen sichtbar werden. So werden auch die Brüche zwischen Anpassung, untergründiger Selbstbehauptung und Widerstand in der zwiespältigen Situation zwischen "letzter Ware" der Familie und geachtetem Mitglied des Haushalts erkennbar. Diese Brüche zwischen Norm und Leben zeigen sich z.B. bei der Großmutter von Itō Noe, die den Dorfmädchen anhand von Kaibara Ekiken's konfuzianischer "Schule der Frauen" das Lesen beibrachte, bei den Dorffesten aber gerne noch im Alter auf eine Empore stieg und allen vortanzte (66).

SCHICHTENDIFFERENZIERUNG UND GESCHLECHTLICHE ARBEITSTEILUNG IN DER BAUERNSCHAFT WÄHREND DER KAPITALISTISCHEN ENTWICKLUNG

Zwei grundlegende soziale Prozesse liefen nach der antifeudalen Meijirestauration um 1868 parallel und zum Teil verschränkt miteinander ab. Die Landwirtschaft wurde der kapitalistischen Industrialisierung subsumiert. Gleichzeitig eröffnete der Meijistaat eine Reihe neuer Optionen im Unternehmertum, in der Bürokratie, der Wissenschaft und in den freien Berufen, die in der gesellschaftlichen Realität vor allem von Männern ergriffen werden konnten. Die Lebensräume von Frauen, die zuvor in einzelnen Klassen und Regionen unterschiedlich waren, wurden demgegenüber zunehmend standardisiert, teilweise auch eingeschränkt. Z.B. die Übernahme der Normen des extensiven Patriarchats im bürgerlichen und öffentlichen Recht zu Ende des 19.Jh bedeutete eine stärkere Normierung und Begrenzung weiblicher Spielräume auf nationaler Ebene. In diesem Rahmen mußten auch neue Öffnungen, wie die Mädchenbildung infolge der allgemeinen Schulpflicht oder die Herausbildung neuer Frauenberufe zumindest ambivalent bleiben.
Denn die neuen Möglichkeiten für Frauen bewegten sich im Kontext einer Umformung patriarchalischer Leitbilder, die auf eine Verwertung der weiblichen Arbeitskraft für die Modernisierung abzielten.

Hier sollen beide Prozesse erst sehr knapp umrissen werden. Darauf will ich die Struktur der kleinbäuerlichen Betriebe in den einzelnen Schichten und ihre Bedeutung für den expandierenden Arbeitsmarkt untersuchen. M.E. waren die Unterordnung der Frau und - auf anderer Ebene - der kleinbäuerlichen Wirtschaften vorher gegebene Bedingungen für den spektakulären Aufstieg des japanischen Kapitalismus. Doch während der Industrialisierung werden beide Verhältnisse umgeformt, zwar oft unter Berufung auf feudale Werte, aber im Kern gewendet auf den "nationalen und wirtschaftlichen Fortschritt". Es ergibt sich eine funktionale Synthese zwischen extensiv-patriarchalischen Strukturen und kapitalistischer Akkumulation, die gerade in dem Beschäftigungssystem der Arbeiterinnen in der Baumwollindustrie deutlich zutage tritt.

Eine funktionale Synthese zwischen Patriarchat und Kapitalismus bildete sich aber nicht nur in der Industrie, sondern auch in der Landwirtschaft heraus. Sie erscheint wesentlich unauffälliger. Ich habe versucht, ihr durch die Veränderungen der geschlechtlichen Arbeitsteilung in Produktion und Reproduktion nachzuspüren. Während der strukturelle Beziehungskern der kleinbäuerlichen Wirtschaften, der noch stark an die Subsistenzwirtschaft angelehnt war, allmählich aufbrach, ergaben sich daraus neue Aufgaben und auch Belastungen für die Landfrauen.

DER BRUCH IN DER AGRARPOLITIK GEGENÜBER DEM FEUDALISMUS

Die japanische Agrarpolitik der frühen Meijizeit, die von europäischen Vorbildern beeinflußt war, hob endgültig die dezentrale Grundherrschaft der **daimyō** und den feudalen Appropriationszusammenhang auf. Schon die ersten Meiji-Erlasse beseitigten bisherige Beschränkungen der persönlichen Mobilität und Wirtschaftstätigkeit. Die Meiji Eides Charta 1868 enthielt bereits die Bestimmung:

"The common people...shall each be allowed to pursue his own calling so that there may be no discontent." (Sources of the Japanese Tradition 2.Bd.:137).

1869 übergaben die **daimyō** ihre Territorien an den Kaiser. Sie erhielten dafür Kompensationen für sich und ihre Gefolgsleute.

Die folgenden agrarpolitischen Maßnahmen der Regierung richteten sich auf die Durchsetzung des Privateigentums an Boden. Bereits im Dezember 1868 verkündete ein Dekret, daß das Gemeindeland der Dörfer in Privateigentum übergehen sollte. 1871 wurde den Bauern im Gegensatz zum bisherigen feudalen Vorgehen die Fruchtwahl freigegeben, und 1872 wurde der Ackerboden frei verkäuflich. Die Grundsteuerreform 1873 rührte aus dem Interesse des jungen Staats an einer möglichst hohen und stabilen Steuerbasis her; deswegen trug sie nicht den Charakter einer Landreform. Nach ihren Bestimmungen wurde der bestehende Grundbesitz im wesentlichen als privates Grundeigentum anerkannt und den Grundeigentümern eine **Geldsteuer** in Höhe von ca 3% des geschätzten Bodenwertes auferlegt (Vgl. Ogura 1967:123 ff; NKGSJ 410). Ob die neue Grundsteuer in ihrem faktischen Umfang der feudalen Grundrente gleichkam, oder ob sie darunterlag, ist noch umstritten (1). Nach zahlreichen Protesten - auch offenen Bauernaufständen - wurde sie 1877 auf 2,5% des Bodenwertes gesenkt. Ein Volkslied kommentiert dies so: "Ein Stoß - **don** - mit dem Bambusspeer gibt 2,5%." (Nach Ōkōchi 1965 1.Bd.:4-7).

Bei Pachtland wurde weitgehend der Pachtherr als Eigentümer fixiert. Selbst in Fällen von langfristiger Pacht, die gewohnheitsrechtlich geschützt worden war, wurden die unmittelbaren Produzenten, die Pächter, zugunsten des Pachtherrn zurückgestellt.

> The Meiji government in determining who were taxable had to pick up all land-owners, regardless of whether or not they were cultivators in order to secure a stable source of revenues. Therefore the government took a very strict attitude towards perpetual tenancy, regarded perpetual tenancy as ordinary tenancy and further limited the term of tenancy at within twenty years. In the case of perpetual tenancy on cleared land the government made either the landlord or the tenant buy it.
> Thus the government attempted by a mere administrative measure to abolish the old practice of perpetual tenancy.
> The policy of classing all kinds of landholding into either privately owned land or ordinarily tenanted land was adopted in an uniform way which resulted in many cases in the **denial or curtailment of tenants' rights to the land.**" (Ogura 1967:124, Hervorhebung I.L.)

Neben der rechtlichen Verankerung des eindeutigen, nichtgestaffelten Grundeigentums und der Einführung der Bodensteuer in Geld hatte die Grundsteuerreform ein zentralstaatliches Steuersystem anstelle der bisherigen dezentralen Grundrente gesetzt. Der Grundeigentümer stand nun als Steuersubjekt direkt dem zentralisierten Nationalstaat gegenüber. Damit entfielen auch die kollektiven Momente in der Erhebung der Abgaben auf Dorfebene. Zugleich wurde ein großer Teil des ländlichen Mehrproduktes nun bei den zentralstaatlichen Instanzen konzentriert, die diese Summen wiederum in die Abfindung der Samurai und die frühe Industrialisierung umlenkten.

Indem das BGB zum Vermögensrecht 1896 das Pachtverhältnis als ein reines Mietverhältnis zwischen Privateigentümern definierte, setzte es endgültig die herkömmlichen Schutzklauseln für Pächter rechtlich außer Kraft. In der Folge lösten das Privateigentum an Grund und Boden, sowie die wachsende Mobilität und die zunehmende Rolle der Pächter-Konkurrenz um Boden, die eine Art "Arbeitsmarkt" bei der Abschließung von Pachtfällen entstehen ließ, die persönlichen Komponenten des Abhängigkeitsverhältnisses mehr und mehr auf.

Die hier angeschnittenen Frage stehen im Zentrum der Debatte um den (halb)feudalen oder frühbürgerlichen Charakter des Japan der Meijizeit. Die Vertreter der (Halb)Feudalismusthese sehen eine Kontinuität des Feudalismus in der Agrarstruktur. Sie berufen sich u.a. auf die gleichbleibende Höhe von feudaler Grundrente und der neuen Bodensteuer und auf das Fortbestehen des Pachtsystems mit seinen (halb)feudalen Ausbeutungsbeziehungen. M.E. handelt es sich eher um phänomenologische Ähnlichkeiten, während sich die Bodenverfassung und die ländlichen Ausbeutungsbeziehungen im Kern gewandelt hatten. Die fortbestehende Härte sollte nicht dazu führen, den unterschiedlichen gesellschaftlichen Konstitutionszusammenhang zu übersehen.

Die Bauern waren nun prinzipiell freie private Grundeigentümer, die als solche dem Staat eine hohe Bodensteuer zahlen mußten, und nicht mehr grundsätzlich an die Scholle gebundene Untertanen eines Feudalherren. Auch die Pächter waren im allgemeinen persönlich frei, aber ökonomisch abhängig vom Pachtherrn, da die Landpreise hoch waren und um Pachtland starke Konkurrenz bestand (2).

M.E. vollzog die Agrarpolitik der frühen Meijizeit einen deutlichen Bruch zur feudalen Agrarverfassung, indem sie das bürgerliche, uneingeschränkte Privateigentum an Grund und Boden als Voraussetzung einer kapitalistischen Entwicklung durchsetzte und eine zentrale und einheitliche Besteuerung als materielle Voraussetzung der staatlich geförderten Industrialisierung institutionalisierte (3). Zudem beinhaltete diese Agrarpolitik in der Folge eine Integration der Pachtherren und größeren Grundbesitzer in den herrschenden Block durch die Senkung der Bodensteuer ab 1877 und den rechtlichen Schutz ihrer Interessen als Pachtherren. Die explizite politische Intergation durch das Männer- und Klassenwahlrecht folgte 1889, als das Wahlrecht auf die Klasse der Steuerzahler beschränkt wurde, die mindestens eine Steuersumme von 15 yen jährlich entrichteten (4).

Sicher setzten die rechtlichen Normen sich nicht sogleich in der Realität durch; z.B. stieß die mietrechtliche Interpretation des

Pachtverhältnisses durch das BGB bis in die 1930er Jahre auf den erbitterten Widerstand der Pächter. Aber die folgende bäuerliche Schichtendifferenzierung, vor allem die weitere Ausbreitung des Pachtsystems während der Meijizeit, resultierte vor allem aus der Konfrontation der kleinbäuerlichen Wirtschaften mit den Auswirkungen der Krisenzyklen in der frühen Modernisierungsphase und aus ihrer verstärkten Einbeziehung in die Geld- und Warenwirtschaft. Sie ist überwiegend auf die kapitalistische Umformung der Landwirtschaft und nicht auf das Stagnieren in "feudalen" Produktionsverhältnissen zurückzuführen.

ZUR STELLUNG DER FRAU IM MEIJISTAAT

Die antifeudale Meijirestauration stellte eine soziale Umbruchphase dar, in der gleichzeitig mit einer plötzlich ermöglichten, zuvor ungeahnten Mobilität liberale Ideen, Verhaltensmuster und politische Institutionen aus Europa eingeführt wurden. Die Zielsetzungen dabei waren meist instrumentell auf die Stärke der Nation bezogen: Japan sollte so rasch wie möglich ein "reiches Land mit einer starken Armee" werden, um sich gegenüber den westlichen imperialistischen Mächten durchzusetzen und sich als Nation international behaupten zu können (5).

Die Meiji-Führer, die überwiegend aus der Samurai-Schicht kamen, verstanden die neue politische und soziale Öffentlichkeit in ihrer Mehrheit als Männerbereich in der Tradition des Tokugawastaates. So wehrten sie einen Teil der spontanen Versuche von Frauen, sich an der neuen Öffnung zu beteiligen, ab. In der Auseinandersetzung um die erwünschte Haarlänge kamen diese Grenzen der Individualität für die Geschlechter geradezu "klassisch" zu Ausdruck. Nach der Aufhebung der Standesschranken gab die Regierung 1871 einen Erlaß heraus, in dem dem einfachen Volk befohlen wurde, die Haare kurz zu schneiden und somit die Standesschranken in der Haartracht, die in der Tokugawazeit verbindlich waren, aufzugeben. Als daraufhin auch Frauen sich die Haare kurz stutzten, fühlte sich die Regierung dazu hervorgerufen, 1872 ein "Verbot des Haareabschneidens" für Frauen zu erlassen. Bemerkenswert ist, daß zwar das "einfache Volk" mit der männlichen Bevölkerung gleichgesetzt wurden, Frauen also offensichtlich keinen Teil davon bildeten. Aber es wurden auch Männer mit dem **Gebot** des Haareschneidens in ihrer Individualität eingeschränkt. Leitend war offensichtlich das Interesse an einer Aufrechterhaltung polarer Geschlechtscharaktere; nicht zufällig verankert es sich an der körperlichen Aufmachung, denn in den Körpern und ihrer Haltung wird Disziplinierung und Anpassung sowohl eingeübt als auch erkennbar (6).

In der frühen Meijizeit wurden einige krasse privatrechtliche Ungleichheiten zwischen den Geschlechtern aufgehoben. 1872 wurde die Leibeigenschaft der Prostituierten nach einem peinlichen diplomatischen Zwischenfall mit Peru der Form nach abgeschafft. Danach gingen die Bordellbesitzer dazu über, die Prostituierten faktisch in Schuldknechtschaft zu halten. Sie zahlten einen Vorschuß an die Eltern, manchmal auch an die Mädchen selbst und konnten sie dann in ihrem Haus festhalten, bis er zurückgezahlt oder abgearbeitet war. Da auf diese Schuld auch neue Kosten, wie der Unterhalt im Bordell und die Ausstattung mit Kleidern usw.. aufgerechnet wurden, konnte dies lange dauern. Die Zentralregierung ergriff im Gegensatz zu einigen Präfekturregierungen keine Maßnahmen dagegen (7).

1873 erhielten Frauen das Recht, von sich aus die Scheidung zu beantragen. 1880 wurde im Strafgesetz verboten, Konkubinen wie bisher im Familienregister des Mannes eintragen zu lassen. Dies bedeutete einen Schritt zur rechtlichen Monogamie, der auch auf den Einfluß des französischen Rechtsberates Boissonade und seine liberalen Vorstellungen zurückging. Außerdem gestattete die Zentralregierung den Frauen 1873, ein eigenes Siegel zu benutzen, also rechtskräftige Unterschriften zu leisten, falls sie Erbinnen eines Familienvermögens waren. 1875 erkannte sie die Geschäftsfähigkeit von weiblichen Haushaltsvorständen an.

Unter dem Eindruck des westlichen Vorbilds oder direktem westlichen Einwirken in christlichen Schulen wurden Mädchen in das neuaufgebaute Erziehungssystem mit einbezogen. Allerdings stand ihre Ausbildung sowohl zu Hause als auch im Erziehungssystem eher an an zweiter Stelle und die Inhalte der Mädchenbildung richteten sich ähnlich wie in Europa im gleichen Zeitraum auf die zugeschriebene geschlechtliche Rolle als Mutter und Hausfrau.

Mädchen wurden wie Jungen in die 1872 eingerichteten Volksschulen. für die theoretisch die allgemeine Schulpflicht galt, aufgenommen. 1878 besuchten ca 40% der Jahrgänge die Schule, doch noch 1890 erhielten etwa doppelt soviele Jungen wie Mädchen eine Grundschulbildung (Hane 1982:21). Die Eltern brauchten ihre Töchter für Haus-und Feldarbeit und erachteten oft Erziehung für Mädchen als unnütz. Ihre Ablehnung gegenüber der Mädchenbildung scheint sich mit einer gewissen Lässigkeit der Schulbehörden in dieser Frage ergänzt zu haben. Weiterhin drückte sich die niedrig angesetzte staatliche Finanzierung des Schulsystems in Schulgebühren aus, die für arme Bauernhaushalte nur schwer zu erbringen waren. Nach einer amtlichen Statistik erhielten noch 1895 63,4% der Mädchen und 23,7% der Jungen überhaupt keine Schulbildung; (NTTN 16, 1893:90). 1903 traf dies immerhin noch für 10,4% der Mädchen und 3,4% der Jungen zu (NTTN 24, 1903:81). 1910 waren es 2,4% der Mädchen und 1,2% der Jungen (Neuß 1980:62). Von kritischen Autoren werden allerdings auch diese offiziellen Statistiken stark angezweifelt (Hane 1982:21).

Viele der Dorfschulen konnten nur rudimentäre Kenntnisse vermitteln (ibid.:55). Die staatliche weiterführende Mädchenbildung (8) aber war zu Ende des 19.Jhs auf die Erziehung von "klugen Ehefrauen und weisen Müttern" (**ryōsai kenbo**) ausgerichtet. Dies schlug sich in einer starken Betonung der hauswirtschaftlichen Fächer und der Unterrichtung von Umgangsformen, z.B. gegenüber der (künftigen) Schwiegermutter oder Gästen, im Lehrplan nieder (Neuß 1980:48). Bis 1945 bestanden nur sechs staatliche Fachschulen und zwei pädagogische Hochschulen für Frauen in ganz Japan (Takamure 1960 2.Bd.:90). Die Vorstellung, daß der Gewinn der Frauenbildung im Unterricht in feinen Manieren und in der Erziehung für den künftigen Haushalt bestehe, trat auf einer anderen Ebene auch in den Lehrplänen der "Fabrikschulen" wieder auf, die nach 1900 vor allem in der Baumwollindustrie eröffnet wurden (9). Sie wurde als neue Norm weit über die Oberschicht hinaus verbreitet.

Die Initiative für tertiäre, weiterführende Bildung für Frauen lag vor allem bei privaten Trägern. Besonders die Fachschulen, die von "aufgeklärten Frauen aus der Bewegung" (Neuß 1980:49) mit eigenem Beruf gegründet worden waren, und die christlichen Missionsschulen ließen den Mädchen Spielraum für eine stärkere individuelle Entwicklung und vermittelten zum Teil auch die Vorstellung der Gleichheit von Mann und Frau. Ab 1899 wurden einige Privatuniversitäten für Frauen eingerichtet, wobei die Japanische Frauenuniversität (**Nihon joshi daigaku**) zum "Mekka der fortschrittlichen jungen Frauen" (ibid.) wurde.

Die Führer des Meijistaates begrenzten die sich stürmisch herausbildende politische Öffentlichkeit durch integrative und repressive Maßnahmen bewußt nach Geschlecht und Klasse. Dabei hatte die Geschlechtsdiskriminierung mit die längste Dauer, während andere

Einschränkungen wie das Klassenwahlrecht früher aufgehoben wurden (10). Erst nach 1945 wurden die patriarchalischen Bestimmungen in dem Versuch der US-Besatzungsbehörden, eine Demokratisierung von oben einzuleiten, aufgehoben und die Frauen erhielten die völlige staatsbürgerliche und zivilrechtliche Gleichstellung. Sie griffen sie im übrigen so engagiert auf, daß ein Sprichwort spöttisch kommentierte: "In der Nachkriegszeit sind die Strümpfe und die Frauen fester geworden." Die Frauendiskriminierung erscheint also nicht als beliebiges Akzidens, sondern sie hatte grundlegenden Charakter für den autoritären, patriarchalischen Staat bis 1945.

Die Meiji Führer reagierten auf die Forderungen der Bewegung nach Freiheit und Volksrechten ab 1874 mit teilweiser Integration und mit Repression gegenüber radikaldemokratischen Kräften. 1878 wurden Präfekturversammlungen und 1889 in der Meijiverfassung ein nationales Parlament eingerichtet. Das Wahlrecht hatten nur Männer in höheren Steuerklassen, d.h. vor allem Unternehmer, Großbauern und Pachtherren (Vgl. EAMT:283-98).

Im gleichen Zeitraum erließ die Regierung eine Reihe repressiver Gesetze, die den Handlungsspielraum der demokratischen Kräfte stark einschränkten und die Frauen völlig aus der politischen Öffentlichkeit verbannten. Das bald nach den ersten Parlamentswahlen 1890 erlassene "Versammlungs- und Vereinsgesetz" (**shukai oyobi seisha hō**) verbot Frauen den Besuch von politischen Veranstaltungen und untersagte ihnen, sowie Schülern, Studenten, Jugendlichen und Lehrern den Beitritt zu politischen Verbänden (Maruoka 1975:42). Diese Bestimmungen wurden in das 1900 verabschiedete Polizeigesetz zum öffentlichen Frieden (**chian keisatsuhō**) Paragraph 5 übernommen. Das Polizeigesetz richtete sich gegen die damals erwachende Arbeiterbewegung ung die frühsozialistische Bewegung. Insgesamt behinderte die repressive Gesetzgebung diese Organisationen schon im Keim, ehe sie sich recht formieren konnten (Vgl. Halliday 1975:62-70). Es ist anzunehmen, daß auch das Verbot der politischen Betätigung für Frauen die engagierten potischen Führerinnen treffen und eine Bewußtwerdung der Arbeiterinnen, die damals 60-70% der industriellen Arbeiterschaft stellten und schon eine Reihe spontaner Streiks durchgeführt hatten (Vgl. Ōkōchi 1.Bd.:27 ff),verhindern sollte (11).

Denn in den integrativen und repressiven Maßnahmen der Meijiführer, die die Frauen und die Armen politisch ausschlossen, setzt sich nicht einfach ein "japanischer Nationalcharakter" oder ein vermeintlicher nationaler Konsens über die "traditionelle Rolle der Frau" durch. Dazu gab es zu viele andere Stimmen und Äußerungen. Immerhin hatten junge Arbeiterinnen um 1886 in dem ersten industriellen Streik Japans einige Erfolge errungen. Viele Frauen hatten an den Versammlungen der Bewegung für Freiheit und Volksrechte teilgenommen und die drei frühen "Vögel der Volksrechte" (Maruoka 1975:36), die jungen Frauen Kishida Toshiko (12), Kageyama Hideko (13), und Tomii Oto (14) waren mit ihren Reden und Schriften hervorgetreten. 1878 verlangte die Witwe Kususe Kita (15) als steuerzahlender Haushaltsvorstand ergebnislos das Wahlrecht zur Präfekturversammlung und hatte dabei den Rückhalt einer radikaldemokratischen Organisation, der **risshisha** an ihrem Wohnort Kōchi (ibid.:34-41). Feministische und sozialistische Frauenverbände, sowie liberale, sozialistische und christliche Kräfte forderten bis ca 1930 immer wieder das Frauenwahlrecht und die Aufhebung des Artikels 5 des "Polizeigesetzes".

Patriarchalische Strukturen im herrschenden Nationalcharakter

Es steht zu überlegen, ob die Regierung und führende politische Persönlichkeiten und Kreise diesen "Nationalcharakter" nicht als verbindliche nationale Ideologie der Modernisierung neu zusammenstellten und auf nationaler Ebene in allen Schichten verbreiten ließen. Sie knüpften dabei an die Tradition des Konfuzianismus und der persönlichen Loyalität in der Samurai- und Kaufmannsschicht an und beriefen sich auf die Dogmen des besonderen Charakters der japanischen Monarchie und des spezifisch japanischen Familienstaates. Die ideologische Struktur dieser Herrschaftsbegründung wird in der japanischen sozialwissenschaftlichen Diskussion oft als Tennōsystem (**tennōsei**) bezeichnet. Hier soll kurz auf die Verbindung zwischen **tennōsei** und extensivem Patriarchat verwiesen werden.

Maruyama Masao hat an dem scheinbaren Gegensatz von "modernem" Staatsaufbau in der Übernahme eines konstitutionellen Regierungssystems und der Schaffung des Tenno-Staates angesetzt: Eben das Bewußtsein der Schwäche der bisherigen japanischen Ideologien, die aus diffusen shintoistischen und buddhistischen Traditionen bestanden, ließ es den Meijiführern unerläßlich erscheinen, "eine Achse des Staates" (Itō Hirobumi nach Maruyama 1980:30) zu finden. Itō, einer der "Väter" der Verfassung und Bewunderer Preußens, betonte in der Verfassungsdiskussion:

> "Das Einzige, was in unserem Land eine Achse bilden kann, ist das Kaiserhaus." (Ibid.)

Fragmente der konfuzianischen Tradition wurden neu aufgelegt und mit dem Konzept des einzigartigen, in ungebrochener Folge herrschenden Kaiserhauses verbunden. Zu diesen Normsträngen gehörte die Legitimationskette des extensiven Patriarchats, die in gemilderter Form als eine Basis des japanischen Familienstaates aufgenommen wurde. Dies zeigte sich in der staatlichen Konsolidierung ab ca 1885, die auf die erste pauschale Öffnung zum Westen folgte. In der Folge wurden Frauen rechtlich nicht nur von der politischen Öffentlichkeit ausgeschlossen, sondern entsprechend diesen Normen auch privatrechtlich in eine Position umfassender Abhängigkeit versetzt. Das neue Privatrecht setzte die Standards der sozialen Abhängigkeit und der Eigentumslosigkeit der Frauen, die nun erstmals für alle Bürger Japans galten.

Der familienrechtliche Teil des BGB von 1898 bestimmte das "Haus" (**ie**) und nicht das Individuum als Grundeinheit der Gesellschaft. Es unterstellte zugleich die Familienangehörigen sehr weitgehend der Verfügungsgewalt des Haushaltsvorstands (**koshu**) und bestimmte, daß nur Männer diese Stellung innehaben konnten. Das bedeutete, daß nach nationalem Recht die Väter, bzw. die ältesten Söhne das Eigentum des Hauses besaßen, wenn auch in einer Art Erbwalterposition, und rechtlich über die anderen Familienmitglieder sehr weitgehend entscheiden konnten. Der Haushaltsvorstand bestimmte den Wohnsitz der Familienmitglieder und mußte seine Zustimmung zu Heirat oder Adoption geben (16). Er verwaltete das Familienvermögen, also auch das der Frau, und hatte das Recht und die Pflicht, der Leiter und der rechtliche Bürge der Familienmitglieder zu sein (Takamure 1960 2.Bd.:125).

Dies patriarchalische Familienrecht wurde nach einer längeren Debatte erst durchgesetzt, als der erste französisch beeinflußte Entwurf des Rechtsberaters Boissonade von 1890, der eher die Individuen als Rechtssubjekt setzte, abgelehnt worden war. Seine Verfechter, vor allem der konservative Jurist Hozumi Yatsuka, betonten die staatspolitische Bedeutung einer patriarchalischen Familienordnung, die der spezifisch japanischen "Staatstheorie, die auf dem Prinzip der Familie aufbaut" entspreche (Nach Takamure 1960 2.Bd. :113). Außerdem beriefen sie sich ausdrücklich auf das preußische Vorbild und auf das Samurai-Hausrecht (**buke-hō**) gegenüber dem Volksrecht, das für die große Mehrheit der Bevölkerung gegolten hatte (17).

Zwar war auch das feudale Volksrecht patriarchalisch geprägt. Folgt man Takamure's geschichtlicher Rekonstruktion, so hatte bereits im Mittelalter das buddhistische Leitwort "Die Frau hat in den drei Welten kein Haus" allmählich frühere Vorstellungen vom Hausbesitz in Hand der Frauen abgelöst (18). Doch hatten sich abweichende Eheformen erhalten. Auch war die Erbfolge zumindest bei der dörflichen Unterschicht freier geregelt. Nach einer Überlieferung wurde in der Diskussion um das BGB 1898 eingewandt, daß die obligatorische männliche Erbfolge des Haushaltsvorstandes dem Grundsatz des Volksrechtes widerspreche, nach dem die Eltern die Erbfolge entscheiden sollten. Hozumi soll in einer Geste herkömmlicher Bauernverachtung geantwortet haben: "Die Bräuche der Bauern sollte man nicht als Sitten ansehen." (ibid.:122)

Während um 1882 der Anteil von weiblichen Haushaltsvorständen im "Volk", d.h. den nicht-adeligen Schichten, in ganz Japan 4,6% betrug und in den Städten Tokyo und Ōsaka bei 11% lag, wuchs er bis 1891-2 auf 7% und 1899 auf 8,9%, d.h. immerhin 690 873 Frauen an. Bei den Haushalten adeliger Abstammung (**shizoku**) stieg er sogar auf 9,5% in 1899 (19). Diese Entwicklung wurde durch das patriarchalische neue Familienrecht abgeschnitten.

Die Regierung und die staatskonformen, herrschenden Kreise verbreiteten nicht nur die patriarchalische Ideologie des Familienstaates als geistiges Leitbild, wie etwa in dem Erziehungserlaß 1890, der die Leitsätze des einzigartigen japanischen Kaiserhauses zusammenfaßte und allmorgendlich in vielen Schulen verlesen wurde. Sie strebten auch eine Homogenisierung des Sozialverhaltens im ganzen Volk an (20). Vor allem die Grundschulen, die regierungsnahen Massenblätter, sowie patriotische oder konforme Bauern-, Frauen- und Jugendverbände bildeten ein Röhrenwerk, durch das diese Normen und Verhaltensmuster in die Bauernschaft kanalisiert wurden. Abweichendes Verhalten wurde durch das Strafrecht, die BGB Bestimmungen, sozialen Druck, polizeiliche Ermahnungen oder "Durchgreifen" sanktioniert. In einer Zeit des sozialen Umbruchs und entsprechender Spannungen waren die konfuzianischen und die staatsshintoistischen Normen, die als Fragmente aus dem Zusammenhang gerissen und neu kombiniert worden waren, erstmals wirklich in den Dörfern angekommen, während sie vorher hauptsächlich den Diskurs der Herrschenden "nach unten" bestimmt hatten.

Unklar erscheint, ob die breiten Bevölkerungsschichten, die so geistig-emotional und organisatorisch erreicht wurden, wirklich diese Werte verinnerlicht hatten oder ob sich nicht breite Kreise passiv integrieren ließen. Dabei könnte die Verbindung der Ideologie des Tennosystems mit den herkömmlichen, kollektiven dörflichen Strukturen, wie sie in den Frauen- und Jugendverbänden auf dem Land zutage trat, den traditionellen Konformitätsdruck aufgenommen und verstärkt haben. Es gibt in autobiographischen Berichten - gerade von Frauen - einige Hinweise dafür (22).

Internationales System, Modernisierung und Sexualmoral

Es wäre zu überlegen, ob mit der Verbreitung der Normen des extensiven Patriarchats auch die staatliche Förderung und Forderung einer strikteren Sexualmoral bei den Frauen und den Armen einherging, die von konservativen, sozialreformerischen und christlichen Gruppen sekundiert wurde. Diese Prozesse wären vergleichbar mit der Durchsetzung puritanischer Sexualnormen während der industriellen Revolution in Europa. Ich kann, ohne jegliche Wertung oder Systematik, hier nur einige Anzeichen für diese Vermutung wiedergeben.

Die japanischen Standards der Geschlechtsmoral und der Körperbeherrschung entsprachen um Mitte der 19.Jh nicht den westeuropäischen Normen, die in der frühbürgerlichen Zeit immer rigider geworden waren. Diese Kulturdistanz schlug sich wohl auch in der Wertung Japans in Europa nieder. Das "Neue elegante Conversationslexikon für Gebildete aus allen Ständen" 1835 z.B. berichtete:

> "...die Japanesen, ein Gemisch von Mongolen und Malayen, deren Hauptgeschäft nach dem Gesetz Feldbau sein muß. Sie sind stolz auf ihre Abkunft von den Göttern, weichlich, **im höchsten Grade wollüstig** und von Farbe braungelb." (O.L.B. Wolff, Leipzig 1835; Hervorhebung I.L.)

Wiewohl diese Beschreibung keinen ganz zutreffenden Satz enthält und gerade die sexuellen Spekulationen neben der Kulturdistanz auch auf die gängigen Projektionen gegenüber asiatischen Gesellschaften zurückgehen mögen, stellte die aufsteigende bürgerliche Sexualmoral Standards für den Grad der "Zivilisation" auf (Vgl.u.a. Hausen 1976).

Wohl um diesem internationalen Ruf entgegenzuwirken und sich auch auf diesem Feld als "zivilisierte Nation" zu beweisen, wirkte die Meijiregierung daraufhin, ländliche, freiere sexuelle Lebens- und Ausdrucksformen abzuschaffen. Plausibel erläutert wurde dieser Zusammenhang bei der staatlichen Maßnahme, die erotischen sakralen Figuren an den Wegen (**danjozō**) zu entfernen. Diese Vagina- und Phallussysmbole oder kopulierenden Paare wurden fortgeschafft und manchmal an ihre Stelle ein züchtig bekleidetes Paar mit einer sehr subtilen, aber entsprechenden Gestik aufgestellt (23). Druck wurde auf die Bauern- und Fischerdörfer ausgeübt, die Mädchenhäuser zu schließen, in denen die jungen Mädchen herkömmlich gemeinsam übernachteten und Freunde und Liebhaber empfingen (Vgl. Segawa 1972 passim; Murakami 1977:310-23). Zwei Professoren der Kyōtō Universität berichteten erfrischend direkt um 1917, daß sie bei einer Exkursion in ein Taucherinnen-Dorf von der starken Stellung der Frauen und der sexuellen Offenheit überrascht waren. Kurz vor ihnen hatte aber der Polizist aus der Kreisstadt die Dörfler ermahnt, daß diese Mädchenschlafhäuser eine Schande für die Nation seien und ihnen befohlen, sie zu schliessen (24).

Ein zentraler Wert dieser patriarchalischen Sittlichkeit war die weibliche Keuschheit, was sich auch in staatlichen Programmen und der Gesetzgebung ausdrückte. Das Innenministerium und einzelne Präfekturbehörden förderten die Jungfrauenverbände (**shojokai**), die dann um 1918 eine nationale Dachorganisation bildeten (Vgl. Chino 1979:197 ff; Koshō 1975:43-71). Ehebruch der Frau wurde mit Gefängnis bestraft und galt als hinreichender Scheidungsgrund (Takamure 1960 2.Bd.:132). Die doppelte Moral dieser Keuschheitskampagnen und -normen stach ins Auge. Denn das öffentliche Prostitutionssystem blieb bestehen und bei Männern bildete Ehebruch nur dann einen Scheidungsgrund, wenn sie rechtskräftig deswegen verurteilt worden waren (ibid.). Neben außenpolitischen Motiven dürfte diese Politik auch von konfuzanischen Vorstellungen über weibliche sexuelle Reinheit, die in der Samurai- und Kaufmannsschicht teilweise übernommen worden waren, geleitet worden sein. Eine kontrollierende Keuschheitsnorm, die den Wert der (Jung)Frau nur darin bemißt, bedeutet ja zugleich eine Kontrolle über Körper und Identität der Frau. Die Betonung solcher Normen in staatlichen Maßnahmen und das begleitende ideologische Klima verweisen zudem auf einen möglichen Zusammenhang zwischen Industrialisierung und Disziplinierung des Körpers und der Sexualität auch ausserhalb des europäischen, judaisch christlichen Kulturkreises (25). "Die Jungfrau" erscheint gleichsam als Gallionsfigur dieser Körperdisziplinierung; an ihr wird die zunehmende Eingrenzung der Sexualität öffentlich zelebriert. Zugleich kommt dieser Kult "machistischen" Machtvorstellungen entgegen.

Allerdings scheint der Jungfrauenkult, der vonseiten der Vertreter der herrschenden Normen getrieben wurde, die bäuerliche Moral bis mindestens ca 1930 nicht tiefgreifend beeinflußt zu haben. Auf eine Umfrage von 1934-6 nach den wichtigsten und wertvollen Eigenschaften, die ein Mädchen haben sollte, benannte keins der befragten Dörfer Jungfräulichkeit als positiven Wert. Ein Dorf in Nagano stellte fest, daß junge Mädchen ehrlich sein und gut arbeiten sollten. Ihr intellektuelles Wissen oder ihre Keuschheit seien aber nicht wichtig (Segawa 1938a:250).

DIE DISSOZIATION DER SUBSISTENZWIRTSCHAFT UND DIE DIFFERENZIERUNG DER BÄUERLICHEN SCHICHTEN

Als struktureller Kern der Subsistenzwirtschaft wurde die Interrelation der folgenden Verhältnisse gefaßt: die zentrale Rolle der menschlichen Arbeitskraft, die Interaktion zwischen Produktion und menschlicher Reproduktion in der bäuerlichen Hauswirtschaft, die - meist ungleiche - geschlechtliche Arbeitsteilung und der Besitz der Produktionsmittel bei den Produzenten. Wie wir sahen, wurde dieser Zusammenhang bereits ab Mitte der Tokugawazeit durch das Vordringen des Pachtsystems und das Entstehen regionaler und überregionaler Arbeitsmärkte angegriffen. Während der kapitalistischen Industrialisierung trat eine weitergehende Dissoziation dieses strukturellen Beziehungskerns auf. Durch die Urbanisierung und die Herausbildung der großen Arbeitsmärkte in der Industrie und dem "informellen Sektor" wurde die Verbindung zwischen Produktion und menschlicher Reproduktion in der Hauswirtschaft aufgebrochen, wobei sich außerdem die staatliche Bevölkerungspolitik auswirkte. Nur die zentrale Rolle der menschlichen Arbeitskraft in der bäuerlichen Wirtschaft blieb eine Zeitlang erhalten.

Die Ausweitung des Pachtsystems beinhaltete einen partiellen Verlust der Produktionsmittel bei den Produzenten, die aber trotz der wachsenden Unsicherheit der Pachtverträge möglichst an dem Pachtboden festhielten. Der wachsenden ländlichen Unterschicht fehlte ausreichender Boden für die Reproduktion ihrer Hauswirtschaft; sie überlebte durch eine Koppelung von Subsistenzproduktion und Marktproduktion auf ihren Feldern, Nebengewerbe und gelegentliche Lohnarbeit. In der Folge will ich die Veränderung der Einzelverhältnisse, die aus ihrer Dissoziation in der kapitalistischen Entwicklung resultierten, zusammenfassend darstellen und am Rande die Verbindungen zur staatlichen Politik und zur industriellen Entwicklung aufzeigen.

Angesichts der stagnierenden Bevölkerungsentwicklung zur Mitte der Tokugawazeit erscheint die Veränderung in der generativen Reproduktion dramatisch. In den 65 Jahren von 1875-1940 verdoppelte sich die Bevölkerung von 34 Millionen auf 72 Millionen (Täuber 1958:41,70). Dabei waren die Agrarhaushalte die Hauptquelle des Bevölkerungswachstums; sie reproduzierten sich selbst und einen Großteil der in die Städte strömenden, neu-urbanen Bevölkerung. Die landwirtschaftliche Bevölkerung stieg von 1903-1918 leicht an (26); die Zahl der Agrarhaushalte blieb von 1908 bis 1939 bei ca 5,2 Millionen (Vgl. Ōuchi 1969:168). Der Anteil der landwirtschaftlichen Bevölkerung an der Gesamtbevölkerung ging jedoch wegen des insgesamt raschen Bevölkerungswachstums zurück.

> "The percentage of all households in agriculture declined from 71 per cent in 1884 (24 prefectures) to 64 per cent in 1904, 60 per cent in 1909 and 58 per cent in 1919. The proportion of agricultural households **engaged in domestic or supplementary industry** including sericulture, increased fairly consistently from less than one-fourth in 1884 to more than one third in 1919." (Täuber 1958:39; Hervorhebung I.L.)

Die kleinbäuerliche Landwirtschaft hielt sich in etwa, während sie zugleich ihre Aktivitäten in Heimindustrie und Warenproduktion erweiterte. Sie hatte weiterhin die Funktion eines Arbeitskräfte-Reservoirs für die Industrialisierung.

> "The farming population was a reservoir, its human product ever ready to flow into non-agricultural occupations and force downward the income and the living levels in other segments of the economy." (ibid.·98)

Das Land lieferte immer neue Arbeitskräfte für die Industrie, trug also einen Großteil der generativen und der regenerativen Reproduktion der Lohnarbeiterschaft (Vgl.Sorge 1937;Maruoka 1937)(27). Die Ursachen des Bevölkerungswachstum bis 1940 waren komplex. Im wesentlichen läßt es sich als kombiniertes Resultat wachsender Geburtenzahlen und fallender Sterblichkeit auffassen. Bei der Suche nach den sozialen Ursachen der gestiegenen Geburtenraten fallen die Zunahme außeragrarischer Beschäftigungsmöglichkeiten auf dem nationalen Arbeitsmarkt, d.h. wiederum die allmählich Dissoziation von Produktion und Reproduktion, sowie die bevölkerungspolitischen Maßnahmen des Meijistaates und führender Kreise ins Auge.

> "In Japan the amelioration of economic conditions, wider opportunities for employment, and the increase of social mobility presumably resulted in, or were accompanied by, a reduced incidence of family limitation. The reasons adduced for infanticide lessened as the industrial society developed. Children who were not needed to replace their parents in the village could migrate to the developing cities, to employment outside agriculture, or to the Empire. In this situation, the existence of numerous children broadened the bases of security for the family and facilitated rather than retarded the welfare of the eldest son." (Täuber 1958:55)
>
> "...the high fertility of the late nineteenth and early twentieth centuries was in part a product of the planned creation of appropriate values by a central group who controlled education, press and police." (ibid.·283)

Eine Gesamtwertung der Rolle der familialen Geburtenplanung bei dem langsamen Bevölkerungswachstum der Tokugawazeit ist noch nicht möglich (Hanley,Yamamura 1977:266). Deswegen ist schwer einzuschätzen, welche Bedeutung das staatliche Verbot der wichtigsten Methoden dieser Geburtenplanung, nämlich Abtreibung und Kindstötung, für die rasche Zunahme in der Meijizeit hatte. Ishii lieferte eine interessante Skizze der Vorgehensweise der Behörden zu Beginn der Meijizeit, die den Kern der " central group who controlled education, press and police" gebildet haben dürften. Er sah die Motivation der Regierung eher in einem "nationalen Modernisierungsprogramm" (Ishii 1937:37), um mit "üblen Bräuchen" aus der Vergangenheit zu brechen, und weniger in dem expliziten Ziel des Bevölkerungswachstum. Wenn dies zutrifft, so wird auch hier an den Körpern der Frauen, wie im Fall des Jungfrauenkultes öffentlich durch ihre Kontrolle der "zivilisatorische Fortschritt" zelebriert. Der weibliche Körper wird zum Objekt der patriarchalischen Zukunftsgestaltung.

Noch im ersten Jahr Meiji, Dezember 1868, wurde den Hebammen die Durchführung von Abtreibungen verboten und das revidierte Strafgesetz von 1873 sah eine Gefängnisstrafe von 100 Tagen für Abtreibung vor (ibid.:33). Das Strafgesetzbuch von 1907 enthielt ebenso Strafen für Abtreibung und Kindsaussetzung (Takamure 1960 2.Bd.:130). Kindstötung wurde strafrechtlich als Mord aufgefaßt. Für Informationen über Kindstötungen gaben die Behörden hohe Belohnungen. Die Präfekturverwaltungen registrierten außerdem Hebammen und **schwangere Frauen.** Noch 1898 verlangten die Polizeiregeln in Chiba, daß Fehlgeburten und der Tod von Kindern unter drei Monaten nicht nur beim Einwohnermeldeamt, sondern auch bei der Polizei angezeigt werden sollten (Ishii 1937:33-5).

Diese Verbote standen in der Tradition der Erlasse der Tokugawa Regierung, wurden aber wohl effektiver durchgesetzt. Daneben trat eine lebhafte Propaganda für das Kindergebären und -versorgen vonseiten der Behörden und einer Reihe privater Vereine, die immerhin auch Häuser für nicht versorgte Kinder gründeten. Eine Broschüre der Fukushima Präfekturbehörden vertrat, daß Armut nicht vom Kinderreichtum komme und beschwor die Mutterliebe, indem

> "it goes on to draw an analogy from the growth of the taro with numerous baby taros and finally appeals to the feeling of maternal love." (ibid.:34)

Noch um 1920 gab es vor allem in Kantō und im Nordosten Anzeichen für Kindstötungen (ibid.36). In der Nachkriegszeit war demgegenüber die Abtreibung, die nun staatlich erlaubt war, eines der wichtigsten Mittel der Familienplanung (Täuber 1958:275-82; Lenz

1981:192-3). Hier sollen die ethischen Probleme der Abtreibung und Kindstötung und die psychische und körperliche Belastung der Mütter dabei nicht verwischt werden. Doch der Staat setzte seine Verbote und kontrollierte die Gebärfähigkeit der Frauen ohne ihnen Aufklärung über andere Formen der Verhütung oder überhaupt eine eigene Entscheidung zuzugestehen. Weiterhin nahm die Geburtenzahl zu, ohne daß die Mütter soziale oder materielle Anerkennungen erhalten hätten. Erst zu Beginn der 1920er Jahre traten die ersten Mutterschutzregelungen für abhängig beschäftigte Frauen in Kraft, ohne daß sie sehr effektiv befolgt worden wären.

Das landwirtschaftliche Entwicklungsmodell richtete sich auf die Ausweitung der Anbauflächen und die Intensivierung der menschlichen Arbeit. Es kann als klassisches Beispiel für Produktivitätserhöhungen durch "Mobilisierung" der ländlichen Arbeitskräfte in einer kleinbäuerlichen Struktur und für den Transfer einen Teils der Überschüsse in den industriellen Sektor interpretiert werden. Unter "Mobilisierung" verstehe ich hier die Motivierung zu höherer Arbeitsintensität und zum Erwerb von neuen Techniken, wobei der ökonomische Zwang im Hintergrund wohl nicht übersehen werden darf. Staatliche Beratungsstellen und von den größeren Grundbesitzern dominierte Bauernverbände waren führend in der Verbreitung neuer Methoden, wie z.B. des Saatgut-Testes in Salzwasser, der Reihenpflanzung, die häufigeres, mechanisches Jäten ermöglichte, und der Verwendung von Sicheln bei der Ernte anstelle von Messern, mit denen zuvor jeder Halm einzeln abgeschnitten wurde. Diese Neuerungen waren eher durch den Wunsch nach Ertragssteigerung als nach Arbeitsentlastung motiviert. Dies galt selbst für den zunehmenden Einsatz von Arbeitsvieh und von Kunstdünger, obwohl bei beiden Fällen auch eine Arbeitsersparnis erreicht werden konnte (28).

Angesichts der prekären Reproduktionsbasis der Betriebe auf ihren Parzellen leiteten die Bauern im allgemeinen "freigesetzte" Arbeitskraft in den Anbau von Zweitfrüchten oder in Nebengewerbe um. Die menschliche Arbeitskraft blieb die wichtigste Produktivkraft des Haushalts.

Größere staatliche und private Investitionen wurden vor allem für die Ausweitung der Produktion in Neulanderschließungen, ihre Stabilisierung durch Bewässerungsbauten und ihre Effektivierung durch Zusammenlegen der Felder aufgebracht (29). Die eindrucksvollen Produktionssteigerungen in Japan beruhten auf einem arbeitsintensiven Entwicklungsweg, der kapitalintensive Technologie vermied und sich auf Ausweitung, Intensivierung und Diversifizierung des Anbaus stützte.

Die landwirtschaftliche Entwicklung stützte die Industrialisierung. In einer groben Übersicht lassen sich die folgenden Formen des Werttransfers von der Landwirtschaft in die industriekapitalistischen Sektoren angeben:

1) Die Vermarktung von landwirtschaftlichen Rohstoffen zu niedrigen Preisen:
   Die Landwirtschaft stellte zu niedrigen Preisen Güter für den Export und die einheimische Industrie her (Seide, Tee, Reis (bis 1890)). Die so erwirtschafteten Devisen konnten in den Industrialisierungsprozeß, vor allem die Infrastruktur im Transport und den Technologietransfer, geleitet werden. Japanische Seide stellte einen billigen Rohstoff für die einheimische Seidenindustrie dar. Sie wurde vor allem von Kleinbauernhöfen (bzw. den Bäuerinnen dort) produziert.

2. Transfer von Kapital aus der Landwirtschaft in die Industrialisierung:

2.1. Staatliche Vermittlung: Die Bodensteuer bildete bis 1902 den wichtigsten Posten im Steuereinkommen, aus dem der Staat den Aufbau der industriellen Infrastruktur und der ersten Experimentier-Industrien finanzierte, die um 1885 zu Schleuderpreisen an einige **zaibatsu** und andere Industrielle verkauft wurden. 1882-1892 betrug sie 85,6% des gesamten Steueraufkommens, 1898-1902 noch 63,2% und 1908-1912 immerhin noch 42.9% (30). Die gesamte Steuerlast auf der Landwirtschaft blieb bis 1917 in etwa gleich (Nakamura 1966:160-1).

2.2. Vermittlung über Privatinvestitionen: ländliche Kaufleute und Pachtherren investierten ab ca 1890 große Teile ihres aus der Pacht, Handel, Wucher oder Kleinindustrie gebildeten Einkommens in Banken und Industrie (31).

3. Transfer von Arbeitskräften in die Industrialisierung:
   Er vollzog sich in zwei Formen: Einerseits wanderten einzelne Personen oder ganze Familien in die Industrieregionen und traten dort auf dem Arbeitsmarkt auf. Die zweite Form war die zyklische Arbeitsmigration (**dekasegi**), d.h. die Abwanderung für eine begrenzte Zeit und folgende Rückkehr in die dörfliche Wirtschaft. Bei dieser Form wurden die sozialen Kosten für das Heranwachsen der Arbeitskräfte und ihrer Versorgung außerhalb der Zeit, in der sie in einem Lohnarbeitsverhältnis standen, von den kleinbäuerlichen Wirtschaften getragen. Die Anwerbung dieser zyklischen Arbeitsmigranten lief teils spontan, teils wurde sie wie im Fall der Arbeiterinnen in der Baumwollindustrie von den Firmen organisiert. Die **dekasegi** Arbeiter/innen bildeten ein sehr großes Segment des Arbeitsmarktes bis ca 1950. Noch 1950

wurde diese Form der Lohnarbeit von dem namhaften Soziologen Ōkōchi Kazuo als Grundtypus der Lohnarbeitsbeziehungen in Japan bezeichnet (32).

Im folgenden werde ich auf die Veränderungen in der sozialen Schichtung und auf die geschlechtliche Arbeitsteilung auf dem Lande eingehen. Dies verbindet sich mit der Frage, aus welchen Schichten diese zyklischen Arbeitsmigrant/inn/en kamen und wie ihre Reproduktion im bäuerlichen Milieu verlief. In diesem Zusammenhang ist es wichtig, die bäuerliche Schichtendifferenzierung während des Industrialisierungsprozesses zu rekonstruieren. Denn es gibt in der Literatur zwei gegensätzliche Erklärungen zur Herkunft der Arbeitsmigranten. Der eine sieht im Pachtsystem eine Kontinuität (halb)feudaler Verhältnisse im Japan der Industralisierung. Er behauptet, daß auch die Arbeitsmigranten aus den (halb)feudalen Pächterwirtschaften kamen und daß deswegen auch die industrielle Lohnarbeit mindestens bis 1945 einen halbfeudalen oder halbleibeigenschaftlichen Charakter angenommen habe (33). Doch muß die Arbeitsmigration nicht unmittelbar mit der Fortentwicklung des Pachtsystems verbunden sein. Evtl. bildeten die ländlichen Klein- und Kleinstbauern insgesamt ein potentielles Arbeitskräfte-Reservoir für das Kapital, wobei die untere, breite Mehrheit der Pächter in besonderer Not lebte. Diese beiden Ansätze der (halb)feudalen versus der kapitalistischen Entwicklung der Kleinbauernschaft und der Arbeitsmarktsegmente ländlicher Herkunft sollen im folgenden empirisch überprüft werden.

Quantitative Tendenzen der Schichtendifferenzierung

Eine Betrachtung der Differenzierung der Bauernschaft unter Berücksichtigung regionaler Unterschiede könnte hier weiteren Aufschluß geben. Sollte die zyklische Wanderarbeit, das **dekasegi**-System, in unmittelbarem Zusammenhang zum "halbfeudalen Pachtsystem" stehen, so dürfen wir eine besonders hohe Arbeitsmigration aus den Regionen erwarten, wo die Parzellenpacht besonders stark ausgeprägt ist. Als zweiter möglicher Faktor soll die Bodenzersplitterung, die den Großteil der kleinbäuerlichen Betriebe - von Pächtern **und** selbständigen Kleinbauern - unter einer lebensfähigen Größe von 1 chō beließ und sie somit zu Nebenerwerb oder Lohnarbeit zwang, betrachtet werden. Aus diesen beiden Faktoren ergibt sich ein Überblick über die Gesamtstruktur der bäuerlichen Schichtung und besonders über die marginalisierten ländlichen Unterschichten.

In der japanischen Diskussion stellen diese beiden Faktoren der Besitzverhältnisse und des Betriebsumfangs die wichtigsten Kriterien für die bäuerliche Schichtendifferenzierung dar. Tōbata fügt noch das Kriterium des Voll- oder Nebenerwerbsbetriebs hinzu (NSSN:191). Als klar nach Grundeigentum und Betriebsgröße zu unterscheidende Schicht werden im allgemeinen aufgeführt (34):

1. die großen Pachtherrn über 3 oder 10 **chō** (35), die sich zum Großteil ab ca 1900 in abwesende oder nichtanbauende Pachtherren verwandeln. Ihre Oberschicht mit mehr als 50 **chō** wird manchmal als "Riesenpachtherren" bezeichnet; sie stellten eine geringe Zahl sehr wohlhabender Grundbesitzer dar, die meist mit Banken und Aktionsgesellschaften verflochten waren.
2. die kleinen, meist selbstanbauenden Pachtherren mit ca 3 **chō**, die häufig an führender Stelle in der Dorfgemeinschaft standen und im Dorf verblieben (36).
3. die selbständigen Kleinbauern, die über eigenen Boden verfügen und vor allem mit ihrer Familienarbeitskraft wirtschaften.
4. die Halbpächter, die einen Teil des Betriebslandes hinzu pachten (37).
5. die Pächter, die kein oder sehr wenig Land besassen, bis 1940 meist eine hohe Naturalpacht entrichten mußten und nur mündliche Pachtverträge hatten.
6. die landlosen und landarmen Marginalisierten mit einem Betriebsumfang bis ca 5 **tan**.

In der Folge soll in Anlehnung an Ōuchi zwischen allgemeinen Übersichtsdaten, die sich aus dem Anteil des Pachtlandes an der Anbaufläche und aus dem Anteil der Pachthöfe an allen Höfen ergeben, und zwischen betriebsspezifischen Daten, die sich auf die durchschnittliche Bodengröße und den Bodenbesitz bei dem einzelnen Betrieb richten, unterschieden werden. Wenn wir den Anteil des Pachtlandes und der Pachthöfe vergleichen, erscheint wie in einer Übersichtskarte die allgemeine Schichtenzusammensetzung. Doch die Situation der Einzelbetriebe in den einzelnen Schichten wird erst durch betriebsspezifische Daten ersichtlich (38).

Es sollte nicht vergessen werden, daß wir bei dieser quantitativen Betrachtung die Arbeits- und Lebensverhältnisse der Bauern, ihren Alltag und ihre Feste aussparen, und daß in ihrer "Fernrohrperspektive" (39) regionale, natürliche oder sozial bedingte Unterschiede z.B. zwischen Bergdörfern, Bauern- und Fischerdörfern oder etwa Pariadörfern völlig untergehen. Das "durchschnittliche Dorf" existiert in der Realität ebensowenig wie der durchschnittliche Hof. Schließlich wird die Schicht der Marginalisierten kaum aufgenommen, obwohl sie gerade eine wichtige Herkunftgruppe der Arbeitsmigrant/inn/en waren.

Zur Entwicklung der Eigenstums- und Pachtverhältnisse

Wie aus der obigen Darstellung der Schichtendifferenzierung im Feudalismus deutlich wurde, war die nach 1868 rasch voranschreitende soziale Polarisierung in den Dörfern nicht ein neuartiger Prozeß, der aus dem plötzlichen Zusammenstoß einer "Subsistenzwirtschaft" mit der Geldwirtschaft resultierte. Die Subsistenzwirtschaft war vielmehr bereits angegriffen worden. Dieser Prozeß kann eher als Ausweitung des Pachtsystems in den Regionen verstanden werden, die nun die Wechselbäder heftiger Preisschwankungen, die Agrarkrisen und die Schröpfungen durch das ländliche Wucherkapital ohne die früher vorhandenen Schutzmechanismen erlebten. Laut Ōuchi hatte die Grundsteuerreform, die eine Geldsteuer einführte, allein keine deutlich polarisierende Wirkung. Zwar verstärkte sie in manchen Regionen die Tendenz zum Ansteigen des Pachtland-Anteils an der Anbaufläche, wirkte ihr aber andernorts entgegen (Ōuchi 1969:129).

Erst für 1883-4 existieren Daten über die Bodenverteilung, aus denen sich der Anteil des Pachtlandes und die Schichtenzusammensetzung im nationalen Durchschnitt einschätzen läßt. Ōuchi vermutete für 1883, daß 19% aller Höfe Pächter, 42,4% Halbpächter und 38,4% selbständige Bauern waren. Den Anteil des Pachtlandes an der Anbaufläche setzt er bei 35,5% an (40).

Bemerkenswert ist der hohe Anteil von Pachtland an Reisland, der über dem nationalen Durchschnitt liegt: 1883 waren in 18 Präfekturen 37,6% des Reislandes verpachtet und 1884 in 16 Präfekturen sogar 43,2% (41). Für Reisfelder wurde überwiegend eine Naturalpacht bezahlt, die dann von den Pachtherren vermarktet wurde. Bei Trockenfeldern wurde dagegen im allgemeinen eine Geldpacht erhoben. Dieser Trend setzte sich fort. 1908 betrug in 18 der 45 Präfekturen der Pachtlandanteil bei Reisland über 50%, 1925 traf dies für 24 Präfekturen zu! Besonders hoch war er in Yamanashi, Niigata, Ōsaka, Tottori und Kagawa (42).

Bis 1908 ging die Gruppe der selbständigen Bauern auf 33,3% aller Höfe, die der Halbpächter auf 39,1% zurück. Die Pächter umfaßten nun 24,6% der Höfe und der Anteil des Pachtlandes an der Anbaufläche **betrug 45,4%** (Ōuchi 1969:137; Waswo 1969:90). Das Ansteigen des Pachtlandes war also weitaus prononcierter als das der Gruppe der Pächter. Dies kann darauf zurückzuführen sein, daß sich unter den Halbpächtern unterschiedliche Gruppen befanden: neben einer Land hinzupachtenden Oberschicht gab es eine überwiegend von Pachtland abhängige Unterschicht.

Tabelle 1: Die Schichtendifferenzierung der Bauernhöfe 1883-1908 (in %)

Jahr	selbst. Bauer	Halb- pächter	Pächter	Anteil des Pachtlands an d.Anbaufläche
1883	38,4	42,4	19,2	34,2
1884	35,5	43,9	20,6	39,8
1889	35,4	38,4	26,2	40,0
1908	33,3	39,1	27,6	45,5

(Quelle Ōuchi 1969:137)

Tabelle 2: Mobilität der selbständigen Bauern zwischen den Schichten (1889-1916)

	Zahl	Prozent
Gesamtzahl der untersuchten Höfe:	1960	
davon gingen in eine andere Schicht über:	273	100
in die Pachtherrenschicht	23	8,4
in die Pächterschicht	188	68,9
außerhalb der Landwirtschaft (Handel, Angestellte)	41	15
in das Proletariat	21	7,7
Zustrom aus anderen Schichten	214	100
aus der Pachtherrenschicht	25	11,4
aus der Pächterschicht	168	78,5
als Zweighaus von Pachtherren	18	8,4
von außerhalb der Landwirtschaft	3	1,4

(Quelle ibid.:138)

Aus den Tabellen 1 und 2 wird die innere Schichtung der Bauernschaft und zum Teil auch die Bewegung zwischen den einzelnen Schichten ersichtlich. Im letzten Viertel des 19.Jh betrug die Zahl der selbständigen Bauern nur noch ca ein Drittel aller Höfe. Die Halbpächter vollzogen eine nach oben und nach unten gerichtete Mobilität: ein kleiner Teil wurde zu selbständigen Bauern, ein grösserer wurde zu Pächtern. Das starke Anwachsen der Pächter speist sich aus dem wirtschaftlichen Verfall von selbständigen Bauern und Halbpächtern (Vgl. Tabelle 2). In einer Untersuchung von 1960 selbständigen Bauernhöfen aus 10 Regionen wurde ihre Mobilität zwischen den Schichten über 27 Jahre verfolgt. Dabei ergab sich, daß sie überwiegend in die Pächterschicht abstiegen. Nur wenige Kleinbauern wurden Proletarier. Andererseits stiegen auch eine Reihe von Pächtern zu selbständigen Kleinbauern auf; immerhin wurden ca 8,5 % der untersuchten Höfe von ehemaligen Pächterfamilien betrieben. Es bestand also eine starke Mobilität zwischen den kleinbäuerlichen Schichten mit einer Grundtendenz zum Abstieg ins Pächtertum. Aber eine Polarisierung der Schichten in Lohnarbeiter und Großgrundbesitzer tritt nicht auf.

Das Pachtsystem weitete sich nach 1870 mit erhöhter Dynamik über alle Präfekturen aus. Hatte es sich bis dahin in einigen Präfekturen in größerem Umfang festgesetzt, so verbreitete es sich in der Folgezeit in vielen Präfekturen krebshaft über mehr als die Hälfte des Landes, wobei wieder eine besonders starke Konzentration bei Naßreis auftrat. Laut den unvollständigen Daten von 1883-1884 war in sechs Präfekturen mehr als 45% der Anbaufläche Pachtland (Tōyama, Yamanashi, Ehime, Tottori, Fukuoka, Shimane). 1908 wurden bereits in 10 Präfekturen mehr als 50% des Bodens verpachtet und 1930 waren vier weitere Präfekturen dazu gekommen (Vgl. Tabelle 3).

Der hohe Pachtlandanteil 1883-4 trat in zwei Kombinationen auf: einerseits war bereits die Pächterschicht wesentlich höher vertreten als in dem nationalen Durchschnitt, wo sie 19% aller Höfe umfaßte, oder die Halbpächterschicht war angewachsen und die selbständigen Bauern waren geschwunden. Um einige Beispiele zu nennen: 1883-4 umfaßten die Pächter in Niigata 27,9 (mit den Halbpächtern aber **71,8%**), in Yamanashi 29,9% (mit Halbpächtern **72,1%**), in Tottori 34,8% (mit Halbpächtern **71,8%**) und in Ehime 33,4 % (mit Halbpächtern **73,6%**). In Ōsaka stand einer großen Pächterschicht von 36,8% eine relativ breite Schicht selbständiger Bauern von 34,4% gegenüber (Vgl. Ōuchi 1969:48). Bereits um 1884 befand sich also in diesen Präfekturen mehr als die Hälfte der Bauernschaft in einem tiefgreifenden sozialen und ökonomischen Abhängigkeitsverhältnis.

Diesen Entwicklungen liegen die gekoppelten Auswirkungen von ursprünglicher Akkumulation und früher Industrialisierung zugrunde(43). Die Kombination von Werttransfer aus der Landwirtschaft und frühkapitalistischen Krisen führte zu einer bedeutenden Bodenakkumulation bei den großen Pachtherren und zu Bodenverlust der Kleinbauern. Geradezu katastrophenartig verlief dieser Prozeß nach der Matsukata-Deflation 1880 (44). Die Agrarpreise fielen stark und die selbständigen Kleinbauern, die sich infolge der Bodensteuer in Geld und die hohen Reispreise der 1880er auf den Markt

Tabelle 3: Präfekturen mit einem Pachtlandanteil von über 50% an der Anbaufläche (1883-1930; in %)

	1883-4	1908	1925	1930
Tottori	48,3	52,8	58,7	57,8
Shimane	47,7	59,0	51,5	50,1
Kagawa	63,3 (1892)	65,1	66,1	62,6
Fukuoka	46,5	53,7	50,1	-
Ōsaka	61,7	63,7	61,2	57,7
Hyōgo	50,7	51,7	50,9	-
Tokyo	-	-	-	50,0
Chiba	-	-	-	50,2
Yamagata	-	-	-	53,5
Miyagi	-	-	-	53,1
Niigata	-	52,6	54,5	56,6
Yamanashi	48,1	55,8	55,0	52,8
Tōyama	51,1	54,4	52,0	56,2
Akita	-	50,7	56,5	55,3
Hokkaidō	-	-	50,2	-

Quelle: Nagahara 1972:5; NNUS:740 (zu Kagawa 1892); Nōrinshō: Nōji tōkeihyō 1925:2-3; ebenso 1930:4-5.

orientiert hatten, hatten zum Teil nicht mehr genug Bargeld, um die Steuern zu zahlen (Waswo 1969:90). Viele verpfändeten Land bei örtlichen Kaufleuten oder Pachtherren gegen Kredite mit einem jährlichen Zins von 24-30% (45). Häufig konnten sie es nicht mehr einlösen, so daß es entweder versteigert oder vom Gläubiger billig aufgekauft wurde, worauf dieser es oft dem vorigen Besitzer als Pachtland überließ. Zwischen 1884-9 wurden 47 000 chō Land bei Versteigerungen verkauft und um 1885 waren 8-16% der gesamten Anbaufläche verpfändet (46). Die stärkere Marktintegration bedeutete für viele Kleinbauern in Krisenzeiten den Abstieg zum Pächter.

An der anderen Seite stand der Aufstieg der "Riesenpachtherren", die in diesem Zeitraum durch Wucherei (47), Verfall verpfändeten Landes und Landkauf Boden akkumulierten. Ab ca1890 gingen die Landkäufe der großen Pachtherren zurück. Denn der Staat erhöhte in den "Zwischenkriegsjahren" zwischen dem chinesisch-japanischen Krieg 1894-5 und dem russisch-japanischen Krieg 1904-5 die Bodensteuer im Zusammenhang mit dem Aufrüstungsprogramm; der industrielle Aufschwung, der der Rüstung folgte, ließ zudem Investitionen in die Industrie allmählich vorteilhafter erscheinen (48).

Während ihre Affinität zum industriekapitalistischen Sektor durch Investitionen bei Banken und in der Industrie wuchs, vermieden die großen und mittleren Grundbesitzer nach einer Experimentierphase bewußt den englischen kapitalistischen Entwicklungsweg in der Landwirtschaft, der auf Großbetrieben mit Lohnarbeit und "economies of scale" beruhte.

"There were many nineteenth-century experiments in large-scale farming by enthusiastic ex-samurai newly returned from the West; but they mostly failed. It soon became obvious that the high rents which could be extracted made it more profitable for a landowner to lease his land to tenants than to cultivate it himself by means of hired labour - particularly since the techniques of rice production are such that the advantage to be derived in large scale farming from mechanization are small." (Dore 1959:18)

Das Geheimnis der "Profitabilität" lag in der ökonomischen Position der Pächter als abhängige Eigenarbeit. Während die Pachtherren durch die hohe Pacht Einnahmen in Höhe von etwa der Hälfte der Ernteerträge garantiert hatten, die allerdings bei Mißernten auf ca 20-30% fallen konnten, konnten sie sowohl die Reproduktionskosten der Arbeitskräfte als auch die Sachkosten für Gebäude, Dünger usw. auf die Pächter externalisieren. Zusätzlich konnte sie unentlohnte oder niedrig entlohnte Arbeitsleistungen der Pächterfamilie in ihrem Betrieb fordern. Mittels des Pachtkontrakts hatten sie also Zugriff auf einen beträchtlichen Teil des Produkts und die Arbeitskräfte einer Hauswirtschaft.

Sie verlagerten das Anbaurisiko weitgehend auf die Pächter, während sie selbst weder Personal- noch Sachkosten für den Anbau aufbrachten abgesehen von Investitionen für Bewässerung und Neulanderschließung und von den herkömmlichen Zuwendungen an die Pächter. Bei Mißernten allerdings sahen die Pachtverhältnisse eine Risikobeteiligung des Pachtherrn insofern vor, als die Pächter von ihm Lebensmittelspenden und Pachtminderungen erwarteten. Aber unter Verweis auf die Bodenverbesserungen durch neue Bewässerungsanlagen usw. weigerten sich die Pachtherrn nach 1910 nicht selten, diese Pachtminderungen weiter zuzugestehen. Umgekehrt wirkten die Pächtergewerkschaften, die in diesem Zeitraum rasch anwuchsen, auf eine Versachlichung und Entpersonalisierung des Verhältnisses von Pächter und Pachtherrn hin, so daß seine vorherige paternalistische Prägung allmählich obsolet erschien (Waswo 1977 passim).

Fragen wir uns, was die hohe Pacht für die Pächter bedeutete, so sind verschiedene Ebenen zu unterscheiden. Zunächst stellt sich die Frage danach, welche Höhe die Pacht in der Realität hatte und welchen Anteil der Ernte sie beanspruchte. Weiterhin ist zu überlegen, welchen Stellenwert die Pacht unter den Gesamtausgaben des Pachthaushalts einnahm, d.h. welchen Rang sie unter den Produktionskosten hatte und ob sie den Konsum der Pächter beeinträchtigte.

Die real gezahlte Pacht lag im allgemeinen unter der vertraglich vereinbarten Höhe, da häufig Sonderbedingungen geschlossen wurden und die Pacht bei Naturkatastrophen wie Dürre oder Überschwemmungen ganz oder teilweise erlassen wurde. Im Zuge des sozialen Wandels ging auch die vereinbarte Rate allmählich zurück. 1885 wurden im nationalen Durchschnitt 58% der Ernte als Pacht gefordert (SSU:388), 1908-12 fiel sie bei Einfruchtanbau auf 53% und bei Mehrfruchtanbau auf 57% leicht ab und 1933-5 hatten die Raten eine weitere Veringerung auf 46% (Einfruchtbau) und 50% (Mehrfruchtbau) erfahren (Vgl.Tabelle 4).

Tabelle 4: Durchschnittliche vereinbarte Pachtraten bei Reis

	Einfruchtbau			Mehrfruchtbau		
	1908-1912	1916-1920	1933-1935	1908-1912	1916-1920	1933-1935
Ernte pro tan (in koku)	1,680	1,908	2,008	2,033	2,169	2,241
Pacht pro tan (in koku)	0,898	0,972	0,920	1,165	1,195	1,116
Pachtrate in % der Ernte	53%	51%	46%	57%	55%	50%
Anteil des Pächters pro tan (in koku)	0,782	0,936	1,088	0,877	0,974	1,125

Quelle: Nōrinshō: Nōchi mondai ni kansuru shiryō. Tokyo 1946 nach Waswo 1977:61.

Die real gezahlte Pachtrate lag leicht unter diesen Vereinbarungen. 1916-20 betrug sie z.B. im nationalen Durchschnitt 50,9% (SSU:389). Wenn wir die durchschnittliche Betriebsgrößen der Pächter 1939 - dem ersten Jahr, wo mir nationale Durchschnittszahlen vorliegen - so hatten 52,2% der Pächter weniger als 5 **tan** und 29,1% weniger bis zu 1 **chō** Land; ca 80% der Höfe lagen also mehr oder minder unter der "Existenzgrenze" von 1 **chō**. Dennoch mußte von den Erträgen noch ca. 50% abgegeben werden. Wenn wir für eine recht grobe Schätzung die Pachtrate von 1935 auf die Daten von 1939 beziehen (49), so können wir annehmen, daß die 52% der Pächter mit weniger als 5 **tan** (680 000 Haushalte) im günstigsten Fall ca 6,12 **koku** Reis (1080 l) für ein Jahr Arbeit auf den Reisfeldern erwarten konnten (Vgl. Tabelle 4,6). In etwa die gleiche Summe mußten sie als Pacht bezahlen.

Bei der Frage nach dem Stellenwert der Pacht für den Pächterhaushalt ist zu berücksichtigen, daß dieser auch andere Produkte für Markt und Eigenverbrauch anbaute und häufig auch Nebengewerbe betrieb. Der Reisernte standen nun vier konkurrierende Anforderungen gegenüber: Zunächst mußte die Pacht davon bezahlt werden. Weiterhin mußte ein Teil davon als Saatgut für die weitere Produktion verwendet werden (50). Mit der wachsenden Marktintegration wurden Teile davon verkauft, um die notwendigen Geldmittel für unerläßliche Ausgaben wie die Steuer, Schulgebühren usw., für produktive Ausgaben, wie für Dünger oder Werkzeuge und für geringe Bestandteile des Konsums zu bekommen. Schließlich bestand - meist an letzter Stelle - auch der Anspruch des Haushaltskonsums. Die drei ersteren produktionsorientierten Anforderungen hatten meist höheres Gewicht.

Die Pachtzahlung war dabei vorrangig. Durch ihre Höhe stellte sie einen kontinuierlichen Zwang zur Selbstausbeutung der Pächter dar. Diese mußten auf ihren Parzellen sowohl die Pacht als auch die Mittel für die Reproduktion der Familienarbeitskraft und der sachlichen Betriebsmittel aufbringen, was nur durch den intensiven Einsatz aller Haushaltsmitglieder in Reisanbau, Zweitfrüchten wie andere Getreide oder Gemüse und Nebenerwerb und ggfs. Lohnarbeit möglich war. In der Mitte der Meijizeit war die Pacht wohl quantitativ und qualitativ der dominierende Faktor im Pächterbudget. Sehr vereinfacht könnte man das Pachtsystem um diese Zeit so interpretieren, daß die Pächter die Hauptfrucht Reis vorrangig zur Bezahlung der Pacht anbauten, um so Zugang zu dem Boden zu bekommen. Die beiden Anforderungen der Vermarktung und des Konsums traten weitgehend zurück. Ihre eigene Ernährung basierten sie überwiegend auf die Subsistenzproduktion von Nebenfrüchten, wie Hafer, Gerste, Hirse. Reis war eine seltene Kost, auch für Pächter in Reisgürteln, die meist nur an Feiertagen unvermengt auf den Tisch kam (51). Wie die Mehrheit der Pächter damals im allgemeinen wenig Reis essen konnten, so konnte sie ihn auch kaum vermarkten. Die Marktrate der Pächter lag für Reis bei 0-15% (Vgl. Waswo 1969:66). Notwendige Geldeinkommen konnten sie ggfs. durch die Marktproduktion von Seide oder Gemüse oder durch Lohnarbeit der Haushaltsmitglieder bekommen.

Mit steigender Produktivität und zunehmender Marktintegration der Pächter waren sie ab der Jahrhundertwende imstande, wachsende, allerdings in absoluten Zahlen immer noch sehr geringe Anteile der Reisernten selbst zu vermarkten. Das Geldeinkommen aus dem Nebenerwerb wuchs (Vgl. NKC passim). Im Zuge dieser Entwicklung fiel einerseits der Anteil der Pacht an der Ernte. Andererseits ging die Bedeutung der Pacht im Betriebsbudget angesichts der zunehmenden Warenproduktion im Anbau und Nebenwerb während der 1920er Jahre allmählich zurück, um nach der Agrarkrise um 1929 wieder anzusteigen. Die Pacht war außerhalb der Krisenzeit auf unter die Hälfte der Betriebsausgaben gefallen; sie war also dabei nicht mehr quantitativ vorrangig . 1921 machte sie noch 66,3% der Betriebsausgaben aus; 1924 betrug sie nur noch 38,4%, 1929 32,5% der Ausgaben und stieg dann wieder auf 50,1% 1931, 54,5% 1936 und 52% 1939 (Vgl. Tabelle 12). Die Ursache für den erneuten Anstieg dürfte in der rigiden Kürzung aller sonstigen Ausgaben in dieser Notzeit liegen.

In manchen Fällen allerdings forderten die Pachtherren Abgaben auch aus dem Nebenerwerb. In Yamanashi z.B. wiesen einige Pachtherren ihre Pächter an, Seidenzucht zu betreiben, um die Pacht trotz Mißernten in voller Höhe zahlen zu können (52).

Die abnehmende Bedeutung der Pacht für den Pächterhaushalt steht im Zusammenhang mit einer Veränderung der Ausbeutungsverhältnisse. Neben die Ausbeutung durch die Pachtherren war die marktvermittelte Subsumtion (Bennholt-Thomsen 1979:122) unter die Dünger-Industrie getreten. Die Düngerkosten waren im allgemeinen in den Pächterbudgets der 1920er und 1930er Jahre der zweitwichtigste Posten nach der Naturalpacht und **der größte Bargeldfaktor** (NKC passim. Ōuchi 1969:179; sowie Tabelle 12). Diese Marktsubsumtion wirkte sich destabilisierend auf die kleinbäuerlichen Wirtschaften aus. Die Preissteigerungen und fortlaufende Hochpreispolitik der großen Chemie-Kapitale für Kunstdünger trugen ab ca 1920 entscheidend zur chronischen Verschuldung der Kleinbauern bei (Vgl. Pohl 1976:39-62). Die Pächter waren also einem doppelten Ausbeutungsverhältnis durch die Pachtherrn und durch das Industriekapital unterworfen.

Trotz der gestiegenen Marktraten blieb der Lebensstandard der Pächter recht niedrig (53). Die Mehrheit konnte sich auch in den 1920er-30er Jahren nur selten den Traum von einer Mahlzeit mit "weißem Reis" erfüllen und die Ausgaben für Gesundheit oder Kultur waren sehr niedrig. Das Muster, daß die ärmsten Produzenten ihre eigenen Ernten nicht konsumieren können, sondern sie eher vermarkten müssen, tritt auch in anderen kleinbäuerlichen Agrarverhältnissen auf. Unter den konkurrierenden Anforderungen an die Ernte sind wegen der engen Interaktion von Produktion und menschlicher Reproduktion die produktionsbezogenen Bereiche dominierend, da sie für die langfristige Reproduktion des Gesamtbetriebs unerläßlich sind. Die beschriebene enge Interaktion kann sich dann so auswirken, daß die Bauern an ihrer eigenen Ernährung, an ihrer menschlichen Reproduktion sparen. Sie verkaufen also oft mit leerem Magen oder mit dem Ausblick auf knappe Wochen die Ernte. So begegnen wir der paradoxen Erscheinung, daß die selbständigen Mittelbauern, deren Land hinreicht, um die Anforderungen von Produktion und Konsum zu decken, eher "Substenzbauern" in dem Sinne sind, daß sie ihre Eigenprodukte konsumieren können. Die Pächter und marginalisierten Kleinbauern stehen eher unter dem Bann und Zwang des Marktes, da ihnen in Konsum und Produktion "nichts anderes übrig bleibt".

In schweren Krisenzeiten, z.B. in der Hungersnot im Nordosten in den 1930ern gab es für Pächter und Kleinstbauern eine letzte patriarchalische Lösung: die Töchter der Hauswirtschaft wurden in Bordelle verkauft. 1934 wurden z.B. 5070 Mädchen aus der Yamagata-Präfektur gegen einen Bargeld-Vorschuß an ihre Eltern als Prostituierte oder Amüsiermädchen in andere Präfekturen verhandelt. Bei diesen Geschäften war das Wort "verkaufen" üblich (Vgl. Nakamura 1976:322-3). Es wurde auch im Scherz verwendet, wenn Töchter verheiratet wurden. Ledige Frauen über 25 werden auch heute als "unverkaufte Ware" (**uranokori**) bezeichnet. Die Mädchen und Frauen galten als "letzte Ware" des patriarchalischen Haushalts; diese Einstellung, die in der extremen Konsequenz des Menschenhandels nicht durchgängig war, beruhte aber auf der allgemeinen Vorstellung, daß Mädchen nur vorübergehend zum Haushalt gehören und auf der Unterordnung und Marginalisierung der Frauen im Haus.

Diese Beispiele verdeutlichen, daß die abhängige Eigenarbeit der Pächter zumindest zu Zeiten der landwirtschaftlichen Depression, die bis 1940 fast chronisch auf kurze Zwischenphasen folgten, mit einem Trend zur Selbstausbeutung und zum Sparen an den menschlichen Reproduktionskosten verbunden war. Die jungen Frauen waren in ihrer zwiespältigen Rolle als wichtigste Arbeitskraft und letzte "Reserveware" der Hauswirtschaft mehrfach davon betroffen.

Welchen Charakter hatte dies Ausbeutungsverhältnis und wie konnte es in einer Gesellschaft, die sich dem raschen Wandel und der sozialen Mobilität verschrieben hatte, über ein Dreiviertel-Jahrhundert aufrechterhalten werden? Die Pachtherren, gerade die "Riesenpachtherren", schmückten sich in der Verwaltung ihrer Güter mit konfuzianischen Normen und "feudalen" Ritualen. In der Mehrheit erwarteten sie unentlohnte Arbeitsleistungen der Pächter, die für diese manchmal höhere Priorität haben sollten als ihr eigener Betrieb (54). Diese sozialen Komponenten des Pachtverhältnisses wurden neben der hohen Naturalpacht oft als Begründung für dessen halbfeudalen oder feudalen Charakter angeführt.

So veranstalteten einige große Pachtherren zur Pachtzahlung oder zu Neujahr, wo die Pächter herkömmlich zu einem Besuch bei ihnen verpflichtet waren, ein Trinkfest. Das Haus Igarashi in Niigata begutachtete bei der jährlichen Pachtzahlung seiner 200 Pächter ihren Reis und teilte ihn in sechs Güteklassen ein. Die Pächter in der Spitzenklasse erhielten als Preis zwei Hacken, einen Rechen und eine Sichel. Pächter in den anderen oberen Klassen erhielten geringere Preise (Nakamura 1976:64)(55).

Mir scheint interessant, daß die Pachtherren ähnliche Methoden zur "inneren Integration" der Pächter anwandten, wie sie damals auch in der Industrie angesichts der hohen Arbeitermobilität versucht wurden. Unter "innerer Integration" soll hier die Einbindung der Untergeordneten in einem Herrschaftsverhältnis durch die innere Übernahme seiner tragenden Ideologie verstanden werden. Sie verlief in beiden Bereichen durch eine Mischung von konfuzianischer Loyalitäts-Ideologie, Hierarchisierung in Rangstufen und Konkurrenz. Die Pächter des Hauses Igarashi scheinen nicht weit entfernt von den Arbeitsgruppen mit ihrer inneren Stufenordnung in der Baumwollindustrie, die zu Fabrikfesten bei hohen Leistungen kleine Auszeichnungen erhielten. Diese Organisationsformen können aber nicht allein feudalen Formen zugerechnet werden (56). Die materielle Belohnung war, verglichen mit dem ökonomischen Vorteil, den der Pachtherr durch gut vermarktbaren Qualitätsreis erreichte, gering und hatte m.E. eher symbolischen Charakter.

Die persönlich-loyalistische, "feudale" Färbung der Ausbeutungsverhältnisse sollte nicht über die wachsende Affinität der Pachtherrn zur kapitalistischen Entwicklung hinwegsehen lassen. Ihre Betriebe waren eng mit den Finanzierungssystemen der ursprünglichen Akkumulation und der ländlichen und städtischen Industrialisierung verbunden, da sie sich nach 1885 stark am ländlichen Banksystem beteiligten und sowohl eigene Manufakturen hatten, als sie auch vor allem nach 1900 in industrielle Aktiengesellschaften investierten (Vgl. Nagahara 1972:474-484; Ushiyama 1975:72-3). Ihre weiterhin großen Pachteinnahmen verloren angesichts dieser neuen Investitionen an relativem Gewicht. 1920 stützten sich nur noch 6,76% der Pachtherren mit mehr als 3 cho überwiegend auf ihre Pachteinnahmen (Tōbata 1947:28). Sowohl aufgrund der Bedeutung der ursprünglichen Akkumulation und des Handelskapitals bei der Herausbildung dieser Pachtherrn (Vgl. S.109) als auch aufgrund ihrer Nähe zum industriekapitalistischen Sektor und ihrer Verflechtung damit kann man diese Gruppen nicht als "halbfeudale" Pachtherren einstufen (57). Ihre Formierung ergab sich einerseits aufgrund des Werttransfers aus der Landwirtschaft im Zuge der ursprünglichen Akkumulation und der frühkapitalistischen Krisen, andererseits hing sie direkt mit der frühkapitalistischen Waren- und Geldzirkulation in Japan und auf dem Weltmarkt (bei Seide, Tee und Reis) zusammen. Sie kann also eher als ein jäher Prozeß verstärkter sozialer und ökonomischer Polarisierung während der allmählichen Entwicklung des japanischen Kapitalismus und der Einbeziehung Japans in den Weltmarkt begriffen werden.

Das Vordringen des Kapitalismus beförderte eine Kette ungleicher Entwicklungen. Die Entwicklung der Pachtherren, die ländliches Surplus akkumulierten und neben dem staatlichen und halbstaatlichen Steuer- und Finanzapparat die Kanäle bildeten, durch die dieses in die rasche Industrialisierung gepumpt wurde, beinhaltete zugleich die stetige Unterentwicklung der Pächterwirtschaften, die bis etwa 1910 den Löwenanteil der Überschüsse als Naturalpacht an die Pachtherren zahlen mußten. Oft als feudal angesehene Verhältnisse haben durchaus eine kapitalistisch-immanente Rationalität für die Pachtherren. Die vertragliche Subsumtion der Arbeitskraft einer ganzen Pächterfamilie war wohl ökonomisch vorteilhafter als der Übergang zur Lohnarbeit. Die fortgesetzte Höhe der Pacht und ihre Naturalform sind ebenfalls zum Teil zumindest mit der Ausweitung der Warenproduktion bei ungleichen sozialen und politischen Kräfteverhältnissen zu erklären. In einer Zeit rel. stabiler oder steigender Reispreise hatten die Pachtherren ein starkes Interesse an der hohen Naturalpacht, die sie selbst vermarkten konnten. Sie konnten sie teilweise wegen ihrer politischen Dominanz weiter durchsetzen, da die staatlichen Instanzen die Pächterbewegungen zu kontrollieren versuchten und teilweise auch direkt unterdrückten. Weiterhin war die Konkurrenz unter den Pächtern gestiegen und zugleich verlor das Machtverhältnis zunehmend seine patriarchalisch-konservative Färbung, so daß die Pachtherren versuchten, ihre Form der Vertragsfreiheit durchzusetzen. Im Kern war das Pachtverhältnis als Ausbeutungsverhältnis ökonomisch begründet und nicht durch außerökonomischen Zwang: Nicht weil sie Leibeigene des Pachtherren waren, waren die Pächter bereit, unter den hier geschilderten Bedingungen seine Felder zu bestellen, sondern weil sie sonst keinen Zugang zu Produktionsmitteln hatten, nahmen sie es auf sich, neben der Naturalpacht noch Arbeitsrente zu leisten. Sonst liefen sie Gefahr, die Beihilfe in Notzeiten, die Chance für Pachtminderungen bei Mißernten und sogar das Pachtland zu verlieren. Aus all diesen Gründen stellt m.E. das Pachtverhältnis ein protokapitalistisches Ausbeutungsverhältnis dar. Es trägt im Kern kapitalistische Züge und seine Entstehung ist mit der frühkapitalistischen Entwicklung verbunden. Es beruht nicht auf den "herkömmlichen" bäuerlichen Hauswirtschaften, sondern die Pächter stellen mit ihrer Mischökonomie und ihrer Funktion eines Arbeitskräfte-reservoirs für die ländliche und städtische Lohnarbeit einen Teil der ländlichen arbeitenden Armen dar. Seine Veränderung im japanischen Kapitalismus war eher eine Frage der politischen Auseinandersetzung und Reform; sie lag nicht auf der Ebene der Transformation der Produktionsweise.

Dies Ausbeutungssystem wurde in einer Zeit wachsender sozialer Mobilität und der Verbreitung neuer Ideensysteme sozialer und individueller Emanzipation vor allem durch die ökonomische, soziale und politische Vorherrschaft der Pachtherren aufrechterhalten. Sie hatten ökonomische Vormacht über die Pächter, die weder Land noch andere Ressourcen für ihr Überleben hatten und notwendig in Konkurrenz zueinander standen. Sie waren die soziale und politische Führungsschicht in den ländlichen Regionen und kleinere Pachtherren hatten weiterhin wichtige Funktionen in der Dorfgemeinschaft. Als Teil des herrschenden nationalen Klassenblocks von Bürokratie, Großkapital und Pachtherren waren sie bis 1946 imstande, eine Bodenreform zu verhindern. Ihre ideologische Vormacht auf dem Land war in der dominanten konfuzianischen und patriarchalischen politischen Kultur verankert. Bis 1910 erschien ihre Position trotz der sporadisch aufflackernden Pachtkämpfe unerschütterlich.

Um ca 1890 hatten sich die großen Pachtherren-Besitzungen konsolidiert (Araki 1972-3) und etwa um 1908 hatte das Pachtsystem im wesentlichen die Grenzen seiner Ausweitung erreicht (Waswo 1969 passim; Ōuchi 1969:144). In der Folge erlebte dies System innere Wandlungen und einen allmählichen Niedergang.

Meist wird nur seine innerjapanische Entwicklung betrachtet und dabei wird übersehen, daß dies **Pachtsystem eine expansive Dyna-**

mik hatte und die Agrarverhältnisse des japanischen Imperialismus in dem kolonialisierten Korea prägte. In Korea kauften japanische Kaufleute, Pachtherren und Bürokraten weite Teile der fruchtbaren Reisebenen mit Unterstützung der Kolonialverwaltung auf, verpachteten sie und unterwarfen ihre Pächter einem Arbeits- und Hungerregiment von hohen Pachten auf Kleinparzellen, das diese auf oder unter dem Subsistenzminimum ließ und den Export von billigem Reis auf den japanischen Markt ermöglichte. Dieser "Billigreis" wurde vor allem von den Armen in Japan gekauft (58). Hier besteht eine deutliche Parallele zum expansiven Charakter der frühen "primitiven japanischen Arbeitsbeziehungen" (Ōkōchi), der die Textilfabriken sowohl in Japan als auch später ihre Niederlassungen in Korea und China charakterisierte(59).

Die Veränderungen in der Schichtung der Bauernschaft von 1908-1939 bestanden vor allem in dem langsamen Niedergang der ökonomischen und sozialen Macht der Pachtherren und in dem Trend zum Mittelbauern um 1-2 **chō**. Die folgenden Tabellen geben einen Überblick:

Tabelle 5: Veränderungen in der bäuerlichen Schichtenzusammensetzung (1908-40; in Zahl der Höfe und % aller Höfe)

Jahr	Selbständige	%	Halbpächter	%	Pächter	%
1908	1 799 617	33,3	2 117 013	39,1	1 491 733	27,6
1912	1 763 840	32,5	2 176 391	40,0	1 497 820	27,5
1917	1 695 854	31,0	2 237 801	40,9	1 533 622	28,1
1922	1 662 479	30,6	2 235 651	41,1	1 541 279	28,3
1927	1 679 799	30,7	2 307 023	42,1	1 488 061	27,2
1932	1 694 806	30,5	2 366 978	42,7	1 489 676	26,8
1937	1 673 941	30,5	2 316 806	42,3	1 491 794	27,2
1940	1 645 701	30,5	2 286 651	42,4	1 457 862	27,1

Quelle: Ogura 1967:25.

Die Zahl der Halbpächter wuchs langsam aber kontinuierlich bis 1940, die der selbständigen Kleinbauern sank auf die gleiche Weise. Die Zahl der Pächter blieb in etwa gleich (60). Damit verband sich der etwa seit dem Ende der Meijizeit (1912) andauernde "Trend zum Mittelbauern" mit einer Betriebsgröße von 1-2 **chō**. Er speiste sich aus zwei Tendenzen: Großbauern, die zum Teil vorher mit Lohnarbeitern gewirtschaftet hatte, verkleinerten ihren Betrieb. Andererseits konnte sich eine Gruppe von Pächtern und Zwergbauern hocharbeiten (Ōuchi 1969:144 ff). Als besonders dynamisch erwies sich in diesem Zeitraum die Oberschicht der Halbpächter. Sie waren stark motiviert, Kunstdünger einzusetzen, Maschinen anzuschaffen und für den Markt zu produzieren.

Laut Ōuchi liegen erstmals 1939 kombinierte Angaben über die Schichtung und die Betriebsgrößen vor, nach denen wir z.B. die durchschnittliche Staffelung der Betriebsgrößen bei Pächtern, Halbpächtern und selbständigen Bauern ersehen können. Daraus ergibt sich eine extreme Bodenzersplitterung und eine starke Konzentration von Pächtern und selbständigen Bauern in den untersten, nicht aus sich "lebensfähigen" Größen von 5 tan bis unter 1 chō. (Vgl. ansonsten S.149f)

Tabelle 6: Die bäuerlichen Schichten nach Betriebsgröße (1939)

Schicht (Zahl der Höfe in 1000)	Betriebsgröße (**tan**)						
	bis 5	bis 10	bis 20	bis 30	bis 50	über 50	Summe
Kleinbauern	637	382	369	90	27	3	1 508
Halbpächter	460	817	858	169	41	3	2 348
Pächter	680	380	210	28	5	0	1 303
Summe	1 777	1 579	1 437	287	73	6	5 159

Anteil der Schicht an der Betriebsgröße (in %)

Schicht	Betriebsgröße (**tan**)					
	bis 5	bis 10	bis 20	bis 30	bis 50	über 50
Kleinbauern	36,8	24,2	25,7	31,4	37,0	50
Halbpächter	25,9	51,7	59,7	58,9	56,2	50
Pächter	37,3	24,1	14,6	9,7	6,8	0
Summe	100	100	100	100	100	100

Verteilung der Betriebsgröße in der jeweiligen Schicht (in %)

Schicht	Betriebsgröße (**tan**)						
	bis 5	bis 10	bis 20	bis 30	bis 50	über 50	Summe
Kleinbauern	42,3	25,3	24,4	6,0	1,8	0,2	100
Halbpächter	19,5	34,7	36,8	7,2	1,7	0,1	100
Pächter	52,2	29,1	16,1	2,2	0,4	0,0	100

Quelle: Ōuchi 1969:170

Die Pachtherrenschichten zeigten Auflösungstendenzen. Die Oberschicht zog sich weitgehend aus der Landwirtschaft zurück. Viele der kleinen selbstanbauenden Pachtherren hatten Posten in der Bürokratie, als Angestellte oder in den freien Berufen übernommen und bestellten nur noch einige **tan** für den Eigenverbrauch selbst (61).

Eine Reihe von Ursachen liegen dem langsamen Verfall des Pachtherrenstandes zugrunde. Die Organisierung der Pächter und die Pachtkämpfe waren ab 1920 deutlich angewachsen. Andererseits boten die zunehmenden städtischen Erwerbsmöglichkeiten den Pächtern Alternativen. Die Pachtherren hatten sich selbst von der Landwirtschaft allmählich auf Kapitalbeteiligungen umorientiert. Verstärkt wurde dies durch die zunehmenden Schwankungen des Reispreises im Inland wegen der Konkurrenz des Kolonialreises und des Seidenpreises auf dem Weltmarkt in den 1920er-30er Jahren. Dadurch verlor das Pachteinkommen im Gegensatz zur Meijizeit an Stabilität. Schließlich führte die Massenarmut in der Landwirtschaft zu einem allgemeinen Legitimationsverlust der Pachtherren und des Pachtsystems, der sich auch in Forderungen nach einer grundlegenden Bodenreform ausdrückten. Als das **zaibatsu** Mitsubishi 1923 begann, seine Pachtländereien in Niigata zu verkaufen und dies u.a. mit der Befürchtung "Das Land ist zum Streitobjekt geworden und wird nationalisiert werden." (NNUS:241) begründete, war dies ein Symbol für den Verfall der Pachtherrendominanz (62).

Pächterkämpfe waren bereits in den 1910er Jahren aufgeflammt. Die Pächter verweigerten sich der Qualitätskontrolle des Reises durch die Pachtherren, die erhebliche Mehrarbeit für sie bedeutete. Sie versuchten weiterhin die herkömmlichen Pachtsenkungen bei Mißernten zu erhalten, während die Pachtherren die volle Pacht mit der Begründung forderten, daß sich durch die Bewässerungsbauten die Überschwemmungen verringert hätten. Dies waren eher punktuelle, regional begrenzte Auseinandersetzungen.

Im Lauf der 1920er Jahre entstanden nationale Pächterverbände, die nun grundlegende, nicht fallgebundene Pachtsenkungen und langfristigen Kündigungsschutz oder ein Bauern-Anrecht auf den Pachtboden forderten. In weiten Regionen konnten sie Pachtsenkungen durchsetzen, wobei sie als Mittel u.a. Zahlungsboykotte und Landbesetzungen verwendeten. Ein Teil der Agrarhistoriker wertet sie daher als eine Bewegung kleiner Warenproduzenten, die ihr Produkt voll selbst vermarkten wollten. Der Horizont zumindest der christlichen und linken Pächter-und Bauernbewegung reichte gewiß weiter. Sie nahmen Verbindung zur Arbeiterbewegung und verschiedenen linken Strömungen auf (Pohl 1976; NNUS). Einige Gruppen griffen direkt das Problem ihrer Selbstausbeutung als abhängige Eigenarbeiter an, indem sie einen "angemessenen Lohn" für ihre Arbeit forderten. Ein Pächterverband in Niigata erklärte 1925:

> "Der Streitpunkt zwischen Pachtherren und Pächtern liegt gegenwärtig darin, daß die Pachtherren vom Nutzungsaspekt her ihre Forderungen auf den 'Boden' beziehen, während die Pächter ihre Forderungen vom 'Menschen' her entwickeln. Ethisch gesehen ist der Mensch, nämlich der Pächter, wichtiger als die Sache 'Boden', und deswegen geht es zunächst um die Anerkennung des Prinzips, daß er eine angemessene Entlohnung für seine Arbeit bekommen muß." (Ushiyama 1975:90-1)

Zur Entwicklung der Betriebsgrößen

Als zweiter gestaltender Faktor für die ökonomische Position der Bauern - und damit auch für die Herausbildung der ländlichen arbeitenden Armen - soll hier kurz die Entwicklung der Betriebsgrößen betrachtet werden. Die Minimalgröße für einen sich durch landwirtschaftliche Arbeit tragenden Betrieb war nach den Klimazonen unterschiedlich. In den südlichen Mehrfruchtregionen lag sie bei ca 1 **chō**, in den Schneefallregionen Nordost- und Mitteljapans aber bei 2-3 **chō**. Höfe, die darunter lagen, mußten sich zusätzliches Einkommen durch Nebenerwerb oder Lohnarbeit verschaffen.

In der nationalen Statistik für 1888, die allerdings sechs Präfekturen nicht aufnahm, wird ersichtlich, daß 55% der Höfe unter 0,8 **chō** lagen (Nōji chōsahyō, nach Ōuchi 1969:134). Von 1908 bis 1939 bewegt sich der Anteil der Höfe mit weniger als 0,5 **chō** bei einem Drittel aller Höfe. Der Anteil der Höfe mit weniger als 1 **chō** liegt bei 70 %!(Vgl. Tabelle 8) Damit hatte **ein Drittel aller Höfe** einen unzureichenden Zugang zu Boden. Ein weiteres Drittel lag knapp an oder unter den lebensfähigen Grenze. Wir können also sagen, daß die große Mehrheit der japanischen Bauern - die 70% mit weniger als 1 **chō** Betriebsfläche-keine gesicherte Reproduktion der Wirtschaft hatte und daß eine breite Gruppe unter ihnen marginalisiert war. Beziehen wir dies auf die einzelnen Eigentumsgruppen, so wird deutlich, daß 1939 52,5% aller Pächter, immerhin nur 19,2 % aller Halbpächter und 42,3% aller selbständigen Bauern weniger als 0,5 **chō** Betriebsfläche hatten (Vgl. Tabelle 6).

Tabelle 7: Die Entwicklung der Betriebsgröße (1888-1922; in 1000 Höfen)

	Jahr 1888	1908	1922
bis 0,8 chō	2 438	2 594	2 526
(% der Höfe)	55,0	58,2	56,5
bis 1,5 chō	1 330	1 145	1 251
(% der Höfe)	30,0	25,7	28,0
über 5 chō	665	718	693
(% der Höfe)	15,0	16,1	15,5
Summe	4 443	4 457	4 470

Quelle: Ōuchi 1969:134

Tabelle 8: Die Entwicklung der Betriebsgröße (1908-1939; in 1000 Höfen

	Jahr 1908	1922	1932	1939
bis 0,5 chō	2 003	1 891	1 854	1 773
(% der Höfe)	38,1	35,9	34,6	34,0
0,5 bis 1,5 chō	1 754	1 810	1 894	1 761
(% der Höfe)	33,3	34,4	35,4	33,8
1 bis 2 chō	1 031	1 140	1 215	1 299
(% der Höfe)	19,6	21,6	22,7	24,9
2 bis 3 chō	306	299	297	290
(% der Höfe)	5,8	5,6	5,0	5,6
3 bis 5 chō	125	100	82	77
(% der Höfe)	2,3	1,9	1,5	1,5
über 5 chō	42	22	12	10
(% der Höfe)	0,7	0,4	0,2	0,2
Summe	5 261	5 262	5 354	5 210

Quelle: Ōuchi 1969:168

Bedenkt man, daß die Pächter etwa 50% der Haupternte in Reis als Pacht bezahlen mußten, so wird die marginalisierte Position dieser untersten Pächterschicht ersichtlich, die sich in einem unzureichenden und zunehmend unsicherem Zugang zum Produktionsmittel Boden und einer Mischökonomie mit weiteren Erwerbsformen ausdrückte. Aber auch ein großer Teil der selbständigen Kleinbauernbetriebe war zu klein für den Erhalt nur aus landwirtschaftlichem Einkommen. Die Unterschicht der Pächter und Kleinbauern war marginalisiert und damit auch potentielles Dauer-Reservoir industrieller Arbeitskraft geworden. Deutlich sticht die Schicht der Halbpächter, bei denen nur 19,5% unter 0,5 **chō** lagen, dagegen ab.

Wir finden nach 1908 einen drastischen Rückgang der Zahl der Großbetriebe über 3 **chō** - und besonders über 5 **chō** - einen leichten Abfall der Zahl der Kleinstbetriebe und einen zunehmenden Trend zum Mittelbauern mit 1-2 **chō**. All diese Tendenzen bedeuteten allerdings eher eine allmähliche Modifikation der Schichtung, die die Landreform von 1946 in gewisser Weise "vorbereitete"; sie brachten keine radikale Veränderung.

Weiterhin soll die "Fernrohrperspektive" des nationalen Durchschnitits auch nicht darüber hinwegtäuschen, daß die Eigentumsverhältnisse und die Betriebsgrößen der einzelnen Höfe in ständigem Wechsel begriffen waren. Einzelne Halbpächter und Kleinbauern und sehr wenige Pächter konnten sich zu Mittelbauern hocharbeiten. Andere Höfe schrumpften im Lauf von ein,zwei Generationen zu Parzellen zusammen. Die "Fernrohrsicht" verwischt außerdem, daß die Bodenzersplitterung in manchen Pachtgürteln noch wesentlich schlimmer war, als es die obigen Statistiken vermitteln. In Kagawa hatten 1908 52,5% der Höfe weniger als 0,5 **chō** und insgesamt 86,5% hatten weniger als 1 **chō** (NNUS:742).

Zur landlosen Schicht der dörflichen Marginalisierten

Unter den Schichten der Pächter, Halbpächter und selbständigen Kleinbauern standen die landlosen oder landarmen Arbeiter (63). Ushiyama bezeichnete sie in Anlehnung an Sumiya Mikio als ländliche "Gelegenheitsarbeiter" (**zatsugyō-sō**), die zwar auf dem Dorf lebten, aber wegen ihrer Landlosigkeit keinen Anteil am Anbau hatten und auf unterschiedliche, instabile Beschäftigunsformen angewiesen waren (Ushiyama 1975:7). Der Übergang zu den Kleinstbauern mit 2-3 **tan** war fließend. Sie bildeten ein Reservoir für den ländlichen und städtischen Arbeitsmarkt; da sie in Verbindung mit den städtischen "Gelegenheitsarbeitern" standen, füllten sie sie durch Zuwanderung immer wieder auf. In seiner detaillierten Studie über die bäuerliche Schichtendifferenzierung in Niigata schreibt Ushiyama dieser Schicht eine weitreichende Bedeutung zu:

> "Die Existenz dieser beiden breiten Schichten von "Gelegenheitsarbeitern" in Stadt und Land und ihre Verbindung untereinander stellen die Ursachen dafür dar, daß eine Politik der besonderen, gewaltsamen Loslösung von Arbeitskräften für den japanischen Kapitalismus nicht notwendig war." (ibid.:8)

Ein zeitgenössischer Beobachter schätzte die Zahl dieser landlosen Arbeiter, die er von alleinigen Lohnarbeitern unterschied, um 1921 auf etwa 1,2 Millionen Familien, wobei wohl eine große Gruppe der Höfe bis 5 **tan** aus den obigen Daten eingeschlossen sein kann.

> "The number of wageearners in agriculture is very small. But those who are engaged in all sorts of farming and subsidiary occupations such as sericulture, tea-picking, charcoal burning, starch making, etc., and some tenants earning wages in the spare hours of their own farm working aggregating 1,200 000 in the number of families, must also be taken into account. The labourers of these families are employed as day labourers by one farmer after another, or as one's special employees in the farmer's busy season and on other occasions. For their dwellings some of them have humble cottages with small pieces of land for their garden, but they are not having their own houses, to say nothing of their own fields to till." (Nakamura 1921:767)

Nach einer Untersuchung von 10 Dörfern und Kleinstädten im Gürtel des "Riesenpachtbesitzes" von Niigata gehörten 678 von insgesamt 4 924 Haushalten, d.h. 13,8% zu dieser Schicht (Ushiyama 1975:23). Sie bildeten die Schicht der Marginalisierten, die die unterste Position in bezug auf soziale Sicherung und soziales Ansehen hatte. Sie besaßen zwar keinen Boden, aber ihre Verbindung zur Landwirtschaft bestand in prekären Formen weiter: ein Stück Garten, ein Fleckchen Pachtland. Die anderen Erwerbsmöglichkeiten waren vielfältig und begrenzt, überdies meist schlecht entlohnt: Kleinhändler, für Männer Bauarbeiter, Brunnenbohrer, Schwerarbeiter, Dachdecker, und für Frauen außerdem Gesindedienst oder Kellnerin in den Kleinstädten. Diese "Gelegenheitsarbeiter" konnten mit ihrer Familie nur überleben, wenn mehrere oder alle Familienmitglieder im Erwerbsalter Arbeit erhielten. Die Voraussetzung dafür war, daß sie als Mitglieder einer Dorfgemeinschaft anerkannt wurden und in ihre Kooperations- und Redistributionsverhältnisse aufgenommen wurden. Dies war ein entscheidender Faktor dafür, ob ihre Töchter Arbeit als Dienstbote fanden (ibid.·24). Nach Schätzungen von Maruoka (64) und Ushiyama kamen aus dieser Schicht auch viele der Arbeitsmigrantinnen in die Textilindustrie.

Etwa 70% der japanischen Bauernhöfe lagen also jahrzehntelang an oder unter der minimalen Existenzgröße; die Pächter, die in der ersten Hälfte des 20.Jh ca 27% aller Höfe ausmachten, mußten außerdem knapp die Hälfte der Haupternte als Pacht bezahlen und auch die breite Unterschicht der Halbpächter mußte einen beträchtlichen Teil der Ernte als Pacht entrichten. Das Überleben der marginalisierten Höfe unter solchen Bedingungen während der Industrialisierung und nach der Konsolidierung des japanischen Kapitalismus erscheint nicht selbstverständlich. Es erklärt sich auch aus der inneren Organisation dieser Betriebe. Besonders wichtige Fragen in diesem Zusammenhang richten sich auf die geschlechtliche Arbeitsteilung, sowie die Bedeutung der Subsistenzproduktion und der Lohnanteile für die Reproduktion der kleinbäuerlichen Betriebe.

GESCHLECHTLICHE ARBEITSTEILUNG UND MACHTVERHÄLTNISSE IN DEN KLEINBÄUERLICHEN HAUSWIRTSCHAFTEN

Töchter berichten über ihre Mütter:

> Die Mutter verlebte als junge Frau – von der Großstadt angezogen – zwei Jahre in Tokyo. Darauf heiratete sie mit 21 Jahren über die Vermittlung von Bekannten und nach starkem Zureden vonseiten ihrer Schwiegereltern 1943 den Vater, den sie vorher kaum gesehen hatte. Am Tag nach der Hochzeit schon fing die Arbeit an. Am schwersten fiel ihr das Lastentragen. Und als junge Ehefrau hatte man dauernd den Korb auf dem Buckel. Auch mit dem Kochen gab es Probleme. Sie wußte nicht, wo Geschirr und Töpfe waren und als **yome** (junge Ehefrau) getraute sie sich nicht zu fragen. Es wurde erwartet, daß sie es von selbst lernte.
> Auch die Arbeit auf dem Reisfeld war nicht leicht. Sie spürte ihre ungeborene Tochter im Bauch, beugte sich schwer bei der

Reisernte und hoffte, daß die Arbeit dem Kind nicht schaden
würde. Ihre älteste Tochter sah sie kaum. "Denn damals wurde die junge Ehefrau in den Bauernhöfen wie eine Arbeitskraft
und nicht wie eine Mutter behandelt." Sie wurde nicht wütend,
denn den anderen **yome** ging es ebenso. Nur einmal empörte
sie sich, als ihre Schwiegermutter ihr bei der zweiten Schwangerschaft sagte: "Weil das erste schon ein Mädchen war, schaff
diesmal einen Jungen!" Sie gebar eine weitere Tochter.
Drei Wochen nach der Geburt schickte die Schwiegermutter sie
aufs Feld. Sie sah das Kind nur noch beim Stillen. "Weil ich
mich um die Älteste kaum kümmern konnte, hätte ich gerne
meine Zweite versorgt, aber das ging wohl nicht."

Mutter heiratete 1946 bald nach dem Kriegsende. Es war eine
arrangierte Ehe; sie hatte Vater nur einmal gesehen, aber beide hatten damals nicht miteinander gesprochen. Man heiratete
auf das Wort der Eltern oder der Leute, denen man verpflichtet war. Man dachte nicht an Liebe, sondern daß das eine Aufgabe war. Wenn man trotz aller Schwierigkeiten nicht still-
hielt, hatte man Angst, daß die andern über einen lachen und
sagen würden."Die **yome** dort kann nichts aushalten." Außerdem hält die Ehe, wenn zwei zusammenarbeiten und sich an-
strengen."Unsere Art sich zu verheiraten war nicht schlechter,
denn wenn zwei sich wie heute noch so oft treffen, können sie
ihre schlechten Seiten trotzdem verstecken."
Sie lebten lange mit den Schwiegereltern zusammen. Vater
schlug sie immer wieder. Sie verließ das Haus nicht, weil sie
nicht ohne ihre Kinder fortgehen wollte.
"Vater war ruhig und ehrte seine Eltern." sagte sie. Als junge
Frau war sie genauso. Aber wenn beide schweigen, lacht keiner
mehr im Haus. Also begann Mutter munter zu erzählen und
Witze zu machen.
Dauernd gab es Probleme mit dem Schwiegervater. Er hatte ihr
zwar recht früh das Haushaltsgeld übergeben. Aber es reichte
nicht und er stellte weitere Ansprüche. Anfangs war sie noch
langsam beim Reispflanzen. Immer wenn sie nicht nachkam,
stellte er sich neben sie, pflanzte fix voran und sagte jeden
Tag wieder, wie sie die Reiskeimlinge halten und die Füße
bewegen sollte.
Mutter arbeitet weiter mit Vater zusammen, bringt alle zum
Lachen und stiftet leise Frieden zwischen Großvater und Großmutter... (65)

Ich denke an diese Berichte über Bäuerinnen aus der Sicht ihrer
Töchter, wenn ich Maruoka Hidekos Überlegungen zur Befreiung

der Frauen in Japan denke. 1937, zu einer Zeit als die meisten dieser Bäuerinnen jung waren, schrieb sie, daß die Frauenbefreiungsbewegung die Lage der Bäuerin verstehen muß und sich nicht nur auf die berufstätigen "emanzipierten" Frauen in der Stadt konzentrieren solle (66).

> "Wenn ich jetzt einige Fakten von einem Frauenstandpunkt aus betrachte - was folgt daraus, daß die Textilarbeiterinnen, die 80% der städtischen Arbeiterinnen ausmachen, Mädchen aus dem Dorf sind, daß die 'berufstätigen Frauen' (**shokugyō fujin**) von der Sekretärin, Telefonistin und Angestellten bis zur Kellnerin und Tänzerin überwiegend vom Land kommen und daß eine bedeutende Zahl der städtischen Hausfrauen ein dörfliches Elternhaus hat? Ihre Lebensweise, ihre Gewohnheiten und ihr Denken sind eng mit dem Dorf und den bäuerlichen Traditionen verbunden...
> Aber ich möchte besonders betonen, daß die soziale Stellung 'der Frau' mit ihren vielen Leiden konzentriert in der Bäuerin zum Ausdruck kommt. Wie viele werktätige Frauen, Hausfrauen, Mütter gibt es in der Stadt, die man nicht "städtische Bauern" nennen möchte?
> Allgemein gesagt, enthält die Stellung der Bäuerin letztlich entscheidende Bedingungen für das intellektuelle Niveau und die Bewußtwerdung der japanischen Frauen und für die verschiedenen Frauenaktivitäten." (Maruoka 1937:1-3)

Häufig werden Stadt und Land in den Untersuchungen zur Industrialisierung und zur Herausbildung des Arbeitsmarkts völlig getrennt behandelt. Die kleinbäuerlichen Zusammenhänge werden dann nur kurz als der "kleinbäuerliche Hintergrund"der Arbeitsmigrant/inn/en genannt. Es scheint mir wichtig darauf hinzuweisen, daß sie für diese selbst der interpretative "Vordergrund" ihrer Lebenserfahrungen und -erwartungen sind. Für die Arbeitsmigrantinnen in die Textilindustrie bedeutete der zeitweilige Aufenthalt in den Fabriken einen Lebensbruch, der von diesen Vorerfahrungen und dem Zusammenstoß mit der industriellen Welt geprägt wurde, und in dem die jungen Frauen sehr unterschiedlich reagierten. In diesem ländlichen "Vordergrund" stehen auch verschiedene Frauengestalten: die Mütter, Großmütter, Tanten, Schwestern, die sie versorgt und großgezogen haben, mit denen sie gearbeitet haben und die Figur ihrer eigenen Zukunft als junge Ehefrau in einem anderen Haus.

Wenn wir die Reproduktion des großen Arbeitsmarktsegments der Arbeitsmigranten ländlicher Herkunft betrachten, stoßen wir zwangsläufig auf die Frauen in den marginalisierten Massen, die sie großgezogen haben und ihnen oft ihre Werte und ihre Weltsicht mitgegeben haben.

Geschlechtliche Arbeitsteilung und androzentrische Wertung der Arbeit

Wie in vielen Bauerngesellschaften war auch im ländlichen Japan die Arbeit ein zentraler Wert. Die Arbeitskultur war gekennzeichnet durch intensiven und langen Arbeitseinsatz und diversifizierten Anbau angesichts der knappen Ressourcen, wie es einer Naßreiskultur auf engem Raum entspricht. Die Anerkennung der einzelnen Person in der Dorfgemeinschaft hing stark davon ab, ob sie eine gute Arbeitskraft war. In einer Untersuchung von 52 Bergdörfern zu Beginn der 1930er Jahre wurde festgestellt:

> "So vertrauen die Bauern darauf, daß sie sich durch ihre Arbeitskraft sattessen können, und sie denken, daß alles Glück durch Arbeit zustandekommt. Die japanischen Bauern fühlen, daß im Arbeiten ein unendlicher Wert liegt, aber sie haben unendliche Angst vor Konsumausgaben." (Segawa 1930a:248)

Laut dieser Untersuchung wurde die Arbeit vor allem an der kurzfristigen Verausgabung von Körperkraft bewertet. Beispiele für gute Arbeiter wurden darauf bezogen, wieviel eine Person auf einmal tragen könne. Z.B. erkannten in einem Dorf in Hiroshima die Eltern ihren Sohn als erwachsen an, wenn er einen Reissack mit 54 l Reis alleine in die Stadt tragen konnte. Danach erlaubten sie ihm, Tabak zu rauchen (ibid.:247). In seiner Orientierung auf reine Körperkraft und kurzfristige Leistung ist dieser Arbeitsbegriff androzentrisch in dem Sinne, daß er die herkömmlichen Kriterien vieler Männerarbeiten als positiv übernimmt und herkömmliche Kriterien der Frauenarbeit wie Geduld, Feinfühligkeit, lange Dauer usw. nicht beachtet.

Diese unterschiedliche Bewertung der Arbeit schlägt sich in einer Minderbewertung der Frauenarbeit in der Agrarstatistik nieder. Zunächst wurde noch nach der regionalen Einschätzung differenziert. In den ersten Haushaltsbüchern, die das damalige Ministerium für Handel und Landwirtschaft um 1913 an bäuerliche Haushalte in den einzelnen Präfekturen ausgab (67), war die Arbeitskraft der Frauen regional unterschiedlich mit 60%, 70%, 80% oder gleich zur Arbeitskraft der Männer eingesetzt. Zugleich wurden die realen Arbeitsstunden der Männer und Frauen notiert. In einem Haushaltsbuch aus Akita wurde die Arbeitskraft der Frauen auf

60% geschätzt und daneben stand, daß die Frauen auch im Haushalt arbeiteten. Daraus ließe sich schlußfolgern, daß in dieser Region Hausarbeit nicht als Arbeit galt. In einem Buch aus Hyōgo hieß es dagegen, daß Frauen in dieser Region als volle Arbeitskraft zählten (68).

Die frühe offizielle Agrarstatistik übernahm diese Wertungen insofern, als sie die Arbeitsstunden der Frauen nach ihrer so bemessenen Effektivität umrechnete, d.h. statt der realen Arbeitsstunden wurden nur 60% oder 80% ihres Umfangs aufgeführt. Als die landwirtschaftliche Statistik zu Beginn der 1920er Jahre systematisiert und vereinheitlicht wurde, wurde nun im nationalen Rahmen Frauenarbeit auf 80% der Männerarbeit bemessen und somit wurden auch die regionalen Höherbewertungen als auch die niedrigen Schätzungen aufgehoben (69). Jede landwirtschaftliche Arbeitsstunde von Frauen wurde danach in den Statistiken um ein Fünftel verringert wiedergegeben. Dies Prinzip wurde auch in den grundlegenden Untersuchungen zur inneren Organisation der ländlichen Haushalte der einzelnen bäuerlichen Schichten, den vom Agrarministerium herausgegebenen "Untersuchungen über bäuerliche Haushaltsbudgets" (Nōka keizai chōsa) verfolgt.

Aus zwei Gründen erscheint mir diese Herunterstufung der Frauenarbeit zu hinterfragen: einerseits sind die Arbeitsinhalte häufig nicht identisch und die Arbeiten also nicht unmittelbar vergleichbar. Weiterhin übersieht eine Wertung, die sich nur auf die Verausgabung körperlicher Kraft bezieht, andere Faktoren der Arbeitsleistung wie Geschicklichkeit, Intensität, Geduld, lange Dauer usw.. Warum etwa sollten Arbeitstage wie in dem folgenden, allerdings wohl krassen Beispiel "statistisch verkürzt" und damit nicht mehr wahrnehmbar werden? Die **yome** in einer Großbauernfamilie stand um drei Uhr nachts auf, kochte das Frühstück, erledigte Wäsche oder schnitt Gras für das Vieh, während die anderen Haushaltsmitglieder frühstückten. Dann ging sie mit allen aufs Feld. Abends stillte sie während des Essens ihr Kind, wusch wieder oder nähte und durfte erst als letzte von allen ins Bad, um schließlich um 22.00 oder 22.30 schlafen zu gehen (Nōson no haha no rekishi 1973:138-9). M.E. müßten für diesen Bereich ausgewogenere Kriterien der Arbeitsbewertung entwickelt werden. Vorläufig ist aber bei beiden Geschlechtern von den real geleisteten Arbeitsstunden auszugehen. Ich habe mich deswegen in der folgenden Diskussion auf die Quellen der "Untersuchungen über bäuerliche Haushaltsbudgets" bezogen, in denen die realen Arbeitszeiten pro Haushaltsmitglied angegeben sind (70).

In den kleinbäuerlichen Hauswirtschaften gab es getrennte, aber komplementäre Arbeitsbereiche von Männern und Frauen und einen breiten Bereich gemeinsamer Arbeiten. Die regenerative Reproduktionsarbeit, das Kochen, Waschen, Nähen war eher Frauenarbeit. Da die Bäuerinnen versuchten, möglichst Geldausgaben für den Konsum zu vermeiden, war in der häuslichen Versorgung die Subsistenzproduktion - überwiegend in Händen der Frauen - lange vorrangig. Frauen sammelten Holz, holten Wasser und suchten Pilze und eßbare Wildpflanzen für die alltägliche Ernährung (Maruoka 1937:27-34; sowie Interview mit Frau Maruoka März 1979). Bis 1910 verfertigten sie Nudeln und andere Grundnahrungsmittel selbst und bis zur Mitte des 20.Jhs stellten sie eigenes Miso her. Bis etwa 1910 webten und nähten sie auch die Kleidung für den Haushalt selbst; aber auch später wurde nur ein Teil gekauft und der Rest der Kleider im Hause genäht (71). Allerdings übernahmen auch die Männer einen Teil der haushaltlichen Arbeiten und halfen auch bei der Hausarbeit im engeren Sinn. Letzteres war allerdings immer eine "Hilfe", die eher geleistet wurde, wenn "Not an der Frau" war und kein eigenverantwortlicher Bereich. Das Hüten und die Versorgung der Kleinkinder lag meist wohl nicht bei der Mutter, sondern bei den Großeltern und den älteren Geschwistern. Eine Arbeiterin ländlicher Herkunft berichtete, daß sie viele Stunden täglich das jeweils jüngste Kind auf dem Rücken herumtragen mußte (Vgl. S.183).

Die Feldarbeit war ein gemeinsamer Bereich, bei dem bestimmte Tätigkeiten eher zu den Frauen "gehörten", wie das Pflanzen und Ernten des Reises. Männer hatten gerade beim Reispflanzen oft anleitende Funktionen; sie hielten das Pflanzseil, mit dem die Reihen markiert wurden oder gaben den Pflanzrhythmus mit Trommeln an. Beide Geschlechter schnitten zusammen den Gründünger im Wald und das Gras an den Feldrändern für das Vieh, das im Stall gehalten und so gefüttert wurde (ibid.; Noson no haha no rekishi passim). Ausgesprochene Männerbereiche waren das Pflügen und Glätten der Felder und andere Arbeiten mit dem Zugvieh, die Bewässerung und extrem schwere körperliche Arbeit.

Auch beim Nebenerwerb existierten gemeinsame und geschlechtsspezifische Arbeitsfelder. Beide Geschlechter drehten Seile oder woben Reissäcke in Heimindustrie, die billig verkauft wurden. Männer konnten Holzkohle brennen oder die oben kurz umrissene bunte Palette gelegentlicher Lohnarbeit aufnehmen. Seidenproduktion und Heimweberei wurden hauptsächlich von Frauen durchgeführt. Die Seidenzucht beinhaltete im allgemeinen die üblichen Mißstände der Heimarbeit wie lange, zeitlich nicht abgegrenzte Arbeitstage

Tabelle 9: Durchschnittliche Arbeitsbelastung der Bäuerin in mittleren Höfen über das Jahr in einer Seidenregion von Gumma (Arbeitsstunden pro Tag)

Monat	Hausarbeit					Summe
	Kochen	Wäsche	Kinder	Nähen	Putzen	
März	4,0	0,7	-	5,0	0,7	10,4
April	4,0	0,7	-	5,0	0,7	10,4
Mai	4,0	0,3	-	0,2	0,3	3,8
Juni	3,0	0,3	-	0,2	0,3	3,8
Juli	3,0	0,3	-	1,0	0,3	4,6
August	3,0	0,3	-	0,2	0,3	3,8
September	3,0	0,3	-	0,2	0,3	3,8
Oktober	3,0	0,3	-	0,2	0,3	3,8
November	3,0	0,3	-	0,2	0,3	3,8
Dezember	4,0	0,7	-	3,0	0,7	8,4
Januar	4,0	0,7	-	3,0	0,8	8,5
Februar	4,0	0,7	-	5,0	0,7	10,4
Arbeitsstunden im Jahr	1246	169,9	-	698,6	173	2287,5
Anteil an der Frauenarbeit	26,8%	3,7%	-	15,0%	3,7%	49,2%

Monat	landwirtschaftliche Produktion			Summe	gesamter Arbeitstag
	Feld	Seidenzucht	Verschiedenes		
März	-	-	1,5	1,5	11,9
April	-	1,0	1,5	2,5	12,9
Mai	-	14,0	-	14,0	17,8
Juni	0,8	9,4	1,5	11,7	15,5
Juli	4,8	4,5	1,5	10,8	15,4
August	-	6,1	1,0	7,1	10,8
September	-	13,0	-	13,0	16,8
Oktober	-	3,0	1,5	4,5	8,3
November	4,0	-	2,5	5,6	10,3
Dezember	1,6	-	2,0	3,6	12,0
Januar	-	-	1,0	1,0	9,5
Februar	-	-	1,0	1,0	11,4
Arbeitsstunden im Jahr	342,4	1557,6	456,5	2356,5	4644
Anteil an der Frauenarbeit	7,4%	33,6%	9,8%	50,8%	100%

Quelle Maruoka 1937:31

und geringe Entlohnung für das Produkt, nicht für die Arbeitsstunden, durch die Zwischenhändler. Sie traten aber verschärft auf, weil die intensiven Zuchtphasen sich mit den landwirtschaftlichen Hauptzeiten überschnitten. Die Familienmitglieder halfen mit, doch traf die Hauptarbeitsbelastung die Bäuerin. Die Raupen mußten in ihrer Wachstumsphase kontinuierlich mit frischen Maulbeerblättern gefüttert werden, die Raumtemperatur mußte konstant gehalten werden usw. - und dies entweder zur Zeit des Reisumpflanzens oder des Jätens! In seidenproduzierenden Regionen dauerte der Arbeitstag laut einer Studie deswegen in vier Monaten des Jahres 15-16 Stunden (Vgl. Maruoka 1937:31; Tabelle 9) (72).

Diese allgemeinen Aussagen sollen nun anhand einer Untersuchung der Arbeitsteilung zwischen den Haushaltsmitgliedern in den unterschiedlichen bäuerlichen Schichten in Niigata konkretisiert werden. Da in einigen dieser Höfe die Töchter als Dienstmädchen oder Industriearbeiterin zeitweilig in die Stadt migriert waren, können auch in begrenztem Umfang Rückschlüsse darüber gezogen werden, wie sich ihre Abwesenheit auf die Arbeit der anderen Haushaltsmitglieder und vor allem der Frauen auswirkte (73).

Am auffälligsten war die hohe Arbeitsbelastung der jungen Frauen, ganz besonders der Ehefrau des ältesten Sohns. In fünf der sechs untersuchten Höfe hatten sie zeitweise oder über mehrere Jahre einen Arbeitstag von zehn oder mehr Stunden. Bei den Männern hatte in drei der sechs Wirtschaften der Bauer einen Arbeitstag von zehn Stunden oder mehr. Der älteste Sohn hatte demgegenüber einen relativ leichten Einsatz von 6-8 Stunden; dies waren 1 1/2 bis vier Stunden weniger als seine Ehefrau. Dies deckt sich mit autobiographischen Berichten von Bäuerinnen: oft kommt die Klage, daß sie es als **yome** auch deswegen schwer hatten, weil ihr Mann, der älteste Sohn, recht verwöhnt war (**botchan**) und sie deswegen nur wenig Unterstützung bei ihm fanden (Nōson no haha no rekishi passim). In drei Höfen erbrachten Frauen, vor allem die **yome**, die höchste Arbeitsleistung, in zwei Höfen war dies der Bauer. In einem Betrieb lag die höchste Arbeitsbelastung pro Tag zunächst bei der **yome** und traf drei Jahre später die Tochter, die aus der Arbeitsmigration zurückgekommen war, während sich die **yome** dann hauptsächlich auf den Anbau konzentrierte und eine wesentlich geringere Arbeitslast als vorher hatte.

Als Muster der geschlechtlichen Arbeitsteilung in Feldarbeit und Hausarbeit wird ersichtlich, daß Feldarbeit und Hausarbeit volle Arbeitsbereiche der Frauen sind (74) und daß die Männer sich auf die Feldarbeit konzentrierten, aber auch einen erheblichen Teil der haushaltlichen Arbeit übernahmen. Immerhin leistete jeder Mann in den untersuchten Betrieben 8,5 - 35% der "Hausarbeit" (**kaji**). Die vorliegenden Beispiele weisen die Tendenz auf, die Feldarbeit auf alle erwachsenen Mitglieder der Hauswirtschaft in jeweils ungefähr gleichem Umfang zu verteilen, wobei allerdings wohl die Belastungen der **yome** im Haushalt leicht berücksichtigt werden und die Mutter, die häufig abgearbeitet oder krank war, überwiegend im Haushalt arbeitete. In fast allen betrachteten Höfen arbeiteten die **yome** oder die Bäuerin etwa genausoviel oder mehr als der Bauer in der Landwirtschaft (Betrieb 1,4,5,6). Nur in zwei Fällen lagen die Feldarbeitsstunden der Bäuerin bei der Hälfte derer der Bauern (Betrieb 3; Betrieb 6 nur in dem Jahr 1933). Auch im Reisanbau arbeiteten die Frauen ungefähr genau so viel oder aber nicht erheblich mehr oder weniger als die Männer.

Die Arbeitslast der Frauen wurde sehr drückend, wenn sie neben der landwirtschaftlichen Produktion auch noch den Hauptteil der Hausarbeit leisten mußten. Dies traf für die Bäuerin oder die **yome** in den Wirtschaften zu, in denen sie die einzige weibliche Arbeitskraft waren, und die auch keine anderen abhängigen Arbeitskräfte bezahlen konnten, vor allem in Pächterwirtschaften. Denn der Kernbereich der Hausarbeit - im Umfang der Arbeitsstunden ausgedrückt 35-60% - war trotz der Mithilfe der Männer Frauenarbeit. In manchen Fällen hatte die **yome** jahrelang einen 9-10 stündigen Arbeitstag (Betrieb 4,5). In anderen Betrieben lag ein Großteil der Hausarbeit bei der Großmutter.

Wenn Töchter aus der Arbeitsmigration zurückkamen, war eine wesentliche Arbeitserleichterung für die **yome** festzustellen, deren Arbeitstag z.B. im Betrieb 6 von 9,7 Stunden 1933 auf 7 Stunden 1936 fiel. Zuvor hatte sie bei weitem die höchsten Arbeitsstunden in der Hauswirtschaft. Auch im Betrieb 4 fiel die Arbeitslast der **yome** vom 10 Stunden täglich 1929 auf 9,2 Stunden 1930, als die Tochter des Hofs zeitweilig zurück nach Haus kam und immerhin 14% der Hausarbeit übernahm.

Im Betrieb 5 können wir einen Einblick gewinnen, wie sich die Arbeitsmigration der Bauerntöchter auf die anderen Frauen im Hof ausgewirkt haben könnte, denn zwei Töchter waren lange auf Arbeitsmigration. Die Bäuerin arbeitete 1933 acht Stunden täglich sowie 1936 und 1939 etwas mehr als 11 Std. täglich. Vergleichen wir dies mit dem Kontrast in Betrieb 6 zwischen der Situation der zeitweiligen Wanderarbeit zweiter Töchter 1933 und der kurzfristigen Rückkehr der einen Tochter 1936: 1936 fiel die Arbeitslast der **yome** erheblich. Aufgrund der spärlichen qualitativen Daten über den Hof sind Aussagen notwendig spekulativ. Zumindest aber läßt sich daraus m.E. ersehen, daß ein Teil der Erklärungsansätze zu den Ursachen des hohen ländlich basierten Frauenanteils in der frühen Industrialisierung die Realität verkennt: vor allem industrienahe japanische Untersuchungen, aber auch ein Teil der westlichen Autoren nahmen an, daß die Bauerntochter auf dem Land keine wirklich produktive Arbeit leitsteten, sondern eher unterbeschäftigt waren. Levine kennzeichnet sie schlankweg:

> "The earlist recruits for Japan's new industries were largely females, the **'surplus' daughters** of the struggling farmers. (Levine 1968: 18; Hervorhebung I.L.)

Angesichts der realen Arbeitslasten wirkt diese Nonchalance zynisch. Dahinter scheint eine gewisse Unkenntnis sowohl der Frauenarbeit in den ländlichen marginalisierten Schichten in ihrer Spannbreite zwischen Erwerbsarbeit und Subsistenzproduktion als auch der kleinbäuerlichen Realität überhaupt zu stehen. Die entgegenlautende Hypothese wäre, daß aufgrund der geschlechtsspezifischen Arbeitsteilung und der untergeordneten weiblichen Positionen die Frauen, die in der Landwirtschaft blieben, - und vor allem die **yome - erheblich härter arbeiten mußten**, um im Haushalt die "Lücken zu füllen" und die verbleibenden Mitglieder allein zu versorgen. Die Feldarbeit mußten sie außerdem im erwarteten Umfang leisten, und evtl. auch dort die Stelle der abgewanderten Schwägerin, Tochter oder Schwester mit ausfüllen (Vgl. Betrieb 4.6).

In ihrer vollen Tragweite wird diese Überbrückungsfunktion erst deutlich, wenn man sich vergegenwärtigt, daß die gesamte Alters- und Krankensicherung der abgewanderten Arbeitsmigrant/inn/en ja auf die häusliche kleinbäuerliche Wirtschaft verlagert worden war (75). Wenn sie entlassen wurden, krank, arbeitsunfähig oder älter wurden, wurde erwartet, daß sie in die häusliche Wirtschaft reintegriert wurden oder heirateten; soziale langfristige Sicherungen existierten lange Zeit nicht. Die zurückbleibenden Frauen trugen also mit ihren Arbeitsleistungen nicht nur zur Reproduktion der anwesenden Haushaltsmitglieder/Arbeitskräfte bei, sondern erhielten zugleich die Hauswirtschaft als Reservoir der Reproduktion auch der industriellen Arbeitskraft. So konnte die soziale Sicherung lange und in abgestuften Formen vom industriekapitalistischen Bereich auf die kleinbäuerliche Landwirtschaft externalisiert werden (76).

Die Bäuerin hatte eine feste "Kernarbeits-Zeit" im Haushalt und eine Reihe saisonal unterschiedlicher landwirtschaftlicher Arbeiten. Die Bauernmädchen waren in ihrem ländlichen Umfeld lange Arbeitszeiten gewöhnt und wußten, daß sie diese zumindest nach der

Eheschließung als **yome** auf sich nehmen mußten. Die hohen Arbeitszeiten in den Fabriken von 14-16 Stunden während der frühen Industrialisierung unterschieden sich von diesem ländlichen Arbeitsrhythmus dadurch, daß sie kontinuierlich über das Jahr geleistet werden mußten, es also keine ausgleichenden "stillen" Zeiten gab, und dadurch daß die Nachtarbeit dazukam, die den Arbeiterinnen kaum erträglich schien (Vgl. Fuchs 1970 passim).

Entlohnte und nicht-entlohnte Arbeiten sind nicht nach Geschlechtern zugeordnet. Die Bewertung und Anerkennung der Arbeit richtete sich auf ihren allgemeinen einkommensschaffendenden Charakter, aber nicht allein auf die Höhe des Geldeinkommens oder des Lohns. Frauen **und** Männer verrichteten Marktproduktion und Subsistenzproduktion in der Landwirtschaft, zum Beispiel beim Anbau von Reis, der teilweise selbst konsumiert und teilweise vermarktet wurde, oder beim überwiegend marktorientierten Gemüseanbau, oder bei der weiblichen Domäne der Seidenzucht. Außerdem nahmen Frauen wie Männer Lohnarbeit in der Nachbarschaft auf, wobei allerdings die ländlichen Frauenlöhne bei der Hälfte bis zwei Drittel der Männerlöhne lagen (77). Die Subsistenzproduktion im Haushalt leisteten dagegen überwiegend die Frauen. Frauen und Männer hatten also Zugang zu entlohnter Arbeit und verrichteten nicht entlohnte Arbeit, wobei der Anteil der nichtentlohnten Arbeit für die Frauen wegen des Gewichts der Arbeit im Haushalt höher war.

Daraus ergibt sich zumindest für die bäuerliche Mehrheit der japanischen Bevölkerung, daß ein deutlicher Bruch zwischen der haushaltlichen, bäuerlichen Arbeit und der "modernen Hausarbeit" besteht. Weiterhin existieren grundlegende Unterschiede zwischen der Frauenarbeit in der Lebensphase von ca 20-35 Jahren im früheren bäuerlichen Haushalt und der der unentlohnten Hausfrau und Mutter der gleichen Altersstufe der Gegenwart (78). Die heutige Hausfrau und Mutter verrichtet lange Jahre überwiegend Subsistenzproduktion - Kochen, Waschen, Kinder versorgen - und ist auf die menschliche Reproduktion eingeschränkt. Die frühere Bäuerin im gleichen Alter verdiente in der Hauswirtschaft Geld- und Naturaleinkommen und wurde vorrangig in der Produktion eingesetzt, was oft zu Lasten der regenerativen Reproduktion ihrer selbst und ihrer Kinder ging.

Erklärungsversuche, die die heutige Bindung der Frauen und Mütter in ihrer dominierenden Form an die Hausarbeit mit der "feudalen Tradition" usw. begründen wollen, gehen fehl. Solche Deutungen scheinen sich vor allem auf Plausibilität und Analogieschlüsse zu stützen, als müsse es sich notwendig um gleiche Verhältnisse handeln, wenn Frauen in einem Haus arbeiten, wohingegen bei einer öffentlich anerkannten Arbeit z.B. von Schmieden sehr wohl beachtet wird, zu welcher gesellschaftlichen Stufe und in welchen breiteren Zusammenhänge sie erfolgt, ob in der Dorfschmiede oder in einem Industriekombinat – auch wenn jedesmal noch ein Hammer geschwungen wird.

Diese Gleichsetzung hat jedoch große entwicklungs-politische Auswirkungen im wahren Sinne des Wortes. Denn damit wird über die **historischen** Verluste der Frauen im Prozeß der "Hausfrauisierung" hinweggegangen (79). Ich möchte also vorschlagen, die hausnahe, auf die menschliche Versorgung bezogene Arbeit in kleinbäuerlichen Wirtschaften als "haushaltliche Arbeit" zu bezeichnen, um sie von der "modernen Hausarbeit" zu unterscheiden. Die haushaltliche Arbeit wird sich im konkreten Inhalt in den bäuerlichen Kulturen unterscheiden. Doch können einige grundlegende Differenzen zur Hausarbeit in entwickelten Industriegesellschaften festgehalten werden:

- In der haushaltlichen Arbeit werden einkommensschaffende Tätigkeiten, z.B. Gartenanbau für den Markt und den häuslichen Verbrauch, kombiniert mit reproduktiver Arbeit, z.B. der Zubereitung des selbstangebauten Gemüses. Sie ist – ebensowenig wie die Frauenarbeit insgesamt – nicht auf die Reproduktion beschränkt. Im allgemeinen wird in der Hauswirtschaft anerkannt, daß sie zum Einkommen des Haushalts beiträgt.

- Da die haushaltliche Arbeit im Rahmen der geschlechtlichen Arbeitsteilung des gesamten Haushalts verrichtet wird, wird sie im allgemeinen nicht allein einer Hausfrau zugewiesen, die dann alle Versorgungstätigkeiten abdecken muß, sondern eine Gruppe von Frauen im Haushalt kann diese Arbeiten unter sich aufteilen.

- In verschiedenen Kulturen, wie z.B. auch in der japanischen Landwirtschaft, war die haushaltliche Arbeit keine weibliche Domäne, sondern die Männer waren signifikant mit einbezogen. Erst die Trennung zwischen Haushalt und Arbeitsplatz im Zuge der kapitalistischen Entwicklung, bewirkte eine grundlegende Tendenz zur Entfernung der Männer aus der haushaltlichen Arbeit und zu ihrer Umformung als nicht entlohnter, "natürlich" den Frauen zugewiesener Hausarbeit.

- Mutterschaft und Versorgung der Kleinkinder war nicht **der** vorrangigste Arbeits- und Lebensbereich der Bäuerin in der Hauswirtschaft. Sie konnte einen wichtigen oder wie in Japan einen eher untergeordneten Zusammenhang darstellen. Doch die vorrangige Verlagerung der Kinderversorgung und der Verantwortung für das psychische und materielle Wohlergehen des Kindes, wie sie in der sozialen Organisation der Mutterschaft in den entwickelten kapitalistischen Indutrieländern auftritt, ist neu. Sie bildet nun einen Kernbereich der "modernen Hausarbeit".

In den Dorfgemeinschaften bestand eine abgestufte Wertung der einzelnen bäuerlichen Arbeitsbereiche. Am höchsten wurden der Reisanbau und Arbeiten für ein Geldeinkommen, wie Heimweben, Gemüseanbau, Seidenproduktion usw., geschätzt. Manchmal galten auch nur diese Bereiche als "wirkliche Arbeit". Wie in der großen Bedeutung des Reisanbaus zu ersehen ist, richtete sich die Bewertung auf den Beitrag zum hauswirtschaftlichen Einkommen allgemein, nicht nur auf monetäre Bestandteile. Diese Arbeiten wurden am stärksten wahrgenommen. Die jungen Ehefrauen wurden danach beurteilt, was sie hier leisten konnten (Segawa 1938a).

Eine deutliche geringere Wertschätzung wurde der haushaltlichen Arbeit entgegengebracht. Sie wurde z.B. in den Agrarstatistiken als Arbeit aufgeführt. Meist aber wurde sie nicht als gleichwertig zur Feldarbeit eingeschätzt. Sie schien an der Trennlinie zwischen anerkannter und nicht anerkannter Arbeit zu stehen. In manchen Fällen wurden die Frauen gedrängt, mit erster Priorität die landwirtschaftliche Arbeit zu leisten und die haushaltliche Arbeit danach oder davor anzugehen (Nōson no haha no rekishi passim).

Auf unterster Stufe der Wertskala scheinen die Kinderversorgung, die Schwangerschaft und die Mutterschaft gestanden zu haben. Sie wurden nicht als Arbeit anerkannt, und den Frauen wurde deswegen auch kaum Zeit und Freiraum dafür zugestanden. Einige Bäuerinnen berichteten, daß sie als **yome** von der Schwiegermutter oder dem Haushaltsvorstand daran gehindert wurden, sich auch nur kurze Zeit mit den Kindern zu beschäftigen. Oder sie verboten sich dies selbst wegen ihrer produktionszentrierten Arbeitswerte, weil ein Zugehen auf die Kinder eine Ablenkung von Feldarbeit oder Heimarbeit bedeutet hätte (80). Herkömmliche Bräuche und Geburtstabus, wie z.B. die Sitte, daß die Mutter nach der Entbindung meist 7 Tage, manchmal auch 21 oder 50 Tage für sich blieb und eigens für sie gekocht wurde (81), oder daß die junge Frau in manchen Regionen zur Entbindung in ihr Elternhaus ging, hatten wohl auch die Funktion eines gewissen Mutterschutzes. In den 1920er Jahren ruhten laut einer Untersuchung 72% der Mütter für nur eine Woche oder weniger nach der Entbindung aus (Maruoka 1937:94-7; NSMJ 632-635). Die stärkste mögliche Position für eine Landfrau war die der "Bäuerin" (**shufu**), d.h. der Gattin des Haushaltsvorstandes und der leitenden Wirtschafterin, nicht die einer Mutter vieler Kinder (Nakane 1967:21).

Die Frauen standen in dem existentiellen Bruch, daß ihre reproduktive Fähigkeit wenig geschätzt und kaum geschützt wurde, während sie als Arbeitskräfte vor allem nach ihrer physischen Leistung beurteilt wurden. Sie erlebten eine soziale Negation als Mutter und eine soziale Anerkennung, die manchmal der Wertung gegenüber einem Arbeitstier glich. "Soll man eine Frau kaufen oder ein Pferd?" war ein geflügeltes Wort im Nordosten, wenn ein Kleinbauernhaushalt nicht mit der Arbeit nachkam (83). Maruoka faßte die Einstellung gegenüber der **yome** in vielen Hauswirtschaften zusammen: "Eine Kuh ohne Hörner oder ein Ochse ohne Zugseil."

Die Abwertung der Frauen als Person trotz ihrer wirtschaftlich zentralen Arbeitsleistung hängt mit dem extensiven Patriarchat als System sozialer Kontrolle zusammen, das eine spezifisch ländliche Ausprägung hatte (84). Der Haushaltsvorstand und in beschränktem Umfang die Bäuerin übten Herrschaft im Haus (**ie**) aus, das die ökonomische und soziale Grundeinheit darstellte. Sie entschieden weitgehend über das Vermögen und die Arbeitsorganisation der Hauswirtschaft und kontrollierten deren abhängige Mitglieder. Dies bedeutete, daß je nach Lebensphase und Stellung sowohl der Männer als auch der Frauen ihr sozialer Status sehr unterschiedlich war. Das Wort von der "Position der Frau" stellt in diesen Zusammenhängen **eine Abstraktion** dar, die zwar ein grundlegendes Verhältnis von Unterordnung im weiblichen Lebens- und Arbeitszusammenhang umschreibt, aber doch **über die Differenzen zwischen Frauen hinweggeht**. Diese Differenzen drücken sich z.B. darin aus, daß im Alltag kaum eine einheitliche Bezeichnung für alle Frauen verwendet wurde (85). Die wesentlichen Lebensphasen, in denen die Frauen auch jeweils anders benannt wurden, waren die Zeit des Mädchens, der jungen Ehefrau (**yome**), der Bäuerin und Wirtschafterin und der Altbäuerin.

Das "Haus" wurde über Generationen durch die Erbfolge über die ältesten Söhne fortgesetzt. Im Gegensatz zu ihnen waren Mädchen und jüngere Söhne nicht lebenslänglich mit dem Haus verbunden (86). Als potentielle Fremdlinge, die fortgehen würden, erhielten sie kein Eigentum an den Produktionsmitteln des Hauses und in ihre Person wurde häufig nur so viel "investiert", als es dem Haus nützte. Töchter konnten z.B. eine Aussteuer oder eine Ausbildung in "feinen Manieren" etwa als Dienstmädchen in der Stadt erhalten, wenn sie in der Folge eine vorteilhafte Ehe schließen konnten. Denn Ehen wurden als Allianzen zwischen "Häusern", nicht als Verbindung von zwei Individuen gewertet.

Während also der Tendenz nach Mädchen und jüngere Söhne ihr Haus verlassen mußten und dort in einer untergeordneten Position gegenüber dem ältesten Sohn waren, so hatte dies eine unterschiedliche Form. Die jüngeren Söhne hatten die Chance, selbst einen Haushalt, evtl. ein Zweighaus zu gründen. Die Mädchen bewegten sich als wichtige Arbeitskräfte zwischen den Hauswirtschaften, was im herrschenden Diskurs wie eine Transaktion zwischen den Häusern aufgefaßt wurde. Für eine Verheiratung der Tochter wurde häufig das Wort "verkaufen" verwendet. Ledige Frauen über 25 Jahren wurden mit einem "scherzhaften" Unterton (87) manchmal "unverkaufte Ware" (**urenokori**) genannt. Die ideale Kinderzahl wurde in dem folgenden Sprichwort beschrieben:

> "'One to sell, one to follow and one in reserve.' In the ideal family a girl should be born first. She was the 'one to sell' - to be given away in marriage. Then should come a son, the heir of the family. Finally since no family could feel secure with only one son, another son was necessary in case the eldest should die young." (Fukutake 1967:47)

Betrachten wir diesen herrschenden Diskurs in seinem realen sozialen Zusammenhang, so erscheint die Redefigur der Transaktion, des Verkaufens als ideologische Metapher, mit der die Eigentumslosigkeit der jungen Frauen, der zentralen Arbeitskräfte in Produktion und Reproduktion, und die soziale Kontrolle über sie verhüllt werden soll. Sie erzeugt das Scheinbild des sozialen Konsens über den Zusammenhang, der nach den Lebensberichten der Frauen mit der bitterste latente Konflikt in der Dorfgemeinschaft war, der aber meist durch ihr resignatives Sich-Fügen auf Kosten ihrer körperlichen und seelischen Gesundheit aufgefangen wurde. Nicht umsonst wurden viele "junge Ehefrauen" rasch krank und vor der Zeit alt. Hier will ich gegen alle Idyllisierungen der vorkapitalistischen Dorfgemeinschaften (88) auf die grundlegende Ambivalenz in der Lebenslage der untergeordneten Frauen, Jungen und Armen hinweisen. Die Zuordnung zur Dorfgemeinschft mit ihren kommunalen Wertsystemen vermittelte sowohl eine feste sozialökonomische Position als auch eine kollektive Identitäts-Bestimmung. Aber diese Bestimmung wird als Fremd-Bestimmung durchgesetzt. Die gewährte Position war verbunden mit sozialer Kontrolle, mit abgestuften Verhältnissen struktureller Gewalt, die im folgenden für den weiblichen Lebenszusammenhang aufgezeigt werden sollen. Und die untergeordneten Frauen, Jungen, Armen empfanden die Entfremdung in dieser Bestimmung, verhielten sich ihr entgegengerichtet, wenn sie Bruchstellen und Lücken spürten, verweigerten sich manchmal und konnten sich im Extremfall offen empören.

Diese grundlegende Ambivalenz zwischen sozialer Positionsbestimmung und Kontrolle prägte die Lebenslage der Mädchen. Sie muß-

zuhause im allgemeinen früh arbeiten. Aber sie hatten warme Beziehungen zur ihren Eltern, Großeltern und Geschwistern, vor allem solange sie klein waren, und sie wurden in ihrem Umfeld anerkannt. Sie waren zugleich zentrale Arbeitskräfte ihrer elterlichen und vor allem ihrer zukünftigen Hauswirtschaft nach der Ehe und Objekt der Heiratstransaktion, letzte "Reserveware".

Wenn sie in den Haushalt ihres Mannes, meist des ältesten Sohnes, aufgenommen wurden, waren sie zunächst Arbeitskräfte ohne Eigentum und Mitsprache im neuen Haushalt. Häufig hatten sie die längsten Arbeitstage und den niedrigsten Konsumstandard. Manchmal erhielten sie weniger oder schlechteres Essen als die anderen Haushaltsmitglieder. Zum Teil wurden nicht einmal ihre Reproduktionskosten getragen; in einigen Familien erhielten sie nicht ausreichend Kleidung oder Geld für den Arzt und bekamen deswegen Zuschüsse aus ihrem Elternhaus zugesteckt. Während ihrer ersten, manchmal auch ihrer zweiten Geburt, wenn sie nicht als Vollarbeitskräfte einsetzbar waren, gingen sie zurück zu ihren Eltern (89). Die **yome** mußte auf vielen Höfen als erste aufstehen und das Frühstück bereiten und durfte nur als letzte ins Bad und dann zu Bett. Sie leistete ihr Arbeitspensum auf dem Feld, das manchmal wegen ihrer häuslichen Aufgaben etwas geringer war als bei den anderen Haushaltsarbeitkräften. Doch einen Großteil der haushaltlichen Arbeiten erledigte sie dann, wenn sich der Mann und die Schwiegereltern von der Feldarbeit ausruhten: Holzhacken, Waschen und Nähen am Abend, in manchen Fällen Waschen und Kochen während der Frühstückszeit der anderen (Nōson no haha no rekishi passim).

Sie unterstand einer dreifachen Kontrolle: Wenn ihre Schwiegermutter noch die Stellung der Bäuerin innehatte, so bestimmte sie über ihre Arbeit und kontrollierte ihre Leistung und ihr Verhalten. Der Konflikt zwischen Schwiegermutter und Schwiegertochter war oft sehr schwerwiegend und wurde dann durch keine emotionale Zuwendung oder Solidarisierung im Alltag gemildert. **Yome-ibiri**, d.h. "die Schwiegertochter ärgern oder quälen" war ein gängiger Begriff. Manche Schwiegertöchter liefen heimlich siebenmal um einen Teich, weil dies Ritual den Tod der Schwiegermutter bewirken sollte (Interview mit Maruoka Hideko März 1979). Mir scheint, daß diese Spannung nicht nur auf die Konkurrenz um den ältesten Sohn, also den Zugang zum künftigen Haushaltsvorstand zurückzuführen ist, wie Nakane dies tut (1967:23). Denn der Mann war nicht Maß aller Beziehungen in der Hauswirtschaft; es gab auch Ursachen für Spannungen in den Beziehungen der Frauen unter sich. So konkurrierten sie in ihrer Arbeit, wobei die Schwiegermutter nach dem herrschenden Verständnis die **yome** anleiten sollte. Aufgrund der geschlechtlichen Arbeitsteilung konnte sie vor allem gegenüber ihrer Schwiegertochter Macht ausüben. In vielen Fällen war der Anreiz stark, die selbst erlittenen Demütigungen so weiterzugeben. Es ist eine bittere Realität, daß in Gesellschaften, die durch ein extensives Patriarchat geprägt sind, ältere oder sozial höherstehende Frauen die jüngeren im Alltag manchmal am schärfsten drangsalieren oder kontrollieren. So können sie demonstrativ eine überlassene "Restmacht" ausüben und zugleich ihre kollektive Unterordnung an einzelne unter ihnen stehende Frauen weitergeben. Allerdings steht dieser Tendenz auch eine entgegengerichtete des Lernprozesses aus der eigenen Unterdrückung gegenüber. Eine Reihe von Berichten zeigt, daß manche Schwiegermütter bewußt versuchten, der **yome** verständnisvoll entgegenzukommen (Nōson no haha no rekishi:129-131).

Frauen, die nach der Ehe einen eigenen Haushalt mit ihrem Mann begründen konnten, erlebten den Konflikt nicht in dieser Schärfe. Die beiden weiteren Formen der sozialen Kontrolle galten aber für alle Frauen in der Dorfgemeinschaft. Sie unterstanden der Autorität ihrer Männer. Da die Ehe ein ökonomischer Zweckverband war, wurde Zuneigung zwischen den Partnern nicht vorausgesetzt; manchmal entwickelte sie sich. Doch oft beinhaltete die Autorität des Mannes auch unmittelbare Gewalt über die Frau. Es gibt viele Berichte über geschlagene Bauernfrauen (ibid.; Murakami 1977 2.Bd.:290 ff.). Murakami erzählt die Geschichte einer Großbäuerin, die als Hausfrau und Bäuerin in der Nachbarschaft anerkannt war, aber von ihrem Mann beschimpft, geschlagen und betrogen wurde. In einer deutlichen Kritik an den harmonisierenden Tendenzen der japanischen Volkskunde, die der Frau wegen ihres Rechts als Wirtschafterin eine starke Stellung zuschreibt, folgerte er, daß die Position der Frau nicht von ihrem Recht auf Wirtschaftsführung, ihrem Ansehen in der Familie und Nachbarschaft und ihrer ökonomischen Funktion abhing. Die Gewalt ihres Mannes konnte sie trotzdem erreichen (90).

Schließlich erfuhren die Bäuerinnen und ganz besonders die **yome** die anonyme Kontrolle der Dorfgemeinschaft. Die Nachbarschaft verfolgte ihr Verhalten und ihre Arbeitsleistung mit Argusaugen. Viele Mädchen nahmen sich deswegen bei der Hochzeit vor, eine **yome** zu werden, die den Vergleich mit allen andern bestehen kann (Nōson no haha no rekishi passim). Sie sahen sich also in starker Konkurrenz in der bewertenden Dorföffentlichkeit. Sie fürchteten manchmal, getadelt oder ausgelacht zu werden, wenn sie Widerstand zeigten. Eine Bäuerin, deren Mann sie schlug, sagte:

"Wenn man nicht stille blieb, sagten (die Leute im Dorf, I.L.)
'Die **yome** hält nichts aus.' und alle lachten über einen."
(Nōson no haha no rekishi:142)

Andererseits kam es im Zuge der Industrialisierung dazu, daß eher die Frauen die rasch zerfallende Dorfgemeinschaft verkörperten. Denn sie waren am stärksten auf den Arbeitsaustausch angewiesen und blieben nach der Eheschließung meist im Dorf, während die Männer häufiger Wanderarbeit oder Nebenbeschäftigung aufnahmen (Murakami 1977 2.Bd.:256-7). Die Frauen erhielten u.a. wegen ökonomischer und sozialer Bezüge die Dorfgemeinschaft aufrecht. Sie waren halb zwangsweise die "Hüterinnen der Tradition", obwohl sie unter dieser Tradition mehr zu leiden hatten, als die Dorfgemeinschaft ihre Schutzfunktionen mit der kapitalistischen Durchdringung der Landwirtschaft allmählich verlor und ihre repressive Seite stärkeres Gewicht bekam.

Nach einer Zeitspanne von ca. fünf bis fünfzehn Jahren nach der Eheschließung übertrug der Haushaltsvorstand sein Amt an den ältesten Sohn, und gleichzeitig erhielt seine Frau, die **yome**, das Recht der Wirtschaftsführung (**shufu no ken**) als Bäuerin. Laut Murakami bedeutete dies vor allem, daß sie bei der Außenvertretung des Haushalts z.B. bei dörflichen Festen stärker beteiligt wurde. Die **yome** galt dafür als zu unerfahren. **Yome** und Bäuerin mußten aber gleichermaßen den Kernbereich der Hausarbeit leisten (ibid.:276).

Die Bäuerinnen verfügten außerdem über die Haushaltsausgaben, d.h. die Konsumausgaben für die Familie. Sie hatten also weitgehend über die Verwendung des Geldes und der Konsummittel im Haushalt zu entscheiden. Der Bauer bestimmte demgegenüber über die Betriebsausgaben. Diese Unterscheidung ist wichtig. Denn grössere Betriebsausgaben mußten manchmal durch Einsparungen am Haushaltskonsum aufgebracht werden. Das Recht auf Wirtschaftsführung und die Kontrolle des Haushaltsbudgets beinhaltete nun also nicht die vorrangige Entscheidung über die Betriebsmittel. Es ist anzunehmen, daß das Bauernpaar solche weitertragenden Entscheidungen in Absprache miteinander traf (Maruoka 34 ff.). Die Verfügung über die Haushaltskasse bedeutete weiterhin zwar eine latente häusliche Machtposition der Bäuerin, aber auf den armen Höfen stellte sie zugleich eine große Bürde, nämlich den zusätzlichen Arbeitsbereich der "Verwaltung des Mangels", dar. So mußten die Bäuerinnen manchmal zusätzlich Geld verdienen oder eßbare Gräser oder andere Pflanzen sammeln oder am eigenen Essen sparen, wenn die Ernte oder das Geldeinkommen für die Ernährung der Familie nicht reichten (ibid.:34-63)(91).

Während die **yome** eigentumslos war, konnte die Bäuerin teilweise über das Haushaltseinkommen bestimmen. Die Verfügung über das Haushaltsgeld und der Zugang zu Geldeinkommen wie in Lohnarbeit und Nebengwerbe beinhalteten aber nicht per se eine ökonomische Eigenständigkeit der Bauernfrauen in dem Sinne, daß sie große Teile ihres Einkommens für sich verwenden oder frei über die Ausgaben hätten entscheiden können. Dies entspricht wohl der historisch erfolgten Aufgabenzuweisung an die Frauen, die menschliche Reproduktion zu organisieren und also für hinreichende Konsumgüter zu sorgen. Das Zusammenlegen der Einkommen galt prinzipiell für alle Haushaltsmitglieder, jedoch bestanden graduelle Unterschiede zwischen den Geschlechtern dabei. Während die Männer und Söhne persönliche Ausgaben z.B. für Tabak, Sake oder manchmal für Zeitungen bestreiten konnten, wurden die Einnahmen der Frauen fast vollständig oder ganz in die Haushaltskasse überführt (NKC passim; Hane 1982:79-98). Das Verhältnis, daß die Bauernfrau nicht individuell über ihren Lohn bestimmte, sondern daß dieser ins Haushaltsbudget einging, setzte sich bei den Arbeitsmigrantinnen in der Textilindustrie tendenziell fort: die Unternehmer schickten große Teile ihres Lohnes direkt an die Eltern. In der unterschiedlichen Bindung von Männern und Frauen an die Reproduktionsarbeit und von Männer- und Frauenlöhnen an das Familieneinkommen im ländlichen Patriarchat könnte eine Ursache dafür gesehen werden, daß auch im industriellen Milieu der Lohn der Frau eher als Zuverdienst zum Erhalt der Familie betrachtet wurde, und die Vorstellung, daß er Grundlage der individuellen Lebenshaltung der Frauen sein könne, zunächst keine Wurzeln schlug.

Angesichts der vielfachen Belastungen als Arbeitskraft in Haus und Feld und als Mutter, wozu noch die Rolle des Aggressionsobjekts für Mann und Schwiegermutter kommen konnte, scheinen der hohe Krankenstand und das frühe Altern der Bäuerinnen nicht verwunderlich. Eine Reihe von Landfrauen berichtete, daß sie einige Jahre nach der Eheschließung schwer krank wurden, aber trotzdem weiterarbeiten mußten (Nōson no haha no rekishi passim). Die Berufskrankheiten der Bäuerinnen gingen den späteren umfassenden Berufskrankheiten der Arbeiterinnen in der Industrialisierung voran.

Hier wurden gegenüber idyllischen Rückschauen in die vorindustriellen dörflichen Sozialzusammenhänge die patriarchalischen Strukturen betont. Doch bewegte sich der weibliche Lebenszusammenhang in einer grundlegenden Ambivalenz. Er enthielt auch solidarische Zusammenarbeit im Alltag, Lieder, Tänze und erotische Hoffnungen. Aus dem "Meer der Geschichtslosigkeit", das ihn umgibt, ragen manchmal Berichte über mutige, oft spontane Aktionen von Frauen empor (92). Bei aller Unterordnung hatten die Frauen eine soziale Stärke, die sich aus ihrem Selbstbewußtsein als zentrale Produzentinnen ergab. Ihre soziale Kraft schlug aber nicht in soziale Macht um (93).

DIE BEDEUTUNG DER SUBSISTENZPRODUKTION UND DER LOHNARBEIT FÜR DIE KLEINBAUERNWIRTSCHAFTEN

Die kleinbäuerlichen Wirtschaften stellten die Grundlage in einem System verketteter Subventionen zwischen Industrie und Landwirtschaft dar. Wie gezeigt werden soll, war die Reproduktion der kleinen Höfe langfristig nur durch Lohneinnahmen und also die Eingliederung in die abgestuften ländlichen und städtischen Arbeitsmärkte möglich. So bildeten diese ein Arbeitskräftereservoir. Zugleich trug die Subsistenzproduktion einen beträchtlichen Anteil der Reproduktion dieser ländlichen Arbeitskräfte. Ihre "Bereitstellung" zu niedrigen Löhnen kann als fortlaufende Subvention an die industriekapitalistische Entwicklung verstanden werden. Umgekehrt gesagt, setzte das Kapital so die ursprüngliche Akkumulation fort. Dies soll im folgenden anhand einer Untersuchung der kleinbäuerlichen Haushaltsbudgets herausgearbeitet werden.

Ich stütze mich dabei auf die Betriebsbudgets, die ab 1921 vom Agrarministerium herausgegeben wurden (NKC). Sie wurden auf Basis von ca 300 Höfen aus den drei Schichten der selbständigen Bauern, der Halbpächter und der Pächter zusammengestellt. Die untersuchten Höfe lagen in den zwei Betriebsgrößen von 1. ca. 1,4 **chō** und 2. ca 0,8 **chō** (94). Ich werde zunächst auf die nationalen Durchschnittszahlen eingehen, die sich aus einem Mittel der beiden Betriebsgrößen ergeben und die ich in Tabelle 10-12 zusammengestellt habe. Darauf werde ich die Gruppe 2. mit der Betriebsgröße bis 0,8**chō** kurz diskutieren. Zusätzlich werde ich die oben schon angeführten Beispiele der Höfe aus Niigata, aus denen Arbeitsmigrantinnen kamen, herbeiziehen. Dabei ist zu bedenken, daß diese Zahlen nicht die wirtschaftlichen Verhältnisse der Unterschicht der Kleinbauern wiedergeben; immerhin hatten 34,4% der Höfe weniger als 0,5 **chō** und lagen damit deutlich unter der Gruppe 2.

Zur Bedeutung der Subsistenzproduktion

In den ersten Dekaden des 20.Jhs waren die japanischen Kleinbauern weitgehend in den Markt integriert. 1926 wurden z.B. 56% der gesamten Ernte vermarktet und ca 2,9 Millionen Kleinbauernbetriebe und ca 200 000 Pachtherrenbetriebe traten als Verkäufer auf dem Markt auf. Eine etwa gleich große Zahl von Höfen produzierte Reis nur für den Eigenbedarf (NSMJ:441).

Grundsätzlich lag das Hauptziel des Anbaus in der einfachen Reproduktion des Betriebs und nicht in der Marktproduktion. Die Höfe richteten sich also auf eine Balance zwischen Eigenproduktion und Marktproduktion. Die etwas besser gestellten Kleinbauern bewahrten die Eigenproduktion von Betriebsmitteln, vor allem Saatgut, und Lebensmitteln und vermarkteten die Überschüsse (ibid.). Die Pächter waren dazu nicht imstande, denn sie mußten die Naturalpacht bezahlen und außerdem einen Großteil des ihnen verbleibenden Produktes verkaufen, um die notwendigen Bargeldausgaben für die Betriebskosten, vor allem die wachsenden Ausgaben für Kunstdünger, zu bestreiten. Sie vermarkteten also nicht nur Überschüsse, sondern weitgehend auch einen Teil ihres notwendigen Produkts. Viele Pächterfamilien mußten eine größere Menge Reis gleich nach der Ernte zu Preisen, die dann rel. niedrig lagen verkaufen, um aufgelaufene Schulden zu bezahlen oder zu mildern. Im Frühjahr darauf mußten sie Saatgut oder Reis wesentlich teurer zukaufen und sich häufig dabei weiter verschulden. Die Subsistenzproduktion wurde also durch ihre schlechtere ökonomische Lage beeinträchtigt, was sich auch in der Ernährung zeigte. Sie aßen "Ersatznahrung", die sie billig kaufen oder selbst produzieren konnten, wie Mischungen aus Gerste, Hirse, Hafer oder Kastanien und Gräsern oder den billigen Importreis aus China oder Südostasien, der im japanischen Geschmacksempfinden als unterlegen galt (Maruoka 1937:34-62).

Der Versuch einer Balance zwischen Subsistenzproduktion und Vermarktung bei der einfachen Reproduktion der Höfe und die dabei auftretenden Schwierigkeiten spiegeln sich in den Betriebsbudgets wieder. Wie oben bereits angedeutet, wurde die Eigenproduktion sowohl bei den sachlichen Betriebsmitteln als auch beim Haushaltskonsum fortgesetzt. Deswegen erscheint eine Differenzierung zwischen beiden Bereichen sinnvoll. Ich möchte deswegen vorschlagen, bei einer Untersuchung ihres Stellenwerts in den Haushaltsbudgets zwischen der **betrieblichen Eigenproduktionsrate**, d.h. dem Anteil selbstproduzierter Güter in den Betriebsausgaben einerseits, und

Tabelle 10: Übersicht über das Betriebsbudget der selbständigen Bauern 1921-1940 (in Yen, %)

Jahr	Fam. größe	Zahl d.AK	Betr. kap.	Schulden	lw.Betr.einn. insges.	bar	Marktrate	Lw.Betr.ausgaben insges.	bar	Dünger	Masch. Werkz.
1921	7,40				1 769			631		135	32
1924	7,22	4,10			2 546			1 187	568	358	67
1925	7,20	4,14	29 230	562	2 667			1 270	591	343	67
1926	7,60	3,20	28 540	819	2 473			1 299	591	367	66
1927	7,60	4,30	24 979	646	2 260			1 164	522	346	61
1928	7,55	5,00	25 590	842	2 215			1 168	529	347	55
1929	7,74	4,48	23 610	902	2 131			1 145	535	332	53
1930	7,63	4,28	20 814	862	1 440			860	414	254	49
1931	6,59	3,97	10 547	722	790	546	69,1	311	254	76	23
1932	6,44	3,73	9 975	753	851	563	66,2	307	251	81	21
1933	6,56	3,89	9 953	722	1 012	740	73,1	345	291	95	24
1934	6,44	3,80	9 965	627	1 047	671	64,1	373	316	100	21
1935	6,45	3,67	10 083	649	1 147	756	65,9	382	324	100	20
1936	6,49	3,79	9 952	552	1 250	874	69,9	402	357	118	23
1937	6,56	3,86	10 232	413	1 438	964	67,0	432	383	134	24
1938	6,45	3,62	19 321	390	1 488	994	66,8	421	366	164	25
1939	6,64	3,67	11 325	435	2 099	1452	69,2	514	452	190	33
1940	6,32	3,64	13 313	474	2 319	1865	80,4	657	573	246	46

Jahr	Einnahmen aus Nebengewerbe insges.	Löhne	Pacht	Haushaltskonsum insges.	bar	Subs.pr. rate%	Abschluß
1921	282			1 257	747	41,6	124
1924	429	102	243	1 392	786	43,4	356
1925	571	108	346	1 531	896	41,5	357
1926	523	131	297	1 383	816	41,0	215
1927	370	120	147	1 320	749	43,4	101
1928	410		167	1 297	767	40,9	97
1929	313	129	151	1 271	773	39,2	95
1930	223	116	98	919	530	42,4	-82
1931	139	73	37	631	368	41,7	10
1932	128	76	29	632	355	43,9	71
1933	138	85	33	694	398	42,7	144
1934	137	90	35	680	366	46,2	158
1935	144	88	39	794	452	43,1	160
1936	140	91	34	841	474	43,7	188
1937	144	98	31	893	493	44,8	302
1938	155	109	24	938	511	45,5	310
1939	223	147	48	1 183	672	43,2	683
1940	328	212	73	1 402	811	42,2	675

Quelle: Nōrinshō, nōmukyoku 1942:9-14

Tabelle 11: Übersicht über das Betriebsbudget der Halbpächter 1921-1940 (in Yen, %)

Jahr	Fam. größe	Zahl d.AK	Betr. kap.	Schulden	lw.Betr.einn. insges.	bar	Marktrate	Lw.Betr.ausgaben insges.	bar	Dünger	Pacht
1921	6,40				1 596			711		117	
1924	6,95	3,95			2 509			1 345	508	321	302
1925	6,88	3,35	15 538	734	2 587			1 345	513	332	249
1926	7,46	3,79	15 706	1 035	2 434			1 360	518	349	244
1927	7,30	4,20	12 564	859	2 015			1 123	407	304	239
1928	7,09	4,00	12 216	881	2 048			1 173	448	297	211
1929	7,12	3,99	11 404	906	1 951			1 133	461	291	212
1930	7,19	3,93	10 807	974	1 352			866	348	238	143
1931	6,26	3,71	5 719	721	755	454	60,1	362	226	77	113
1932	6,31	3,73	5 698	735	870	479	55,1	381	221	82	137
1933	6,31	3,61	5 582	761	1 004	621	61,9	432	275	94	137
1934	6,49	3,77	5 718	808	1 026	571	55,7	454	275	98	159
1935	6,46	3,79	5 786	771	1 192	672	56,4	490	294	107	179
1936	6,43	3,79	6 742	773	1 305	779	59,7	548	338	135	191
1937	6,34	3,69	5 807	703	1 389	775	55,8	564	335	144	209
1938	6,36	3,74	6 209	671	1 519	864	56,9	599	358	155	221
1939	6,35	3,64	6 838	571	2 176	1281	58,9	725	434	202	268
1940	6,47	3,75	8 867	475	2 415	1645	68,1	867	594	272	256

Jahr	Einnahmen aus Nebengewerbe insges.	Löhne	Haushaltskonsum insges.	bar	Subs.pr. rate%	Abschluß
1921	262		981	526	46,4	103
1924	361	166	1 296	747	42,4	167
1925	301	115	1 270	720	43,3	251
1926	352	151	1 134	616	45,6	254
1927	325	193	1 092	584	46,4	103
1928	337		1 036	581	44,0	144
1929	250	164	996	563	43,5	114
1930	167	108	768	419	45,4	-69
1931	116	87	546	213	42,9	-11
1932	120	86	558	296	47,0	74
1933	121	95	598	344	42,5	125
1934	140	108	673	379	43,7	75
1935	137	113	695	373	46,4	182
1936	136	116	772	426	44,9	161
1937	166	136	771	413	46,5	253
1938	189	149	867	471	45,7	283
1939	223	177	1 094	621	43,3	628
1940	309	231	1 376	778	43,5	555

Quelle: Nōrinshō, nōmukyoku 1942:14-20

Tabelle 12: Übersicht über das Betriebsbudget der Pächter 1921-1940 (in Yen, %)

Jahr	Fam. größe	Zahl d.AK	Betr. kap.	Schulden	lw.Betr.einn. insges.	bar	Marktrate%	Lw.Betr.ausgaben insges.	bar	Dünger	Pacht
1921	6,80				1 293			695		144	461
1924	5,78				1 929			1 204	349	234	463
1925	6,05	3,62	4 553	294	2 193			1 227	402	273	454
1926	6,70	3,86	4 738	445	1 915			1 211	362	295	456
1927	6,60	3,90	4 714	528	1 877			1 166	338	291	412
1928	6,67	4,00	4 689	532	1 729			1 090	329	278	352
1929	6,94	3,97	4 892	611	1 769			1 145	370	287	372
1930	6,91	3,90	4 919	586	1 285			900	294	245	279
1931	6,29	3,85	2 270	450	719	344	47,8	407	192	74	204
1932	6,30	3,70	2 411	514	850	385	45,3	452	202	74	242
1933	6,49	3,80	2 328	498	941	485	51,5	485	230	89	244
1934	6,60	3,76	2 402	480	975	427	43,8	525	243	99	275
1935	6,67	3,74	2 574	489	1 086	467	43,0	584	254	116	321
1936	6,49	3,76	2 527	445	1 178	528	44,8	604	269	127	329
1937	6,46	3,80	2 669	464	1 287	585	45,5	625	270	128	351
1938	6,47	3,66	2 779	419	1 369	634	46,3	671	289	144	378
1939	6,53	3,75	2 771	379	1 988	1005	50,6	819	373	186	428
1940	6,30	3,66	3 803	369	2 114	1207	57,1	914	490	238	427

Jahr	Einnahmen aus Nebengewerbe insges.	Löhne	Haushaltskonsum insges.	bar	Subs.pr.rate%	Abschluß
1921	211		731	367	49,8	35
1924	285	188	822	399	51,5	149
1925	259	170	890	471	47,1	322
1926	305	186	929	486	47,7	59
1927	298	194	885	453	48,8	101
1928	317		854	447	47,7	68
1929	198	135	876	488	44,3	-2
1930	155	118	662	339	48,8	-83
1931	144	85	470	258	45,2	-21
1932	122	95	487	257	47,3	51
1933	130	104	526	290	44,9	90
1934	137	110	561	294	47,6	51
1935	162	131	627	325	48,2	56
1936	166	129	676	352	48,0	102
1937	178	142	695	369	46,9	170
1938	190	163	768	408	46,9	170
1939	238	200	941	503	46,5	524
1940	335	269	1 135	628	44,7	441

Quelle: Nōrinshō, nōmukyoku 1942:22-25

der **Subsistenzproduktionsrate**, d.h. dem Anteil der eigenproduzierten Güter im Haushaltskonsum, die unmittelbar in die Reproduktion der Arbeitskräfte eingehen, andererseits zu unterscheiden (95).

Bei einer Betrachtung der Subsistenzproduktionsrate, die im folgenden im Zentrum steht, muß kurz präzisiert werden, worauf sie sich bezieht. Der Haushaltskonsum wird hier definiert als die Inputs in die Reproduktion der Arbeitskräfte der Hauswirtschaft. Er beinhaltet also nicht Ausgaben für die Erhaltung des Haushalts als Institution, z.B. die Kopfsteuern. In den japanischen Statistiken sind die sachlichen Inputs in 1. primäre Lebenshaltungskosten (Essen und Trinken, Wohnung, Beleuchtung und Heizung, Kleidung, Möbel und Haushaltsgüter) und 2. sekundäre Lebenshaltungskosten (Erziehung, Kulturelles, Unterhaltung, Transport, persönliche Vorlieben (Sake, Tabak usw.), Gesundheit, Feste (Hochzeiten, Beerdigungen usw.), Zinsen), eingeteilt. Während die Subsistenzproduktion bei den primären Lebenshaltungskosten eine wichtige Rolle spielte, waren die sekundären Lebenshaltungskosten fast durchgehend marktabhängig: Erziehung kostete Schulgeld; Zeitschriften, Tabak und Sake mußten auf dem Markt erworben werden. Die hohe Subsistenzproduktionsrate in den einzelnen Schichten spiegelt also auch den Vorrang der primären Lebenshaltungskosten wieder, der seine Entsprechung in einem hohen Engel-Index findet.

Die primären Lebenshaltungskosten beanspruchten den Löwenanteil der Haushaltsbudgets gegenüber den sekundären. Dies galt vor allem für die Pächter, bei denen z.B. 1931 die Ausgaben für Erziehung nur ca 6 Yen, die für Gesundheit 15 Yen und die für Unterhaltung nur 1,67 Yen im Jahr betrugen. Im gleichen Jahr lagen die Ausgaben der selbständigen Bauern für diese Posten um ein Mehrfaches höher (Ōuchi 1969:281-3). Die Subsistenzproduktionsrate der einzelnen bäuerlichen Schichten im nationalen Durchschnitt geht aus den Tabellen 10-12 hervor.

Bei den selbständigen Bauern betrug die Subsistenzproduktionsrate am Haushaltskonsum zu Beginn der 1920er Jahre ca 41-43% und zeigte um 1929 eine leicht fallende Tendenz mit 39,2%. Bei den Halbpächtern lag sie mit 42-46% im gleichen Zeitraum etwas höher und blieb in etwa konstant. Die Rate in den Pächterhaushalten lag mit 47-51% bis 1928 deutlich über der der selbständigen Bauern und fiel ebenfalls um 1929 leicht ab.

Aufgrund der Agrarkrise ab Ende der 1920er, die durch die Weltwirtschaftskrise und den Zusammenbruch des Seidenexportmarkts in die USA sehr verschärft wurde, verringerten die einzelnen Schichten ihren Haushaltskonsum von ca 1931-33 auf fast die

Hälfte. Die wirtschaftliche Depression erreichte um 1930 und um 1934 mit einer großen Mißernte im Nordosten ihre Tiefpunkte. In diesen Jahren hungerten die Bauern in weiten Landesteilen und sammelten in manchen Orten Gräser und Baumrinde als Nahrung. Die Lage auf dem Land verschlimmerte sich dadurch, daß viele Familienmitglieder, die sich auf Arbeitsmigration befanden, wegen der gleichzeitigen industriellen Stagnation ihre Arbeit verloren und nach Hause zurückkehrten (96). So verloren die Hauswirtschaften bisherige Lohnüberweisungen und mußten zugleich die zurückgekommenen Erwerbslosen ernähren. Die Agrarkrise dauerte bis 1936 an (Ōuchi 1962:259).

Neben der drastischen Verringerung des absoluten Haushaltskonsums drückte sich die Krise in den Betriebsbudgets in einer Stagnation oder Zunahme der Subsistenzproduktionsrate aus. Die Krise hatte ihre fallende Tendenz durchbrochen. Bei den selbständigen Bauern und Hälbpächtern lag sie in den 1930er Jahren zwischen 42-46%. Bei den Pächtern stieg sie auf 48,8% im Jahre 1930, 45,2% im Jahre 1931, 47,3% im Jahre 1932 und blieb von 1934-39 bei 46-48% (Vgl. Tabelle 10-12).

Es mag zunächst scheinen, daß die höhere Subsistenzproduktionsrate bei den Pächtern der obigen Aussage widerspricht, daß bei ihnen die Subsistenzproduktion eher deformiert war, während die selbständigen Bauern ihren Konsum weitgehend durch Eigenproduktion decken konnten. Sie erklärt sich jedoch aus dem insgesamt niedrigen Niveau der Konsumausgaben und besonders der sekundären Lebenshaltungskosten bei dieser Schicht. U.a. aufgrund des Drucks der Pachtzahlungen und der hohen Düngerpreise mußten sie ihre Reproduktionskosten selbst einschränken. Besonders während der Krise von 1929-1936, als die zusätzlichen Lohneinkommen weitgehend ausfielen, bedeutete die Subsistenzproduktion eine trügerische Zuflucht für sie, die vor dem Verhungern, aber nicht vor dem Hunger schützen konnte.

Auch die Erhebungskarten für die Betriebsbudgets stützen die These von der kompensatorischen Funktion der Subsistenzproduktion für das Überleben in der Krise. In den Höfen in Niigata, deren Arbeitsorganisation oben diskutiert wurde, ergab sich eine deutliche Steigerung des Anteils der Subsistenzproduktion im Haushaltskonsum während der 1930er Agrarkrise. Bei dem Hof 3 (selbständiger Bauer) stieg der Anteil der Subsistenzproduktion an den primären Lebenshaltungskosten von 56,6% 1929 auf 64,4% 1932 und bei dem Hof 4 (Pächter) von 69,8% 1929 auf 79,6% im Jahre 1932. In den Sparten Essen und Trinken überwog die Eigenproduktion;

sie machte 80-90% des Konsums aus. Dies galt auch für die Höfe, in denen die Lohneinnahmen aufgrund der Arbeitsmigration mehrerer Haushaltsmitglieder relativ hoch waren.

Die Betriebsbudgets zeigen also auf, daß die Subsistenzproduktion eine erhebliche Rolle in der Reproduktion der Arbeitskräfte ländlicher Herkunft spielte und daß ihre Bedeutung als letzte trügerische Zuflucht für das Überleben während der Agrarkrise zunahm.

Dabei ist zu bedenken, daß die Statistiken evtl. eine systematische Unterbewertung der Subsistenzproduktion enthalten, da ihr Wert analog zu dem Marktpreis eingeschätzt wurde. Frau Maruoka, die in den 1930ern selbst ländliche Haushaltsuntersuchungen durchführte, wies daraufhin, daß die Haushaltsbücher von Männern geführt wurden. Diese wußten nicht genau über Arbeitszeiten oder Werte der Subsistenzproduktion Bescheid, da die Eigenproduktion nur für den Konsum z.B. von Nudeln, eingelegtem Gemüse, Kleidern usw. vornehmlich Frauenarbeit war (Interview März 1979). Wie die Tabelle 9 am Beispiel des Nähens zeigt, war die Arbeitszeit für die haushaltliche Subsistenzproduktion beträchtlich. Wenn die Subsistenzproduktion schon zu "normalen Zeiten" tendenziell unterschätzt wurde, so kann ihre Zunahme in der Krise eine noch sehr viel höhere Arbeitsbelastung für die Landfrauen bedeutet haben (97).

Zur Bedeutung der Lohnanteile für die Hauswirtschaften

Die Bedeutung der Lohnanteile für die bäuerlichen Wirtschaften in den unterschiedlichen Schichten hat eine dreifache Dimension: Zunächst zeigt ihr absoluter Umfang den wachsenden Grad der Verflechtung der kleinbäuerlichen Hauswirtschaften mit den unterschiedlichen, ineinander übergehenden Arbeitsmärkten in der kapitalistischen Entwicklung. Ushiyama hat zu Recht darauf hingewiesen, daß der ländliche Arbeitsmarkt, der städtische Arbeitsmarkt im informellen Sektor und der städtische Arbeitsmarkt im formellen Sektor sich als abgestuftes System von miteinander verbundenen Arbeitsmärkten herausbildeten, und daß die ländlichen Hauswirtschaften darin differenziert einbezogen waren (Ushiyama 1975:189-318). Der städtische industrielle Arbeitsmarkt bildete nur die Spitze eines Eisbergs von vielfältigen, teils informellen, häufig kombinierten Lohnarbeitsverhältnissen. Aus dem Stellenwert der Lohnanteile in den Nebenerwerbs-Einnahmen in den einzelnen

Schichten läßt sich weiterhin ersehen, wieweit sie sich neben dem Anbau auf die bäuerliche Heimindustrie und wie weit sie sich auf Lohnarbeit stützten. Hier tritt schon in den 1920er Jahren ein relativ hoher Proletarisierungsgrad bei den Pächtern zutage. Eine dritte entscheidende Ebene ist, ob die Reproduktion der Hauswirtschaften in den einzelnen Schichten ohne die Lohnanteile möglich war, d.h. ihre **strategische Bedeutung für den Fortbestand der Hauswirtschaft.** Auf dieser Ebene kann empirisch nachgewiesen werden, daß die Mehrzahl der kleinbäuerlichen Hauswirtschaften bis ca 0,8 **chō** sich in einer Mischökonomie von Subsistenzproduktion, Marktproduktion und Lohnarbeit reproduzierten und daß sie also die Funktion eines Arbeitskräftereservoirs für die kapitalistische Entwicklung hatten.

Ich will zunächst kurz auf die ersten beiden Dimensionen eingehen. Der Stellenwert der Lohnanteile sowohl im gesamten Betriebsbudget als auch unter den Nebenerwerbs-Einnahmen war unterschiedlich in den einzelnen Schichten. Bei den selbständigen Bauern spielten sie die geringste Rolle. In den 1920er Jahren umfaßten sie 3,4-4,5% der gesamten Betriebseinnahmen. Als die Gesamteinnahmen durch die Krise nach 1929 drastisch fielen, stieg ihr relativer Anteil 1939 auf 6,9%, schwankte von 1931-4 zwischen 7,4-7,8% und fiel dann auf 6,3-6,8% von 1935-8. Mit den steigenden Löhnen kurz vor dem Kriege wuchs er 1940 auf 8% (Vgl. Tabelle 10). Bei dem Nebenerwerb lagen in den 1920er Jahren die Einnahmen aus verpachtetem Boden deutlich über den Lohnsummen. Während der Agrarkrise kehrte sich dies Verhältnis um und die Löhne wurden nun zum wichtigsten Faktor (ibid.).

Bei den Halbpächter waren die Lohnsummen etwas höher als bei den selbständigen Bauern. Anteilsmäßig umfaßten sie in den 1920er Jahren 4-8,2 % der Gesamteinnahmen. Auch bei ihnen bewirkte das Fallen der letzteren in der Krise eine Zunahme des Lohnanteils auf immerhin 10% 1931. In der Folge schwankte er zwischen 7,3-9,3% in den 1930er Jahren. Bei den Nebenerwerbs-Einnahmen betrug der Lohn während der 1920er ca ein Drittel. Doch stieg er während der Krise bis ca 1938 auf ca zwei Drittel.

Bei den Pächtern betrugen die Lohnanteile bereits in den 1920er Jahren ca 20-65% des Nebenerwerbs. Während der Krise, die sich für die Pächter lange in die 1930er fortsetzte, wuchsen sie auf 75-85% desselben. In den 1920ern schwankten sie zwischen 6,8-8,9% der Gesamteinnahmen. 1931 stiegen sie auf 9,8 % und bewegten sich bis 1940 knapp um 10%. 1940 machten sie dann 11% der Gesamteinnahmen aus.

Die Bedeutung des Lohnanteils für die Reproduktion der Hauswirtschaft läßt sich, wenn auch etwas hypothetisch (98), anhand der Frage untersuchen, ob die verdienten Lohnsummen über dem Jahresertrag des Betriebs lagen - umgekehrt ausgedrückt, ob ohne den Lohn ein negativer Abschluß erfolgt wäre. War dies der Fall so könnte gefolgert werden, daß die Reproduktion des Hofes aufgrund der Lohneinnahmen ermöglicht wurde. Bei den Pächtern tritt dieser Fall fast durchgehend von 1924-1940 ein. Die Minusabschlüsse von 1929-31 wären ohne die Lohneinkommen, die allerdings durch die Krise ebenfalls vermindert waren, noch gravierender geworden (Vgl. Tabelle 12). Bei den selbständigen Bauern und Halbpächtern gilt dies nur für die Krisenjahre von 1929-34.

Ein genaueres Bild der Situation der Parzellenbetriebe, als es die nationalen Durchschnittszahlen vermitteln, ergibt sich, wenn nur die Gruppe der Höfe mit 0,8 chō berücksichtigt wird (99).

Tabelle 13: Das Lohneinkommen im Vergleich zu den Betriebseinnahmen und dem Jahresabschluß (in Yen, %)

selbständige Bauern	1931	1936	1939
Lohneinnahmen	103	91	179
Gesamteinnahmen	794	1157	1773
Lohnanteil an den Gesamteinnahmen (%)	13,0	7,9	10,1
Jahresabschluß	14	79	496
Halbpächter			
Lohneinnahmen	65	130	230
Gesamteinnahmen	686	1123	1947
Lohnanteil (%)	9,5	11,6	11,8
Jahresabschluß	-17	98	502
Pächter			
Lohneinnahmen	79	142	223
Gesamteinnahmen	666	1034	1729
Lohnanteil (%)	11,9	13,7	12,9
Jahresabschluß	8	37	338

Quelle: Ōuchi 1969:173,195

Das Gewicht der Löhne ist bei diesen Parzellenhöfen in allen drei Schichten erheblich größer als in den obigen nationalen Mittelwerten. 1931 und 1936 waren sie für sie unerläßlich zur Reproduktion des Betriebs. Der Anteil an den Gesamteinnahmen war am größten bei den Pächtern und in etwa gleich bei den selbständigen Bauern und Halbpächtern, zieht man die Schwankungen zwischen beiden Jahren in Betracht. 1939 ging die Bedeutung der Löhne im Vergleich zum Jahresertrag etwas zurück (100).

Wenn es legitim ist, von den relativ gut gestellten Höfen um ca 0,8 **chō** auf die nicht dokumentierte Lage der Zwergbauern um und unter 0,5 **chō** zurückzuschließen, so waren die Pächterhöfe in normalen Zeiten und die Halbpächter und selbständigen Bauern zumindest zu Zeiten der landwirtschaftlichen Depression bei ihrer einfachen Reproduktion auf Lohnarbeit angewiesen (101). D.h. die marginalisierten dörflichen Unterschichten hatten nachweislich jahrzehntelang die Funktion eines Arbeitskräftereservoirs für die kapitalistische Entwicklung. Und die marginalisierten Gruppen auf dem Arbeitsmarkt, die Textilarbeiterinnen, die Seeleute, die Bergarbeiter, scheinen überwiegend von dort zu kommen.

DIE LÄNDLICHEN ARBEITSMIGRANTINNEN IN DIE JAPANISCHE BAUMWOLLINDUSTRIE: GEBUNDENE ZUGVÖGEL

> Noch bitterer als
> für den Vogel der Käfig,
> ja als das Gefängnis
> ist das Leben im Wohnheim.
>
> Würde doch nur
> das Heim überflutet,
> die Fabrik abgebrannt,
> und die Wache an Cholera sterben...
>
> (Arbeiterinnenlied, Hosoi 1925:143)

Bericht einer ehemaligen Baumwollarbeiterin:

Zuhause auf dem Land waren wir arm; ich mußte den ganzen Tag mich um meine kleinen Geschwister kümmern und sie auf dem Rücken rumtragen. Also ging ich in die Stadt und hoffte auch, dort noch mehr zu lernen. Ich erhielt als Anfangslohn 1913 nur 18 sen täglich. Während der dreimonatigen Anlernzeit durfte ich die Fabrik nicht verlassen. Danach mußte ich auch mit der Nachtarbeit anfangen. Immerhin schickte ich meinen Eltern 5 Yen zu Neujahr.
Damals hatte ich meine erste Periode: plötzlich sah ich Blut an meinen Beinen herunterlaufen. Ich erschrak und eilte zur Toilette. Weil ich nicht wußte, was los war, und Angst hatte, ich hätte eine Frauenkrankheit bekommen, stand ich nur da und weinte. Die Arbeiterin neben mit ging mir nach und erriet, was mir fehlte. Sie gab mir eine provisorische Binde aus den Weberei-Abfällen und tröstete mich: "Du bist jetzt erwachsen geworden. Jede Frau hat die Menstruation."

Die meisten Kolleginnen redeten über Männer und Sexualität. Sie
wußten aber nur wenig über ihren Körper oder über Verhütung.
Wenn sie schwanger wurden, nahmen einige wenige eine Abtreibung
vor; die meisten bekamen das Kind. Eine Arbeiterin war mit
einem verheirateten mittleren Angestellten befreundet. Als sie
schwanger wurde, gab er ihr weder Geld noch Hilfe. Die Kolleginnen redeten ihr zu, mit seiner Frau zu sprechen, aber sie selbst
sagte nur: "Als Arbeiterin kann ich keinen Mann heiraten, der sozial so hoch steht." Sie arbeitete bis in den neunten Monat und
fuhr dann in ihr Heimatdorf nach Akita, um das Kind zu bekommen. Sie gebar aber schon im Zug und das Kind starb dabei.
Einen Monat später war sie zurück in der Fabrik.
Als ich sah, wie überarbeitet meine verheirateten Kolleginnen mit
Hausarbeit, Fabrikarbeit und dem Nachtdienst im Bett waren, beschloß ich, nicht zu heiraten. Außerdem hatten Fabrikarbeiterinnen
im Dorf schlechtere Ehechancen. Sie waren als **yome** nicht sehr
angesehen.
1914 streikten wir zwei Tage für bessere Löhne, wobei die männlichen Kollegen führend waren. Sie wohnten zu Hause und nicht
wie wir im Wohnheim. Sie konnten also Zeitungen und Nachrichten
mitbringen. Ein Vorarbeiter las uns z.B. aus der Zeitung über
Streiks in Peking und Shanghai und über den Ersten Weltkrieg vor.
Die wenigen von uns, die politisch interessiert waren, wußten
über die Arbeitsbedingungen und Arbeitskämpfe in chinesischen
Fabriken, auch denen die dem japanischen Kapital gehörten, Bescheid. Aus der Erfahrung der Niederlage des Streiks habe ich
mich für die Gewerkschaft Yūaikai interessiert, obwohl viele von
uns eher mißtrauisch eingestellt waren. Die Gewerkschaftsvertreter
kamen zu Feiern in die Firma, verteilten Auszeichnungen an Arbeiterinnen mit hoher Leistung und forderten alle auf: "Arbeitet
hart für unser Vaterland!"
1915 entließ das Unternehmen auf einen Schlag 3000 Arbeiterinnen wegen der schlechten Konjunktur. Die Älteste, die Kranken
und die mit niedrigen Leistungen wurden nach Hause geschickt.
Ich arbeitete dann später in der gewerkschaftlichen Organisation.
(Interview März 1979).

Die Baumwollindustrie war eine Schlüsselindustrie für die kapitalistische Industrialisierung Japans. Einerseits war sie führend in
der Übernahme westlicher moderner industrieller Technik. Andererseits war sie der Grundstein der japanischen Entwicklungsstrate-
gien, die von den sich neu industrialisierenden Ländern Ostasiens
tendenziell übernommen werden, d.h. "Importsubstitution, auf die
weltweite Exporterfolge folgten"(Saxonhouse 1976:97). Die Industrie beruhte überwiegend auf der Lohnarbeit von jungen ländlichen

Arbeitsmigrantinnen in instabilen und niedrig angesetzten Beschäftigungsverhältnissen. Den Bericht einer Baumwollarbeiterin über ihre Jugend in der Fabrik zeigt, welche subjektiven Brüche und welchen Widerstand die Arbeiterinnen angesichts der Fabrikbedingungen verspürten. Er läßt auch ahnen, was im vorigen Kapitel ausgeführt wurde: Hinter den Arbeitsmigrantinnen standen die Figuren der Landfrauen, der Mütter, die eine zentrale Rolle in ihrer Versorgung hatten. Die Frauenarbeit in Produktion und menschlicher Reproduktion war eine wichtige Grundlage der japanischen Industrialisierung (Vgl. Neuß 1980:41).

Die Industrialisierung stellte einen sozialen Umbruch dar. Die Beschaffenheit der Frauenarbeit in der größten modernen Branche (1) gestaltete die Zukunft der weiblichen Lohnarbeit im industriellen Zeitalter und wirkte in einem Wechselverhältnis auch auf die Reproduktionsarbeit ein. Wie in der Folge gezeigt werden soll, treffen wir in der Neuorganisation der geschlechtlichen Arbeitsteilung zwischen Haushalt und außerhäuslichem Erwerb auf Neuprägungen patriarchalischer Werte. Die Frauen werden nun vor allem als zukünftige Mütter und moderne Hausfrauen neu definiert, die in den "Übergangsstadien" zu dieser zugeschriebenen Rolle und zusätzlich dazu auch Lohnarbeit leisten sollen. Die Herausbildung dieser reorganisierten patriarchalischen Werte läßt sich in den Entwicklungsstufen der industriellen Beziehungen in der Baumwollindustrie nachzeichnen.

Zudem finden wir, daß der weibliche Arbeitsmarktsektor der Baumwollindustrie, der sich zunächst in Richtung auf eine "freie Zirkulation" der Arbeitskräfte entwickelte, während und nach der Konsolidierung der Branche zunehmend patriarchalisch begründete Restriktionen hervorbrachte, zunehmend zum "gebundenen Markt" wurde. Der Freiheit des Arbeitsmarkts stand bei den Frauen also die patriarchalische Verfügung der Unternehmer über ihre Arbeitskraft, ihren Körper, zum Teil auch über ihre Sexualität gegenüber. Sie argumentierten, daß sie anstelle der Eltern oder des Vaters die jungen Frauen beaufsichtigen, ihre Bewegungsfreiheit einschränken und ihr Denken leiten müßten. Der äußeren Kontrolle und Bindung entsprach später die innere Integration der jungen Frauen in die Rolle der modernen Hausfrau, die ihnen ebenfalls eine untergeordnete Stellung auf dem Arbeitsmarkt ohne die Aussicht auf lebenslängliche, existenziell abgesicherte Beschäftigung zuwies.

DIE ASSOZIATIVE, AUF EIGENSTÄNDIGKEIT ORIENTIERTE JAPANISCHE INDUSTRIALISIERUNG UND DIE BEDEUTUNG DER BAUMWOLLINDUSTRIE (2)

Die Industrialisierung in Japan beruhte auf der Koppelung von weltmarktorientierten Konsumgüterindustrien, vor allem der Baumwoll- und Seidenindustrie, und der langsamer sich herausbildenden Schwerindustrie, die stark auf die militärische Stärkung des Landes orientiert war. Die Textilindustrie verdiente neben dem im 19. Jh. noch wichtigen Export von landwirtschaftlichen Rohstoffen wie Tee und Reis die notwendigen Devisen für den Einkauf von Maschinen und Technologien, und zugleich wurde ein großer Teil der Produktion wegen mangelnder Massenkaufkraft in Japan durch den Export vor allem nach Ostasien und Südostasien abgesetzt. Umgekehrt war Japan bis mindestens 1915-20 auch in der Konsumgüterindustrie noch von Ausrüstungsgütern und Maschinen, vor allem aus England, abhängig (3). Während die Orientierung auf eine eigenständige Entwicklung ein konstitutiver Faktor des "japanischen Entwicklungsweges" war, so war dieser zugleich im wesentlichen assoziativ, nämlich ein Vordringen mittels arbeitsintensiven Konsumgütern auf dem Weltmarkt. Zusätzlich wurde die Markteroberung in der Mandschurei und China durch die politische und militärische Einflußnahme Japans gestützt.

Die Industrialisierung war, sehr kurz gesagt, zunächst ein politisches Unternehmen, das von der Bürokratie gefördert und gestützt wurde, während die bürgerlich-kapitalistischen Kräfte "im Volk" - im Gegensatz zu den Staatsunternehmen - relativ schwach entwickelt waren (Vgl. Smith 1955). Allerdings verstärkte sich ab Mitte der 1880er Jahre die Initiative von Privatunternehmern aus ehemaligen Samuraifamilien und aus ländlichen Pachtherren-, Kaufmanns- und Manufakturhäusern.

So erhielt auch die Baumwollspinnerei-Industrie von Anfang an staatliche Förderung. Die Regierung gründete um 1881-2 zwei staatliche Baumwollspinnereien mit aus England importierten Anlagen mit 2000 Spindeln, die sie 1882 und 1886 an Privatunternehmer verkaufte, wobei die Maßnahmen neben der Industrialisierungsplanung auch durch das staatliche Interesse an der Arbeitsbeschaffung für verarmte Samurai motiviert waren (Sumiya 1955:183 ff). Den Technologietransfer förderte die Regierung durch Anlagenkauf in England, die Verbreitung und Bereitstellung von staatlich entlohnten Ingenieuren und Technikern als technische Berater der Privatindustrie. Außerdem gab sie Sonderkredite für den Maschinenkauf (Vgl. Edlinger 1979:17-18).

Die erste Generation der Fabriken mit 2000 Spindeln litt unter technischen Problemen und relativ zur internationalen Konkurrenz zu hohen Produktionskosten. Sie wurde durch die ab 1883 entstehenden Großunternehmen mit ca. 10000 Spindeln abgelöst. Pionier war hier die Ōsaka bōseki AG, die ohne direkte Regierungsunterstützung 1883 gegründet wurde. Sie beschäftigte Töchter der städtischen Unterschicht und der armen Bauern der umliegenden Dörfer und führte noch im Jahr ihrer Gründung die Nachtarbeit ein. Sowohl diese "economies of scale" als auch die Nachtarbeit verbreiteten sich rasch (4).

Die Baumwollspinnerei-Industrie wuchs rasch von Mitte der 1880er Jahre bis zur Mitte der 1930er. Die Zahl der Spindeln nahm von 44 000 1883 um mehr als auf das zwanzigfache auf 1.027.000 im Jahre 1898 zu. 1919 stieg sie auf 1,7 Millionen, 1920 auf 3,1 Millionen und 1925 auf 4,6 Millionen an (Edlinger 1979: 30-1).

Die erste Krise des japanischen Kapitalismus 1889 ging auf eine Überproduktion in den Baumwollspinnereien gegenüber dem Rückgang des ländlichen Bedarfs infolge einer Mißernte zurück (5). Infolge dieser und der nächsten Krise um 1900 und 1908 fand eine deutliche Unternehmenskonzentration statt - 1889 gab es noch 81, 1903 nur noch 49 Spinnereiunternehmen (Edlinger 1979 35) - und es bildete sich eine **oligopolistische Struktur heraus.** Die acht größten Spinnereiunternehmen hatten gegenüber den Rohbaumwolle-Handelsgesellschaften und den Abnehmern, d.h. den Webereien, die entweder Klein- oder Mittelbetriebe oder Heimwebereien waren, eine dominierende Stellung erworben. Deswegen konnten sie besonders vorteilhafte Liefer- und Abnahmebedingungen für sich erreichen (6).

Durch weitere Fusionen verringerte sich die Zahl der Oligopole bis ca. 1920 auf drei Firmen, die Kanegafuchi bōseki AG (von nun an Kanebō), die Dai Nippon bōseki AG (von nun an Dai Nihonbō) und Tōyō bōseki AG (von nun an Tōyōbō) (Vgl. Hazama 1964:323). Sie hielten 1918 zusammen 51% der Baumwollindustrie-Aktien und versuchten in der Depression nach dem 1. Weltkrieg die Klein- und Mittelunternehmen ihren Interessen unterzuordnen (NKGSJ:386).

Die Baumwollspinnereien hatten unter starkem Regierungseinfluß 1882 einen Unternehmerverband, die "Baumwoll-Liga" (1882 Bōseki rengokai, 1902 in Dai Nippon bōseki rengokai umbenannt) gegründet. Konzentrierte sie sich zunächst auf Abwehrmaßnahmen gegen Streiks und gewerkschaftliche Organisationen und auf die Agitation für die Aufhebung der Zölle auf Rohbaumwolle, so übernahm sie in den ersten Krisen allmählich die Funktion eines Kartells und beschloß Produktionskürzungen in den Nachkriegsdepressionen nach dem Chinesisch-Japanischen (1894-5) und dem Russisch-Japanischen Krieg (1904-5) (ibid.).

Die Oligopole, die "drei Spinnereien", hatten einen dominierenden Einfluß in ihr. Dennoch war die Konkurrenz zwischen den Firmen durch die Kartelleigenschaften der Liga nicht ausgeschaltet; alle Auflagen der Baumwoll-Liga konnten z.B. die Abwerbung und den regelrechten Raub der Arbeiterinnen während der Arbeitskräfteknappheit um 1900 nicht verhindern (7).

Die ersten Krisen führten auch zu einer immer stärkeren Orientierung auf den Export (Takamura 1980:109-110). Dabei traf das japanische Baumwollkapital auf die Konkurrenz zu den englischen, US-amerikanischen und indischen Herstellern. Es versuchte, sich durch im internationalen Maßstab niedrige Löhne und lange Arbeitszeiten, also durch eine besondere Ausbeutung der Arbeitskräfte im Exportsektor, und die Konzentration auf billige Einfachproduktion auf dem ostasiatischen Markt zu behaupten. Dies brachte für den japanischen Kapitalismus spezifische Strukturprobleme einer assoziativen Strategie auf Basis von Niedriglohnarbeit mit sich.

Der innere Markt für Garne in Japan war aufgrund der Armut der Mehrheit der Bauern und der städtischen Unterschicht beschränkt auf die Heimweberei, die kleinen Webereifabriken und die bäuerliche Eigenproduktion von Tuch, die bis ca. 1910-20 noch verbreitet war (8). Da aber die assoziative, exportorientierte Industrialisierung dem Verständnis der Unternehmer nach niedrige Löhne voraussetzte und die ländlichen Strukturprobleme nämlich die Verarmung der Kleinstbauern und Pächter, aufgrund der spezifischen Klassenkonstellationen zwischen Bürokratie, Pachtherren und Industriellen nicht wirklich angepackt wurden, blieb die Stagnation einer inneren Marktausweitung aufgrund von mangelnder Massenkaufkraft ein Strukturmerkmal des japanischen Kapitalismus.

Die Konsequenz war das imperialistische Eindringen vor allem in den koreanischen, chinesischen und mandschurischen Markt.

Um die Werte der japanischen Produktion realisieren zu können, wurden sie vor allem in den japanischen Einflußgebieten in Ostasien abgesetzt und griffen dort die einheimisschen Industrien, Manufakturen und bäuerlichen Nebengewerbe an. Japan kombinierte in Ostasien ökonomisches und militärisches Vordringen, wie 1910 in der Kolonialisierung Koreas trotz erbitterten Widerstands der Koreaner und dem "Mandschurei-Zwischenfall" 1931 und dem Chinakrieg ab 1937. Sowohl die inegalitäre Agrarstruktur als auch die Industriestruktur beinhalteten eine expansive Tendenz in andere Länder Ostasiens.

Doch scheint mir wichtig zu betonen, daß dieses imperialistische Vordringen Resultat einer **relativen Schwäche** des Kapitals war und es nicht etwa – entsprechend der Leninschen Imperialismustheorie – von Monopolen, die im Land keine Anlagesphären für ihre Extraprofite gefunden hätten, verursacht war. Die Baumwollindustrie hatte zwar Oligopole, sie war aber nicht monopolistisch organisiert. Die Baumwoll-Liga hatte wohl in manchem die Funktionen eines Kartells, schloß den Wettbewerb zwischen ihren Mitgliedern aber keineswegs aus. Eher scheint das militärische Vordringen u.a. aus dem Versuch zu resultieren, die inneren Probleme der assoziativen Strategie, nämlich Realisierungsschwierigkeiten, Massenarmut und Sozialkonflikte in einer militärischen Expansion zu lösen. Dieser Weg ist eventuellen Nachahmern des japanischen Modells heute versperrt.

Der Export japanischer Baumwollgarne begann um 1890 und nahm nach dem chinesisch-japanischen Krieg ab 1896 rapide zu. "1896 wurden 10%, 1899 bereits über 40 % der in Japan produzierten Garne exportiert" (Edlinger 1979:26). Die Gesamtstruktur des japanischen Exports um 1900 sah so aus, daß nach Europa und den USA vor allem Rohstoffe (Kupfer, Tee) und Seide und nach Ostasien Baumwollgarne, Kohle und Fischereiprodukte verkauft wurden (Takamura 1980:543-5). 37% der japanischen Baumwollgarnproduktion wurden exportiert, ganz überwiegend nach Korea, China und Hongkong (ibid. 66-7, 118-122).

Nach China fand ab 1919 ein massiver Kapitalexport statt. Er war durch die Erhöhung der Importzölle in China 1919 ausgelöst worden. Die Großspinnereien gründeten Niederlassungen vor vor allem in Shanghai und Tsingtau (**zaikabō**: japanische Spinnereien in China).

> "Zwischen 1919 und 1925 stieg die Spindelzahl der **zaikabō** auf das 3,8-fache und überschritt im Jahre 1925 bereits die

1-Million-Grenze, in diesem Jahr verfügten die **zaikabō** über 38% der gesamten chinesischen Spindelzahl und gelangten vergleichsweise fast auf ein Viertel der japanischen Spindelzahl." (Edlinger 1979:43)

Der Kapitalexport großer japanischer Spinnereien nach Korea nahm nach der Gründung eines Zweigs der Tōyōbō AG 1933 rasch zu. Laut Grajdanzew lag ihm vor allem das Motiv zugrunde, der in Japan ansteigenden Besteuerung und den arbeitsrechtlichen Reformen, vor allem dem seit 1929 durchgesetzten Verbot der Nachtarbeit, zu entgehen.

"Korea in this respect was a capitalist's paradise – taxes on business were almost non-existent, legislation to protect the workers was completely absent, and wages were less than one-half of the wages in Japan proper." (Grajdanzew 1944:154)

Trotz ihres spektakulären Wachstums und ihrer expansiven Tendenz war die Baumwoll-Industrie sowohl im internationalen Maßstab als auch in Bezug zur gesamten japanischen Wirtschaft relativ klein. Ōuchi verweist in einer Aufreihung internationaler Produktionshöhen auf den "Liliputcharakter" der japanischen Industrie noch bis 1930 (Ōuchi 1962:155).

Tabelle 14: Zahl der Spindeln im internationalen Vergleich (in 1000)

Jahr	Japan	England	USA
1919	3 320	57 000	19 600
1930	7 072	55 207	24 025

Ōuchi 1962:155,193

Allerdings erhöhte die Industrie aufgrund von Produktdiversifizierungen und -verbesserungen nach 1910, nämlich durch den Übergang zu Feingarnen und vor allem die Angliederung von maschinellen Webabteilungen an die Spinnereien, ihre internationale Konkurrenzfähigkeit. Ende der 20er Jahre begann sie mit einer Rationalisierungskampagne. Sie stützte sich allerdings weniger auf fortgeschrittene Technologie, sondern zielte hauptsächlich auf Übernahme des Taylorismus und Erhöhung der Arbeitsintensität der sowieso schon mit Nachtarbeit (bis 1929) und langen Arbeitsstunden belasteten Arbeiterinnen hin (Vgl. Edlinger 1979: 43-44, Hazama 1964:325-328).

Ca um 1915 setzte allmählich eine japanische Werkzeugproduktion für die eigenen Konsumgüterindustrien ein (Ōuchi 1962:189). Dies war wohl eine Voraussetzung für die Ausweitung der industriellen Baumwollweberei durch die Großspinnereien, während bisher die Heimweberei dominiert hatte (Utley 1931:83) (9). Dabei spielte die endgültige Rückgewinnung der Zollautonomie 1911 eine wichtige Rolle, die es Japan ermöglichte, Schutzzölle für "junge Industrien" wie den Werkzeugbau und die Baumwollindustrie zu erheben. Laut Ōuchi stärkte diese Zollpolitik indirekt die Oligopole (Ōuchi 1962:189).

Infolge dieser Veränderungen gingen die Großspinnereien zum Teil dazu über, auch hochwertige Baumwollgarne und -tuche nach China zu exportieren, wobei ihnen die enge Zusammenarbeit mit den japanischen Handelsgesellschaften zugute kam. Um 1930 verstärkten sie auch den Export grober Garne von ihren Fabriken in China (Utley 1931:88). Der ostasiatische Markt nahm um 1930 noch 80,8% der japanischen Baumwollexporte auf. Die wichtigsten Exportregionen waren China, Indien, Indonesien (damals Niederländisch Indien) und Ostafrika (Vgl. Utley 1931:88-89, 101-108). Die fortgesetzte Exportausweitung führte zu heftigen politischen Protesten in China, die mit der 4.Mai-Bewegung 1919 und den Boykott-Aufrufen gegenüber japanischen Baumwollwaren begannen und in den Streiks 1925 in Shanghai einen weiteren Höhepunkt erreichten. U.a. am Export von Qualitätstuchen und dem direkten Eingreifen des japanischen Imperialismus in China und der Mandschurei entzündete sich eine innerimperialistische Kontroverse mit Großbritannien und den USA (10).

DIE ARBEITSMARKTSTRUKTUR UND DIE ARBEITSBEDINGUNGEN IN DER BAUMWOLLINDUSTRIE

In der frühen Industrialisierung bis ca 1920 bildete die Baumwollindustrie einen der größten Sektoren auf dem industriellen Arbeitsmarkt. Der Arbeitsmarkt dieser Branche war aufgeteilt in einen umfangreichen, weiblichen, fluktuierenden und durch die Härte der Arbeitsbedingungen raschem Verschleiß unterworfenen Sektor, für dessen Kontrolle im Zuge seiner Ausweitung zunehmend patriarchalische Systeme reorganisiert und eingesetzt wurden, und in einen kleinen, männlichen Sektor, der sich in Richtung auf qualifizierte Tätigkeiten und langfristige Beschäftigung entwickelte. In der langfristigen Entwicklung trat also eine geschlechtliche Polarisierung auf, so daß man fast von zwei Arbeitsmärkten sprechen möchte: von dem "weiblichen, zunehmend gebundenen Arbeitsmarkt" und dem "männlichen, freien Arbeitsmarkt". Während die Arbeiterbewegung und breitere reformorientierte Kreise in der Folge allmählich eine Aufhebung der äußerlichen Restriktionen für die weiblichen industriellen Arbeitskräfte und eine prinzipielle Gleichstellung mit den männlichen Arbeitern erreichte, was vonseiten des Staats durch die arbeits- und verfassungsrechtlichen Schutz- und Gleichberechtigungsgesetze nach 1945 fixiert wurde, so blieb der weibliche Sektor auf dem Arbeitsmarkt auch danach durch die auf gesamtgesellschaftlicher Ebene reorganisierten patriarchalischen Werte an Familie und Hausarbeit gebunden (11).

Auch wegen der Schlüsselposition der Baumwollindustrie bildeten Frauen die Mehrheit der ersten Generationen der Industriearbeiter. In Japan sind sie also weder "Nachzügler" bei der industriellen Beschäftigung, was für Willms eine Ursache für die untergeordnete Stellung der Frauen auf dem Arbeitsmarkt in Deutschland darstellt (Müller, Willms, Jandl 1983:25,127,128). Noch können sie von der historischen Bewegung her als "Sonderfall Frau" (Ostner, Willms; ibid.112-4; 226-8) interpretiert werden. Der weibliche Arbeitsmarktsektor faßte eher konzentriert die allgemeinen Bedingungen der Lohnarbeit außerhalb bestimmter Schlüsselbranchen mit einem breiten Kern qualifizierter Arbeitsplätze wie z.B. in der Metallindustrie zusammen (Vgl. S. 235, Ōkōchi 1950:155-6). Vielmehr bildeten sich bestimmte Charakteristika der überwiegend männlichen Stammarbeiterschaft, die heute als "typisch japanisch" erscheinen wie etwa die lebenslange Beschäftigung, zunächst als besondere Maßnahmen heraus, um in den Großunternehmen die hochqualifizierten "Facharbeiter" zu halten. Sie wurden erst in der Nachkriegsperiode für die Stammbelegschaften verallgemeinert, treffen aber auch gegenwärtig auf eine sehr große Gruppe von Lohnarbeitern in instabilen Beschäftigungsverhältnissen nicht zu (Vgl. Ernst 1980:12 ff, 196 ff). In der Rede von einem "weiblichen Sonderfall" erscheint implizit der (männliche) Rest der Verhältnisse als Allgemeines und sie steht deswegen in der Gefahr einer ideologischen Sicht, die das Weibliche nur als Besonderes, Defizitäres auffaßt und damit auch die Allgemeinheit nicht mehr balanciert wahrnehmen kann. Wir sind vielmehr mit einer Verflechtung der Formen der gesellschaftlichen Arbeit konfrontiert, die sich unter anderen Faktoren auf die geschlechtsspezifische Verteilung und Polarisierung der Lohnarbeitsplätze auswirkt.

Der weibliche Arbeitsmarktsektor in der Baumwollindustrie war weiterhin durch eine hoch fluktuierende, kurzfristige, flexibel nach den Anforderungen der Unternehmen terminierte Beschäftigung von Mädchen und jungen Frauen gekennzeichnet (Edlinger 1979:105-112). Komplementär zu dieser Kurzzeitbeschäftigung wirkten sehr harte Arbeitsbedingungen, die einen großen menschlichen Verschleiß mit sich brachten. Die Arbeiterinnen hätten eine Lebenszeitbeschäftigung unter diesen Umständen kaum ausgehalten (Vgl. Fuchs 1970:80). Die Fluktuation und die Flexibilität bei Anstellungen und Entlassungen beruhte auf einer systematischen Subsumtion des Reservoirs der ländlichen Arbeitskräfte. Die Arbeiterinnen kamen zu 60-80% vom Land. Ihr Lohn ging zu einem großen Teil nicht an sie, sondern an ihre dörflichen Familien. In manchen Fällen erhielten sie auch nach der Konsolidierung der Industrie nur Wohnung, Kleidung und ein Taschengeld und der Rest des Lohnes wurde vom Personalbüro direkt an die Eltern geschickt.

Die Strukturmerkmale der Kurzzeitbeschäftigung von jungen Frauen und des "Zusatzlohns", der nicht für ihre selbständige Existenz, sondern als Zuschuß für ihren Haushalt berechnet wurde, kennzeichneten die Frauenarbeit in der Baumwollindustrie bis in die 1950er Jahre (Suekichi 1966 passim). Ihr Einfluß ist in abgemilderter Form auch in der Frauenarbeit in anderen Branchen festzustellen.

Als drittes Kennzeichen des weiblichen Arbeitsmarktteils erscheint der zunehmende Trend zum gebundenen Arbeitsmarkt bis weit in das 20.Jh. Dabei wirkte die Hierarchie nach Geschlecht und Klasse als gestaltender Faktor: Die Arbeitsmigrantinnen vom Land wurden mit Arbeitsbedingungen konfrontiert, denen sich junge Mädchen in der städtischen Unterschicht tendenziell verweigerten. Die Entwicklung des Arbeitsmarkts und der industriellen Beziehungen läßt sich unter diesen Aspekten in mehrere Phasen einteilen. Auf die erste Phase einer relativ freien Rekrutierung von Arbeitskräften in der Umgebung der Fabriken bis ca 1890-1900 folgte eine Stufe der extensiven Produktionsausweitungen, die vor allem auf einer Verlängerung des Arbeitstages mittels der Einführung der Nachtarbeit und einer absoluten Zunahme der Zahl der Arbeiter/innen beruhte. In dieser Phase vermieden die Firmen bewußt die Herausbildung eines freien Arbeitsmarktes, der mit der aus einer Expansionsphase resultierenden Arbeitskräfteknappheit wohl ein ganz erhebliches Ansteigen des Lohnniveaus mit sich gebracht hätte, und gingen in eigener Regie zur Anwerbung von Bauernmädchen in entlegenen ländlichen Regionen als der wichtigsten Form der Rekrutierung über. Zugleich entwickelten sie ökonomische und persönliche Zwangssysteme, um trotz der industriellen Unerfahrenheit eine möglichst hohe Arbeitsleistung zu erreichen: ab ca 1900 wurde das Lohnsystem der Baumwollspinnereien auf niedrig angesetzten Akkordlöhnen aufgebaut. Vorarbeiter und Wohnheim-Aufseher/innen kontrollierten die Arbeiterinnen. Es kam durchaus vor, daß Arbeiterinnen, die schlechte Produktionsziffern hatten oder die Arbeit versäumten, beschimpft oder geschlagen wurden.

Eine dritte Phase setzte allmählich von ca 1905 mit dem Versuch einzelner Großbetriebe ein, die Arbeiter/innen durch eine patriarchalische Ideologie und erste Anfänge von Sozialleistungen an sich zu binden. Bei diesen Bestrebungen, eine innere Integration der Lohnarbeiter an das Fabriksystem zu erzielen, war eine geschlechtsspezifische Differenzierung vonseiten der Unternehmensleitung deutlich: die männlichen Arbeiter wurden eher mit dem Versprechen von Fachausbildung und Aufstiegsmöglichkeiten angesprochen, die Arbeiterinnen wurden als Frauen, auch als künftige Hausfrauen adressiert.

In dieser Phase, die letztendlich bis zu dem neuen Arbeitsgesetz 1947 und der Durchsetzung seiner Bestimmungen reichte, dauerten neben den integrativen Maßnahmen die Zwangsmechanismen fort. Im folgenden sollen Arbeitsmarktentwicklung, Arbeitsbedingungen und der Lebenszusammenhang der beschäftigten Frauen in diesen Phasen dargestellt werden.

DIE EXPERIMENTIERPHASE IN DEN PERSONALBEZIEHUNGEN 1880-1890

In der Entstehungsphase der maschinisierten Baumwollspinnereien überkreuzten sich verschiedene Vorstellungen von der Auswahl und den Anstellungsbedingungen der Arbeitskräfte. Das Konzept der Lohnarbeit war noch mit verschiedenen Traditionen verbunden; ein einheitliches Bild von "Lohnarbeitern" - noch weniger von Proletariern - bestand nicht. Noch um 1904 wurde in der ersten Übersetzung des "Kommunistischen Manifestes" für den Begriff des Proletariats das Wort **heimin**, d.h. "gemeines Volk" im Gegensatz zum Adel und den Reichen verwandt (12).

Die Personalbeziehungen in den großbäuerlichen oder städtischen Spinnereien, wie z.B. in der Takinogawa-Fabrik in Tokyo, beruhten auf einem mehrjährigen "Dienst" (**hōkō**) (Vgl.NSMJ:131 ff) nach dem herkömmlichen Gesinderecht. Die Arbeiterinnen lebten in einem Wohnheim bei der Fabrik, erhielten neben Essen und Kleidung einen Monatslohn von 50 sen, hatten aber Bewegungsfreiheit und konnten auch kündigen. Nach Ablauf ihrer Vertragszeit erhielten sie Kleidung und eine Kommode für ihre Aussteuer. Die männlichen Arbeiter bekamen neben dem Essen monatlich 4-5 yen Lohn. Diese Manufakturen verwandelten sich aber aus verschiedenen Gründen (13) meist nicht in maschinelle Spinnereien und die Vorstellung von Lohnarbeit als "Dienst" wurde dementsprechend obsolet (Yasui 1967:65-70).

Bei den frühen staatlichen Industriegründungen kann man zu Beginn, anders als bei den Manufakturen, nicht von einem Arbeitsmarkt im engeren Sinne sprechen. Die Allokation der Arbeitsplätze erfolgte weniger marktvermittelt als nach Standesgesichtspunkten. Die industrielle Tätigkeit wurde eher als "Dienst am Land" entsprechend feudalen Loyalitätsprinzipien, weniger als Verkauf der eigenen Arbeitskraft gegen Lohn angesehen. Die ersten staalichen oder halbstaatlichen Spinnereien mit ca. 2000 Spindeln beschäftigten vor allem Samurai-Töchter und -Söhne. Ähnlich wie in der staatlichen Seidenhaspel-Musterfabrik in Tomioka wurde Industriearbeit von ihnen als "Dienst am Vaterland" begriffen, da durch eigenständige Garnindustrien die Importe vermindert werden konnten (Sumiya 1955:163-167, Yasui 1967:41-65). Die Regierung und die Präfekturen betrieben diese Fabrikgründungen auch als einkommenschaffende Maßnahme für die verarmten Samurai. Diese hatten im Gegensatz zum europäischen Adel kein eigenes Grundeigentum, sondern waren als Gefolgsleute der feudalen Fürsten vom Land getrennt worden und somit mit der Aufhebung der feudalen Lehen und ihrer Dienstverhältnisse verarmt. So wurden in der Hiroshima Spinnerei und der Okayama Spinnerei nur Arbeiter aus Samurai-Familien angestellt (Yasui 1967:51). Aber die Vorstellung, daß der Lohn die Grundlage der Reproduktionskosten sein sollte, war wohl nicht durchgehend verbreitet. In manchen Fällen lehnten z.B. die Eltern der adligen Arbeiterinnen in Tomioka den Neujahrsbonus ab (Sumiya 1955:164).

In der 1868 im Satsuma han eröffneten Spinnerei lernten etwa gleichviel Mädchen wie Jungen aus Samurai-Familien die neue Maschinentechnologie von britischen Ingenieuren (Kidd 1978:3). Aber bald danach wurden überwiegend Frauen angestellt und die Firmen gingen mit der Privatisierung und ihrer Ausweitung vom Grundsatz der Samurai-Beschäftigung ab. 1889 lag der Anteil der Arbeiterinnen im Durchschnitt bei 69% der Arbeitskräfte, "bei Spinnereien, die Mule-Maschinen verwendeten, lag deren Anteil noch unter diesem Durchschnitt" (Edlinger 1979:106). In den folgenden Jahrzehnten stieg der Frauenanteil weiter an.

Warum wurde der Baumwollarbeitsmarkt zunehmend weiblich dominiert? Die Ursachen für die "wachsende Verknüpfung" von Frauenarbeit und Spinnmaschinen liegen wohl in den innerjapanischen Verhältnissen und den europäischen Einflüssen. Spinnen und Weben war seit Jahrhunderten ein weiblicher Tätigkeitsbereich geworden (14) und die Mädchen im Haushalt hatten bereits eine informelle Kompetenz darin erworben. Da die europäischen Berater und Ingenieure, die sich im Auftrag der japanischen Regierung leitend am Technologietransfer und Aufbau der neuen Industrien beteiligten, ein Mitspracherecht z.B. über die Arbeitszeiten hatten, ist anzunehmen, daß sie auch in der Frage der Frauenbeschäftigung konsultiert wurden. Sie brachten auch das Konzept der europäischen geschlechtsspezifischen Arbeitsteilung mit in die Fabrikhallen, nach dem die Frauen hauptsächlich die unmittelbare Produktion verrichteten und die Männer anleitende oder technische Funktionen hatten. Weitere sehr wichtige Faktoren waren aber auch die Lohndiskriminierung der Frauen und die Vorstellung, daß man sie eher der Härte der Fabrikdisziplin unterwerfen könne (15).

In zentralen strukturierenden Prinzipien wie dem Lohn und der Arbeitszeit lehnte sich der expandierende Arbeitsmarkt der Baumwollindustrie an den schon weit entwickelten ländlichen Arbeitsmarkt an. Die Kalkulation von Industrielöhnen orientierte sich zunächst am Lohnniveau der Landarbeiter, nicht am Handwerkerlohn. In der Ōsaka bōseki AG, die die erste privatkapitalistsiche Großspinnerei im engeren Sinne war (16), einigte sich das Management auf einen Männerlohn in der Höhe von zwölf sen, was dem Preis von zwei shō (3,6 l) Reis entsprach:

> "Als wir im Dezember 1882 die Löhne für die männlichen und weiblichen Arbeiter festsetzen wollten, gab es noch keine Standards und wir hatten große Schwierigkeiten dabei... Damals waren die Löhne für die Hilfsarbeiter bei einem Zimmermann oder Steinmetz im allgemeinen auf 25 sen festgesetzt, aber die Baumwollarbeiter waren völlige Neulinge... Es gab zwar Richtlinien für die Lohnerhöhungen je nach Geschicklichkeit und Lehrzeit, aber die Entscheidung über die Höhe des Anfangslohns war schwierig. Nachdem wir erst einige Untersuchungen angestellt hatten, beschlossen wir den männlichen Arbeitern 2 shō Reis zu zahlen (damals kostete ein shō ungefähr 6 sen) und legten die Männerlöhne bei 12 sen, die Frauenlöhne bei 7 sen fest." (Bericht von Okamura Katsumasa, nach Ōkōchi 1. Bd. : 22).

Die Höhe des Männerlohns entsprach dem eines Tagelöhners in der Landwirtschaft. Auch die Arbeitszeit "von Sonnenaufgang bis zum Sonnenuntergang" war identisch mit der landwirtschaftlichen Arbeitszeit während der aktiven Zeiten des Pflanzens und der Ernte.

Die Rekrutierung der Arbeitskräfte erfolgte in dieser Experimentierphase überwiegend auf dem freien Markt durch Angebot und Nachfrage meist in der Region um die Fabrik. Dies entsprach der Anlehnung an den ländlichen Arbeitsmarkt. Die Ōsaka bōseki und die anderen in den 80er Jahren gegründeten Großspinnereien rekrutierten ihre Arbeitskräfte aus den Söhnen und Töchtern der städtischen Unterschichten und der verarmten Kleinbauern- und Pächterschichten der umliegenden Dörfer. Wir haben gesehen, daß gerade um Osaka und Tokyo die Differenzierung der Bauernschichten fortgeschritten war. Ein Großteil der Arbeiter und Arbeiterinnen lebten bei den Eltern, wenn auch in dieser Zeit bereits Wohnheime für in fernen ländlichen Regionen angeworbene Arbeitsmigranten bestanden (17).

DER KAMPF UM DIE WEIBLICHE ARBEITSKRAFT: ANWERBUNG, RAUB, KONTROLLE

Die Entwicklung des Arbeitsmarktes und der industriellen Beziehungen in den Jahren der industriellen Expansion von ca. 1890 bis 1910 läßt sich als Kampf um die weibliche Arbeitskraft an sich im doppelten Sinne zusammenfassen : einerseits ging es um die Gewinnung von Arbeiterinnen überhaupt. Deswegen begannen auch die Großfirmen damit, die Arbeiterinnen aus "unterentwickelten" ländlichen Regionen anzuwerben, wobei sie in heftiger Konkurrenz um billige und geschickte Arbeitskräfte standen. Besonders um 1900 war der offene Raub von Arbeiterinnen aus anderen Unternehmen nicht selten. Bei dieser Anwerbung vom Land war ein Hauptmotiv der Unternehmen, die Arbeitslöhne, die angesichts der niedrigen organischen und technischen Zusammensetzung des Kapitals einen großen Teil der Kosten ausmachten, so gering wie möglich zu halten (Vgl. Yasui 1967:104-105)(18).

Andererseits versuchten die Firmen durch ökonomische und persönliche Zwangsmaßnahmen die Arbeiterinnen trotz des Niedriglohns und ihrer harten Lebensumstände an die industrielle Disziplin anzupassen (19) und den Widerstand von Arbeiterinnen, der sich vor allem in Fluchten und Fehlzeiten äußerte, niederzukämpfen. Dabei entwickelten sie Systeme der ökonomischen Anreize und Strafen und der Zwangsbindung der Arbeiterinnen an die Fabriken. Gewalt, in Form von Schlägen oder Beschimpfungen, war häufig. Die Tendenzen zum freien Arbeitsmarkt traten zurück gegenüber wachsender Restriktion in der Anwerbung, im Arbeitsvertrag und in den industriellen Beziehungen.

Doch ist es wichtig, zu unterscheiden, welche Elemente in diesem Beschäftigungssystem dem allgemeinen Stand der industriellen Beziehungen in einem Lande entsprachen, in dem eine rigide nationalistische Elite in den Jahren seit der Meijirestauration den Protest breiter Massen gegen ihre Politik meist repressiv beantwortet hatte, und welche zur besonderen Kontrolle und Ausbeutung der Lohnarbeiterinnen, u.a. infolge der Exportstrategie entwickelt worden waren. Anders gesagt: welche Arbeitsbedingungen trafen auch für Männer und Frauen in anderen Industrien zu, welche galten nur in der Baumwollspinnerei und der Seidenhaspelei, die ebenfalls eine auf Frauenarbeit aufbauende Exportindustrie war (20)?

Ehe ich auf diese Frage der spezifischen Ausbeutungsbedingungen eingehe, möchte ich einen Überblick über den Umfang und die Zusammensetzung der Arbeiterschaft in der Baumwollindustrie in dieser und der nächsten Periode geben. Die Zahl der Arbeiter nahm von 1890 bis 1900 um etwa das Vierfache zu – von 12 409 auf 58 440 – und wuchs dann auf 71 446 im Jahre 1905. Im gleichen Zeitraum erhöhte sich der Anteil der Arbeiterinnen an der Baumwollarbeiterschaft von 70,2 % auf 82,1 %; in den folgenden Jahren bis 1930 blieb er bei 80 – 77 %. 1913 stieg die Zahl der Arbeiter auf 107 745; sie betrug damals ca. ein Fünftel aller Lohnarbeiter in der Industrie (Vgl. NTTN 1905, Edlinger 1979:108-109). Bis 1926 wuchs sie darauf kontinuierlich auf 173 604 und fiel dann bis 1932 aufgrund der Wirtschaftskrise, die durch die Weltwirtschaftskrise verstärkt wurde, und der Rationalisierungsbestrebungen Ende der 1920er Jahre. Deutlich wird vor allem in den Krisenjahren um 1900 und 1930 eine starke Schwankung der Arbeitskräftezahl; die Firmen heuerten und entliessen nach ihrem aktuellen Bedarf, was ihnen durch die Kurzzeitverträge und die hohe Fluktuation ermöglicht wurde (Vgl. Tabelle 15) (21).

Ōuchi zeigt in einem Überblick über die industriellen Beschäftigungsverhältnisse um 1930, wie klein damals noch der Sektor der industriellen Lohnarbeit in Fabriken im Verhältnis zu den "selbstständig Beschäftigten" und abhängig Beschäftigten in der Kleinstindustrie und den Dienstleistungen war. In staatlichen und privaten Fabriken waren 2 026 000 Personen angestellt, in den Privatfabriken davon 1 684 000 Arbeiter (**shokkō**). Dem standen ca. 3,8 Millionen Betriebsinhaber und Familienarbeitskräfte und abhängig Beschäftigte in Kleinstbetrieben mit weniger als 5 Mitgliedern gegenüber – z.B. Kleinstwebereien, Mattenflechter, Töpfereien, kleine Geschäfte oder Straßenhandel usw. "Daraus läßt sich ersehen, daß selbst in der Industrie die Schichten sehr breit waren, die sich nicht als Lohnarbeiter verselbständigt hatten" (Ōuchi 1962:217). In der Landwirtschaft waren damals noch ca. 14 Millionen, d.h. 47,81 % aller Erwerbspersonen, beschäftigt (Vgl. ibid.: 215).

1895 betrug der Frauenanteil an der industriellen Lohnarbeiterschaft insgesamt ca 60%, 1910 ca 61 % und 1929 noch 50,5 % (22). Nach 1930 stieg die Männerbeschäftigung infolge der Ausweitung der Schwerindustrie, Elektro- und chemischen Industrie und die Frauenbeschäftigung außerhalb der Textilindustrie stark an. Die Baumwollindustrie verlor ihre führende Stellung als größter Arbeitsbereich in der modernen Industrie (Ōuchi 1962:218 ff; NSSRM:205).

Tabelle 15: Zahl und geschlechtsspezifische Zusammensetzung der Arbeitskräfte in der Baumwollspinnereiindustrie

Jahr	Arbeitskräfte männl.	weibl.	gesamt	Anteil der weiblichen Arbeitskräfte %
1890	3 697	8 712	12 409	70,2
1895	9 195	29 447	38 642	76,2
1898	13 693	46 875	60 568	77,4
1899	14 423	48 528	62 951	77,1
1900	13 298	45 142	58 440	77,2
1901	13 084	45 731	58 815	77,8
1902	15 495	56 914	72 409	78,6
1903	14 295	59 336	72 639	80,6
1904	11 451	50 219	61 670	81,4
1905	12 812	58 634	71 446	82,1
1910	18 266	75 614	93 880	80,5
1915	22 674	92 499	115 173	80,3
1920	33 966	109 782	143 748	76,4
1925	39 221	134 383	173 604	77,4
1926	40 735	141 787	182 522	77,7
1927	38 763	131 385	170 148	77,2
1928	36 356	117 698	154 054	76,4
1929	35 224	124 449	159 673	77,9
1930	30 202	108 982	139 184	78,3
1931	23 661	98 008	121 669	80,5
1932	21 154	105 652	126 806	83,3
1935	18 640	133 899	152 539	87,8

Quelle: Shindō 1958:356-9; Edlinger 1979:108-9 (21)

Der weibliche Arbeitsmarktsektor bestand vor allem aus Mädchen und jungen, überwiegend unverheirateten Frauen. Um 1900 war der Anteil der Kinderarbeit noch recht hoch. Laut einer Untersuchung von 1897 waren 10 371 (d.h. 18,5%) der 56 002 Arbeiterinnen (23) unterr 13 Jahre alt, 25 805 (46,1%) zwischen 14 und 19 Jhre alt und 19 826 (35,4%) über 20 Jahre; d.h. ca 65% waren unter 19 Jahren alt. Bei den männlichen Arbeitern waren im Gegensatz dazu 64,5% über 20 Jahre und nur 8,8% unter 13 Jahre alt (Vgl. Edlinger 1979:108). Erst 1911 wurde im ersten Fabrikgesetz, das um 1914 in Kraft trat, die Kinderarbeit unter 12 Jahren verboten, doch waren die gesetzlichen Bestimmungen nicht sehr effektiv und Kinder von 12 bis 14 Jahren waren dadurch nicht geschützt (Vgl. Kidd 1978:19-23).

Die Beschreibung der Arbeitssituation der Baumwollspinnereien in dem offiziellen Fabrikbericht des Agrar- und Handelsministeriums von 1903 blieb noch für die folgenden Jahrzehnte aktuell:

> "Sie stehen den ganzen Tag über neben der gleichen Maschine und gehen einer äußerst monotonen, reizlosen Beschäftigung nach. Nichts in ihrer Arbeit regt den Geist an. Sie leisten eine übermäßige Arbeit, vor allem Nachtarbeit, die den menschlichen Körper angreift. Da sie nur wenige Ruhetage und kurze Pausen haben und sofort nach dem Essen wieder arbeiten, kommt es zu Magen- und Darmerkrankungen und viele leiden unter mangelnder Ernährung. Baumwollstaub und -abfälle fliegen überall herum. Aber da wegen der Produktion eine Durchlüftung vermieden wird, die Fenster und Türen geschlossen werden und keine anderen Ventilationsanlagen eingebaut wurden, ist die Luft stark verschmutzt." (S.J. 1.Bd.:94, Übersetzung I.L.) (24).

Diese offizielle kritische Bestandsaufnahme des Fabrikberichts soll hier kurz in ihren Einzelelementen verfolgt werden:

Arbeitszeit und Nachtarbeit

Die Nachtarbeit wurde im Laufe der 1880er Jahre in fast allen Spinnereien eingeführt und ersetzte die vorherige an der Landwirtschaft orientierte Leitschnur für die Arbeitszeit, nämlich von "Sonnenaufgang bis zum Sonnenuntergang"(25). Bedeutete zuvor schon die lange Arbeitszeit mit 14 - 16 Stunden täglich eine schwere Umstellung für männliche und weibliche Arbeiter aus dem ländlichen Milieu, da nun die eher stillen Wintermonate ausfielen, so erlebten besonders die Frauen die Nachtarbeit als eine existentielle Katastrophe (26). Die Belastung durch die Nachtarbeit wurde durch den Übergang zum Elf- bis Zwölfstundentag nicht aufgewogen.

Um 1900 betrug die tägliche reine Arbeitszeit ohne Pausen im allgemeinen 11 - 11 1/2 Stunden. Monatlich wurden nominell zwei bis vier Ruhetage gegeben, doch dienten bis ca 1930 wenigstens zwei Tage davon dem Ausgleich des wöchentlichen oder zweiwöchentlichen Schichtwechsels (Vgl. Yasui 1967: 156-158, Utley 1931:144). Außerdem wurde zu den drei großen nationalen Feiertagen, d.h. dem zeremoniellen Geburtstag des Kaisers, dem Gebetstag des Kaisers, dem Gedenktag der Reichsgründung, und zu den herkömmlichen Volks-Feiertagen, nämlich zu Neujahr und zum **bon** Fest im Sommer, freigegeben (27).

Es bestand also eine 66 – 72-Stunde-Woche und die Maschinen waren 24 Stunden täglich im Betrieb. Die industrielle Expansion wurde durch eine einfache Ausweitung der Produktionszeit auf 24 Stunden und die Ausweitung der Zahl der Arbeitskräfte extensiv betrieben.

Das Lohnsystem

Das Lohnsystem um 1900 zeichnete sich durch eine starke Hierarchisierung und eine tiefgehende Diskriminierung nach Geschlecht aus. Männer erhielten feste Tageslöhne, während die Frauenlöhne nach einem Akkordsatz nach Umfang und Qualität ihrer Produktion bemessen wurden (Kidd 1978:25). Zusätzlich zu dem Tageslohn (**nikkyū**) gab es allerdings oft einen "Bonus" (**teate**) als Zuschuß zu den Lebenshaltungskosten in Höhe von ca 70% des Tageslohns (ibid.:27). In bezug auf die Einschätzung der Lohnhöhe scheint es sinnvoll, die geschlechtsspezifischen Lohnunterschiede in der Baumwollindustrie und die Durchschnittslöhne in der gesamten Industrie zu vergleichen.

Darum muß bei der Einschätzung des Lohnniveaus der Frauenarbeit beachtet werden, daß in der Baumwollindustrie insgesamt die Löhne relativ niedrig waren und in anderen Branchen, z.B. Schwerindustrie und Druckgewerbe, die überwiegend Männer beschäftigten, die Löhne wesentlich höher lagen.

Um einige Beispiele zu nennen: Der durchschnittliche Tageslohn eines Druckers lag 1900 bei 32,5 sen und 1910 bei 75,2 sen, also wesentlich über dem der Baumwollarbeiterinnen mit 18,07 sen , bzw. 27,22 sen (Vgl.Tabelle 3, Yasui 1967:148). 1920 verdiente ein Arbeiter in der Mitsubishi Schiffswerft in Kobe 232 sen, 1930 271 sen täglich, 1920 erhielt ein Arbeiter im Yamata Eisenwerk 238 sen und 1930 282 sen (Vgl. NSSRM:192) (29)
Die Frauenlöhne insgesamt lagen also bis 1945 bei ca 30% der Männerlöhne (NSMJ:701).

Die Anlehnung an die Strukturprinzipien des ländlichen Arbeitsmarktes bestand lange fort, umso mehr als ihr keine starke Arbeiterbewegung entgegenwirkte. Die Baumwoll-Löhne orientierten sich bis 1910 immer noch nach den landwirtschaftlichen Taglöhnen und entsprachen in ihrer Bewegung etwa den Schwankungen des Reispreises (Vgl. Yasui 1967:148, NSSRM: 101). Von 1895 –

Tabelle 16: Die Entwicklung des Lohnniveaus in der Baumwollspinnereiindustrie (1890-1937)

Jahr	täglicher Durchschnittslohn (in sen) Männerlohn	Frauenlohn	Anteil des Frauenlohns im Verhältnis zum Männerlohn %
1890	17,11	8,17	47,7
1895	17,82	9,93	55,7
1900	28,75	18,07	62,8
1905	34,57	21,25	61,5
1910	43,41	27,22	62,7
1915	49,46	32,19	65,1
1920	156,7	119,6	76,3
1925	154,8	122,4	79,1
1930	152,6	105,5	69,1
1931	142,9	92,8	64,9
1932	137,5	82,7	60,1
1933	136,9	78,1	57,0
1934	137,3	75,4	54,9
1935	135,5	72,9	53,8
1936	132,6	72,2	54,4
1937	141,1	78,3	55,5

Quelle: Shindō 1958:356-9 (28)

1903 lagen die Löhne der Spinnerinnen und der ländlichen Tagelöhnerinnen bei der gleichen Höhe (NSSRM:101).

So stiegen die Löhne zwar von 1890 - 1927 deutlich an; der Reallohn wuchs von ca 1914 - 1927 um das Doppelte (Vgl. Edlinger 1979:187). Doch lösten sich die Frauen-Löhne in der Baumwollindustrie im wesentlichen nicht von den Agrarlöhnen. Dies war ein Resultat bewußter Unternehmenspolitik: die jungen Mädchen und Frauen wurden auf dem Land angeworben, nach ihrer Beschäftigung dorthin ohne Kompensation zurückgeschickt und sie erhielten selbst während ihrer Beschäftigungszeit lange nur die grundlegenden Lebensmittel und einen Lohn in Taschengeldhöhe. Zugleich bedeutete diese Unternehmenspolitik aber auch, daß schon von der materiellen Entlohnung her die jungen Frauen ihre Zukunft nur schwer in der Industrie sehen konnten. Weder Lohn noch Arbeitsbedingungen gaben die materielle Basis für eine "innere Integration" in das Fabriksystem in dem Sinne ab, daß sie eine starke Arbeitsmotivation oder eine Bindung an ihren Betrieb entwickelt hätten. Deswegen entwickelten die Unternehmer verschiedene Akkordsysteme, die von ausgefeilten Hierarchien mit gestaffelten Lohnstufen begleitet wurden. Dazu kamen Strafgelder bei schlechter Leistung, Unpünktlichkeit usw.

Arbeitsorganisation und Arbeitsmarkt

Schon in ihrer Frühzeit zeigte die japanische Baumwollindustrie eine starke hierarchische Differenzierung in der Arbeitsorganisation. Vermutlich hat hier ein gewisser Bruch mit der einfachen gesinderechtlichen Struktur der vorherigen Textilmanufakturen stattgefunden (Yasui 1967:85-92). Zwischen Management und Angestellten einerseits und Arbeitern andererseits bestand eine große soziale Kluft (Hosoi 1925:42-46). An der Spitze der Hierarchie standen die leitenden Angestellten, darunter die Angestellten wie die Leiter von Produktionsgruppen, Büroangestellte, sowie die Vorsteher/innen und Zimmerältesten im Wohnheim; darunter befanden sich die Arbeiter/innen. Beförderung war selten (Kidd 1978:23-4). Durch die Einrichtung von Fabrikschulen mit fachspezifischer Ausbildung für männliche Arbeiter um 1900 nahmen für diese in der Folge die Aufstiegsmöglichkeiten zu. Bei den Arbeiterinnen war die höchste erreichbare Stufe i.a. die der Vorarbeiterin oder Zimmerältesten im Wohnheim. Die vertikale Mobilität war für sie äußerst eingeschränkt, während sich für Männer allmählich ein interner Arbeitsmarkt mit Mobilitätsketten nach oben herausbildete. Die Betonung der Hierarchie mit abgestuften Rängen, die sich aus unterschiedlichen Faktoren wie vorherige Qualifikation, Jahr des Betriebseintritts, persönlicher Leistung usw ergeben, scheint ein kontinuierliches Merkmal japanischen industriellen Beziehungen zu sein. Sie findet sich in den ausgefeilten frühen Lohn-Leistungsklassen wieder, z.B. dem bereits 1882 eingeführten Rangsystem der Mieboseki mit 5 Klassen für Facharbeiter und 19 Klassen (!) für Arbeiter/innen. Nach der Ausbreitung des Akkordlohns in den 1890er Jahren wurden sie in modifizierter Form in die Berechnung der unterschiedlichen Prämien, die z.B. für stetige Anwesenheit, für längere Dienstzeit bezahlt wurden, aufgenommen (Edlinger 1979:176-84; Hazama 1964:250-1).

Das Geschlecht war ein leitendes Kriterium für die Zuteilung der Arbeitsplätze. Männer hatten vor allem technische und anleitende Funktionen als Vorarbeiter und Wachleute, sowie Arbeitsplätze mit schwerer körperlicher Arbeit. Die Vorbereitungsabteilung (Aufbrechen, Zupfen und Reinigen der Baumwollballen) und die Kardierung waren Männerbereiche, während in der Vorspinn- und in der Feinspinnabteilung in der Produktion Frauen arbeiteten und Männer dort als Techniker oder Vorarbeiter eingesetzt wurden; dort wurde die Geschlechtshierarchie mit der Hierarchie im Arbeitsprozeß verbunden.

Während der extensiven Produktionsausweitung diskutierten die Unternehmer die Personalpolitik gegenüber Arbeiterinnen vor allem unter ökonomischen Gesichtspunkte. Das später bedeutsame Motiv der

"Sittenverderbtheit" der Fabrikarbeiterinnen, mit dem die offeneren, an der Kultur der dörflichen Unterschichten orientierten sexuellen Verhaltensweisen der Arbeiterinnen abqualifiziert wurden, und der durch eine stärkere Beaufsichtigung der Mädchen zu steuern wäre, fehlte noch ebenso wie die später einsetzende "Weiblichkeits-Erziehung" in den Fabrikschulen. Die Spinnerinnen wurden eher wie ein Rohstoff behandelt, der in der Optik der Unternehmer so preisgünstig wie möglich beschafft werden und durch Aufsicht und Zwang in die Form der industriellen Disziplin gehämmert werden mußte (31).

Die Anwerbung vom Land und die Gebundenheit in der weiblichen Arbeitsmigration.

Als erstes Großunternehmen begann Ōsaka bōseki AG um 1890 mit der Anwerbung von Mädchen vom Lande, als während der extensiven Produktionsausweitung in kurzer Zeit sehr viele Arbeiterinnen eingestellt werden mußten. Die anderen Großfirmen folgten rasch nach. Männliche Arbeiter wurden wie bisher durch individuelle Bewerbung am Fabriktor rekrutiert.

Die Unternehmensgeschichte der Ōsaka bōseki, die 1914 in das Oligopol Tōyōbō überging, schilderte den Prozeß der Herausbildung dieser Form der Anwerbung in fernen, als "unterentwickelt" geltenden ländlichen Regionen. Zunächst habe man die Kinder von Samurai beschäftigt und als dies nicht ausreichte, Arbeitskräfte in den Präfekturen um die jeweilige Fabrik angeworben. So habe die Mie bōseki in Shiga, Mie und Aiichi Arbeitskräfte rekrutiert und die Ōsaka bōseki sie im Kinki-Gebiet gesucht. Doch damals wären die Baumwollarbeiter und -arbeiterinnen allgemein verachtet worden, die Arbeitsbedingungen seien nicht besonders gut gewesen und manche hätten das Leben im Wohnheim gehaßt.

> "Es war sehr schwierig, in der Umgebung oder den Städten die gewünschte Zahl von Personen zu finden. So kam es dazu, daß die Anwerbung von Personal in ferne Gegenden mit einem relativ niedrigen Lebensstandard ausgeweitet wurde. Dies waren Kagoshima Fukuoka, Yamagata, Niigata, Nagano, Yamanashi, Shimane usw. Wegen dieser Anfangslage machen auch heute noch die Arbeiterinnen aus diesen Regionen in den Baumwollspinnerei-Firmen die Mehrheit aus. Dies Verfahren brachte beträchtliche Unkosten für die Anwerbung, die Reisekosten, die Ausstattungsgelder (**shitakukin** I.L.) mit sich. Aber so konnten geschlossene Grup-

pen gewonnen werden und die Leute vom Land sind im allgemeinen schlicht und fleißig, so daß nur wenige zu einer andern Fabrik wechseln und ihre Dienstzeit lang ist... Damals steckte die Entwicklung der Maschinen und der Technologie in der Baumwollindustrie noch in den Kinderschuhen und der Lohn der Arbeiterinnen betrug einen relativ hohen Anteil der Produktionskosten. Deswegen versuchten die Unternehmer selbstverständlich, ihn so gering wie möglich zu halten." (Tōyōbō 1958:22-229).

Hier sind die Ursachen für die Übernahme eines solchen Anwerbungsverfahrens in einer der modernen Industrien knapp zusammengefaßt. Sie liegen einerseits in dem Widerstand der städtischen Lohnarbeiter und stadtnahen Kleinbauern gegen die Arbeitsbedingungen in den Baumwollspinnereien, der sich in einer Verweigerung oder sehr hohen Fluktuationsrate bis zu 100% der Belegschaft (s.u.) äußerte. Neben der Abneigung vor dem kontrollierten Leben im Wohnheim war eine deutliche Verweigerung der städtischen Lohnarbeiterinnen gegenüber der Nachtarbeit festzustellen. Z.B. erhielt eine Wollfabrik, die nicht mit Nachtarbeit betrieben wurde, um 1900 sehr viele Bewerbungen von ortsansässigen Arbeiterinnen. Nah bei der Fabrik wohnende Arbeiterinnen wurden häufig nicht zur Nachtschicht eingeteilt (Murakami 1977 3.Bd.:197).

Die Unternehmer hätten auf diesen Widerstand durch Lohnerhöhung oder Veränderung der Arbeitsbedingungen eingehen können. In diesem Falle wären die Bedingungen des Verkaufs der Arbeitskraft auf einem begrenzt freien Arbeitsmarkt ausgehandelt worden. Dies hätte eventuell auch in der Baumwollindustrie, wie später in der Schwerindustrie und chemischen Industrie, die Herausbildung eines sedentären Proletariats mit Lohnarbeitern und -arbeiterinnen bedeutet, die sich auf Grundlage ihrer Löhne langfristig hätten reproduzieren können.

Statt dessen versuchte das Baumwollkapital die Löhne möglichst niedrig - in etwa auf dem Stand der Tagelöhnerinnen - zu halten. Dabei wurden zwei Maßstäbe der Lohndiskriminierung kombiniert: die existierende Geschlechtsdiskriminierung beim Frauenlohn und das niedrige ländliche Lohnniveau, das insgesamt unter dem städtischen Facharbeiter- und Handwerkslöhnen lag und das sich aus der Koppelung von Subsistenzproduktion und Erwerbstätigkeit in der dörflichen Unterschicht ergab.

Die Anwerbung auf dem Land war also ein bewußter Schritt zur Verdörflichung und Verweiblichung der Arbeitskräfte (32), auch in dem Sinne, daß diese als "Bauernfrauen", die doch heiraten würden, betrachtet wurden, und die Vorstellung eines andauernden proletarischen Lebenszusammenhanges für sie nicht bestand. Die Vorteile für das Baumwoll-Kapital lagen darin, daß neben den Anwerbekosten im wesentlichen nur die Reproduktionskosten der aktuell beschäftigten Arbeitskräfte bezahlt werden mußten. Diese konnten, vor allem aufgrund der doppelten Lohndiskriminierung, niedrig gehalten werden. Die sonstigen Reproduktionskosten der Arbeitskräfte, wie das Heranwachsen, die Versorgung bei Alter und Krankheit, konnten voll auf die kleinbäuerlichen Wirtschaften verlagert werden.

Weiterhin wurde so ein Großteil der langfristigen Infrastrukturkosten sowohl im System der Sozialversorgung als auch der materiellen Infrastruktur vermieden, die sich aus der Ansiedlung eines sedentären Proletariats ergeben, wie etwa Familienwohnungen, Kindergärten usw. Solche Infrastruktur-Einrichtungen wurden von den Baumwollfirmen vor allem für die zahlenmäßig wesentlich geringeren männlichen Arbeiter eingerichtet. Ein ehemaliger Personalleiter, Hashimoto, faßte die herrschende Auffassung 1931 so zusammen, daß Betriebswohnungen nur für Männer - und deren Familie - vorhanden seien (Hashimoto 1931:29).

Schließlich erwarteten die Unternehmer von den auf dem Land angeworbenen Arbeiterinnen bäuerlichen Fleiß und Einfachheit, d.h. wenig Widerstandsgeist. Ein Führer für Personalleiter riet, einfache Bauernmädchen den Bewerberinnen, die schon Erfahrung in der Baumwollindustrie hatten, vorzuziehen (Hashimoto 1931:60). Vielleicht waren so eher die "idealen Arbeiter" zu finden, nämlich "ein Jugendlicher, der an Körper und Geist gesund ist, der morgens beim Aufstehen seine Ahnen und Buddha am Hausalter verehrt" (ibid.:46) (33)

Wie allerdings der alltägliche Widerstand der Arbeiterinnen in der weitergehenden Fluktuation und den Fluchten, sowie die ausgefeilten Methoden, die Arbeitskräfte festzuhalten, zeigten, erfüllten sich diese Erwartungen wohl nicht voll.

In dem weiblichen Arbeitsmarktsektor wurde die Bindung der Frauen an den Haushalt als grundlegenden existenziellen Versorgungsbereich wohl aus Kostengründen vorausgesetzt. Es wurden bei der ländlichen Rekrutierung zusätzliche Maßnahmen vorgenommen, um die Arbeiterinnen unter Ausnutzung der Armut der dörflichen Unterschichten und des extensiven bäuerlichen Patriarchats persönlich an die Fabriken zu binden. Die Anwerbung erfolgte bis in die 1930er Jahre entweder durch Vermittler, die in den Anwerbegebieten lebten, eine Vermittlungsgebühr pro Person erhielten und häufig eine bekannte Stellung hatten, z.B. Polizisten, Dorfbürgermeister oder lokale Führungspersonen, oder durch spezielle Anwerber der Firmen, oft in Zusammenarbeit mit den ersteren. Die Anwerber schlossen mit den Arbeiterinnen, oft unter Hinzuziehung eines Verwandten, einen Arbeitsvertrag über drei, fünf oder sieben Jahre ab. Außerdem wurde ein Bürge herbeigezogen, der bei Flucht oder Vertragsbruch der Arbeiterin haften sollte. Häufig übernahmen auch die Anwerber die Bürgschaft (Vgl. Edlinger 1979:112-123, Murakami 1977, 3.Bd.:144-148).

Wichtige Klauseln der Verträge waren der Ausschluß der Kündigung auf Wunsch der Arbeiterin, außer bei Unfällen, der Gehorsam gegenüber den Vorgesetzten und den Fabrikregeln, das Recht der Firma auf jederzeitige Entlassung und das Recht des Unternehmers auf Lohnkürzung, um die Arbeiterinnen bei Vertragsbruch und Verstößen gegen die Fabrikregeln zu bestrafen und das Recht auf Einbehaltung von zurückgehaltenen, nicht ausbezahlten Lohnanteilen, dem sogenannten "Spargeld" (Vgl. SJ 1.Bd.:65). Diese Verträge banden also die Arbeiterinnen für einen festgelegten Zeitraum an die Firma und enthielten zugleich Regelungen, sie bei Widerstand zu bestrafen; die Firma hatte demgegenüber freie Hand in der Beschäftigungsdauer und teilweise bei der Lohnfestsetzung.

Auch in anderen Branchen waren schriftliche mehrjährige Arbeitsverträge üblich (34), doch nur in der Baumwollindustrie waren sie praktisch nicht kündbar. Ein Vertrag war aber gegenüber einer flüchtigen Arbeiterin, die in dieser Expansionsphase vielleicht schon bei einem anderen Unternehmen ein Unterkommen gefunden hatte, oft nicht durchsetzbar. Deswegen entwickelten die Firmen in Laufe der Zeit zusätzliche ökonomische Zwangsmechanismen. Um 1900 streckten sie den Arbeiterinnen bei der Anwerbung ein "Ausstattungsgeld" (**shitakukin**) in einer bescheidenen Höhe, das zum Kauf einer "stadtfeinen" Kleidung dienen sollte (Hashimoto 1931:119), und die Reisekosten vor(35). Außerdem zahlten sie stellenweise den Eltern einen Vorschuß für den späteren Lohn der Tochter; die Summen erhöhten sich dabei mit der wachsenden Konkurrenz der Firmen in den Anwerbegebieten. Diese Kosten, d.h. der Lohnvorschuß (**zenshakkin**) und die Reisekosten, wurden in Raten vom Lohn abgezogen. Bis alles durch ihre Arbeit abbezahlt war, wurde sie häufig in der Fabrik und im Wohnheim eingeschlossen gehalten (Vgl. Hosoi 1925: 142-147, 164-167, 204) und erhielt keinen Ausgang.

Die Verträge wurden Mitte der 1920er Jahre nicht mehr zwischen der Firma und der Arbeiterin, sondern zwischen dem Unternehmen und dem **jeweiligen Haushaltsvorstand, d.h. dem Vater oder älterem**

Bruder, abgeschlossen. Dies hatte einerseits rechtliche Ursachen, da die Arbeiterinnen nach dem BGB 1898 die Einwilligung des Haushaltsvorstands benötigten. Andereseits aber erhielt der männliche Haushaltsvorstand auch den Lohnvorschuß. Indem die Firmen sich an ihn wandten, bestärkten sie das dörfliche Patriarchat. Tendenziell wurde der Arbeiterin die Verfügung über ihr eigenes Leben genommen. Später münzten sie teilweise diese Vertragsbeziehung zum Vater der Mädchen so um, daß sie dadurch von ihm die Verantwortung für ihr Verhalten und das Recht auf ihre Kontrolle erhalten hätten.

Zugleich ähnelte diese Form der Anwerbung so sehr dem Menschenhandel mit Prostituierten, die für - allerdings höhere - Summen von den armen Kleinbauern verkauft wurden, daß z.B. Yasui vorschlug, den "primitiven japanischen industriellen Beziehungen" den Beinahmen "bordellartige Beziehungen" zu geben (**shōkateki rōshi kankei;** Yasui 1967:114-5).

Der Lohnvorschuß hatte sich um 1920 auf durchschnittlich 10 - 50 yen erhöht (Edlinger 1979:131). Dabei traten bedeutende regionale Unterschiede auf. Im Süden, also in Kyūshū, betrug er Ende der 1920er Jahre meist 5 - 10 yen, aber im Nordosten belief er sich im allgemeinen auf 20 - 40 yen (Hashimoto 1931:118). Hosoi nannte als übliche Summe 50 yen im Kinkigebiet und 100 yen in Kanto (Hosoi 1925:82). Laut einer Untersuchung von fünf Firmen in Kanto gaben sie bei der Anwerbung im Nordosten für jede angeheuerte Arbeiterin durchschnittlich 21,5 yen Lohnvorschuß (Vgl. SSU:43). Es ist also anzunehmen, daß Hosois Schätzung eher etwas zu hoch gegriffen ist und die Ausnahmefälle beschreibt. Aber auch die Summe von 20 - 40 yen hatte für die armen Bauernfamilien großes Gewicht (Vgl. S.172ff).

Wenn die Arbeiterinnen nun flüchteten, wurden die Eltern für Vorschuß und Reisekosten belangt. Fast immer hatten diese den Vorschuß schon ausgegeben. Wenn die Firma ihn dann auch meist nicht zurückerhalten konnte, erwies sich die Angst vor den unangenehmen Folgen für die Eltern als eine Hemmschwelle bei Fluchten der Arbeiterinnen.

Durch die Mehrjahresverträge und die Lohnvorschüsse, nebst Reisekosten wurden die Arbeiterinnen persönlich und ökonomisch für längere Zeit an die Firmen gebunden. Für sie wurde formell die Freiheit des Arbeitsmarktes außer Kraft gesetzt, und dies wurde von den Gerichten und der Polizei, wenn sie um die Verfolgung flüchtiger Arbeiterinnen ersucht wurde, respektiert. Die patriarchalische Gebundenheit des weiblichen Arbeitssektors weitete sich gerade im Zuge der kapitalistischen Entwicklung und des Wachstums der Baumwollindustrie aus, ebenso wie sich die patriarchalische Verfügung über die Arbeiterinnen verstärkte. Sumiya Mikio, einer der besten Kenner der industriellen Beziehungen des modernen Japan, nahm folgende Stufen in der Herausbildung der Anwerbung an: Bis 1890 sei die Rekrutierung der Arbeiterinnen vor allem in den Slums und in den umliegenden Dörfern erfolgt; noch bis 1900 wanderten ganze Familien in die Städte ab und ihre Kinder, vor allem ihre Töchter, arbeiteten in der Industrie. Nach 1900 schritt die Differenzierung der bäuerlichen Schichten nicht mehr so rasch wie zuvor voran. Ab etwa der gleichen Zeit warben die Firmen die Mehrheit der Arbeitskräfte als Arbeitsmigranten aus fernen Regionen an (Interview März 1979, I.L.). Allerdings war der Anteil der ländlichen Arbeitsmigrantinnen in ländlichen Spinnereien höher als in den Großstädten.

Man könnte zu folgender grober Einschätzung kommen: bis ca 1900 waren unter 50% der Arbeiterinnen vom Land angeworben, um 1921 waren dies 62,0% (in Tokyo 57,6%) und um 1927 67,8% (in Osaka 46,6%) (Vgl. Edlinger 1979:132). Die Arbeitsmigrantinnen bildeten also den überwiegenden Teil der Baumwollarbeiterinnen, aber keineswegs die Gesamtheit.

Die Konkurrenz der Firmen auf diesem gebundenen Arbeitsmarkt führte teilweise zur Verstärkung der restriktiven Mechanismen. Sie wird bei der Rekrutierung in den Anwerbegebieten immer wieder als wichtiger Faktor der Erhöhung der Lohnvorschüsse genannt. Auch in den Fabrikgebieten versuchten einzelne Unternehmen durch leichte Lohnerhöhungen und von ihnen ausgesandte Abwerberinnen Arbeiterinnen von anderen Spinnereien abzuziehen. Dieser "Raub von Arbeiterinnen", der manchmal bis zu kidnapping-ähnlichen Szenen ausartete, war vor allem um 1900 sehr häufig und wurde durch die Vereinbarungen im Rahmen der Baumwollliga kaum gemildert (Yasui 1967:124-128; Hosoi 1925:75-82).

Die Konkurrenz der Firmen wirkte sich jedoch nicht in einer erheblichen Steigerung des gesamten Lohnniveaus aus, da ja durch die Anwerbung aus der Ferne immer wieder große Mengen "frischer" Arbeiterinnen im wesentlichen auf dem Landarbeiter-Lohnniveau "gewonnen" werden konnten. Sie führte eher zu scharfer Bespitzelung der Arbeiterinnen, um ihre Abwanderung zu einer anderen Firma zu verhindern. Abwerberinnen wurden von der Firma "Arbeiterinnendiebe" genannt und in manchen Fällen wie andere Diebe so bestraft, daß sie halb oder ganz ausgezogen durch die Firma geschickt wurden und von den Kollegen geschlagen werden sollten. (SJ, 3.Bd.:151-152)

Dieser Zusammenhang zeigt die Ambivalenz des gebundenen Arbeitsmarkts auf. Einerseits enthielt er Restriktionen gegenüber den Arbeiterinnen als Strukturprinzip, war also kein "freier Markt". Anderseits stützte er sich aber auch auf Marktprinzipien, wie die angeführten leichten Lohnerhöhungen. Es wäre also verkürzt, diese Frauenarbeit nur als Zwangsarbeit zu bezeichnen. Sie sind auch an den Chancen des Arbeitsmarkts beteiligt, allerdings in untergeordneter marginalisierter Position.

Eine Erklärung, warum die Kleinbauern ihre Töchter in solche harte Arbeitsbedingungen schickten und ihre Gebundenheit für mehrere Jahre akzeptierten, ist sicher nicht einfach. Viele Autoren führten als Ursache an, daß die Bauern und die Mädchen von den Vermittlern betrogen worden seien. Vor allem zu Beginn der Anwerbung können wohl viele Anwerber zu betrügerischen Mitteln gegriffen haben, was um 1890 zur Einführung von gesetzlichen Richtlinien für Anwerber in vielen Präfekturen - allerdings nicht in den wichtigsten Anwerbegebieten im Nordosten - führte. Doch habe ich Zweifel, ob die Bauern zu einer Zeit der wachsenden Marktintegration, der Ausweitung der Massenpresse und der sich verbreiternden Bauernbewegung wirklich so schlicht und unwissend waren, wie es die Betrugsthese voraussetzt. M.E. waren die schlimmen Arbeitsbedingungen zumindest in den 1920er Jahren weithin bekannt und auf Dorfebene drückte sich dies z.B. in der Diskriminierung ehemaliger Fabrikarbeiterinnen als Heiratskandidatinnen aus (Vgl. Interview mit Yamanouchi Mina, Mai 1979, I.L.) Angesichts des wirtschaftlichen Drucks aber entschieden sich wohl in manchen Höfen die Eltern oder der Haushaltsvorstand, die Töchter dennoch gehen zu lassen (36).

Hohe Fluktuation, niedrige Löhne, Anwerbung mit persönlicher Gebundenheit und die kontrollierte Lebensweise bildeten in der Periode des Kampfes um die Arbeitskraft einen Teufelskreis, dessen noch nicht behandelte Einzelelemente hier kurz dargestellt werden sollen. Die Fluktuation hatte um 1900 in manchen Betrieben bei 100% in einem Jahr gelegen (SJ, 1.Bd. :66). Laut einer Untersuchung von 16 Fabriken bei Osaka arbeiteten 47% der Arbeiterinnen und 48,8% der Arbeiter weniger als ein Jahr bei einer Firma, während "1897 nur 16% und 1901 nur 22% der Arbeiterinnen in ein und derselben Fabrik mehr als drei Jahre arbeiteten" (Edlinger 1979:120). 1921 wurden 74,1% aller Arbeitskräfte entlassen und 90,9% aller Arbeitskräfte neu eingestellt (Vgl. ibid. 133).

Die durchschnittliche Beschäftigungsdauer stellt bei so hohen Fluktuationsraten einen relativ unpräzisen Mittelwert dar, der nur wenig über das Verhalten einzelner Arbeiterinnen aussagt. Doch wird deutlich, daß die ortsansässigen Arbeiterinnen eine erheblich längere Beschäftigungsdauer zeigten als die in Wohnheimen untergebrachten Arbeitsmigrantinnen. Eine Untersuchung von 1921 gab für die ortsansässigen Arbeiterinnen eine durchschnittliche Betriebsangehörigkeit von 4,2 Jahren, bei den Arbeiterinnen im Wohnheim nur von 1,5 Jahren an. Eine Untersuchung des Kyōchōkai von 1928 gab demgegenüber 3 Jahre und 9 Monate für die ersteren und 1 Jahr und 9 Monate für die letzteren an (Vgl. die Zusammenfassung bei Edlinger 1979:133-134).

Lebens- und Arbeitsbedingungen im Wohnheim

Bisher wurden zwei restriktive patriarchalische Strukturprinzipien des weiblichen gebundenen Arbeitsmarktsektors vorgestellt: die Kurzzeitbeschäftigung infolge der patriarchalischen Konstruktion, daß die existenzielle Sicherung von Frauen in Haushalt und Ehe liege, und das Rekrutierungssystem mit seinem Bezug auf das extensive Patriarchat der kleinbäuerlichen Hauswirtschaften. Ein drittes Prinzip war die persönliche Kontrolle und Fixierung der Arbeiterinnen im Wohnheim, die u.a. mit der patriarchalischen Autorität der Unternehmer begründet wurde, zugleich aber ihre Freiheit als Person und auf dem Arbeitsmarkt einschränkte. Die vierte Restriktion lag in der Lohnabrechnung, die den Arbeiterinnen selbst erhebliche Lohnanteile zunächst vorenthielt. Sie konnten über ihren Lohn nicht frei verfügen, sondern Lohnanteile wurden bei der Firma "aufgespart" oder an die elterliche Hauswirtschaft überwiesen.

Da bis 1900 etwa die Hälfte der Arbeiterinnen durch die gebundene Arbeitsmigration gestellt wurde, lag der Anteil der in Wohnheimen untergebrachten Arbeiterinnen um 1897 bei 51,2%. Nach einer Untersuchung von 16 Firmen im Kansai im Westen 1901 wohnten 39,0% der Arbeiterinnen in Fabrik-Wohnheimen, 8% in privaten Wohnheimen, 12,9% in Werkswohnungen, 3,6% in Untermiete und 33,1% gingen vom eigenen Haushalt der Eltern oder des Ehemannes zur Arbeit (37). Nach einem Bericht der Fabrikinspektoren hatte sich der Anteil der im Wohnheim lebenden Arbeiterinnen in den Baumwollspinnereien 1916 auf 75% erhöht, in der gesamten produzierenden Industrie betrug er gleichzeitig 52% (Vgl. Fujin rōdō no mondai 1919:364). 1928 lag er laut einer Untersuchung in sieben Baumwollspinnereien und 3 Seidenhaspeleien bei 72% und in der Baumwollweberei und -spinnerei bei 75% (SSU:41) (38).

Bereits bei der Herausbildung des Wohnheimsystems waren die Großfirmen führend. Um 1890 errichtete die Ōsaka bōseki als eine der
ersten Großfirmen Wohnheime für die ländlichen Arbeitsmigrantinnen (Yasui 1967:112-113) und um 1897 hatten 9 Firmen mehr als
1000 Arbeiterinnen in Wohnheimen untergebracht (Vgl. Edlinger
1979:36). Vor allem die Altersgruppen unter 20 Jahren lebten im
Wohnheim. Nach der obigen Untersuchung von 1928 betrug der Anteil der Arbeiterinnen dort bei der Altersgruppe von 12-14 Jahren
74,8%, bei der von 14-19 Jahren 82,1% und bei den Frauen von
20-29 Jahren nur noch 63,4% (Vgl. SSU :41).

Die Heime lagen meist auf dem Fabrikgelände oder direkt daneben.
Sie waren um 1900 meist einfach und mit geringem Kostenaufwand
gebaut. Häufig umfaßten sie Schlafzimmer von 10-20 tatami, d.h.
18-36 m², Baderäume, Waschräume, einen Speisesaal und in Großbetrieben auch Krankenzimmer (Vgl. Edlinger 1979:136-137, Kidd
1978:51-56). Die Schlafzimmer waren Massenlager, für jede Be-
wohnerin war im allgemeinen ein tatami Raum und meist ein eigenes Schrankfach berechnet. Wegen der Schichtarbeit hatten die
Frauen dann häufig faktisch den Platz von zwei tatami, sie schlie-
fen und lebten in Schichten (Vgl. SJ, 1.Bd.:141).

Aber das Wohnheim war mehr als ein Gebäude, das als einfache
Sozialleistung der Firma für die Arbeiterinnen erstellt worden war.
Es war eine von den Unternehmern durchorganisierte soziale und
wirtschaftliche Einrichtung, mittels derer der Lebens- und Arbeitsalltag der Arbeiterinnen kontrolliert werden konnte und ihre persönlichen Reproduktionskosten und somit auch ihre Löhne niedrig
gehalten werden konnten. Für die Männer in der Baumwollindustrie, die auch in Wohnheimen wohnten, hatte dies nicht die
gleiche Kontrollfunktion (39).

Man könnte die Institution Wohnheim als ein System zur billigen
Reproduktion der Arbeitskraft der Arbeitsmigrantinnen interpretieren, in dem zugleich ihre persönliche Unfreiheit und Bindung
durch eine weitgehende Fremdbestimmung über ihren Lebenszusammenhang außerhalb der Fabrik, über ihren Arbeitseinsatz
und ihren Lohn organisiert war.

Das Wohnheim hatte eine hierarchische Ordnung; das Aufsichts-
personal war von der Fabrik angestellt und hatte Weisungsbefug-
nis gegenüber den Arbeiterinnen. An der Spitze stand die Heimleiterin, unter ihr waren Aufseherinnen (**kantuko**) und Betreuerin-
nen (**sewa kakari**) und in den Zimmern wurde jeweils eine Zimmerälteste, meist eine Arbeiterin mit relativ langer Beschäftigungs-

dauer, bestimmt. Die Zimmerältesten sollten dafür sorgen, daß alle Arbeiterinnen eines Zimmers zur Arbeit erschienen. Manchmal schickte sie sie trotz Krankheit los oder verprügelte sie sogar mit Billigung der Heimleiterin, wenn sie krank liegen blieben (Vgl. Edlinger 1979:137). U.a. war so wegen der Institution Wohnheim die Nachtarbeit gegen die wegen der schweren Belastung bestehende Abneigung der Arbeiterinnen durchzusetzen.

Die Heimleiterinnen oder die Aufsichtspersonen kontrollierten auch häufig die Briefe, die die Arbeiterinnen bekamen oder schrieben; Hosoi berichtet 1925 noch, daß diese Praxis gang und gäbe sei und daß Briefe der Arbeiterinnen zensiert wurden, falls etwas Negatives über die Fabrik oder die Arbeitsbedingungen darin stand. Da ungünstige Berichte der Arbeiterinnen die Stimmung in den Anwerberegionen gegen die Fabriken beeinflussen konnten, achteten die Firmen darauf, quasi ein Monopol auf eine positive Außendarstellung zu erreichen. Die Zimmerältesten und die Heimleiterin konnten außerdem den Ausgang der Arbeiterinnen einschränken oder zur Strafe verbieten. Solange der Lohnvorschuß an die Eltern nicht abgearbeitet war, erhielten die Arbeiterinnen gar keinen Ausgang, um ihre Flucht zu verhindern (Vgl.Hosoi 1925:144-145). So wurden die Arbeiterinnen in ihrem Alltag kontrolliert, zugleich aber verhindert, daß sie sich mit ihrem Klagen an ihre Eltern oder die Öffentlichkeit wandten.

Die Abschließung der Wohnheime von der Außenwelt und die Rechtlosigkeit der Arbeiterinnen drückte sich in den hohen Mauern oder Wällen aus, die in den 1920er Jahren um viele Wohnheime und Fabriken gebaut worden waren. Die Arbeiterinnen mußten bei ihrem Ausgang ein Tor passieren, an dem eine Wache stand. Häufig wurde nach dem monatlichen Zahltag auch die Umgebung der Fabrik von Wachtrupps beaufsichtigt, um eventuelle Flüchtlinge wieder einzufangen (Hosoi 1925 :142-145, SJ, 1.Bd.:52).

War das Wohnheim eine billige Massenunterkunft, so war auch das Essen in der Kantine billige Massenverpflegung. Täglich wurde dreimal Reis gereicht, bei der ersten Mahlzeit mit etwas Suppe, sonst mit frischem, eingelegtem oder getrocknetem Gemüse und manchmal mit Fischen und etwas Fleisch. In manchen Fabriken war das Essen schlecht zubereitet oder leicht verdorben. Viele Arbeiterinnen äußerten aber, daß das Essen sehr lecker sei, weil sie täglich Reis bekamen, was auf dem Land noch nicht üblich war (40). Die Ursache für die häufig auftretenden Magen-

erkrankungen scheint weniger die Qualität des Essens, als die
Kürze der Pausen und der Arbeitsstreß gewesen zu sein.

Den Arbeiterinnen im Wohnheim wurden um 1900 täglich 6-8
sen für das Essen angerechnet, d.h. ca 1/3 bis 1/4 ihres Tageslohns. Der Fabrikunternehmer zahlte selbst pro Arbeiterin meist
eine Pauschale von 12 sen zur Kantinenverpflegung dazu (Vgl. SJ,
1, Bd.:145). Vor der Lohnauszahlung wurden die Kosten für das
Essen, die Raten für den Lohnvorschuß an die Eltern, verschiedene
Spargelder und eventuelle Strafen abgezogen, so daß die Arbeiterinnen am Zahltag meist nur sehr wenig Geld erhielten. Überdies waren sie an den Entscheidungen meist nicht beteiligt
und die Lohnverrechnung ihnen deswegen auch nicht durchsichtig. In manchen Fabriken, wie z.B. der Kanebō, erhielten sie
Teile des Lohns in Naturalien, indem sie zum Beispiel gegen
werksinternes Rechengeld Kleidung, Kosmetik und Lebensmittel
kaufen konnten. Diese Naturalzahlung hatte noch größeres Gewicht für die ansässigen verheirateten Arbeiterinnen, die von der
Kohle und dem Brennholz bis zu Miso, Zucker, Shoyu und Gemüse
die Grundnahrungsmittel billig einkaufen konnten (41).

Die Spargelder wurden zwangsweise einbehalten, ohne daß nach
dem Einverständnis der Arbeiterinnen gefragt wurde. Sie stellten einerseits eine Art Kredit (42) der Arbeiter an die Firma
dar, hatten aber den weiteren Sinn, die persönliche Mobilität
und damit die Fluktuation einzuschränken, da sie erst zu bestimmten Jahreszeiten oder bei Vertragsende ausgezahlt wurden
(Vgl.Kidd 1978:29). Häufig wurden sie von den Arbeitern
"Einsperrgelder"(**ashidomekin**) genannt. Um 1900 betrugen sie
ca 3-6% des Lohnes (Vgl. Edlinger 1979:118). Wenn die Arbei
terinnen trotzdem die Fabrik vor Vertragsabschluß verließen -
was für die Mehrheit zutraf - so blieben diese Spargelder bei
der Firma.

Die Fremdbestimmung über den Lohn der Arbeiterin setzte sich
weiterhin in Überweisungen von Lohnanteilen an ihr Elternhaus
fort, die die Firma vornahm. Laut Hosois Bericht war dies bis
ca 1900 mit dem Einverständnis der Arbeiterinnen geschehen,
dann aber überwiesen die Firmen diese Geldsendungen (**sōkin**)
ohne danach zu fragen, um sich mit den Eltern im Anwerbegebiet gut zu stellen. Dies bedeutete eine weitere Stärkung der
patriarchalischen Machtposition des Haushaltsvorstandes (Vgl.
Hosoi 1925:57). Die Restriktionen nahmen also im Zuge der industriellen Entwicklung zu.

In manchen Firmen mußten die Arbeiterinnen sogar Berichte über
die Verwendung des ausgezahlten Lohns, der sowieso oft in der
Höhe eines Taschengeldes lag, schreiben, die die Personalleiter
dann ihren Briefen an die Eltern der Mädchen beilegten. Die
Arbeiterin Yamanouchi Mina, die später in der linken und in der
Arbeiterbewegung aktiv war, berichtete, daß sie in ihrer Zeit
in der Tokyo Mosurin Fabrik fast alles Geld nach Hause geschickt hatte, weil sie im Wohnheim und in der Fabrik kaum
Geld brauchte (Interview mit Frau Yamanouchi Mai 1979 I.L.)

Kidd schildert die Lohnabrechnung in der Kanebō AG um 1922
wie folgt:

> "For a newly hired female worker, the daily wage was 51 sen
> Out of this 6 yen (20 sen per day) was taken out by the mill
> for meals; therefore in the women's case, the average was
> only 16,20 yen a month. Moreover...the mill enforced a regu-
> lation obliging the workers to send some money home at the
> end of each month and also encouraged the workers to main-
> tain a savings account through the mill. The mill automati-
> cally deducted from the women's pay a savings deposit and
> money to be sent to parents as well as a 50 sen deposit to
> the mill's mutual benefit society. Needless to say, boarding
> fees and the father's loan payment, if applicable were also
> taken out of the monthly pay. All the deductions were esti-
> mated to amount to around 12 yen per month. It is obvious
> that workers were left with very little money to spend."
> (Kidd 1978:29)

D.h. die Arbeitsmigrantinnen selbst erhielten einen Lohn etwa
in Höhe der minimalen Lebenshaltungskosten, der teilweise in
Naturalien, Kleidung und Essen ausgezahlt wurde. Dies war nur
möglich, weil die Firma die materiellen Bedingungen ihrer Reproduktion, d.h. Essen und Schlafen, zu niedrigen Kosten organisierte. Das Wohnheim als Institution bedeutete, daß für die
Arbeitsmigrantinnen die Trennung zwischen Lohnarbeit und Re-
produtionsbereich tendenziell angegriffen war. Sie waren auch
in der Freizeit der patriarchalisch-paternalistischen Aufsicht des
Unternehmens unterstellt.

Ich möchte darauf hinweisen, daß die Kombination dieser Reproduktionsbedingungen mit den harten Arbeitsbedingungen einen
schwer faßbaren menschlichen Raubbau infolge der hohen Zahl
von Erkrankungen und Unfällen bedeutete. Vor allem in den ersten
Jahrzehnten bis 1915 wurden mehrere Generationen von Arbeiterinnen für die Industrialisierung "verheizt" (Vgl. Murakami 1977,

3.Bd.:155) Die Ausweitung der Tuberkulose in den ländlichen Gegenden nach 1900 wurde damit in Verbindung gebracht, daß viele Arbeiterinnen an TBC erkrankten und dann ohne weitere Entschädigungen in ihre Heimatdörfer zurückgeschickt wurden, wo das Wissen über die Behandlung der Kranken und die hygienischen Zustände sehr mangelhaft waren. Laut einer Untersuchung um 1910, die die in die Heimat zurückgekehrten Spinnerei-Arbeiterinnen in 28 Präfekturen erfaßte, litten 20,8% dieser Arbeiterinnen an Krankheiten und 6,3 % verstarben daran. Es wurden also "über ein Viertel aller heimkehrenden Arbeiterinnen körperlich völlig ruiniert" (43).

Weiterhin ist zu bedenken, daß das Wohnheimsystem zwar auf Beschränkung der persönlichen Mobilität eingerichtet war, daß die Fluktuation aber trotzdem weiterhin sehr hoch war. Die Arbeiterinnen stimmten offensichtlich mit ihren Füßen über die Lebens- und Arbeitsbedingungen ab und verließen die Firma, sowie sie die Gelegenheit hatten oder ein anderes Unternehmen etwas mehr Lohn bot. Wenn auch manche Wohnheime wie Gefängnisse eingerichtet und mit Mauern umgeben waren, waren sie doch für den Widerstand der Arbeiterinnen durchlässig.

Die bei ihrer Familie lebenden Lohnarbeiterinnen

Über das Leben der 25-40% der Baumwollspinnerinnen, die bei ihrer Familie wohnten, ist weit weniger bekannt.

Verheiratete Frauen litten sicherlich unter einer kaum erträglichen Mehrbelastung. Sie mußten die Hausarbeit neben der Fabrikarbeit von ca 11-12 Stunden leisten. D.h. sie mußten häufig selbst vom Brunnen Wasser holen, einkaufen, waschen, flicken und die Kinder versorgen. Die Säuglinge wurden im Haus gestillt, sowie sie schrien (Hosoi 1925:280), so daß die jungen Mütter neben dem Wechsel von Tag- und Nachtarbeit kaum zum Schlafen kamen. Im Gegensatz zum Land halfen die männlichen Arbeiter wohl sehr wenig im Haushalt. Yamanouchi Mina erzählt, daß viele Kolleginnen nach der Heirat blaß und dünn wurden und nach einigen Jahren die Fabrikarbeit aufgaben (Interview mit Frau Yamanouchi Mai 1979 I.L.) Eventuell läßt sich der folgende Bericht von Druckarbeiterinnen 1920 auch auf die Lage der nicht im Wohnheim lebenden Baumwollspinnerinnen ausweiten:

> "Früher wurde es als üblich angesehen, daß von sieben Uhr früh bis über elf Uhr nachts gearbeitet wurde. Kaum eine kam vor zwölf Uhr nachts nach Hause zurück. Wenn man sich die Dinge damals vorstellt, ist man froh über den Zwölf-Stundentag heute...(Es, I.L.) scheint wie ein Wunder, daß unser Körper das aushielt. Wir können uns so etwas Schönes wie einen Acht-Stundentag oder Sechs-Stundentag gar nicht vorstellen, aber wenn das verwirklicht würde, erscheint der Zwölf-Stundentag, für den wir jetzt so dankbar sind, eben doch sehr grausam. Das ist die Wahrheit. Denn meist müssen diese Frauen doppelt im Haus und in der Fabrik arbeiten. Auch junge unverheiratete Mädchen, die im Haus kaum Arbeit leisten müssen, arbeiten zwölf Stunden in der Fabrik und brauchen für den Hin- und Rückweg etwa zwei Stunden. Von den zehn Stunden zu Hause bleiben ihnen nach Abzug von zwei Stunden für das Essen oder fürs Anziehen nur acht Stunden; wenn sie nachts zurückkommen und nach dem Essen mit den Familienmitgliedern reden und ins Bad gehen, sind sofort zwei oder drei Stunden vorbei. Weil sie so müde sind, können sie darüber hinaus nichts Anstrengendes machen, z.B. etwas lernen. Wenn ein tüchtiges Mädchen noch eine Stunde näht, so verkürzt sich ihre Schlafenszeit auf etwa vier bis fünf Stunden. Ob sie sich so ganz von ihrer Müdigkeit nach einem Tag Arbeit erholen kann? Nun aber müssen die Frauen, die die Verantwortung als Hausfrauen oder Mütter tragen, in ihrer so knapp bemessenen Zeit sich noch um ihren Ehemann oder ihre Kinder kümmern.
>
> Die Zubereitung des Essens, die Sorge für alle Gebrauchsgegenstände, die Überlegungen für die Einteilung des Haushaltsgelds, die Vorbereitung von passender Kleidung bei warmem oder kaltem Wetter und andere Planungen - das alles müssen sie erledigen und besonders täglich die schmutzigen Kindersachen waschen. All diese Besorgungen können sie niemandem anders überlassen, selbst wenn ihnen jemand hilft. Um sie angemessen zu erledigen, wird ihr knapper Schlaf verkürzt und sie müssen auch ihre seltenen Ruhetage dafür hergeben". (44)

Bis ca 1900 gab es keine Kinderkrippen für die Kinder von Arbeiterinnen und es gab keinen Schwangeren- oder Mutterschutz. Die meisten Fabriken schienen damals auch wenig Interesse daran zu haben, ältere Arbeiterinnen und Mütter mit Kindern, die aufgrund ihrer Mehrfachbelastung höhere Fehlzeiten haben könnten, zu beschäftigen. Schon deswegen standen die Frauen unter einem objektiven Zwang zu kündigen, obwohl umgekehrt ein ökonomischer Zwang zum Geldverdienen bestand, da der Männerlohn oft nicht für Frau und Kinder ausreichte. Die Frauen mußten diesen Zwiespalt durch einen mehrfachen Arbeitstag in Fabrik, Haushalt und mit den Kindern lösen; manchmal fanden sie Rückhalt und Unterstützung in der Nachbarschaft.

DIE EINFÜHRUNG DES PATERNALISMUS IN DIE INDUSTRIELLEN BEZIEHUNGEN

Hatten sich bis ins frühe 20 Jahrhundert die patriarchalischen Restriktionen des gebundenen weiblichen Arbeitsmarktsektors herausgebildet, so führten die Unternehmen in der folgenden Phase paternalistische Reformen durch, ohne diese restriktiven Strukturprinzipien anzugreifen. Mißstände in Ernährung und Unterbringung wurden abgestellt und erste Ansätze sozialer Sicherung in Form der Arbeiterhilfskassen entwickelt. Die paternalistischen Maßnahmen zielten u.a. auf eine Verinnerlichung der Restriktionen in der Frauenlohnarbeit ab und lösten so offene Zwangsmechanismen teils ab, teils ergänzten sie sie. An die Stelle reiner Disziplinierung trat der Versuch einer inneren Integration der Arbeiterinnen in die kurzfristige, harte Fabrikarbeit durch erste soziale Sicherungen und die Propagierung des Weiblichkeitsbildes der Mittelklassen. Doch die Trägerstützen des gebundenen weiblichen Arbeitsmarktbereiches, die flexible, kurze Beschäftigung, die Rekrutierung vom Lande, das Wohnheimsystem und die mangelnde Verfügung der Frauen über ihren Lohn blieben bestehen.

Ausgelöst wurden die Reformen durch eine Reihe von Ursachen. Bereits in den Fabrikberichten des Agrar- und Handelsministeriums 1903 (SJ, 3 Bde.) waren die Zustände in den Baumwollspinnereien auf herbe Kritik gestoßen und in der Öffentlichkeit wurde seit der Jahrhundertwende von der Regierung ein Fabrikgesetz gefordert. Außerdem war die Gewerkschaftsbewegung seit 1897 und die linke Bewegung seit 1900 deutlich an Umfang und Kraft gewachsen. Einige Baumwollunternehmer in der Großindustrie erkannten, daß die bisherige extensive Produktion mit ihrem Raubbau an den Arbeiterinnen weder der technischen Entwicklung angemessen, noch lange aufrechtzuerhalten war (Vgl.

Hazama 1964:307 ff.; Fuchs 1970:89-91). Allmählich wurde ihnen
bewußt, daß der hohen Fluktuation, der spektakulärsten Form des
passiven Widerstandes der Arbeiterinnen, nicht nur mit neuen An-
werbungen und Zwangsmaßnahmen zur Beschränkung ihrer persönlichen Mobilität zu begegnen war. Gerade die Manager der Oligopole überlegten, daß die Gewinnung qualifizierter Arbeitskräfte,
die von sich aus eine relativ längere Beschäftigungsdauer in einem
Betrieb und eine hohe Anwesenheitsquote anstrebten, also auch
innerlich in das industrielle System integriert waren, anstatt sich
durch hohe Mobilität zu entziehen, langfristig auch im Interesse
der Industrie lag (ibid.:307).

Pionier für diese Bestrebungen war der Direktor der Kanebō-
Spinnerei, Mutō Sanji (45). Er entwickelte ab 1902 ein Grund-
konzept der ideologischen Neubestimmung der industriellen Beziehungen im Sinne des "Familialismus" (**kazokushugi**). Er war
dabei angeregt durch ausländische Vorbilder, vor allem die Ar-
beiterhilfskasse und die Werkswohnungen bei Krupp und durch
das amerikanische Modell der Betriebszeitungen und Arbeiter-
Briefkästen für Informationen der Arbeiter an die Betriebslei-
tung (46). Wichtig und praktikabel erschien das Projekt aber auch
aus Wettbewerbsgründen, da die Kanebō gerade damals eine Zweigstelle in Hyōgo, Westjapan, aufbauen wollte, wo sie keinerlei regionale Vorgaben bei der Anwerbung der Arbeitskräfte hatte. (Vgl.
Hazama 1964:308-318). 1902-1907 wurden dann die Grundsätze
des Familialismus der Kanebō formuliert (47).

In diesem Rahmen wurden vor allem in den folgenden Bereichen
Maßnahmen ergriffen und neue Einrichtungen vorgesehen, die dann
in einer langsamen Wellenbewegung von den anderen Großunternehmen kopiert oder abgewandelt übernommen wurden:

a) Weiterbildung und Unterhaltung: Diese Bereiche waren zu Beginn vor allem für die Frauen kaum getrennt. In der "Übersicht
über die karitativen Einrichtungen" (Jikeiteki shisetsu chōsa gaiyō)
der Kanebō-Niederlassung in Hyōgo um 1902 waren einerseits eine
Schule und andererseits unterhaltende Vorträge von Journalisten,
Lehrern, Priestern und Firmenangestellten vorgesehen (48). Als
Kosten dafür wurde in einem Jahr die sehr niedrige Summe von
50 yen angesetzt (Hazama 1964:311-312). In der Folge baute Kanebō 1905 eine "Frauenschule" (**jogakkō**) sowie 1906 eine Grund-
schule für Mädchen unter 14 Jahren in der Fabrik auf. Beide
Schulen waren neben der Vermittlung von Grundwissen sehr stark
auf eine den bürgerlichen Vorstellungen entsprechende "Weiblich-
keitserziehung" ausgerichtet: Fächer waren Lesen, Schreiben,

Nähen und die Grundlagen einer bürgerlichen "Brauterziehung", nämlich Zeremonien und Manieren, Ikebana und die Teezeremonie (Vgl. S.247ff.) Allerdings waren diese Schulen klein, und nur ein geringer Bruchteil der Belegschaft nahm daran teil, weil die meisten Arbeiterinnen nach einem Zwölf-Stundentag in Tag- und Nachtschichten zu müde dazu waren (Vgl. ibid.:314, Hosoi 1925: 233-234).

Die grundlegende Geschlechtsdifferenzierung in den industriellen Beziehungen zeigt sich auch darin, daß neben der "Frauenschule" um 1905 auch eine "Arbeiterschule" (**shokkō gakkō**) für die Fortbildung des männlichen Arbeiter gegründet wurde. Die Fächer waren Fachunterricht in der Baumwollspinnereitechnik, Maschinenkunde, Zeichnen, Physik und Rechnen; für Absolventen war ein Aufstieg zum Angestellten möglich (Hazama 1964:315).

b) Kommunikation zwischen Arbeitern und Firmenleitung: Ab 1903 gab die Kanebō eine Firmenzeitschrift, "Die Dampfpfeife von Kanebō" (Kanebō no kiteki) heraus und veröffentlichte ab dem folgenden Jahr eine eigene Zeitschrift für die Arbeiterinnen "Der Freund der Frauen" (Joshi no tomo) (Hazama 1964:314). Der Inhalt bestand um 1920 im allgemeinen aus einem Leitartikel, Kurzgeschichten für Frauen, Nachrichten über die Einzelfirmen, wobei die Verleihung von Prämien für besondere Leistungen, beim Vertragsablauf und bei der Eheschließung einen breiten Raum einnahm, sowie aus Artikeln von Arbeiterinnen, z.B. über einen Betriebsausflug (49).

Hosoi wies darauf hin, daß die Betriebszeitungen auch eine besondere Funkion bei der Anwerbung für die Argumentation gegenüber den Eltern der prospektiven Arbeiterin hatten: einerseits drückte sich die bedeutende Stellung der Firma darin aus, daß sie sogar eine eigene Zeitung hatte, andererseits sollten die Nachrichten über die Prämien und die Sozialhilfen die Eltern beeindrucken. Diese ostentative Werbung hatte umso mehr Erfolgschancen, als die persönliche Kommunikation der Arbeiterinnen mit ihren Eltern ja streng überwacht wurde (Hosoi 1925:86-87).

Der "Arbeiter-Briefkasten", den Mutō um 1903 nach einem amerikanischen Vorbild einrichtete, ermöglichte erstmals eine Kommunikation der Arbeiterinnen mit der höheren Verwaltungsebene. Der Aufruf dazu war allerdings in recht schwieriger Schriftsprache abgefaßt (Vgl. Hazama 1964:313), die die Arbeitsmigrantinnen wohl kaum verstehen konnten. Die Einsender mußten ihren Namen angeben, was sowohl den Kreis der Verfasser als auch die möglichen Inhalte erheblich einschränkte (ibid.:313 ff.).

c) Verbesserung des Wohnheims: Einführung von Besuchsräumen, Ruheräumen usw. und mehr Betreuungspersonal, sowie eine Verbesserung der hygienischen Bedingungen in den Großunternehmen.

d) Werksläden und Werkswohnungen für die verheirateten Arbeiter. Während u.a. bei den Firmen Werkswohnungen nur für männliche Arbeiter mit Familie bereitstanden, scheint Kanebō ab 1900 allmählich die weitere Berufstätigkeit verheirateter Frauen unter 30 Jahren angestrebt zu haben (50). 1905 wurden Kindergärten eingerichtet, damit die Arbeiter mit Nachtschicht tagsüber schlafen konnten (ibid.:315). Die ersten Werkswohnungen wurden von verheirateten Arbeitern und Arbeiterinnen belegt (51).

e) Arbeiterhilfskassen, bei denen die Firma die Hälfte des Fonds zuschoß, die andere Hälfte von den Beiträgen der Arbeiter aufgebracht wurde. Sie zahlten Unterstützungen bei Krankheiten und Unfällen (die Hälfte des Lohnes), bei Todesfällen (Beihilfe zu den Beerdigungskosten) und in der Endphase der Schwangerschaft und nach der Entbindung (ein nicht festgelegter Lohnanteil).

All diese Maßnahmen rüttelten nicht an den Grundstrukturen des Beschäftigungssystems: dem hohen Anteil an unverheirateten, jungen Arbeiterinnen, die in Wohnheimen untergebracht wurden, den langen Arbeitszeiten und der Nachtarbeit und den niedrigen Löhnen. Sie implizierten auch keine Sozialpolitik im Sinne von langfristiger existentieller Absicherung der Arbeiterinnen jenseits des Beschäftigungszeitraums und keine Umverteilung, z.B. in Form von höheren Löhnen.

Vielmehr waren die Veränderungen teils explizit gegen solche Umstrukturierungen gerichtet: Gegen eine stärkere persönliche und ökonomische Unabhängigkeit der Arbeiter und Arbeiterinnen, wie sie in den Forderungen nach mehr Lohn, kürzerer Arbeitszeit, persönlicher Bewegungsfreiheit und Verfügung über die volle Lohnsumme durch die Arbeiterinnen selbst vorgebracht wurden (52) und auch in den Arbeitsbeziehungen in Großbritannien und den USA erkennbar waren, setzten die "Reformunternehmer" eine Verbesserung der Reproduktionsbedingungen der Arbeiterinnen während der Beschäftigungszeit, die kollektiv im Rahmen des Unternehmens organisiert werden sollte. Zugespitzt gesagt, gegen die wenn auch erst in Ansätzen existierende Tendenz zur wachsenden Individuation wurde das Modell der patriarchalischen Unternehmens-Familie entwickelt, die die Reproduktion der Arbeiterinnen während der Lohnarbeit fürsorglich organisierte und kontrollierte.

Die dargestellten Maßnahmen richteten sich dementsprechend auch auf eine Verbesserung und Steuerung der alltäglichen Reproduktionsbedingungen durch die Firma, auf eine Überbrückung von Existenzkrisen wie Krankheit oder Unfällen und auf die "psychische Reproduktion" der Arbeiter und Arbeiterinnen, d.h. Zuwendung, Unterhaltung und Belehrung in systemkonformem Verhalten. Dabei wurde der Orientierungsrahmen der "Familie" vorgegeben, der im japanischen Staat der späten Meijizeit und danach hierarchisch geprägt war, die Unterordnung der Frauen unter die patriarchalische Führung einbegriff und emotionale Verpflichtungen einschloß.

Der Unternehmer setzte sich selbst als patriarchalische Autorität gegenüber den Arbeiterinnen, die die Verantwortung zugleich für ihr Wohlergehen als auch ihr Wohlverhalten beanspruchte. Deswegen blieben auch während dieser "Reformen" die grundlegenden Kontrollmaßnahmen und Freiheitsbeschränkungen, wie die Ausgangsbegrenzungen, die Postzensur, und die Bindung der Arbeitsmigrantinnen durch Verträge mit Lohnvorschüssen bestehen. Gegenüber männlichen Arbeitern war u.a. angesichts ihrer höheren gewerkschaftlichen Organisierung und Kraft das Vertragsdenken m.E. stärker.

Das materielle Niveau der Versorgung wurde verbessert. Der Grundtendenz der Beschreibung Freda Utleys für die Lage um 1930, die neben einem humanitären Engagement von ihrer Sicht durch die Brille der britischen Konkurrenz geprägt ist, ist m.E. zuzustimmen:

> "In the first place it must at once be admitted that conditions in the bis mills have been greatly improved...the big spinning mills had, by about 1921, or at any rate by 1923, made such enormous profits for so long a period that they could afford to accept the necessity of changing the system of exploitation. The period of accumulation of capital by crude methods could be abandoned and America could now be taken as a model... and they were wise enough to see that it would probably more economical in the end to treat their workers better and get more work out of them...
>
> I think it is clear that the big factories now consider it worth while to give their workers enough food, of a plain sort, to maintain their strength, to provide healthier dormitories and to look after their workers when they fall ill in order to retain them and to make it possible to force them to attend to more machines and work more rapidly." (Utley 1931:143-144).

EINIGE AUSWIRKUNGEN DER RATIONALISIERUNG

Damit ist die zweite große Veränderung in den industriellen Beziehungen, die nach 1900 von den Unternehmen ausging, angesprochen: die Phase der Rationalisierung und Intensivierung der Arbeit Ende der 1920er Jahre. Erstaunlicherweise scheint es aber im Gegensatz zu der Flut von allgemeinen Publikationen über die "traurige Geschichte der Arbeiterinnen" in den Frühphasen der Industrialisierung keine längere Studie über die Veränderungen ihrer Arbeits- und Lebenssituation infolge der Rationalisierungen zu geben (53). Infolgedessen kann ich hier auch nur einige Hinweise aufgreifen.

Die Motive für eine Rationalisierung lagen einerseits in der internationalen Konkurrenz auf dem Asienmarkt, die Japan schon weitgehend für sich entschieden hatte, und dem Vordringen auf andere Märkte in Lateinamerika und Ostafrika. Weiterhin sollte das lang angekündigte Verbot der Nachtarbeit endlich 1929 in Kraft treten, was ein Ende der rein extensiven Produktionsstrategie bedeutete.

Die Baumwollindustrie war führend in der Rationalisierung. Sie konzentrierte sich dabei auf Arbeitsintensivierung durch Einführung der wissenschaftlichen Arbeitsorganisation, wobei nach der Einrichtung eines Instituts für Arbeitsforschung in der Kurashiki bōseki 1921 auch andere Firmen eigene Forschungsinstitute errichteten (Noguchi 1960:126-131). Weiterhin erneuerte sie ihren Maschinenbestand und stellte weitgehend auf Elektroenergie um. 1929 hatten in Japan 88% der Firmen elektrischen Antrieb im Gegensatz zu 19% in England und 59% in den USA und Deutschland (Hazama 1964:325). Allein von 1926-1931 hatten die Baumwollspinnereien ihre Produktion pro Arbeiter verdoppelt. Dennoch lagen sie unter der Produktivität Englands und der USA (Lockwood 1968:176-177).

Die Rationalisierung fiel in ihrer späteren Phase ab 1929 mit der außerordentlich heftigen Agrar- und Wirtschaftskrise um 1929 zusammen, die in der Landwirtschaft bis 1934 andauerte. Viele Arbeitsmigrantinnen wurden in diesem Zeitraum entlassen und konnten nur zurück zu ihren Eltern aufs Land gehen, wo sie aber in vielen Fällen angesichts der Massenarmut auch nicht mehr unterkommen konnten (Vgl. Ushiyama 1975:308 ff.).

Zugleich führte die Kapitalseite massive Lohnsenkungen durch (Vgl. Tabelle 16). Die großen Unternehmen zumindest waren nicht durchgängig schwer von der Krise getroffen. Die Arbeiter/innen wehrten sich in spontanen und gewerkschaftlich organisierten Streiks, an denen manchmal tausende teilnahmen und die durch das Modell der patriarchalischen Betriebsfamilie nicht verhindert wurden. Der Streik in der Kanebō AG 1930 entzündete sich u.a. an Lohnsenkungen zu einer Zeit, in der Kanebō Dividenden von 25% auszahlte (Hazama 1964:329; vgl. S.262).

Schon vor der Rationalisierungsphase bestand eine erhebliche Konzentration der Arbeitskräfte bei den Oligopolen. Von den insgesamt 173 Firmen in der Baumwollspinnerei-Branche hatten 78 im Jahre 1926 mehr als 1000 Arbeiter; bei diesen 78 Unternehmen waren nun 83,3% aller Arbeiter (81,9% der männlichen und 83,8% der weiblichen Arbeiter) beschäftigt (SSU:40). Die jungen Arbeiterinnen machten weiterhin die überwiegende Mehrheit aus, wobei die Kinderarbeit fortbestand: noch 7,8% der Arbeiterinnen war unter 14 Jahren alt (ibid.:40-1).

Während der Rationalisierungsphase war der Frauenanteil in der Baumwollindustrie auf 87,7% der Belegschaften im Jahre 1935 angestiegen (Vgl. Tabelle 13). Die Durchschnittslöhne lagen mit 72,9 sen noch deutlich unter dem Lohnniveau der 1920er Jahre und der Abstand zwischen Männer- und Frauenlöhnen hatte sich erweitert. Frauenlöhne lagen 1936 nur noch bei 53,8% der Männerlöhne (Vgl. Tabelle 16). Man kann mit einigem Recht daraus schließen, daß die Krisenlösung und die Durchsetzung der Rationalisierung in der Baumwollindustrie zu Lasten der abhängig Beschäftigten, vor allem aber der Arbeiterinnen, erfolgt war: wurde einerseits die Gruppe der durch neue Arbeitssysteme und Technik aus dem Produktionsprozeß herausgedrängten Arbeiterinnen ohne langfristig effektive Entschädigung in die dörfliche oder städtische Hauswirtschaft entlassen, so sanken andererseits die Löhne der beschäftigten Frauen im Verhältnis zum Männerlohn [54].

Wir haben die Herausbildung und Verstärkung der vier Trägerstützen des weiblichen gebundenen Sektors auf dem Baumwollarbeitsmarkt verfolgt. Im Zuge ihrer Ausweitung ging die Baumwollindustrie allmählich eine funktionale Synthese mit dem extensiven Patriarchat auf dem Land und in den Normen patriarchalischer Vertreter der nationalen Modernisierung ein. Dabei wurden die patriarchalischen Zusammenhänge selektiv übernommen, sowie es zur kostengünstigen Rekrutierung und Reproduktion und zu ihrer Disziplinierung angebracht erschien, und teilweise wurden sie auch neu interpretiert, reorganisiert. Ein Vergleich zwischen der sozialökonomischen Stellung der Bäuerin und der Fabrikarbeiterin zeigt die Brüche und Kontinuitäten im "industriellen Patriarchat". Um sie an den obigen Trägerstützen der patriarchalischen Restriktionen auf dem Arbeitsmarkt zu umreißen: Auf dem Dorf und in der Industrie finden wir die Vorstellung, daß die Frauen langfristig "in den Haushalt gehören" und daß sie den Kernbereich der haushaltlichen Arbeit leisten sollten. Doch in der Dorfgemeinschaft beruht der Haushalt auf einer komplementären geschlechtlichen Arbeitsteilung und "bindet" - in geringerem Umfang - auch die Männer. Weiterhin ist die Bäuerin lebenslänglich in unterschiedlichen Erwerbsformen, auch in der Lohnarbeit, aktiv. Die erste Restriktion der Frauen auf dem Arbeitsmarkt, nämlich das Prinzip ihrer Kurzzeitbeschäftigung und ihrer späteren Versorgung im Reproduktionsbereich als Hausfrauen greift also traditionelle Elemente auf, modelt sie aber auch um. Sie legitimierte ein Reproduktionssystem der Arbeitskraft, das die Verwertung der jungen und leistungsfähigsten weiblichen Arbeitskräfte zu Niedriglöhnen ermöglichte und die weiteren Reproduktionskosten in mehrfacher Hinsicht auf die ländlichen und städtischen Marginalisierten abwälzte. Mutterschaftsurlaub und Kinderkrippen wurden so kaum zu Kostenfaktoren, da sie nur spät für die rel. kleine Gruppe der verheirateten Arbeiterinnen aufgebracht wurden. Kranke, ältere und zeitweilig nicht erforderliche Arbeiterinnen wurden entlassen; der Ideologie nach war ihre Lohnarbeit nur vorübergehend gewesen und sie sollten ein Unterkommen im Haushalt finden. Dieses restriktive Prinzip der Haushaltsorientierung und resultierenden Kurzzeitbeschäftigung bestimmt bis zur Gegenwart den weiblichen Arbeitsmarktsektor, wenn auch der Anteil durchgehend erwerbstätiger Mütter seit ca 1965 bedeutend zugenommen hat.

Auch die weitere Trägerstütze des weiblichen gebundenen Arbeitsmarktes, der Niedriglohn in Höhe der Reproduktionskosten einer Person, knüpft an die herkömmliche geschlechtsspezifische Diskriminierung in den ländlichen Löhnen an. Während die Distanz zum Männerlohn in den Zeiten relativ günstiger Konjunktur von ca 1900 -1925 tendenziell verringert werden konnte, wuchs sie in der folgenden Zeit von Depression und Krise wieder an (Vgl. Tabelle 16). Auch in der Gegenwart liegen u.a. aufgrund des gespaltenen geschlechtsspezifischen Arbeitsmarktes, der grundsätzlich eher Lebenszeitbeschäftigung mit entsprechenden Lohnsteigerungen für Männer und Kurzzeitbeschäftigung bis zum ersten Kind für Frauen vorsieht, die Männerlöhne weit über den Frauenlöhnen (Herold 1980; Lenz 1981).

Die beiden anderen Trägerstützen der Bezugnahme auf den patriarchalischen Haushaltsvorstand in Rekrutierung und Lohntransfers, sowie der patriarchalischen Gebundenheit der Lebensführung im Wohnheim stützen sich eher auf das "moderne Patriarchat", das in der Meijizeit als eine der tragenden Modernisierungsideologien formuliert worden war (Vgl. S. 122 ff) denn auf die ländlichen Verhältnisse. In der Dorfgemeinschaft hatten gerade die jungen Mädchen in den ärmeren Schichten einen recht großen Freiraum. Weder war der Haushaltsvorstand grundsätzlich männlich, noch war seine Autorität allein maßgeblich. Vielmehr war die Bäuerin an Entscheidungen beteiligt und wurden die Mädchen und Burschen aufgrund ihrer Arbeitsleistung an den Haushalt anerkannt. Wenn die Firmen die Stellvertretung des Haushaltsvorstandes beanspruchten, um die Arbeiterinnen in ihrer Mobilität und ihren Handlungen zu kontrollieren, beriefen sie sich auf das feudale, in den bürgerlichen Schichten umgemünzte Bild der abhängigen und behüteten Haustochter.

Wie wir sehen konnten, verankern sich diese Restriktionen im weiblichen Arbeitsmarktsektor in der Baumwollindustrie im Zuge seiner Ausweitung und die patriarchalisch-kapitalistischen Strukturen festigten sich. Sie ergeben sich also nicht unmittelbar aus der feudalen Tradition, sondern entwickelten sich in ihrer spezifischen Form im Fortschritt der weltmarktorientierten kapitalistischen Industrialisierung.

Doch obwohl diese spezifischen Bindungen auf dem weiblichen Arbeitsmarktsektor auftreten, so beinhaltete er dennoch zum Teil auch wegen des passiven Widerstands der Arbeiterinnen, der sich in Fluchten und hoher Fluktuation ausdrückte, eine grundlegende Mobilität. Diese Form der Frauenarbeit ist also nicht einfach mit Zwangsarbeit gleichzusetzen, sondern die Frauen konnten in geringem Umfang durch passive Verweigerung und durch Streiks auf eine Verbesserung ihrer Lage hinwirken.

Interessant ist die entgegengesetzte Bewegung auf dem weiblichen, fluktuierenden, gebundenen Arbeitsmarktsektor und auf dem männlichen qualifizierten Arbeitsmarktsektor um die Zeit nach 1900. Bei den männlichen Angestellten und der Oberschicht der Facharbeiter bildeten sich in dieser Zeit ebenfalls langfristige Bindungen der Arbeitskraft an das Unternehmen heraus, die allerdings auf primär ökonomischen Anreizen und langfristigen Beschäftigungsgarantien beruhten. Während die Arbeitsmigrantinnen durch Vorschüsse an die Hauswirtschaft gebunden wurden, ging ein zunehmender Teil der Großfirmen besonders in den 1920er Jahren dazu über, männliche Schulabgänger zu rekrutieren, sie firmenintern auszubilden und ihnen sowohl mit der Beschäftigungsdauer steigende Löhne als auch lebenslange Beschäftigung anzubieten (Vgl. u.a. Large 1981:72-84). Für sie bildete sich ein interner Arbeitsmarkt in den Firmen heraus, der nach oben gerichtete Mobilitätsketten umfaßte, die allmählich weiter ausgebaut wurden. Die geschlechtsspezifische Spaltung des Arbeitsmarkts und die Differenz in den damit verbundenen Reproduktionssystemen der Arbeitskraft vertieften sich in der kapitalistischen Entwicklung zunächst (55). Der weibliche Arbeitsmarktsektor wurde zum Paradigma der instabilen, ungeschützten Arbeitsverhältnisse und der männliche qualifizierte Sektor zum Prototyp der existenzsichernden, geschützten Arbeitsverhältnisse der "Stammarbeiter", wobei die ungeschützten Verhältnisse langfristig die Mehrheit der abhängig Beschäftigten umfaßten (Ernst 1980:20-29).

Um diese Aufteilung des Arbeitsmarktes am Beispiel der Baumwollindustrie zu verdeutlichen: Schon die männlichen Baumwollindustrie-Arbeiter bildeten einen untergeordneten Bestandteil der männlichen Lohnarbeiterschaft. Die Löhne in der chemischen und Schwerindustrie lagen weiter über denen der Baumwollindustrie, während die Arbeitszeit kürzer war (Ōuchi 1962:224). Die Differenzierung in bezug auf Sicherheit, Entlohnung und Arbeitszeit blieb in dem Sinne erhalten, daß Verbesserungen sich jeweils in den in der Hierarchie "höher gestellten" Gruppen stärker oder gleich durchschlugen. Sie führten also nicht zu einer Angleichung oder Egalisierung.

Ōuchi vergleicht diese Struktur des "Aufwärtsrückens" der gesamten Hierarchie mit dem Bild einer Rolltreppe, bei der sich auch das gesamte Stufengefälle gleichzeitig bewegt. Die Arbeitsmigrantinnen stellten keinen Teil dieser Rolltreppe dar, sondern sie bildeten "den Fußboden", die Grundebene, für die relativ einheitliche und schlechte Bedingungen galten. Gleichzeitig hielt der hohe Anteil an Arbeitsmigrant/inn/en im industriellen Beschäftigungssystem die gesamten Arbeitsbedingungen auf niedrigem Niveau (Vgl. Ōuchi 1962:217 ff, 229).

Doch verlief die Spaltung des Arbeitsmarktes nicht nur nach Geschlecht und Herkunftsschicht, sondern auch nach ethnischer Zugehörigkeit: die Internationalisierung im Produktionsbereich hatte auch zu einer internationalen, geschlechtlich und ethnisch fragmentierten Lohnarbeiterschaft in den japanischen Spinnereien in Japan, China und Korea geführt.

Die Motive für den Kapitalexport für Produktionsstätten in China lagen nach 1919 zunächst in der Erhöhung der Importzölle Chinas, die damit umgangen werden konnten. Nach 1925 kam, wie auch in Korea, die "Flucht" vor der allmählichen Verbesserung der Arbeitsbedingungen in Japan hinzu, wie z.B. dem gesetzlichen Verbot der Nachtarbeit 1929. Der Pionier des Paternalismus in der Kanebō AG, Mutō Sanji warnte 1920 bei der Diskussion um die Abschaffung der Nachtarbeit vor den ökonomischen Konsequenzen, nämlich einer Kapitalflucht nach China, die aus dem internationalen Konkurrenzdruck resultieren würde:

> "Es scheint als ob (die ILO) die für unser Land sehr wichtige Frage der Arbeitszeitbegrenzung in China völlig vergessen hat... Wenn die Dinge (weiter) so bleiben und der Industrie in China die Arbeitszeit nicht begrenzt wird, besteht die Gefahr, daß unsere Industrie, mag sie auch bereits gefestigt sein, in China an Konkurrenzfähigkeit verliert. Dann aber wird die Exportindustrie in unserem Lande an ihrer Weiterentwicklung gehindert. Dies ist in erster Linie für unsere Arbeiter zu bedauern; das Kapital kann leicht nach China ausweichen, die Arbeiter vermögen dies jedoch nicht." (Zitiert nach Übersetzung von Fuchs 1970:114)

Die Löhne betrugen in Korea und China nur einen Bruchteil der japanischen Löhne und es gab keine Beschränkungen für die Arbeitszeit (56).

Neben internationaler Mobilität des Kapitals, das so über eine internationale in sich fragmentierte Arbeiterschaft verfügen konnte, hatten sich erste Ansätze einer internationalen Mobilität der Arbeiterschaft aus den Kolonien, vor allem Korea herausgebildet, die allerdings häufig auf Zwang beruhten. In der Gegend um Osaka waren 1924 bereits 1899 koreanische Arbeiter/innen in den Baumwollspinnereien beschäftigt. Darunter war der Anteil der männlichen Arbeiter mit 59,9%, d.h. 1 138 Personen außergewöhnlich hoch (57). Die Löhne der koreanischen Arbeiter lagen deutlich unter denen der Japaner, wobei die Frauen eine doppelte Diskriminierung nach Geschlecht und Ethnie erfuhren.

DIE THEORETISCHEN ANSÄTZE ZUR FRAUENLOHNARBEIT UND ARBEITSMIGRATION

Die Probleme der Lohnarbeiter in den Baumwollspinnereien, ihre persönliche Gebundenheit und ihre Affinität zur kleinbäuerlichen Landwirtschaft standen im Zentrum der Debatten über die Struktur und den Charakter des japanischen Kapitalismus, bzw. der japanischen Industrialisierung. Die Diskurse über die industrielle Revolution in Europa, die Einschätzung der Entfesselung des technischen Fortschritts und der Neugestaltung der sozialen Beziehungen kristallisierten sich ebenfalls um die Baumwollspinnereien.

> "The mill appeared a symbol of the social energies which were destroying the very 'course of nature'...The equation between the cotton-mill and the new industrial society, and the correspondence between new forms of productive and of social relationship, was a commonplace among observers in the years between 1790 and 1850. Karl Marx was only expressing this with unusual vigour when he declared: 'The handmill gives you society with the feudal lord: the steammill, society with the industrial capitalist.' And it was not only the mill-owner but also the working population brought into being within and around the mills which seemed to contemporaries to be 'new'."
> (Thompson 1977:207-208)

Ebenso prägend waren die Erfahrungen der Baumwollindustrie für die Beurteilung des Kapitalismus in Japan; jedoch stand hier überwiegend anstelle des empathischen Fortschrittsdenkens die Betonung des zurückgebliebenen "halbfeudalen" Charakters des japanischen Kapitalismus, der sich gerade in den Arbeitsbeziehungen der Baumwollspinnereien zu manifestieren schien. Damit verbinden sich sehr weitreichende gesellschaftstheoretische Fragestellungen, wie die unterschiedliche Herausbildung der bürgerlichen Gesellschaft, der Individuation vor der Industrialisierung und der Bedeutung der im Weltmaßstab ungleichen industriellen Entwicklung. Dies macht aber auch die allgemeinere Tragweite eines Teils der folgenden Erklärungsansätze für die Entstehung und Struktur dieser Arbeitsbeziehungen in Japan aus.

Die spezifische Differenz zwischen landwirtschaftlicher Rückständigkeit und industriellem Fortschritt in Japan

Ein Ansatz erklärt die Einschränkungen der Freiheit der Arbeitskräfte und die Härte der Arbeitsbedingungen aus der Differenz zwischen dem technologischen Fortschritt in der industriellen Produktion und dem Bezug auf die rückständigen Kleinbauernwirtschaften in den Personalbeziehungen. Dazu treten zwei weitere Grundthesen: die Arbeitsmigrantinnen seien in der ländlichen Ökonomie überflüssige Arbeitskräfte gewesen und diese Form der industriellen Beziehungen in der Baumwollindustrie sei einzigartig für Japan. Dieser Erklärungsansatz wird vor allem von industrienahen Wissenschaftlern vertreten.

Diese Grundeinschätzung beeinflußte m.E. auch die modernisierungstheoretisch orientierten Wertungen industrienaher Vertreter der Nachkriegszeit. Shindō Takejirō, der ein leitender Angestellter bei der Tōyōbō gewesen war, sieht die einzigartige Besonderheit der japanischen Arbeitsbeziehungen ebenfalls in dem hohen Anteil von Arbeitsmigrantinnen, die in Wohnheimen untergebracht wurden. Die Ursachen für die Anwerbung sollen in der Kombination von technischen Vorgaben des Arbeitsprozesses mit einer Arbeitskraft aus den rückständigen Sektoren liegen (58).

In einige der europäischen Standardwerke wurde die These der ländlichen Rückständigkeit und der Überflüssigkeit der jungen Frauen für die ländliche Ökonomie übernommen. Levine z.B. charakterisiert die Baumwollspinnerei-Arbeiter etwas summarisch wie folgt:

> A distinct urban proletariat developed much more slowly in Japan than in the nations that experienced the industrial revolution of the eighteenth and nineteenth centuries. The earliest recruits for Japan's new industries were largely females, the **surplus daughters** of the struggling farmers (Levine 1958:18, Hervorhebung I.L.).

Doch haben wir bereits gesehen, daß die landwirtschaftliche Produktion sich durchaus entwickelte und die Landfrauen durchaus nicht unterbeschäftigt waren. Auch dann wäre noch nicht verständlich, warum gerade Frauen in dieser Technologie eingesetzt wurden, es sei denn Frauen würden per se für überflüssig oder rückständig gehalten. Der neue Zwangscharakter in den industriellen Beziehungen wird vernachlässigt. Der Erklärungswert dieser Ansätze ist also gering, da sie von dualistischen Gesellschaftsmodellen ausgehen und die Grundfrage überhaupt nicht stellen, nämlich die nach den sozialen Ursachen für diese Form der Verwertung der weiblichen Arbeitskräfte für die Industrialisierung.

Die "traurige Geschichte der Fabrikarbeiterinnen"

Eine andere Interpretation der Probleme der Baumwollarbeiterinnen geht im wesentlichen auf Hosoi Wazikōs (59) grundlegenden und aufrüttelnden Sozialbericht von 1925 "Die traurige Geschichte der Arbeiterinnen" (Jokō aishi) zurück. Hosois Bericht lagen ein warmes humanistisches Engagement und ein im Lauf seiner langen Praxis in der Arbeiterbewegung gewonnes gewerkschaftliches Denken zugrunde. Er zeigte nicht nur die Ausbeutungsbedingungen in den Spinnereien und Seidenhaspeleien auf und kritisierte die paternalistischen Ideologien anhand der Fabrikrealität, sondern wies auch auf die "doppelte Fesselung" der Frauen durch die Verbindung zwischen dem ländlichen Patriarchat und der patriarchalischen Fabrikstruktur hin (Hosoi 1915:140-146).

"Die traurige Geschichte der Arbeiterinnen" ist fast ein geflügeltes Wort für die wissenschaftliche Behandlung dieses Themenbereiches geworden, und eben dort, in der wissenschaftlichen historischen, sozialökonomischen und politischen Weiterverarbeitung, zeigen sich deutliche Grenzen. Viele Autoren haben sich darauf beschränkt, die wesentlichen, bei Hosoi und in den Fabrikberichten des Agrar- und Handelsministeriums 1903 angegebenen Zusammenhänge zu referieren und dabei weitgehend auf eine Analyse verzichtet (60). Es scheint, als habe also gerade die emotional gefärbte Formel der "traurigen Geschichte" (aishi) eine Art Verdrängungseffekt mit sich gebracht: die Lage der Arbeiterinnen wurde beklagt, aber nicht analytisch hinterfragt. So konzentrieren sich die dem aishi-Ansatz verhafteten Darstellungen auf die Wiedergabe vor allem der Schattenseiten der Industrie bis ca 1920 und übergehen die Veränderungen und dynamischen Faktoren danach meist. Sie lassen die ländlichen Verhältnisse entweder völlig außer Acht oder schildern sie nach einer m.E.

städtisch geprägten Sichtweise, d.h. die Bauern erscheinen als naiv, leicht zu betrügen und von der sozialen Kommunikation ausgeschlossen (61).

Die Erklärung aus der Transformation der Produktionsweise: die kōza Richtung

Ein zentraler Strang der japanischen sozialwissenschaftlichen Forschung, der sich an der Frage der spezifischen Form des Übergangs vom Feudalismus zum Kapitalismus in Japan im Rahmen der Produktionsweisendebatte orientierte, wurde in der europäischsprachigen Literatur kaum rezipiert. Die japanischen Marxisten folgten dabei im wesentlichen zwei theoretischen Ausrichtungen. Die Vertreter der **kōza**- die diesen Namen nach einer ihrer ersten zentralen Veröffentlichungen, der Nihon shihonshugi hattatsu shi kōza 1932-1933 (Vorlesungen zur Geschichte der Entwicklung des japanischen Kapitalismus) erhielten (62), nahmen an, daß die Meiji-Restauration im wesentlichen keine bürgerliche Revolution gewesen sei, sondern die Etablierung einer absolutistischen Monarchie bedeutet habe, und daß der japanische Kapitalismus aufgrund der Unreife der objektiven Bedingungen und des Fehlens einer bürgerlichen Revolution einen halbfeudalen Charakter trage. Die Vertreter der **rōnō**-Orientierung argumentierten demgegenüber, daß die Meiji-Restauration als eine unvollständige bürgerliche Revolution zu beurteilen sei, und daß die Deformation des japanischen Kapitalismus eher aus seiner verspäteten Entwicklung herrührte. Diese Diskussion hatte sowohl einen wissenschaftlichen als einen revolutionstheoretischen Aspekt. Es ging in den ersten Phasen bis ca 1955 um die Strategie der proletarischen Parteien und um die Frage, ob die nächste Stufe eine bürgerliche oder eine proletarische Revolution sein müsse.

Uchida merkt an, daß im Gegensatz zur im wesentlichen ökonomischen Argumentation der **rōnō** -Gruppierung die **kōza** Vertreter die Dimension der Herrschaft und damit die soziologischen und kulturellen Fragestellungen in der Analyse des japanischen Kapitalismus berücksichtigt hätten (Uchida 1981:85).

Der "klassische" kōza Ansatz zur Erklärung der Lohnarbeitsverhältnisse wurde nach Noro Eitarōs früher Untersuchung "Die Geschichte der Entwicklung des japanischen Kapitalismus" (Nihon shihonshugi hattatsushi 1930) von Yamada Moritarō in seiner "Analyse des japanischen Kapitalismus" (Nihon shihonshugi bunseki 1934) entwickelt. Yamada wollte die besondere Verbindung von feudalen und kapitalistischen Elementen in Japan in einem System zusammenfassen. Er griff dies Problem nicht von der Seite der Entwicklung der Produktion, sondern von der Seite der Reproduktion des japanischen Kapitalismus zum Zeitpunkt seiner Konsolidierung um 1900 und seines gleichzeitigen Umschlags in den Imperialismus her an. Seine Grundthesen lauteten : Auf einer feudalen Basis der Landwirtschaft sei gewaltsam die Achse der besonderen Reproduktion des japanischen Kapitalismus, nämlich die militärisch organisierte Schwerindustrie aufgepropft worden, ohne daß dies bereits dem Entwicklungsstand der Konsumindustrie entsprochen hätte. Deswegen hätten sich bei dieser gewaltmäßig durchgesetzten Akkumulation die feudalen Elemente in Politik und Wirtschaft neu herausgebildet. Besonders die halbfeudalen Lohnarbeiter stünden noch in engem Zusammenhang mit dem halbfeudalen Ausbeutungsverhältnis zwischen Pachtherrn und Pächtern in der Landwirtschaft. Einerseits wären die Familienangehörigen der Pächter wegen der hohen Pacht, die Yamada als feudale Grundrente interpretiert, gezwungen, Arbeitsmigranten mit niedrigen Löhnen zu werden. Umgekehrt lieferten ihre nach Hause überwiesenen Lohnanteile für die Pächterwirtschaften einen Teil der materiellen Grundlage, diese hohe Pacht an den Pachtherren zu zahlen.

Große Vorzüge dieses Ansatzes lagen in der Berücksichtigung des Wechselverhältnisses zwischen den Klassenverhältnissen in der Landwirtschaft und der Industrie und in seiner starken Betonung kultureller Elemente und der Herrschaftsformen. Er beeinflußte deswegen auch so verschiedene Autoren wie Sumiya (1955), Noguchi (1960) und Ōkōchi; sie übernahmen die These vom halbfeudalen Charakter der japanischen Lohnarbeit oder waren wie Ōkōchi davon geprägt.

Allerdings wird in den Untersuchungen der der kōza Richtung nahestehenden Autoren die Frage der patriarchalischen Herrschaftsverhältnisse kaum berücksichtigt. Auch werden die dynamischen Faktoren in den Arbeitsverhältnissen weitgehend außer Acht gelassen. Der Kapitalismus scheint kaum innere Bewegungsimpulse zu haben und das Patriarchat erscheint als Erbe der feudalen Vergangenheit, soweit es wahrgenommen wird. Die Thesen der kōza-Richtung vom Zusammenhang zwischen Pachtsystem und Arbeitsmigration sollen im folgenden empirisch überprüft werden.

Die typologischen Ansätze

Die typologischen Ansätze sind vor allem mit den Arbeiten Ōkōchi Kazuos verbunden, der zum Verständnis der Veränderungen der japanischen Arbeitsbeziehungen eine Typologie ihrer stufenweisen Umformung entwickelte.

In einem frühen Aufsatz näherte sich Ōkōchi vom Aspekt der Sozialpolitik und Arbeitsgesetzgebung her an die Frage der Reproduktion der Arbeitskraft an und entwickelte den instrumentellen Charakter dieser Politikbereiche für die Akkumulation:

> "Die Sozialgesetzgebung und die Arbeitsgesetzgebung sind...ihrem Inhalt nach Formen der Politik, die den Produktionsfaktor 'Arbeit' für das Kapital garantieren sollen." (Ōkōchi 1950:149)

Er entwarf zwei Typen für die Reproduktionssysteme der Arbeitskraft als Grundlage der Sozialpolitik: Nach der jeweiligen Stufe der Entwicklung des Kapitalismus sprach er von einem "vormodernen" (**zenkiteki**) und von einem "modernen" (**kindaiteki**) Typus. Weitere Typen ergäben sich in Entsprechung zu den jeweiligen Besonderheiten einer nationalen Volkswirtschaft.

So habe sich in England durch die Auflösung der Kleinbauernschaft im Zuge der ursprünglichen Akkumulation eine urbanisierte Arbeiterklasse herausgebildet, die dort gemeinsame Interessen und eine gemeinsame Lebensform entwickelt habe und sich ausschließlich auf Basis des Lohnes reproduzieren könne. D.h. die Lieferung der Arbeitskraft als Ware vollziehe sich vor allem in den Städten und den Fabrikdistrikten. Die dort reproduzierten Arbeiter gehörten dem modernen Typus an, da sie ein hohes technisches Geschick hätten und von Jugend auf mit der Arbeiterbewegung vertraut seien (Ōkōchi 1950:153-55).

> "Im Gegensatz dazu wurde in Japan die 'Arbeitskraft' zwar als 'Arbeitskraft' zur Ware, aber ihre Entstehungsbedingungen standen kapitalistisch gesehen nicht auf einem rationalen Fundament und in diesem Sinne kann man sie als 'vormoderne' (63) Elemente bezeichnen...D.h. in den Einzelheiten der (Gestaltung der, I.L.) Arbeitsbedingungen wurde eine rationale Formierung vernachlässigt. In der Anstellung, der Allokation oder Kündigung der Arbeitskraft bildeten sich keine modernen Beziehungen heraus. Die Arbeitsbeziehungen waren nicht rational, d.h. sie enthielten nicht die grundlegenden Bedingungen für die Reproduktion der 'Arbeitskraft' als Ware. Sie selbst

waren Standes- und Machtbeziehungen unterworfen und hatten eine den modernen bürgerlichen Vertragsbeziehungen vorgelagerte Form angenommen...
Wenn wir nun pragmatisch die formal als moderne Ware gegebene und von allen Produktionsmitteln 'freie' 'Arbeitskraft' annehmen und die dem Wesen nach nicht rationalen und ständischen Arbeitsbeziehungen den'feudalen Charakter' in der Landwirtschaft nennen- auf welcher Grundlage hat sich der so verstandene feudale Charakter der japanischen Lohnarbeit herausgebildet? Ich möchte hier darauf hinweisen, daß die Formen der japanischen Lohnarbeit insgesamt **auf dem Typus der auf Arbeitsmigration beruhenden Arbeit (dekasegi rodo kata)** aufbauen, wenn auch noch viele Fragen in bezug auf die Variationen dieses Typus, seine allmähliche Festigung oder seine fortschreitende Auflösung bestehen." (Ōkōchi 1950:155-6)

Noch 1950 sah also Ōkōchi im Typus der auf Arbeitsmigration beruhenden Arbeitsverhältnisse den Grundtypus der japanischen Arbeitsverhältnisse (64)! In der Folge hat er für die japanische Entwicklung eine Stufenfolge des "primitiven', des 'Sozialleistungen enthaltenden' (**koseiteki**) und des 'modernen' Typus entwickelt. Weitere Detailanalysen u.a. von Yasui bauten auf diesen Typologien auf (65).

DIE ARBEITSMIGRANTINNEN ALS GRENZGÄNGERINNEN ZWISCHEN DORF UND INDUSTRIE: DIE FORMIERUNG DES PATRIARCHALISCHEN KAPITALISMUS

Die Arbeitsmigrantinnen kamen aus den vielfältigen regionalen Kulturen der dörflichen Unterschichten in die Baumwollindustrie, deren Personalbeziehungen gerade in der Großindustrie in den Jahrzehnten nach 1905 auf einem relativ einheitlichen Bild der idealen patriarchalischen Betriebsordnung und der entsprechenden Frauenrolle beruhten. In den dörflichen Unterschichten hatten die Frauen ganz wesentlich die Mischökonomie von Subsistenzproduktion, Heimarbeit und Lohnarbeit mitgetragen und trotz äußerer Unterordnung ein starkes Selbstbewußtsein bewahrt. Die Bedeutung der Erwerbstätigkeit war für die Kleinbauernhaushalte um 1920 zentral, während die Pachten allmählich einen geringeren Anteil des Betriebsbudgets einnahmen und die Ausbeutungsbeziehung zwischen Pachtherrn und Pächtern untergründig erschüttert war.

Im folgenden sollen zunächst die soziale Basis der Arbeitsmigration, d.h. die Herkunftsregionen und -haushalte, genauer aufgeschlüsselt und die Rückwirkungen des Migrationsprozesses reflektiert werden. Daraufhin will ich die Reproduktion der Lohnarbeiterinnen während der Beschäftigung in den Spinnereien untersuchen. Wie reagierten die Arbeiterinnen auf die objektiven Vorgaben der Organisation des Lebens und der Arbeit durch die Fabriken, wie empfanden sie selbst die Veränderungen und Brüche in ihrem Leben? Welche Formen des Widerstands entwickelten sie?

GRUNDLEGENDE STRUKTUREN DER WEIBLICHEN ARBEITS-MIGRATION

Bisher wurde der äußere Rahmen der weiblichen Arbeitsmigration nur angedeutet: Während die Abwanderung ganzer Bauernfamilien relativ gering war und nach 1900 abflachte, wanderten Töchter und jüngere Söhne zeitweilig in die städtischen Dienstleistungen und Industrien ab (Sumiya 155:31-32, Nojiri 1964:24, 30-35). Die jüngeren Söhne konzentrierten sich dabei auf Dienstleistungen und "informelle Aktivitäten" in der städtischen Armenschicht; sie arbeiteten in kleinen Läden, als Lehrlinge oder Laufburschen und fanden dann manchmal eine Tätigkeit in der Kleinindustrie. Einige stiegen später zu Lohnarbeitern in größeren Unternehmen auf (Nojiri a.a.O. sowie Ushiyama 1975:245, 260 ff., 315-318).

Bei der weiblichen Arbeitsmigration waren ein Großteil der möglichen Arbeitsplätze und die damit verbundenen Arbeitsbedingungen geschlechtsspezifisch festgelegt. Neben eher geschlechtsneutralen Erwerbsmöglichkeiten als landwirtschaftliche Tagelöhner und als Wanderhändler konnten Frauen vor allem Dienstmädchen, Industriearbeiterinnen in der Baumwollindustrie und in den Seidenhaspeleien, sowie Aniniermädchen oder Prostituierte werden. In den letzteren Bereichen der gebundenen Industriearbeit und der Prostitution wurde durch Zahlungen an die Eltern eine persönliche Gebundenheit erreicht, die dem Menschenhandel nahekam.

Der Dienstbotenberuf war der größte außerhäusliche Erwerbsbereich für Frauen; die industrielle Lohnarbeit hatte einen geringeren Umfang. Laut der Volkszählung von 1930 gliederten sich die weiblichen Erwerbspersonen folgendermaßen auf: 54,76% waren im eigenen landwirtschaftlichen Betrieb tätig, 9,9% arbeiteten als Dienstboten, 4,38% in der Baumwollindustrie und 3,84% in den Seidenhaspeleien.

Die Arbeitsmigration an sich war also kein "weiblicher" Arbeitsmarktsektor; vielmehr überwogen die männlichen Arbeitsmigranten leicht, betrachtet man alle Branchen (1). Doch bildeten junge Frauen die Mehrheit der Arbeitsmigrantinnen und es formierte sich ein spezifischer gebundener Arbeitsmarkt für sie. In keinem der anderen Erwerbszweige außer der Textilindustrie finden wir die kaum kündbaren Verträge für ein oder mehrere Jahre, den Lohnvorschuß an die Eltern und die Zwangsüberweisungen an die elterliche Kleinbauernwirtschaft.

Einen Eindruck von dem Umfang der gesamten Arbeitsmigration und der Bedeutung der Textilindustrie in diesem Rahmen vermitteln die Tabellen 17 und 18.

Tabelle 17: Die Arbeitsmigration nach Branchen und Geschlecht im Jahre 1928 (1)

Branche	Zahl der Arbeitskräfte männlich	weiblich	wichtige Herkunftsregionen
Seidenhaspeleien	22 537	87 073	Niigata, Yamanashi, Gifu
Baumwollspinnerei	29 907	85 430	Kagoshima, Okinawa, Niigata, Shimane, Kumamoto
Weberei	10 913	13 680	Niigata, Shimane, Gifu, Ishikawa, Kagoshima
Sakebrauerei	21 518	123	Niigata, Hyōgo, Ishikawa, Okayama
Bergarbeiter	19 991	8 480	Shimane, Hiroshima, Ōita, Kumamoto
Bauarbeiter, Sägen	21 072	486	Chiba, Nagano, Shimane, Shizuoka, Kagoshima
fahrende Arzneihändler	14 914	1 406	Tōyama, Nara, Kagawa, Shiga
andere Wanderhändler	18 210	2 761	Yamanashi, Niigata, Okayama, Ehime
Bauernknechte u. Mägde	50 377	57 597	Niigata, Ibaraki, Shimane, Ishikawa, Wakayama
Fischerei	61 761	2 531	Hokkaidō, Aomori, Akita, Tōyama, Ishikawa

Quelle: Chūō shokugyō shōkai jimukyoku 1930:8-9

(1) Es wurden nur die wichtigsten Branchen aufgeführt. Die Statistiken der Einzelpräfekturen stimmen mit dieser Untersuchung nicht überein, weisen aber die gleichen Tendenzen auf (Ushiyama 1975:244). Als Arbeitsmigranten sind hier Personen aufgeführt, die außerhalb ihrer Herkunftspräfektur zyklisch zur Erwerbstätigkeit abwandern, also nach der Wanderarbeit grundsätzlich zurückkehren.

Tabelle 18: Der Umfang der Arbeitsmigration insgesamt sowie die Arbeitsmigration in die Baumwollspinnereien (1)

Jahr	Zahl der Arbeitsmigranten	Zahl der Arbeitsmigranten in die Baumwollspinnereien		
		weiblich	männlich	Summe
1928	905 214	85 430	29 907	115 337
1930	773 313	-	-	-
1932	905 634	66 574	26 990	93 564 (2)
1936	229 777	94 820	27 444	122 264

Quelle: Chūō shokugyō jimukyoku 1930:8, 1935:10; Kōseishō shokugyōbu 1936: 5,36

(1) Die Definition der Arbeitsmigranten ist die gleiche wie in Tabelle 17.
(2) Für 1932 ist die Zahl der Arbeitsmigranten in die Baumwollindustrie insgesamt mit Einschluß der Webereien angegeben.

Schon aus dieser Übersicht dürfte deutlich werden, daß die Institutionalisierung der Arbeitsmigration in die Textilindustrie nicht nur die Löhne niedrig hielt und Investitationen in die soziale Infrastruktur ersparte, sondern auch dem Baumwollkapital ermöglichte, einen Großteil seiner Arbeitskräfte je nach seinen Anforderungen zu "heuern und zu feuern", also die Personalkosten im wesentlichen auf dem niedrigen Stand der Reproduktionskosten der aktuell beschäftigten Lohnarbeiter zu halten. Leider liegt keine Zahl für die Arbeitsmigranten in den Baumwollspinnereien für 1930, also auf dem Höhepunkt der industriellen Krise, vor. Vergleicht man jedoch die Personalkürzung von 27 246 Personen zwischen 1928 und 1932 (Tabelle 15) und den Rückgang der Arbeitsmigration im gleichen Zeitraum um 21 773 Personen, so wird die Pufferfunktion dieser Gruppen deutlich, die in ungeschützten Anstellungsverhältnissen standen und jederzeit in die industrielle Reservearmee der ländlichen Marginalisierten zurückgedrängt werden konnte. Frauen waren stärker vom Verlust der Arbeitsplätze betroffen. Da sie im industriellen Sektor grundsätzlich dem Bereich der dörflichen Subsistenzproduktion und Hausarbeit zugerechnet wurden und ihre Erwerbstätigkeit dieser Fiktion nach nur vorübergehend sein sollte, wurden sie doppelt rasch in die ländlichen und städtischen Marginalisierten entlassen.

Die wichtigsten Anwerbegebiete für Arbeitsmigranten waren seit der Entwicklung und Systematisierung der Anwerbung in der Baumwollspinnerei-Industrie gleich geblieben. Die Tōyōbō-Firmengeschichte nennt für die Zeit nach der "Erschöpfung" der umliegenden Regionen aufgrund der Abneigung der städtischen und ländlichen Armen gegen die harten Arbeitsbedingungen um 1890 als die bedeutendsten Anwerberegionen Kagoshima und Fukuoka in Kyūshū, Yamaguchi in Südwestjapan und Niigata und Nagano im nördlichen und zentralen Teil Mitteljapans (Vgl S.206). 1928 wurden Kagoshima und Niigata weiterhin als wichtigste Rekrutierungsfelder genannt; dazu gekommen waren Kumamoto in Kyūshū, Shimane und Okinawa (2).

Nach der **kōza**-These über die Verursachung und inhaltlichen Prägungen der "halbfeudalen" Form der Lohnarbeit durch das "halbfeudale" Pachtsystem wäre nun in diesen Regionen ein starkes, seit der Feudalzeit bestehendes Pachtsystem zu vermuten. In der ersten Phase um 1900 trifft dies nur für zwei der fünf genannten Präfekturen zu, nämlich für Niigata und Fukuoka. Doch gerade in Niigata war das Pachtsystem in der Kambara-Ebene ein Resultat der sich im Feudalismus ausweitenden Geldwirtschaft (Vgl. S.108). In der zweiten Phase um 1920-1930 waren ebenfalls nur zwei der fünf genannten Regionen durch einen besonders hohen Pachtlandanteil gekennzeichnet, nämlich Shimane und Niigata. In anderen Präfekturen, in denen ein extensives Pachtsystem bestand, wie etwa Tottori, Akita, Ōsaka hatten die Firmen kein derart umfassendes Rekrutierungssystem aufgebaut. Es scheint also auf allgemeiner Ebene keine unmittelbare Korrelation zwischen Pachtsystem und Anwerbung in die Baumwollindustrie zu existieren.

Konkret wäre dieser Zusammenhang zu überprüfen anhand der Fragestellung, aus welchen dörflichen Schichten - den Pächtern, den Kleinstbauern oder den landlosen Marginalisierten die meisten Arbeitsmigrantinnen kamen. Allerdings steht eine solche Untersuchung vor der Schwierigkeit, daß die vorliegenden Quellen wie im Fall der Bauernwirtschaften aus der "Fernrohr"- oder der "Mikroskop"-Perspektive berichten. Deswegen ist der folgende Versuch, die Aussagen von statistischen Übersichten, einigen Interviews und qualitativen Beschreibungen mosaikhaft zusammenzufügen, notwendig fragmentarisch.

Eine allgemeine Übersicht über die Herkunftsschichten der Baumwollarbeiter gibt die Untersuchung des zentralen Arbeitsvermittlungsamtes, die 1927 in 34 Fabriken, davon 33 Baumwollspinnereien, mit ca 21 800 Beschäftigten durchgeführt wurde. Danach setzte sich der familiäre Hintergrund der Arbeiter wie folgt zusammen: 61,7% kamen aus der Land- und Forstwirtschaft, 5,4% aus der Fischerei, 6,7% aus dem Handel, 6,3% aus der Lohnarbeiterschaft (!) und 4% aus dem Handwerk sowie 1,7% aus anderen Berufen. Von der ersten Gruppe aus der Land- und Forstwirtschaft stammten 41,1% aus reinen Bauernhöfen; es läßt sich vermuten, daß die anderen 68,9% zum großen Teil aus der dörflichen Marginalisiertenschicht kamen. Leider ist die letztere Gruppe nicht detailliert aufgeschlüsselt.

Weiterhin sind unter den 61,7% der Arbeiter aus der Land- und Forstwirtschaft die Herkunftshaushalte nach dem Eigentumsstatus des jeweiligen Hofs aufgeschlüsselt: sie kamen zu 28% aus Pächterhaushalten, zu 24,6% aus selbstständigen Kleinbauernhöfen und nur zu 4% aus der Halbpächterschicht (Vgl. Chūō shokugyō shōkai kyoku 1929:24-25). Doch ist in dieser groben Übersicht der Anteil der Pächterhaushalte nur etwas größer als der der Kleinbauern; die Pächter überwiegen zwar, sind aber keineswegs die vorherrschende Herkunftschicht der Arbeiter.

Betrachten wir diese Verhältnisse genauer am Beispiel der Präfektur Niigata, die eine der wichtigsten Herkunftsregionen der Arbeitsmigration überhaupt, auch in der Baumwollindustrie, darstellte. Die bäuerliche Schichtendifferenzierung und die Herausbildung des Pachtsystems in Niigata wurden bereits diskutiert (3). Bereits um 1908 waren dort mehr als 50% des Bodens und 56,7% der Naßfelder verpachtet; die Präfektur galt als "Pachtherren-Königreich". 1910 saßen selbstständige Bauern nur noch auf 46 852 Höfen (23,7% aller Höfe) gegenüber 63 996 Pächterhöfen (32,6%) und 85 920 Halbpächterwirtschaften (43,9%). Bis 1925 hatten sich diese Verhältnisse mit einem Anteil von 23,1% selbstständiger Bauern, 34% Pächtern und 42,9% Halbpächtern leicht verschlechtert (Vgl. Nōji tōkeihyō 1919, 1926).

Um 1928 gingen 63 329 Männer und 55 147 Frauen von Niigata aus auf Arbeitsmigration. 20 355 Frauen oder 37,6% aller Arbeitsmigrantinnen wanderten in die Seidenhaspeleien, 9 822 oder 17,8% aller Frauen in die Baumwollspinnereien (Ushiyama 1975:246-247). Die Volkszählung von 1930 ermöglicht eine ungefähre Aufschlüsselung der Herkunftsschichten der dörflichen Arbeitsmigrantinnen in die Fabrik (4). Danach kamen 44,6% von ihnen aus Pächterwirtschaften, 34,2% aus Halbpächterhöfen und 9,8% von Höfen selbstständiger Bauern (Ushiyama 1975:311). Wenn wir nun in einer groben Schätzung diese Angaben aufeinander beziehen, so wäre anzunehmen, daß ca 9 078 Arbeiterinnen in der Seidenhaspelei und ca 4 380 Arbeiterinnen in den Baumwollspinnereien aus Pächterhaushalten und entsprechend 6 961 bzw. 3 359 aus Halbpächterhöfen kamen.

Aus diesen Zahlenbeispielen ergeben sich m.E. Konsequenzen für
die These der gegenseitigen Bedingtheit des "halbfeudalen" Pachtsystems und der Lohnarbeit, sowie für die daraus abgeleitete Annahme, daß das halbfeudale Pachtsystem bedinge, daß der Lohn
der Arbeiterinnen nur ein subsidiärer Zuverdienst für die Pächterhaushalte gewesen sei (so Yamada Moritaro 1943:62; Nagahara
1972:541; Miharu 1978:82).

Die Pächterhaushalte bilden eine der wichtigsten Herkunftsquellen
der Fabrikarbeiterinnen, aber auch die Töchter von selbstständigen
Kleinstbauern mit 3-5 tan und von landlosen Marginalisierten mußten den harten Weg in die Baumwollfabriken antreten. Das Grundproblem liegt in der raschen Differenzierung der bäuerlichen
Schichten und der Marginalisierung von ca 60-70% der Bauern,
die keinen hinreichenden Zugang mehr zum Produktionsmittel Boden hatten, ohne daß sie während der ursprünglichen Akkumulation und der kapitalistischen Industrialisierung völlig vom Land
"freigesetzt" worden wären. Die Ausweitung des Pachtsystems
war ein paralleler Prozeß in den Frühphasen der Industrialisierung.

Besteht dennoch ein unmittelbarer Zusammenhang zwischen der
hohen Pacht und den Niedriglöhnen? Zwei Argumente sprechen
dagegen: einerseits nahmen die Pachtzahlungen in ihrer Bedeutung
in den Haushaltsbudgets eben in dem Zeitraum der Expansion des
Anwerbesystems in die Baumwollindustrie allmählich ab. Die Ausweitung dieser Form der Lohnarbeit und die hohe Pacht sind eher
gegenläufige historische Bewegungen (5). Häufig wurden die Lohnüberweisungen und der Vorschuß in den verarmten und verschulde-
ten Höfen zur Tilgung der Zinsen oder für Lebensmittel verwandt.

Die These der Konservierung der Pachthöfe durch den Transfer
aus den Niedriglöhnen, die Yamada (1934:104) vertritt, kann für
einen gewissen Teil der Pachtbetriebe zutreffen, für die die Lohnüberweisungen die letzte Zuflucht darstellten. Doch vergleicht man
andererseits die Zahl der Pachthöfe in Höhe von ca 70 000 und
die Gesamtzahl der Arbeitsmigrantinnen in die gesamte Textilindustrie in Höhe von ca 13 000 und von ca 4 380 in die Baumwollspinnereien in Niigata, so wird deutlich, daß die Zuwendung aus
industriellen Löhnen eine eher untergeordnete Rolle beim Erhalt
des gesamten Pachtsystems spielte. Ushiyama hat in diesem Zusammenhang in einer empirischen Untersuchung die große Bedeutung
sowohl des regionalen Arbeitsmarkts als auch der Arbeitsmigration
in nicht-industrielle und informelle Tätigkeiten aufgezeigt (Ushiyama 1975:189-319).

M.E. ist dieser ökonomische Wechselprozeß zwischen Kapital und Landwirtschaft als Prozeß der ursprünglichen Akkumulation zu verstehen, bei dem fortlaufend junge, leistungsstarke und billige Arbeitskräfte, vor allem junge Frauen, vom Kapital angeworben, für einige Jahre unter harten Arbeits- und Lebensbedingungen beschäftigt und dann wieder aus dem Bereich, in dem ihre Reproduktionskosten durch Lohnarbeit gedeckt worden wären, hinausgedrängt wurden. Ihre aktuelle Reproduktion während der Beschäftigung wurde zu niedrigen Kosten weitgehend durch die Kapitalseite selbst organisiert. Ihre Reproduktion während ihrer Kindheit und Jugend wurde auf die armen Kleinbauernhöfe externalisiert und nach der Phase der oft aufreibenden Lohnarbeit weitgehend einem ungewissen Schicksal überlassen. Die Ehe erschien als die einzige langfristige ökonomische Existenzbasis, und insofern bestand auch ein existenzieller Zwang dazu, zu heiraten und in einen Hausstand Eingang zu finden.

Dabei sollte nicht übersehen werden, daß zumindest bis ca 1915 etwa ein Viertel aller Arbeiterinnen nach der Heimkehr ins Dorf an einer Berufskrankheit starb, und daß nach dem Bekanntwerden des gesundheitlichen Raubbaus durch die Baumwollspinnereien die zurückgekehrten Frauen große Schwierigkeiten hatten, ein Haus zur Einheirat zu finden (Vgl. Suzuki 1938:73).

Während das Baumwollkapital so den Großteil der Reproduktionskosten externalisieren konnte, treffen wir bei der weiblichen Arbeitsmigration auf das Paradox, daß trotz der Niedriglöhne, die in der Baumwollindustrie bei ca 55-75% der Männerlöhne und in der Gesamtindustrie bei ca 1/3 derselben lagen, immer noch Teile des Lohns an die heimische Hauswirtschaft übersandt wurden. D.h. wir finden das Problem, daß die Arbeiterinnen einen Lohn verdienen, der an oder unter dem sozial anerkannten Existenzminimum liegt und daß sie trotzdem auf Bestandteile dieses Lohnes zugunsten ihrer Familie verzichten können oder müssen.

Eine Erklärung dafür ist darin zu sehen, daß die Achse, um die diese spezifische Form der ursprünglichen Akkumulation organisiert war, eine neue kapitslistische Form des Patriarchats war, das einzelne Wesenzüge des extensiven ländlichen Patriarchats aufgriff und umformte.

So wurden im extensiven ländlichen Patriarchat die Mädchen und jungen Frauen als "bewegliche Austauschobjekte" zwischen den festen, von den ältesten Söhnen getragenen Strukturen der einzelnen "Häuser" (**ie**) behandelt; sie waren grundlegend fremd in ihrem

neuen Heim und konnten sich dort häufig nur durch harte Arbeit
eine eigene Stellung und einen Status der Zugehörigkeit verschaffen. Zugleich hatten Frauen die Zuständigkeit, die menschliche
Reproduktion der Arbeitskräfte der Hauswirtschaft zu organisieren, und sei es um den Preis des eigenen Konsumverzichts. Dies
bedeutete, daß in armen Familien zwar ihre Arbeit meist sozial
anerkannt, "sichtbar"war, aber ihr Einkommen i.a. nicht zu ihrer
eigenen Verfügung stand, sondern voll in den Reproduktionsfonds
der Hauswirtschaft einging.

Die Kapitalseite intervenierte in diese Strukturen, indem sie die
Töchter von den Eltern gegen eine an die Hauswirtschaft gezahlte Geldsumme für einige Jahre "ausborgte", ehe sie sowieso
ihr Elternhaus verlassen und in ein anderes Haus einheiraten
mußten. Jedoch betonten und verstärkten die Baumwollunternehmer gerade während der Entwicklung des Paternalismus in den
industriellen Beziehungen die elterliche Autorität, und beanspruchten teilweise selbst väterliche Machtbefugnisse bei der Aufsicht über die Arbeiterinnen. Umgekehrt behandelten sie die Arbeiterinnen vor allem als Frauen, nicht als "reguläre", lebenslange
Arbeitskräfte, die i.a. männlich waren und höhere Löhne und
eine entsprechende Infrastruktur zur Reproduktion wenigstens
nach ihrer Verehelichung beanspruchten. Die Fiktion der vollen
Weiblichkeit statt der vollen Lohnarbeit war neu. Sie implizierte,
daß die Lohnarbeit der Frauen nicht für sie selbst, sondern für
ihre Familie bestimmt sei, daß sie demzufolge auch keine "wirklichen" Lohnarbeiter seien, sondern Töchter und zukünftige Hausfrauen, die sich nur zwischen diesen beiden Lebensphasen "kurz
zur Arbeit hinsetzen" (6).

Daß es sich bei diesem Konzept um eine Fiktion handelte und
die Zukunft der Frauen durchaus ungewiß - voll möglicher positiver und negativer Veränderungen - war, zeigt sich u.a. darin,
daß nur ein Teil der Arbeiterinnen in ihr Heimatdorf zurückkehr-
te (7). Dabei lag der Anteil der Rückkehrer unter allen Arbeitsmigranten im nationalen Durchschnitt bei 35%, in den Präfekturen des Nordostens war er relativ hoch und lag im etwas besser
gestellten Südwesten zwischen 20-30% (Vgl. Nōrinshō nōmukyoku
1928:22 ff.) Nach Niigata kehrten im Jahre 1927 insgesamt
2 762 Arbeiterinnen aus den Baumwollspinnereien zurück, während
nach einer anderen Statistik 9 822 Arbeiterinnen im Jahre 1928
in den Baumwollspinnereien arbeiteten (Ushiyama 1975:246-247,
252-253). Es ist nicht mehr festzustellen, genau welcher Anteil
der Arbeiterinnen wirklich in ihr Heimatdorf kam.

Die Ursache dafür, daß die Eltern und die jungen Frauen auf die Anwerbung eingingen, lag vor allem in ihrer Armut. "Wer nicht ganz arm daran war, hätte seine Tochter nicht in die Fabrik geschickt" (Interview mit Yamanouchi Mina, Mai 1979, I.L.). In der oben zitierten Untersuchung des zentralen Arbeitsvermittlungsamtes antworteten auf die Frage nach dem Motiv der Arbeitsaufnahme 69,3% der Arbeiterinnen, daß sie die häusliche Wirtschaft unterstützen wollten; 17,3 % gingen in die Fabrik, "um eigenständig etwas zu unternehmen oder ihre Aussteuer zu verdienen" und 1% wollte etwas lernen (Chūō shokugyō shōkai kyoku 1929:25). Auch bei einer nicht systematisierten Umfrage der Textilgewerkschaften 1932 antwortete ein Großteil der 2 000 befragten Arbeiterinnen, daß sie Geld für ihre Familie verdienen wollten; nur 40 Frauen meinten: "wegen der Heirat" (Nihon fujin mondai shiryō shūsei, 3. Bd., Rōdō 1977:238).

Es bestand also ein regulärer Fluß von Subsidien von den Löhnen der Arbeiterinnen in die bäuerlichen Hauswirtschaften und umgekehrt zu ihrer Lebenshaltung während ihrer Beschäftigung. Doch läßt er sich nur sehr ungefähr quantitativ einschätzen. Die Arbeitsmigrantinnen der Seidenhaspeleien wurden häufig während der Winterzeit auf zwei Monate nach Hause geschickt und schlossen zu Neujahr neue Ein-Jahres-Verträge ab. Es gab Hinweise darauf, daß die Arbeiterinnen in der Baumwollindustrie von zu Hause manchmal zusätzliche Lebensmittel und Kleidung mitnehmen konnten, falls sie ihre Familie zu Neujahr oder zum **bon**-Fest besuchen durften.

Auch der umgekehrte Subsidienstrom ist kaum genau zu quantifizieren. Die Lohnvorschüsse an die Eltern schwankten in den 1920er Jahren in Nord- und Mitteljapan zwischen 20-40 yen, in Kyūshū lagen sie bei ca 5-10 yen. Dazu kamen die Überweisungen von Teilen des Lohns, die meist zwangsweise von den Unternehmen durchgeführt wurden. 1927 schwankten diese Anteile des Lohns in 12 Fabriken in Tokyo wie folgt:

Tabelle 19: an die Eltern überwiesene Lohnanteile (in%)

Fabrik 1: 19,8%	Fabrik 2: 5,2%	Fabrik 3: 50,2%
Fabrik 4: 60,5%	Fabrik 5: 28,1%	Fabrik 6: 45,8%
Fabrik 7: 42,3%	Fabrik 8: 48,8%	Fabrik 9: 25,8%
Fabrik 10: 48,9%	Fabrik 11: 32,7%	Fabrik 12: 23,9%

Quelle: Chūō shokugyō shōkai jimukyoku 1929:70

Aus dieser Aufstellung wird sowohl die Willkür der einzelnen Fabriken in der Bestimmung der Lohnüberweisung als auch deren im allgemeinen hoher Anteil am Lohn deutlich. Dies war m.E. nur möglich, indem die Fabrik die Reproduktion der Arbeiterinnen selbst billig organisierte und zugleich Strategien entwickelte, sie trotz des niedrigen Umfangs und der Fremdbestimmung über den Lohn an sich zu binden.

DIE MISSION DER WEIBLICHKEIT UND DIE WEIBLICHE MISSION IN DEN BAUMWOLLFABRIKEN

Die Unternehmen übernahmen also zunächst die physische Reproduktion der beschäftigten Arbeiterinnen; später in der Phase des Paternalismus traten dazu Aktivitäten zu ihrer psychischen Reproduktion, mit denen ihr Heimweh und ihre Identitätskrisen gemildert, ein Karrierebewußtsein als möglichst gute Hausfrau angesprochen und ihre Arbeitsmoral für die Firma aufgebaut werden sollte. Während sich einerseits junge Männer wohl kaum die Freiheitsbeschränkungen innerhalb des Wohnheims, der Institution der materiellen Versorgung, hätten gefallen lassen (8), die materielle Reproduktion also auch auf eine Gruppe junger Frauen ausgerichtet worden war, orientierte sich die Kapitalseite in der psychischen Reproduktion darauf, die Arbeiterinnen als Töchter oder als künftige Hausfrauen zu behandeln, zum Teil ihnen das neue städtische Rollenideal der Weiblichkeit erst beizubringen.

Ab ca 1890 begannen vor allem Frauen aus der Oberschicht und dem Bürgertum eine Diskussion über die 'verdorbenen Sitten' der Fabrikarbeiterinnen; dies kam dem Bestreben einiger Unternehmer entgegen, durch ein Versprechen von Schulbildung einerseits das Ansehen der Fabrikarbeit, das durch die strenge Kontrolle und den gesundheitlichen Raubbau in der Öffentlichkeit Schaden erlitten hatte, wieder aufzubessern, andererseits auch die Arbeiterinnen zu beeinflussen und innerlich an sich zu binden (Vgl. Murakami 1977, 3.Bd.:170-177).

So schrieb Miwada Masako, die Direktorin einer Mädchenoberschule und eine einflußreiche bürgerliche Pädagogin um 1890:

247

"In bezug auf die schlechte Erziehung der Fabrikarbeiterinnen ist am wichtigsten, daß sie leicht sittenlos werden. Sie leben von der Aufsicht ihrer Eltern entfernt in einer Gruppe heißblütiger junger Frauen. Da sie den ganzen Tag arbeiten, wissen sie, sowie sie etwas Freizeit haben, sich zu unterhalten, indem sie schlimme Lieder singen und schlimme Gespräche führen...Außerdem dürfte der Frieden der Familien zerstört werden. Bei den Fabrikarbeiterinnen ist das Gefühl für die Segnungen der Lehren der Pietät und der Keuschheit sowie dafür, daß die Sanftheit die Tugend der Frau ist, wohl nur schwach. Da sie auch ihrem Gatten gegenüber stolz auf ihre wirtschaftliche Unabhängigkeit sind, dürften sie nicht dazu gelangen, den Weg der Bescheidenheit zu lernen.

Übrigens hassen viele Arbeiterinnen die Männer und verhalten sich gegenüber den meisten Leuten frivol. Wenn diese schlechten Sitten sich ausweiten, könnte allmählich, ohne daß dies recht bewußt wird, die Würde aller Frauen beschmutzt werden." (nach Murakami 1977, 3.Bd.:170).

Aus der Perspektive der Sexualmoral der herrschenden Klassen, die teils aus dem Moralkodex der Samurai-Tradition, teils aus westlich-viktorianischen Vorstellungen herrührt, wurde die ländliche größere Selbstständigkeit und freiere Sexualmoral der Arbeiterinnen angegriffen und abgewertet. Eine eindeutige politische Spitze hatte dieser Eingriff im Fall der Fuji Gasu Spinnerei, die einen "Jungfrauenverband" in der Fabrik organisierte, als die 1914 gegründete Gewerkschaft viele Arbeiterinnen als Mitglieder gewonnen hatte (Ōkōchi 1965: 201).

Wie wohl in allen Fabriken der Welt sprachen die Arbeiterinnen wirklich sehr viel über ihre sexuellen Wünsche und Erfahrungen (Interview mit Yamanouchi Mina Mai 1979, I.L.). Sie redeten über ihre Liebhaber. Kennenlernen konnten sie aber nur Vorarbeiter oder Männer auf der Straße. Manche fanden so einen Freund. Heirat war ein Ziel, aber die Einstellung zu dieser Beziehung und die Liebesgemeinschaft war wohl häufig wichtiger als die Hochzeitszeremonie (ibid.).

Offensichtlich waren auch lesbische Verhältnisse verbreitet, wie Miwada Masako hier sehr gewunden andeutet (Vgl. auch Hosoi 1925:316). In manchen Fabriken teilten die Arbeiterinnen nachts zu zweit eine Decke, um sich zumindest im Winter warmzuhalten (Vgl. SJ, 1.Bd.:141). Lesbische Beziehungen waren aber nicht "frivoles Verhalten" oder "Verlegenheitslösungen", sondern tiefergehende emotionale und auch körperliche Freundschaften (Vgl. Hosoi a.a.O.).

Das sexuelle Selbstbewußtsein der Arbeiterinnen und der Versuch, trotz ihrer sozialen Diskriminierung ein positives Selbstbild zu bewahren, wird in einzelnen Versen eines populären Arbeiterinnenliedes deutlich. Die Neckstrophen gegnüber den männlichen Arbeitern zeigen, wie wenig die Arbeiterinnen den "Weg der Bescheidenheit" internalisiert hatten.

> Der Herr und ich
> sind wie Fäden am Ring,
> leicht zu verbinden,
> leicht zu trennen.
>
> Hört, was die Arbeiter
> im Schlafe reden:
> "Zahltag, komm schnell!
> Wir haben kein Geld."
>
> Was machst Du Arbeiter
> hinter der Machine?
> In Deinem Lumpenhemd
> suchst Du die Läuse.
>
> Uns Arbeiterinnen sollt Ihr
> ja nicht verachten!
> Die Arbeiterin ist
> der Goldschatz der Firma.
>
> Ihr sollt auf Arbeiterinnen
> ja nicht heruntersehen,
> zurück in der Heimat
> sind wir feine Töchter.
>
> Nachhause möcht ich gehen
> über diese Berge,
> zu meiner Schwester
> und meinen Eltern!
>
> Die Leitungsmasten
> werden Blüten treiben,
> wenn die Baumwollarbeiter
> als Menschen gelten.
>
> (Hosoi 1925:344-346)

Gerade für die Bauernmädchen war der Übergang in die städtische Fabrik ein existenzieller Bruch, eine tiefgreifende Veränderung ihrer Lebenssituation. Ihnen gegenüber vertrat die Fabrikpädagogik die herrschenden Werte der weiblichen Unterwürfigkeit und koppelte dies mit einfachen Qualifikationen, wie Lesen und Schreiben und "moderne Haushaltsführung".

Die Lehrfächer der "Frauenschule" in der Kanebō AG wurden oben schon aufgeführt: Lesen, Schreiben, Nähen und die Grundlagen einer bürgerlichen "Brautausbildung", nämlich Zeremonien und Manieren, Ikebana und die Teezeremonie. In den Tōyōbō-Fabrikschulen in Ōsaka lernten die jungen Frauen Lesen, Rechnen, Manieren, Nähen, Teezeremonie, Ikebana (Vgl. Tōyōboseki kabushiki kaisha setsubi shashinchō). Das Lesebuch der ersten Klasse der "Frauenschule" von Tōyōbō wurde eingeleitet von zwei Photos sich zeremoniell verbeugender Frauen, die das höfliche Verhalten zeigen sollten (Vgl. Kawamura 1931). Das Lehrbuch gibt Einführungen in die Ethik der Ehe und Familie, wobei die Pietät gegenüber den Eltern und die Betonung der Keuschheit und Jungfräulichkeit eine große Rolle spielt, über Briefeschreiben im formellen Stil, über Nähen und die richtige Wahl einer Mietwohnung; zur Unterhaltung sind Geschichten aus der Feudalzeit beigefügt, in denen u.a. die Unterwürfigkeit und Bescheidenheit der Frauen betont werden (ibid. passim).

Neben der formellen Pädagogik bestand im ganzen Fabrik- und Wohnheimalltag ein "informeller Lehrplan", d.h. in der Planung der Gebäude, der Versorgung und der Kleidung wurden bestimmte Werte betont, an die sich die Arbeiterinnen anpassen sollten. Diese Tendenz war wohl am deutlichsten in den Oligopolen, da hier die Personalbeziehungen fast wissenschaftlich geplant wurden. So erschienen um 1930 verschiedene in einfachem Stil gehaltene Einführungen oder Leitfäden für Personalleiter oder Aufsichtspersonen in den Wohnheimen (Vgl. Hashimoto 1931, Ishikami 1928). "Das Lesebuch für Betreuer in Wohnheimen" (Seiwa kakari dokuhon) enthält neben den bürgerlichen Leitsätzen zur Tugend- und Keuschheitserziehung den neuen Ansatz, den Betreuern und in begrenztem Maß den Arbeiterinnen Sexualkunde zu vermitteln (9).

Ein Photoband über die Einrichtungen der Tōyōbō zeigt sehr anschaulich geschlechtsspezifische Werte dieses "geheimen Lehrplans": man sieht Frauen in Arbeitsuniformen, auf der nächsten Seite männliche Arbeiter bei militärischen Übungen in der Fabrik. In der Folge stehen abwechselnd Photos von langen Reihen adrett gekleideter Frauen, die Nähen, Teezeremonie, Manieren und Lesen üben, und Aufnahmen junger Männer, die gerade Mechanik oder Mathematik lernen.

In einem gewissen Umfang waren die Baumwollspinnereien wohl neben dem Dienstbotenberuf eine "Schule der Nation" für Frauen aus den armen Kleinbauernhöfen, wo ihnen die Werte der bürgerlichen, eher unterwürfigen Frauenrolle vermittelt wurden. Zugleich

erfuhren sie in diesem "modernen" Zweig der Fabrikarbeit, daß
für Frauen die Lohnarbeit keinen wirtschaftlich existenzabsichern-
den Lebenszusammenhang darstellte, und daß also ein ökonomischer
Zwang zur Ehe und ihrer Verwandlung in Hausfrauen bestand.

Es ist zu bezweifeln, ob die Arbeiterinnen diese Lektionen der
Fabrikpädagogik so lernten, wie sie in Lehrbüchern und Leitfäden
formuliert wurden. Schließlich nahm nur ein sehr kleiner Teil der
weiblichen Belegschaft an der Schule teil; die anderen Arbeiterinnen waren zu müde oder desinteressiert (Hosoi 1925:233-238).
Eine ehemalige Arbeiterin berichtete, daß sie an einem Kurs im
Blumenstecken teilnahm, aber aufhörte, weil sie im Wohnheim
keinen Platz für Blumen hatte. Auch beim Nähunterricht stellte
sich das Problem, daß der Raum für eigenes Nähen im Wohnheim
fehlte (Yamanouchi 1975:32-33).

Die Arbeitsmigrantinnen entwickelten in dem existenziellen Bruch
der Wanderung zur Stadt in Auseinandersetzung mit dem Fabrik-
alltag und dem dort vertretenen patriarchalischen Weiblichkeits-
ideal verschiedene neue Identitäten, die im folgenden vor allem
in Selbstzeugnissen dargestellt werden sollen.

VERSCHIEDENE LEBENSLÄUFE UND SELBSTZEUGNISSE

Ich möchte im folgenden zunächst zwei unterschiedliche Erfah-
rungsberichte vorstellen. Der erste wurde 1924 von einer Arbeitsmigrantin geschrieben, als sie anfing, sich in der Gewerkschaft
zu engagieren. Der zweite von 1929 zeigt eine Identifikation der
schreibenden Arbeiterin vor allem mit ihrer Arbeit als Mutter
und Hausfrau.

"Unser Leben. Eine Baumwollarbeiterin.
Ich komme in eine schöne Stadt und arbeite dort. Mit dieser
neuen Hoffnung verließ ich mein geliebtes Elternhaus. Ich ging
von der mir vertrauten Heimat fort und kam in eine Baum-
wollspinnerei-Fabrik. Da wurde ich in ein Wohnheim gesteckt,
in dem eine erstaunliche Masse von Leuten war. Es gab weder
Tag noch Nacht, und wir arbeiteten mit Leib und Seele. Mit-
ten in der schweren Arbeit und der unfreien Lebensweise wußte ich nicht einmal, wo die Stadt nun ist. Ich hörte das Ge-
räusch der großen Zahnräder, sah die vielen Arbeiterinnen und
dachte, mir, daß die Fabrik interessant sein müßte, weil so

viele Leute dort waren. Ich wunderte mich und freute mich. Jeden Tag hatte ich wie eine Uhr genau den gleichen Tageslauf, und ich konnte kein bißchen ausruhen. Diese Tage gingen lange so hin, und als ich nach drei Monaten zum erstenmal um Ausgang bat, erhielt ich ihn. Mein Gesicht war von der Nachtarbeit blaß geworden, aber ich strahlte darüber, daß ich das erste Mal herauskam, und lief Sonntags frühmorgens zum geöffneten Tor hinaus. Doch da wartete schon ein Wachposten. Er lief hinter mir her; als er verstanden hatte, daß ich hier zu Hause war, rief er mir zu:"Komm bis drei Uhr wieder!" und ging mit einem besorgten Gesicht zurück.

Der Sonntag ist der fröhlichste Tag für uns, und es ist wirklich schrecklich, daß wir nicht einmal dann uns in Freiheit vergnügen können. In der Fabrik denken sie nur daran, uns arbeiten zu lassen. Wenn wir brav arbeiten, können die Kapitalisten sich vergnügen und sich allen Luxus leisten. Daß wir ein erbärmliches Essen bekommen, das man kaum herunterschlucken kann, daß unsere Schlafenszeit nicht reicht, und daß das Wohnheim eng und schmutzig ist - all das kümmert die Herrschaften nicht. Sie sehen in der Arbeiterin nur ein Pferd oder einen Ochsen und geben ihr nicht einmal genug Ausgang. Wegen dieser Zustände sterben wir bestimmt. Aber wir arbeiten nicht, um zu sterben, sondern um zu leben. Über diese Dinge müssen wir gründlich nachdenken.

Daß wir so wie Ochsen oder Pferde behandelt werden können, obwohl wir das Wichtigste für die Fabrik sind, kommt daher, daß wir unsere Kräfte zersplittert haben. Wenn wir diese Kräfte sammeln, werden wir eine unüberwindlich starke Kraft. Wir müssen uns so schnell wie möglich zusammentun und mit unserer Kraft uns den Alltag - sei's auch mit ganz kleinen Schritten - erleichtern und es erreichen, daß wir fröhlich zusammenarbeiten können. Dabei ist es am wichtigsten, eine Gewerkschaft zu schaffen.

Ich glaube, daß viele unter uns nicht wissen, was eine Gewerkschaft eigentlich ist. Ich meine, daß sie wenn möglich diese Zeitschrift oder etwas ähnliches lesen oder hören sollten, daß wir das, was wir gerade so über die Gewerkschaften wissen, ihnen erzählen sollten und daß wir unsere Kräfte zusammentun und erreichen müssen, daß wir glücklich werden."(10)

Aus der Erzählung dieser Arbeiterin wird deutlich, daß die Lohnarbeit eine Hoffnung auf neue Erfahrungen für sie selbst darstellte. Um selbst glücklich zu werden, schlägt sie vor, in der Gewerkschaft zu arbeiten. Sie argumentiert als Individuum und tritt für einen kollektiven Zusammenhang ein. Die drastischste Erfahrung war für sie wohl weniger der niedrige Lohn, als die Einschränkung ihrer Menschenrechte und die Fabrikdisziplin: Tag und Nacht zu arbeiten und einen Tageslauf wie eine Uhr zu haben.

Eine andere Identitätsbestimmung lag dem folgenden Brief einer Arbeiterin an die Frauengewerkschaftszeitung zugrunde:

> "Für die neuen Mütter
> Ich möchte über die Kraft der Mütter schreiben. Tritt nicht die Kraft einer sanften Mutter ganz stark in ihrem Haushalt und in den Kindern zutage? Was man auch sagen mag, nur durch eine Fau wird ein heimeliger Haushalt geschaffen. Und die Kraft der Mütter liegt auch darin, großartige Kinder zu erziehen. So sehr sich die Männer anstrengen, das können sie nicht. Schließlich liegt die Erziehung nicht nur in der Schulbildung. Ob die Kinder wirklich aufblühen, hängt ganz und gar von der häuslichen Erziehung durch die Mutter ab. Obwohl die Frauen mit ihrer Kraft eine so bedeutende Rolle zu erfüllen haben, wachsen in der Entwicklung des Kapitalismus die Profite, indem wir in unserem Leben Schwierigkeiten haben. Der Vater allein kann nicht mehr für die Lebenweise der Familie sorgen, und auch die Mutter muß arbeiten gehen. Der Kapitalismus hat die Familie zerstört...Als Arbeiterin, die eine wirklich gute Mutter werden will, mußte ich erkennen, daß ich mein Ziel nur **erreichen kann, wenn ich den Kampf mit dem Kapitalismus aufnehme.**" (Rōdō fujin Nr.19, Juni 1929 :17, Leserbrief)

Entgegen der üblichen Einschätzung handelt es sich bei diesem Verständnis der Mutterschaft um eine neue Moral. Im Milieu der Kleinbauernwirtschaften galt große Zuwendung zu den Kindern als Ablenkung von der Feldarbeit; die jungen Bäuerinnen waren sich ihrer produktiven Rolle bewußt und die Ableitung ihrer Identität aus der Mutterschaft wäre ihnen fremd gewesen. Ebenso neu war die Emotionalisierung der familialen Beziehungen, des "heimeligen" Herdes. In der Dorfgesellschaft war der Besitz und das Ansehen einer Hauswirtschaft wichtig, nicht aber das "Gefühlsklima".

Eventuell könnte ein Zwischenschritt zu dieser Einstellung in der hohen Erwartung und Hoffnung der Arbeiterinnen gegenüber der Liebe gelegen haben. Hosoi berichtet, daß die Arbeiterinnen eine sehr ernste und aufrichtige Einstellung gegenüber der Liebe zu Männern hätten, die bei anderen Gruppen von Frauen nicht festzustellen sei. Sie würden nicht mir dem Wort "Liebe" spielen, sondern für sie verbinde sich Liebe mit Ehe, der Gründung eines

Haushalts und Kindererziehung (Hosoi 1925:279 ff). Allerdings hing dies nicht unbedingt von einer formellen Ehezeremonie ab, sondern entscheidend waren wohl Zusammenwohnen und gegenseitige Bindung (Interview mit Yamanouchi Mina März 1979).

Das Leitbild der Liebe machte sie andererseits angreifbar für sexuelle Ausbeutung und Gewalt. Die Fabrik, in der sich der Direktor Konkubinen unter den Arbeiterinnen aussuchte und die Angestellten seinem Beispiel folgte (Hosoi 1925:283), dürfte kein Einzelfall gewesen sein. Ein Bericht über üble Anwerbungspraktiken stellte fest, daß manche Anwerber oder Vorarbeiter Arbeiterinnen verführten, um sie in der Fabrik festzuhalten (Vgl. Jokō ni kansuru chōsa 1928 :6-7). Eine Baumwollarbeiterin berichtete, daß ihre Kollegin sich in einen Angestellten verliebt hatte und ohne jede Unterstützung von ihm nach Hause in den Nordosten fahren mußte, als sie schwanger wurde. Sie akzeptierte ihr Schicksal als Ergebnis ihrer Klassenposition als sozial niedrigstehende Arbeiterin; doch ihre Kolleginnen waren deswegen böse auf sie (Yamanouchi 1975:23) (11).

Die Beispiele für Partnerwahl in einem autobiographischen Bericht zeigen eine sich wiederholende Grundstruktur: der Mann wählt in diesen Umständen; auch wenn die Frauen eher desinteressiert sind, setzt er sich durch (Yamanouchi 1975 passim). Die Betonung der Liebe bedeutet also wohl nicht eine Aufgabe der Objektrolle der Frau in Beziehungen.

In diesem Zusammenhang soll nur kurz auf das Klima latenter sexueller Gewalt um die Fabrikarbeiterinnen verwiesen werden. In der öffentlichen Meinung galten sie als "sittenlos"; häufig wurden sie wohl als Freiwild behandelt, wenn sie Ausgang hatten. Aber auch im Wohnheim kamen offensichtlich Vergewaltigungsversuche von Männern, die sich nachts einschlichen, vor. Immerhin lautete die Antwort auf die Frage einer ILO-Kommission, was im Fabrikleben am schwierigsten sei, fast durchgehend: "Die Nachtarbeit und die ungebetenen nächtlichen Eindringlinge'." (Interview mit Ichikawa Fusae März 1979).

Dennoch finden wir im Gegensatz zu dem Bild der "neuen Frau" in den Mittelschichten im Zusammenhang mit einer Emotionalisierung der Familie nicht die neue Identität als Liebespartnerin, sondern eindeutig als Mutter. Dieses Credo zur Mutterrolle - die manchmal auch die Behandlung des Ehemanns einschließt - bildet den Kern des "modernen" Frauenleitbildes im gegenwärtigen Japan. Seine Verinnerlichung auch in der Lohnarbeiterschaft beinhaltete zugleich das Akzeptieren einer Polarität der Geschlechter in Beruf und Haushalt; die daraus abzuleitenden ungleichen Chancen konnten nicht mehr grundlegend hinterfragt werden (12).

GESCHLECHTLICHE IDENTITÄT UND LOHNARBEITERSTATUS

Wir finden in den Quellen und in einem Großteil der Literatur eine eigentümliche, häufig unbewußte Geschlechtszuordnung des Lohnarbeiterstatus. Während die "Feminisierung" der frühen Industriearbeiterschaft als Sonderfall oder als verspätete Entwicklung festgehalten wird, so scheint damit die Annahme verbunden (13), daß dies keine "richtigen" Lohnarbeiter seien. Wirkliche Lohnarbeiter sind Männer, wäre daraus zu folgern. Doch wird der allgemeine Begriff des Lohnarbeiters im öffentlichen Diskurs unbefangen verwendet. Erst der konkrete Kontext verdeutlicht, daß er unbewußt geschlechtlich zugeordnet wird; in dieser unbewußten Maskulinisierung des Lohnarbeiterstatus werden Frauen dann zu "Sonderfällen", "Abweichungen"; mit ihren existentiellen Brüchen zwischen Beruf und Mutterschaft kommen sie dieser Norm nicht nach, erscheinen selbst wenn sie in der Mehrheit sind, als chronische "Minderheit".

Beispiele dafür existieren in der Unternehmerschaft und der Lohnarbeiterschaft. So vertrat ein Personalleiter von einem unternehmensnahen Standpunkt her, daß Arbeiterinnen keine eigenen Wohnungen brauchten, die nur für die wirklichen Arbeiter ,d.h. Männer bereitgestellt werden müßten (Hashimoto 1931:29). Zu Beginn konnten dem protogewerkschaftlichen Verband Yūaikai nur Männer als Vollmitglieder beitreten, während Frauen zunächst den Status von Kandidaten hatten. Denn die Vereinsregeln hielten fest: nur "Arbeiter" (**rōdōsha**) können volle Mitglieder werden und dieser Begriff umfaßte damals nur Männer (Yamanouchi 1975:44); bei Frauen wurde von "Fabrikarbeiterin" (**jokō**) gesprochen. 1916 wurde den Arbeiterinnen die Vollmitgliedschaft ermöglich. Danach entstand im öffentlichen gewerkschaftlichen Sprachgebrauch eine formell geschlechtsneutrale Begrifflichkeit z.B. von "Arbeiterklasse" oder "Proletariat", doch blieb in konkreten Situation häufig der maskuline Lohnarbeiterstatus die Norm. Gewerkschaftlich aktive Arbeiterinnen wurden dann abstrakt als "Arbeiter", im Umgang aber als Geschlechtswesen Frau behandelt (ibid. passim). Ein positiver Ausdruck für ihre Stellung als Frauen **und** Arbeiter, in dem ihre Wünsche nach Anerkennung ihrer Person, ihrer Arbeitsleistung und eine langfristige Perspektive zusammengefaßt wären, existierte nicht (Mada takusan aru rōdō mondai 1966:33).

Die Geschlechtszuordnung des Lohnarbeiterstatus erschwert aber nicht nur die Klärung der weiblichen, sondern auch der männlichen Identität. Denn da die Maskulinisierung unbewußt erfolgt, wird sie als "Normalfall" ebensowenig in Frage gestellt wie das vermeintliche Faktum des "weiblichen Sonderfalls".

Aktive Arbeiterinnen setzten sich mit diesem Dilemma auseinander, indem sie sich auf einen "übergreifenden" Begriff der Menschen bezogen, der androgyn gemeint war, Frauen und Männer umfassen konnte. In der Anklage, daß sie nicht wie Menschen behandelt wurden, ist auch die Forderung nach einem gleichen Standard von "Grundrechten" für Frauen und Männer zu lesen (14).

FORMEN DES WIDERSTANDES

Die Annahme, daß die Baumwollarbeiterinnen mit ihren spezifischen Lebens- und Arbeitsbedingungen weder die objektiven Voraussetzungen noch die subjektive Motivation zu Arbeitskämpfen und organisiertem Vorgehen gehabt hätten, ist schon fast ein Allgemeinplatz geworden (Vgl. Large 1981:16; Neuß 1980:51). Wie häufig, ist der reale Verlauf erheblich widersprüchlicher: während seit Beginn der Industrialisierung Arbeitskämpfe in den Baumwoll- und Seidenfabriken stattfanden, gelang es den Arbeiterinnen angesichts ihrer Diskriminierung in Politik und Wirtschaft, die bis in die Gewerkschaften hineinreichte, nicht, in der ohnehin schwachen Arbeiterbewegung bis 1938 eine selbständige, organisatorisch gefestigte Massenbasis zu erreichen. Der auftretende Widerstand konnte nicht in einen Machtfaktor verwandelt werden.

In diesem Rahmen kann ich die Geschichte des Widerstands der Baumwollarbeiter/innen nur an einzelnen Aspekten umreißen. Nach einer Diskussion der Formen des Widerstands werde ich auf die Probleme der Organisation und der Arbeitskämpfe zu sprechen kommen. Zunächst aber soll der Widerstandsbegriff kurz überdacht werden. Denn eine Gleichsetzung von Widerstand und seinen organisierten - ob mit einer Gewerkschaft und Partei verbundenen - Formen führt zwangsläufig zur Vernachlässigung seiner alltäglichen Dimensionen und damit der Grundverhältnisse der Arbeiterkultur, auf die sich die noch recht kleinen Organisationen beziehen mußten und an die sie teilweise ihre eigenen Konzepte herantrugen. Als wesentliche Formen des Widerstands im Lebenszusammenhang der Arbeiter/innen erscheinen die Verweigerung (Fluchten, Fabrikwechsel, heimlicher Arbeitsboykott), die spontanen Aktionen und organisierte Arbeitskämpfe. Dabei zeigt sich in den Verweigerungsformen der Arbeiterinnen als fester roter Faden der Widerstand gegen ihre persönliche Gebundenheit, ihre niedrige Entlohnung und harte Arbeitsbedingungen. So tritt in der hohen Fluktuation um 1900, bei der Arbeiterinnen die Angst vor der Fabrik-Kontrolle und möglicher Bestrafung überwinden mußten, eine Suche nach besserer Bezahlung und Behandlung zutage (vgl. S. 211). Sie setzte zudem ein informelles Solidaritätsnetz um die Arbeiterinnen voraus, denn da Wohnheim und Fabrik prinzipiell nicht getrennt waren, brauchten sie Unterstützung, zumindest aber eine Unterkunft, wenn sie den Arbeitsplatz verlassen wollten. Umgekehrt bedeutete die Organisation der Reproduktion der Arbeiterinnen und der Produktion durch die Firma auch eine Kontrollmöglichkeit ihres Widerstands, was in vielen Arbeitskämpfen zutagetrat. Die Privatheit der Reproduktionssphäre bedeutet auch einen Rückhalt, eine materielle Ressource in der Hand der Arbeiter, die den unverheirateten Arbeiterinnen in der patriarchalischen Fabrik nicht zugestanden wurde.

Ein heimlicher Boykott der harten Arbeitsbedingungen äußerte sich z.B. im Schlafen während der Nachtarbeit. Manchmal mußten die Arbeiterinnen "Listen der Ohnmacht" entwickeln; z.B. beobachtete der Direktor der Kanebō-Spinnerei zu Beginn seiner Amtszeit um 1895, daß der Ausschuß sehr hoch war. Als die Aufseher die Arbeiterinnen schalten und schlugen, war am nächsten Tag die Menge des fehlgesponnenen Fadens gesunken; doch hatten die Arbeiterinnen einen Teil des Ausschusses auf die Toilette mitgenommen und dort aufgetürmt. Dies Erlebnis motivierte Mutō zu seiner Politik des Paternalismus; aus aufrichtiger menschlicher Überzeugung verbot er in der Kanebō-Firma die sonst gängige Gewalt der Aufseher gegen die Arbeiterinnen (Ōkōchi 1965 3.Bd.:173-4).

Spontane Aktionen der Arbeiterinnen stehen im Gegensatz zu dem obigen Gemeinplatz am Anfang der Geschichte der modernen Arbeiterbewegung. Den ersten industriellen Streik führten 1886 Arbeiterinnen in der Amemiya Seidenspinnerei in Yamanashi durch. Hier finden wir bereits wesentliche Strukturen der Arbeitskämpfe in den folgenden Jahrzehnten: die Koppelung persönlicher Gewalterfahrung und ökonomischer Motive in den Streikursachen, in denen sich die Ganzheitlichkeit der weiblichen Unterdrückung äußert, die Suche nach einem Stützpunkt außerhalb der Fabrik angesichts der Kontrolle in Produktion und Reproduktion, die in teils temporären Bündnissen mit buddhistischen Tempeln, dann mit christlichen Kirchen und den entstehenden Gewerkschaften ersichtlich wird. Vorangegangen war dem Streik die Gründung eines Seidenspinnerei-Verbands unter Förderung der Präfekturbehörde, der neue Regeln mit verschärften Arbeitsbedingungen festlegte. In der Amemiya Fabrik wurde der Arbeitstag von 14 Std auf 14 1/2 Std ausgedehnt, der Arbeitsbeginn um 4.30 festgelegt und der Lohn fast um ein Drittel gesenkt. Die zuhause lebenden Arbeiterinnen mußten nun im Dunkeln zur Fabrik gehen, und einige wurden unterwegs überfallen. 114 der 198 Arbeiterinnen versammelten sich im Juni in einem Tempel und beschlossen den Streik. Sie verließen dann die Fabrik und blieben in den Tempeln der Umgebung. Die Firma gestand ihnen darauf einen um eine Stunde späteren Arbeitsbeginn und höhere Löhne zu. In ihren Äußerungen werden aktive Handlungsperspektiven und Vertrauen in die Organisation deutlich: Wenn die Unternehmer einen Verband gründen und uns mit ihren Regeln das Leben schwer machen (dürfen kein Wasser mehr trinken, nicht einmal aufs Klo gehen...), dann brauchen wir auch einen Verband. In dieser Zeit, in der die Starken siegen und die Schwachen verlieren, gibt es kein Zögern: wer zuerst kommt, kann die andern kontrollieren, wer spät kommt, wird von den andern beherrscht (vgl. Ōkōchi 1965 1.Bd.:27).

Derartige Streiks weiteten sich in den folgenden Jahren in der Seiden- und Baumwollindustrie aus (ibid.:28-9). Als aber die Unternehmerseite ihre Zusammenarbeit festigte und zunehmend die Polizei einschaltete, endeten die Arbeiterinnenkämpfe um 1890 überwiegend in Niederlagen. Die 1882 gegründete Baumwolliga (Dai Nihon bōseki rengōkai) beschloß 1888 Maßnahmen gegen Streiks (NKGSJ: 368). Die Baumwolliga war der älteste "reine" Unternehmerverband ohne halbstaatliche Förderung im nationalen Rahmen und die Arbeiterinnen mit ihrer hohen Fluktuation und ihrer Absperrung im Wohnheim waren mit einem Gegenpart konfrontiert, der sich früher geeint und stärker koordiniert hatte als in andern Industrien. Dieser Aspekt der Vereinheitlichung und Effektivierung der Unternehmensstrategien gegen Streiks, die allerdings in Folge der Konkurrenz zwischen den Kapitalen nicht immer durchgehalten wurden, wird in den Annahmen des mangelnden Widerstands der Baumwollarbeiterinnen meist völlig übersehen. Doch stand gerade hier eine stark fluktuierende, mit sexistischen Maßnahmen persönlich eingeschränkte Arbeiterschaft einem koordinierten Kapitalverband gegenüber, der in der Folge kartellartige Züge entwickelte. So ebbten die spontanen Aktionen angesichts dieser Übermacht ab. Doch verweist die Kontinuität spontaner Streiks bis zur Mitte der 1920er Jahre, als die Gewerkschaften eine führende Rolle in der Organisation von Arbeitskämpfen in der Baumwollindustrie übernahmen, auf Unterströmungen von Alltagsopposition und Solidarität in den Betrieben (SSU 732-40; NRN 1920-6).

Dabei setzten sich die Trägergruppen typisch aus länger beschäftigten Arbeiterinnen, die manchmal auch Aufsichtsfunktionen im Wohnheim hatten, und männlichen Arbeitern zusammen. Ein klassisches

Beispiel für eine solche Aktion stellte der Streik in der Tokyo Mosurin (Musselin) Fabrik im Juni 1914 dar, der sich an ökonomischen, eher defensiven Forderungen entzündete. Aus Rohstoffmangel hatte die Firma eine Massenentlassung von 1032 Arbeitern, davon 800 Frauen, durchgeführt; als in der Folge die Löhne der Akkordarbeiter/innen um 40-50% und damit erheblich stärker gekürzt werden sollten als bei den festen Lohngruppen, trafen sich männliche Arbeiter und sechzig Zimmerälteste aus dem Wohnheim und besprachen einen Streik. Beim morgendlichen Schichtwechsel riefen männliche Arbeiter und die älteren Arbeiterinnen dazu auf, die Fabrik zu verlassen; zugleich wurden die Maschinen abgestellt. Die Arbeiterinnen sammelten sich im Wohnheim, wo die älteren Arbeiterinnen den jüngeren die Bedeutung eines Streiks und ihre Forderungen erklärten. Die Unternehmensseite rief die Polizei, bedrohte die Arbeiterinnen im Wohnheim mit Wachen und mit Schlägertrupps und versuchte ihre Kommunikation nach außen zu unterbrechen. Doch weigerten sich die Arbeiterinnen zwei Tage, in die Fabrik zu gehen und blieben im Wohnheim zusammen. Während die männlichen Arbeitervertreter mit der Firmenleitung verhandelten, warfen die Männer, die das Fabrikgelände verlassen konnten, heimlich Nachrichten über den Verlauf, die in Flaschen oder mit Steinen beschwerten Taschentüchern eingeschlossen waren, durch die hinteren Fenster des Wohnheims. Der Streik endete nach zwei Tagen mit einem auch für die Arbeiterseite günstigen Kompromiß (vgl. Ōkōchi 1965 2.Bd.:40-3; Yamanouchi 1975:33 ff).

In anderen Fällen handelten die männlichen Arbeiter oder auch einzelne Gruppen unter ihnen, wie die Mechaniker, zunächst im Rahmen ihrer Gruppe und manchmal eher für ihre spezifischen Interessen. So forderten sie gewerkschaftliche Koalitionsfreiheit, wie in dem unmittelbar darauffolgenden Arbeitskampf bei Tokyo Mosurin, und Lohnerhöhungen. In einer Reihe von Fällen führten die Arbeiterinnen Steiks und andere Aktionen aus Solidarität mit ihnen durch, wie z.B. in der Tokyo Mosurin als die Führer eines protogewerkschaftlichen Verbandes männlicher Arbeiter, der sich nach dem obigen Streik gebildet hatte, entlassen werden sollten (Ōkōchi ibid. :43-45). Es gibt eine Reihe ähnlicher Beispiele für solche unterstützenden Aktionen der Arbeiterinnen auch bei eher partikularen Forderungen ihrer männlichen Kollegen: 2000 Arbeiterinnen streikten Juni 1919 aus Empörung über die Verhaftung von 20 Arbeitern in einer Textilfabrik in Aichi im Rahmen eines Kampfes für Lohnerhöhungen für männliche Arbeiter in der Spinnereiabteilung (NRN 1920:22).Als 1922 nur die erheblich niedriger entlohnten Arbeiterinnen in einer Wollweberei in Osaka mit 1000 Beschäftigten einen zusätzlichen Bonus in Höhe von 20% erhalten hatten, verlangten auch die männlichen Arbeiter Lohnerhöhungen, wobei sie von einer großen Gruppe in der weiblichen Belegschaft unterstützt wurden. Im folgenden einwöchigen Streik wurden frauen- und männerrelevante Forderungen aufgenommen, d.h. neben der obigen Lohnerhöhung eine angemessene Kündigungsentschädigung und ein Ersatz von Heimreisekosten für die überwiegend weiblichen Arbeitsmigranten, sowie eine Ausweitung des Ausgangs auf drei mögliche Tage in der Woche. Der Gewerkschaftsverband Sōdōmei stützte diesen Arbeitskampf (NRN 1923:34-6). In einem überraschenden Zusammenhang trat einmal auch das Streikmotto "Gegen die Diskriminierung nach Geschlecht" in einem Arbeitskampf von 200 männlichen Arbeitern in einer Spinnerei in Ehime August 1919 auf: sie verwehrten sich spontan dagegen, daß die Firma zwar allen Arbeitern zum Bonfest freigegeben hatte, aber nur Arbeiterinnen zu einem Fest mit den herkömmlichen Bon-Tänzen eingeladen hatte (NRN 1920:76). Ansonsten erscheint diese Forderung trotz der großen alltäglichen Diskriminierung der Arbeiterinnen nicht in den Berichten...

In den Arbeitskämpfen zeigt sich also ein unterschiedlicher Umgang mit der inneren Fragmentierung der Arbeiterschaft nach Geschlecht, nach Funktion und nach ethnischer Herkunft. Ein Typ ist ein gemeinsames Vorgehen männlicher Arbeiter und der Arbeiterinnen für beide Gruppen betreffende Forderungen; hier lagen die Initiative und vor allem dann die Vertretung bei den Verhandlungen eher bei männlichen Arbeitern, wohingegen Zusammenhalt und Konsequenz bei beiden recht hoch waren. Ein weiterer Typ bis zur Mitte der 1920er, als die Gewerkschaften durch ihre vorrangige Rolle in der Organisation einen gewissen Ausgleich zwischen den fragmentierten Gruppen erreichte, war die Aktivität männlicher Belegschaftsteile oder einzelner, männlich besetzter Funktionsgruppen, wie z.B. im Fall der 60 Mechaniker der Reparaturabteilung einer Wollweberei, die im Oktober 1919 einen viertägigen Bummelstreik für höhere Löhne und Verkürzung ihrer Arbeitszeit durchführten. Als die Firma ihnen die Kündigung - verbunden mit einer gewissen Entschädigung - aussprach, verließen sie unter Banzai-Rufen die Fabrik (NRN 1920:119). Auch der schon erwähnte Fall der männlichen Spinnereiarbeiter, die beschränkt auf ihre Abteilung eine Lohnerhöhung für sich beanspruchten und nach polizeilichem Eingreifen durch einen Streik der Arbeiterinnen unterstützt wurden, fällt in diesen Typ. Über die Geschlechtsgrenzen hinweg zeigte sich in den Arbeitskämpfen von Koreanern, die sporadisch gegen rassistische Diskriminierung geführt wurden, eine feste ethnische Solidarität. Als 1919 ein japanischer Arbeiter eine koreanische Arbeiterin grundlos prügelte, drohten 200 koreanische Arbeiter/innen in einer Spinnerei in Fukushima sofort zu kündigen, wenn er nicht bestraft würde. Die Firma gab nach (NRN 1920:19). In den fragmentierten Belegschaften zeigten sich also Tendenzen zur

Konvergenz der Belegschaftsgruppen und zugleich sind auch in den Arbeitskämpfen Auswirkungen der innerbetrieblichen Hierarchien zwischen ihnen zu beobachten (15).

Ein großes Problem stellte für die Arbeiterinnen bei Arbeitskämpfen die vollständige Organisation der Reproduktion im Wohnheim bei den unverheirateten Frauen und das Fehlen einer eigenen Lebenssphäre in einem Großbetrieb dar. Denn damit fehlten ihnen auch die elementaren Ressourcen für ein eigenständiges Überleben, wie Essen, ein Dach über dem Kopf usw. Wenn sie während eines Streiks aus dem Fabrikgelände flüchteten, mußten für hunderte, potentiell auch tausende streikender Frauen diese Mittel bereitgestellt werden. Durch die Geschichte der Arbeiterbewegung ziehen sich Beispiele von Unterstützung durch Tempel, in denen diese zunächst unterkamen (NRN 1920:15; 1924:148-9; vgl.S.258). Später ab ca 1920 stellten auch Kirchen und vor allem der Japanische Arbeiterbund (Sōdōmei), der auch andere proletarische Organisationen bis zu den Bauernverbänden dabei einbezog, Unterkunftsmöglichkeiten bereit (NRN 1920-33). In dieser Situation tendierten die Unternehmer dazu, die Kontrolle über die Körper der Arbeiterinnen zum Faustpfand zu machen: oft schlossen sie rasch die Tore, sperrten die Frauen (und manchmal auch die anwesenden männlichen Arbeiter) im Fabrikgelände ein, versuchten, sie dort durch Angestellte, Vorarbeiter und Wachen einzuschüchtern und riefen die Polizei bei Widerstand und vor allem bei "Ausbruchsversuchen" (16). Umgekehrt versuchten die Streikführer und die Gewerkschaften die so isolierten Arbeiterinnen zu informieren, zu motivieren, und wenn möglich sie freizusetzen. Dramatische Bilder verstecken sich hinter den nüchternen Berichten des "Japanischen Jahrbuchs für Arbeit" (NRN): In dem großen Streik in der Fuji Gasu Spinnerei in Tokyo, der von 400 männlichen und 1700 weiblichen Beschäftigten (darunter 500 Gewerkschaftsmitgliedern) für die Anerkennung des Koalitionsrechts erfolglos im Juli 1920 durchgeführt wurde, wurden die Arbeiterinnen im Wohnheim eingeschlossen, einige dort geschlagen und bedroht. Vom Fenster her winkten sie dem gewerkschaftlichen Demonstrationszug zu, der die Polizeisperren um die Fabrik durchbrochen hatten, und sangen Arbeiterlieder (NRN 1921:87-90). Wenn wie bei einem Streik in einer Spinnerei in Osaka 1923 200 Arbeiterinnen "ausgebrochen" waren, so verteilte die Gewerkschaft sie rasch auf Tempel und die Wohnungen von Mitgliedern und anderen Unterstützerkreisen, ehe die Wachleute oder die Polizei sie wieder einfangen und zurückführen konnten (NRN 1924:148-9; vgl. auch Yamanouchi 1975:123-132).

Doch noch in dem großen Streik in der Kanebō-Spinnerei 1930, der ein Symbol für die Brüchigkeit des Unternehmenspaternalismus wurde, traten die nämlichen Muster auf: Die Kanebō Spinnerei war das größte Textilunternehmen Japans mit 36 880 Beschäftigten in 36 Fabriken; durch die paternalistische Personalpolitik bestanden bis zu dieser Zeit in allen Zweigstellen keine gewerkschaftlichen Organisationen (NRN 1931:188 ff). Während die Firma auch in der Weltwirtschaftskrise 1930 noch 25% Dividende bezahlte (Hazama 1964: 329), beschloß sie am 5.4. 1930 eine Reallohnsenkung von ca 23% (Ōkōchi 3.Bd.173). In allen Fabriken hielten die Beschäftigten daraufhin Belegschaftsversammlungen ab; in drei Zweigstellen traten mehrere tausend Arbeiter/innen in den Streik. Ihre im wesentlichen identischen Forderungen zielten auf Rücknahme der Lohnsenkungen, Garantie des Lohnniveaus in der Zukunft und keine Bestrafung der am Streik Beteiligten. Ohne die effektive Organisation des Japanischen Arbeiterbundes und des Gewerkschaftsbundes Sōrengō (Nihon rōdō kumiai sōrengō) war ein Streik gegen einen Wirtschaftsgiganten wie Kanebō, an dem sich mehr als 7000 Beschäftigte in vier Fabriken beteiligten (NRN 1931:169-72) schwer vorstellbar; doch führte die Konkurrenz zwischen diesen Gewerkschaften auch zu Friktionen (ibid.:190). Als die Fabrikleitung in Osaka Verhandlungen mit den Arbeitern ablehnte, brachen ca 1000 Beschäftigte in vier Trupps durch das Fabriktor; auf der andern Seite wurden sie von einem hohen Gewerkschaftsfunktionär, Nishio Suehiro, erwartet, in das Gewerkschaftsbüro geleitet und dort wurden ihnen rasch Unterkunft bei Familien zugewiesen. In der Kyoto Fabrik gelang dieser Ausbruch nur ca 650 Arbeiterinnen, die in dem Gewerkschaftsbüro unterkamen, draußen auf offenem Feuer kochten und wohl von Gewerkschaftsmitteln und den eindrucksvollen Spenden der Bevölkerung lebten. Ca 2000 Beschäftigte, auch Männer und verheiratete Frauen, wurden in der Fabrik eingesperrt und von Schlägertrupps bewacht. Vor dem Tor sammelten sich die Familien; die Säuglinge, die zum Stillen gebracht wurden, weinten.

Die Firma, die die Kontrolle über die entflohenen Arbeiterinnen ververloren hatte, versuchte dies auf dem Umweg über die patriarchalischen Familienstrukturen zu kompensieren. Sie verständigte die Väter auf dem Land; doch die Arbeiterinnen reagierten nicht auf die Telegramme, in denen ihnen die Rückkehr ins Dorf befohlen wurde. Nun verbreitete Kanebō Gerüchte, nach denen die Streiktrupps wahllos zusammenschliefen, alle beteiligten Arbeiterinnen schwanger geworden seien usw (17). Nun eilten Väter und Brüder vom Land herbei und holten die jungen Frauen teils mit Gewalt fort. Die patriarchalische Kontrolle über den Frauenkörper konnte so als verbindende Ideologie zwischen Kapital und Familienvorstand eingesetzt werden. Etliche Arbeiterinnen kehrten jedoch wieder zu den Streiktrupps zurück. Der Arbeitskampf wurde über Wochen fortgesetzt und endete am 3.6. mit einem Kompromiß (Ōkōchi ibid.:175-9).

Während die Zusammenfassung der Arbeiterinnen im Wohnheim dem Unternehmen erhöhte Möglichkeiten der Kontrolle gab, brachte sie aber auch eine enge Alltagssolidarität der Arbeiterinnen mit sich, die der dörflichen Solidarität wohl noch nahestand. Darauf gingen evtl. ihre große Konsequenz und ihr starker Zusammenhalt in Arbeitskämpfen zurück (Nihon fujin mondai shiryō shūsei 3.Bd. :466).

Die These eines großen Einsatzes von Arbeiter/innen in alltäglichem Widerstand und in Arbeitskämpfen wird auch durch die Statistiken über die Verteilung von Arbeitskämpfen in den einzelnen Industrien gestützt. Von 1914-1920 trat die größte Zahl in den drei Branchen Bergwerk, Textil und Maschinenbau/Metallindustrie auf. Die beiden letzten Branchen hatten etwa die gleiche Streikhäufigkeit, wobei nach 1920 in der Vorkriegszeit die Metallindustrie/Maschinenbau die höchste Zahl von Arbeitskämpfen im Jahr aufwies und die Textilindustrie, manchmal auch die chemische Industrie folgte (18). Die Streikziele konzentrierten sich bis ca 1925 auf Lohnerhöhungen, bessere Behandlung, Koalitionsfreiheit und sog. emotionale Ursachen, worunter z.B. Streiks gegen erlebte Gewalt, gegen die Kündigung von beliebten Vorarbeiter/innen und offensichtliche Diskriminierung von Frauen verstanden wurden (ibid.:465). Ein Autor faßte die Grundrichtung weiblicher Arbeitskämpfe in drei Schlagworten: - emotional (personenbezogen und gegen Gewalt und Diskriminierung) - realistisch ("Detailforderungen" wie besseres Essen, saubere Kantine, freier Ausgang, freie von der Firma unbeeinflußte Eheschließung) - spontan - zusammen. Diese Eigenschaften ließen sich jedoch auch als realitätsorientierte Ganzheitlichkeit von Frauenforderungen interpretieren, die sich offensichtlich einer einfachen Ummünzung in ökonomische Forderung sperrte (19).

Die inhärente Bruchstelle lag offensichtlich in dem Verhältnis zwischen spontanem und oft sporadischen Einsatz und Organisation. So beteiligten sich in dem "Streikrekordjahr" 1930, als in 9 Textil-Großbetrieben mehr als tausend (oft 2000-3000) Beschäftigte in den Ausstand traten, 21 425 Frauen an Arbeitskämpfen, während nur ca zwei Drittel, nämlich 13 090, gewerkschaftlich organisiert waren. Die Ursachen für den geringen Organisationsgrad der Arbeiterinnen sind komplex und hier können nur einzelne Aspekte angedeutet werden. Eine Reihe objektiver Faktoren, wie die hohe Fluktuation, die Jugend der meisten Arbeiterinnen, die lange Arbeitszeiten und die Kontrolle in den Wohnheimen sind offensichtlich und werden immer wieder angeführt (20). Wesentlich komplizierter ist die "männliche Tradition" in der Aufnahme und Weitergabe gewerkschaftlicher und sozialistischer Zusammenhänge, "die Arbeiterbewegung als Männerbewegung" (Lucas), die Frauen zwar einbezog, ihre spezifischen Lebenszusammenhänge aber eher ignorierte oder teilweise auch die Hausfrauen-Norm übernommen hatte. Nur sehr wenige Aktivisten dürften wie der Sozialist Sakai Toshihiko erklärt haben, daß sie selbst geschickt mit der Nadel umgehen könnten und keine Frau zum Nähen und Flicken bräuchten. Andererseits waren von der Begrifflichkeit und von der Vorbildung her die männlichen Facharbeiter eher imstande, die zugrundeliegenden Ideen "aufzuarbeiten" als Bauerntöchter, die oft Dialekt sprachen und wie z.B. Yamanouchi Mina die Begriffe der Gewerkschafts-Intellektuellen wie "Ausbeutung", (Arbeiterin als)"Sklave" gar nicht verstanden (1975:43). Die Rezeptionsstränge gewerkschaftlichen und sozialistischen Denkens verliefen ohnehin eher über die vorwiegend männlichen Kreise der Intellektuellen, der sozial engagierten Christen und Buddhisten und der gewerkschaftlichen Führungsschicht (Vgl. Lenz 1975, 1980d:727). Für die ländlichen Arbeiterinnen war der Zugang zu europäischen, der eigenen bäuerlichen und nationalen Kultur fremden Gedanken doppelt schwierig.

Eine weitere Ursache war ein offener Sexismus in Teilen der Gewerkschaftsbewegung, der häufig unter dem Kennwort der "feudalen Denkweisen männlicher Gewerkschaftsführer" angesprochen wird (SSU:307). Die Feministin Takamure Itsue faßte den zugrundeliegenden Widerspruch trocken zusammen: "Bei sich zu Hause sind auch die Kommunisten" - die damals für die Abschaffung der Kaiserherrschaft und den Übergang zu einer Republik eintraten - "für die Monarchie" (21). Allerdings vertraten andere "große Männer" in der sozialistischen und der Arbeiterbewegung eher emanzipatorische Werte und ein humanitäres Gleichheitsdenken (22).

Das Fehlen von "echten Führerinnen aus der Arbeiterschaft stellte ein weiteres Problem der gewerkschaftlichen Frauenorganisierung dar (SSU:307). Die Frauenreferate der Gewerkschaften und die Frauengruppen der linken Parteien stützten sich stark auf Frauen aus der Intellektuellenschicht, die häufig zudem in engen familialen Bindungen zu den männlichen Führungspersonen standen. Akamatsu Tsuneko war die Schwester des Gewerkschaftsführers und sozialdemokratischen Politikers Akamatsu Katsumaro; sie war nach 1926 führend an den Aktivitäten des Frauenreferats des Japanischen Arbeiterbundes beteiligt, dessen Leitung sie 1936 übernahm (NSUJM: 9). Die sozialistische Emanzipationstheoretikerin Yamakawa Kikue, die die Frauenpolitik der linkssozialistischen Gewerkschaften, die sich vom Arbeiterbund links abgespalten hatten, stark beeinflußte, kam ursprünglich aus einer Samurai-Familie, hatte sich eher in Intellektuellenzirkeln bewegt und war mit dem sozialistischen Denker Yamakawa Hitoshi verheiratet. Diese Frauen leisteten einen gewaltigen Beitrag zur Entwicklung einer sozial begründeten Emanzipationstheorie, zur Organisation der Arbeiterinnen und zur Verbesserung ihrer Arbeits- und Lebensbedingungen (23). Aber in ihrer Herkunft und in ihrer engen persönlichen Einbindung in die gewerkschaftlichen und sozialistischen Führungsgruppen bestand eine gewisse Distanz zu den breiten Massen der unorganisierten Arbeiterinnen. Überdies erschwerte diese Einbindung eine überfraktionelle Zusammenarbeit in der "Frauenfrage". Vielmehr wurde diese stellenweise zum Ansatzpunkt der Konkurrenz und Profilierung zwischen der fraktionierten sozialdemokratischen und sozialistischen Linken.

Der Yūaikai, der sich 1920-1 in den Japanischen Arbeiterbund (Nihon rōdō sōdōmei) umbenannte, hatte 1916 ein Frauenreferat mit einer Zeitschrift (Yūai fujin) eingerichtet, dessen Mitgliederinnenzahl rasch von 1650 1916 auf über 2000 allein in Tokyo 1918 anwuchs (SSU:308). Zur ersten ILO Konferenz in Washington 1919 veranstaltete das Frauenreferat einen Redeabend, bei dem Arbeiterinnen - eine hatte ihr Kind auf dem Rücken umgebunden - selbst ihre Lage darstellten und zu dem 1000 Zuhörer, überwiegend Männer kamen (Yamanouchi 1975:52-6). Nach der völligen Niederlage im Streik in der Fuji Gasu Spinnerei in Tokyo zerfiel auch das Frauenreferat. Der Antrag auf eine Neugründung wurde 1924 auf der Generalversammlung zunächst vertagt, 1925 dann angenommen. Jedoch verlief parallel dazu die Trennung des linken Gewerkschaftsflügels im Japanischen Gewerkschaftsrat (Nihon rōdō kumiai hyōgikai) von dem eher gemäßigten Arbeiterbund, bei der die wenigen Arbeiterinnen-Aktivistinnen zum Gewerkschaftsrat übergingen (SSU:309). Dieser Wechsel der im Frauenreferat engagierten Führerinnen zu den links oder in der Mitte stehenden Gruppierungen wiederholte sich bei der zweiten Spaltung des Arbeiterbundes Ende 1926, als sie sich dem neuen, zentristischen Japanischen Gewerkschaftsbund (Nihon rōdō kumiai dōmei) anschlossen (SSU 310). In der Folge entfaltete das Frauenreferat eine Reihe von Aktivitäten: es unterstützte Streiks, richtete sich auf die Organisation der Arbeiterinnen in Gewerkschaften und Konsumgenossenschaften, kämpfte für die Durchsetzung des Verbots der Nachtarbeit und eine Verbesserung des Mutterschutzes, und gab ab 1927 die Zeitschrift "Arbeiterin"(Rōdō fujin) heraus (NRN; Zatsukusa no yō ni takumashiku).Zuneigung und Respekt in allen gewerkschaftlichen Fraktionen gewann die Arbeiterführerin Akamatsu Tsuneko durch ihren persönlichen Einsatz, ob bei Arbeitskämpfen oder Gesetzeskampagnen, ihre Offenheit gegenüber den Arbeiterinnen und ihren undogmatischen Wirklichkeitssinn. Die Frauenpolitik des Arbeiterbundes ließe sich als eine Mischung von paternalistischer Vertretung und Aktivierung der Arbeiterinnen auf pragmatischer Ebene in begrenzten Problemfeldern beschreiben.

In dem linken japanischen Gewerkschaftsrat mußten demgegenüber die kämpferischen Arbeiterinnen und Intellektuelle gegen abstrakt - totale Befreiungsideologien und eine alltägliche Geringschätzung der Arbeiterinnenfrage als sekundäres Problem ihre konkreten Forderungen durchsetzen. Sowohl die Gründung eines Frauenreferates in dem neuen Dachverband als auch die Frauenforderungen, die sich auf das Verbot der Nachtarbeit, Mutterschutz, Lohngleichheit und Selbstverwaltung der Wohnheime durch die Gewerkschaften richteten, konnten auf der zweiten Generalversammlung 1926 keine Zustimmung finden, sondern wurden vertagt (Lenz 1980d:730 ff; SSU:308). Die "männliche bolschewistische Ablehnungsfront" (24) begründete dies damit, daß die Gefahr einer Spaltung bestehe, daß die Lohndiskriminierung der Frauen nicht auf ihr Geschlecht, sondern ihre geringere wirtschaftliche Belastung (!) zurückgehe und - in anderem Zusammenhang - daß Mutterschutzforderungen keine Klassenposition, sondern eine Frauensonderforderung darstellen, die kleinbürgerlichen Charakter habe (ibid.; Yamanouchi 1975:144-5). Die Verfechter/-innen des Antrags begründeten die politische Notwendigkeit der Frauenorganisation in einer Zeit, wo Frauen keiner politischen Partei beitreten durften; sie stützten sich aber auch auf das Konkurrenzargument, daß sogar der "rechte" Arbeiterbund ein Frauenreferat eingerichtet hätte (ibid.:145). Bei der dritten Generalversammlung Juni 1927 wurde die Gründung des Frauenreferats schließlich beschlossen (SSU:309). Die Konkurrenz zwischen Gewerkschaftsrat und Arbeiterbund trat jedoch auch in der praktischen Politik beider Verbände zutage (vgl. z.B. NRN 1926:162-5). Langfristig dürfte sie beide Seiten gelähmt und in der Entfaltung ihrer politischen Perspektive behindert haben (Large 1981:72-101). Für die in der "Arbeiterinnenfrage" engagierten Männer und Frauen bedeutete sie eine zusätzliche Ebene von Komplikationen.

Eine wirkliche Bilanz der Erfolge der Gewerkschaften in der Reform der sexistischen Diskriminierung und persönlichen Bindung in den Arbeitsverhältnissen müßte auch die umfassenden Veränderungen durch Arbeitsschutzgesetze und Arbeitskämpfe nach 1945 in Betracht ziehen. Die Reformer der Frauenarbeitsschutzes und die Gewerkschaftsführer/innen, die sich dafür einsetzen, kamen aus dem Umkreis der gewerkschaftlichen und linken Gruppen der Vorkriegszeit und auch ihre Regelungen, die heute noch in Kraft sind, haben sie aus diesen Kämpfen und Erfahrungen abgeleitet (25). Wenn heute dieser Arbeitsschutz, wie der Menstruationsurlaub, das Verbot der Nachtarbeit in manchen Berufen usw, wieder zur Debatte steht, könnte damit dieser "historische Kompromiß" zwischen patriarchalischem Kapitalismus, Gewerkschaften und Frauenbewegung tiefgreifend verändert werden (26).

AUSBLICK

Der Wandel der geschlechtlichen Arbeitsteilung und die Umstrukturierung der Subsistenzproduktion in der kapitalistischen Entwicklung umfaßte alle Bereiche der Frauenarbeit; er manifestierte sich in Produktion und Reproduktion. Zugleich wurde deutlich, daß die patriarchalische Verwertung der Arbeitskraft der Frau dem kapitalistischen Wirtschaftssystem historisch vorgelagert ist; sie tritt in den vielfältigen Regionalkulturen, den Widersprüchen zwischen "great" und "little tradition" in der bäuerlichen Gesellschaft Japans zutage. Die kapitalistische Modernisierung beinhaltete nun eine Reorganisation und eine Vereinheitlichung dieser Verwertung der weiblichen Arbeitskraft. Während die "Lebensproduktion" zunehmend ihr allein und ohne soziale Absicherung zugeordnet wurde, stellte sie zugleich einen Großteil der nicht qualifizierten "Massenarbeiter" im Industrialisierungsprozeß. Wir folgten den ländlichen Arbeitsmigrantinnen als Grenzgängerinnen zwischen beiden Bereichen, die sowohl die umfassenden Anforderungen an die Verwertung weiblicher Arbeitskraft als auch die Begrenzung der Wünsche und individuellen Freiräume im neuen weiblichen Lebenszusammenhang symbolisieren. Die industrielle Lohnarbeit gab den Frauen wenig Raum zur Individuation, sondern konfrontierte sie mit spezifischen Restriktionen auf dem Arbeitsmarkt und band sie in ihrer Lebensperspektive an das Kollektiv Familie. Die starke persönliche Bindung der Arbeiterinnen in den japanischen Baumwollspinnereien drückt m.E. die nämliche Tendenz erheblich verschärft in einer Gesellschaft aus, in der die kapitalistische Industrialisierung sich auf - im Zerfallsprozeß befindliche - Dorfgemeinschaften und die Vorgaben eines feudalen Herrschaftssystems und nicht auf einen Vorlauf in der Herausbildung der bürgerlichen Gesellschaft wie in Europa stützte.

In den "entwickelten" Industriegesellschaften hat sich Form und Funktion der Familie erheblich geändert, die Frauen haben sich auch im Zuge der neueren Frauenbewegung der 1970er Jahre zusätzliche Lebensperspektiven erschlossen, ihre individuellen Rechte und die gesellschaftlich marginalisierten "weiblichen Werte" betont.

Hat die Betrachtung der Frauenarbeit in der Industrialisierung in diesem Rahmen noch aktuelle Bedeutung? Akamatsu Ryōko, Beraterin für Frauenfragen im Amt des Ministerpräsidenten, bejahte diese Frage für die japanischen Verhältnisse:

> "...haben sich die Probleme der Frauenlohnarbeit im Wesen geändert? Die 'Textilarbeiterinnen', die die Arbeiterinnen der Vorkriegszeit repräsentierten, umfassen heute nur noch einen kleinen Anteil der Arbeiterinnen. Die Mehrheit der Arbeiter entspricht nicht mehr den Kategorien jung, unverheiratet, kurzfristige und gesindeartige Arbeitsmigration. Doch die Beschäftigungsdauer der Arbeiterinnen ist immer noch kurz, je nach Konjunktur werden sie auf den Arbeitsmarkt gelassen oder herausgedrängt und sie bilden einen Großteil der Niedriglohnschichten. Sicher wurde ihr Bildungsniveau sehr angehoben, aber recht wenige Frauen haben eine Ausbildung oder Lehre, die ihnen direkt im Beruf nützt. Die Arbeiterinnen der Vorkriegszeit waren durch die feudale Familie völlig gefesselt, doch dafür...tragen die Frauen heute die Last der Verantwortung für Haushalt und Familie." (Nihon fujin mondai... 3.Bd. 1977:1)

Ein weiterer Aktualitätsbezug liegt in der Nachahmung des japanischen Modells der assoziativen, exportorientierten Entwicklung in den neu industrialisierten Ländern Ostasiens und den resultierenden Neuauflagen dieser Formen der Frauenarbeit. Wir treffen gegenwärtig in Südkorea, Taiwan und Malaysia auf vergleichbare Formen der Frauenbeschäftigung und auf ähnliche Reproduktionssysteme der Arbeitskraft, die auf weiblicher Niedriglohnarbeit und komplementärer Arbeitsmigration vom Land beruhen (Kim 1979; Lenz 1980a,b). Im Rahmen der neuen internationalen Arbeitsteilung wurden arbeitsintensive Produktionsschritte in der Konsumgüter- und Elektronikindustrie dorthin ausgelagert und dafür junge, meist unverheiratete Frauen zu einem Bruchteil der Lohnkosten der Metropolen rekrutiert. Aufgrund anderer sozialökonomischer und kultureller Rahmenbedingungen treten manche Elemente der persönlichen Gebundenheit aus dem "japanischen Fall" nicht auf, wie etwa der Lohnvorschuß oder das Fluchtverbot. Doch andere Strukturmerkmale, wie die Institution des Wohnheimes, Niedriglohn und Nachtarbeit wiederholen sich und sie werden in der sozialwissenschaftlichen Diskussion gleichfalls häufig als "feudal" gewertet (Kim 1979:53). Darin zeigen sich kulturübergreifende soziale Ursachen, die im internationalen Akkumulationsprozeß liegen und nicht nur als "spezifisch japanisch" zu betrachten sind. Eine letzte Strukturähnlichkeit ist schließlich der passive und aktive Widerstand dieser Arbeiterinnen in Streiks und protogewerkschaftlichen Gruppen gegen die ihnen zugedachte Funktion in der ungleichen internationalen und geschlechtlichen Arbeitsteilung.

Anmerkungen zum ersten Kapitel

1. Vgl. Subsistenzproduktion und Akkumulation 1979, sowie weitere Veröffentlichungen und Arbeitspapiere des Forschungsschwerpunkts Entwicklungssoziologie der Universität Bielefeld. An dieser Stelle möchte ich den Mitgliedern des Forschungsschwerpunkts, besonders aber V. Bennholt-Thomsen, H.D. Evers, G. Stauth, T.Schiel, D. Wong und C.v.Werlhof für jahrelange wichtige Anregungen und Auseinandersetzungen danken.
2. Die Subsistenzwirtschaft oder Subsistenzproduktion wurde in der älteren deutschen Nationalökonomie als reine Naturalwirtschaft ohne Marktentwicklung verstanden. Ethnologische Untersuchungen über Tauschsysteme in frühen Wirtschaftsordnungen in der Folge von Malinowski haben diese Annahmen widerlegt.
3. Ich verweise hier auf die bahnbrechenden Arbeiten von V.Bennholt-Thomsen, M.Mies und C.v.Werlhof, weiterhin auf Jacobi-Nieß 1980, Lenz 1980 a,b.
4. So wird in bunter Folge von "sozialer Reproduktion", von "einfacher und erweiterter Reproduktion", von Reproduktionsbedingungen des Kapitals, von den Reproduktionsschemata in der kapitalistischen Produktionsweise und von der "Reproduktion der Arbeitskraft" gesprochen. Ich will hier nicht all diese Definitionen "reproduzieren", sondern beschränke mich auf das Verhältnis von sozialer Reproduktion und Reproduktion der Menschen.
5. So wird der Begriff der sozialen Reproduktion nicht definiert. Auch überzeugt die Kategorie der "menschlichen oder biologischen Reproduktion" nicht voll, da sie ja auch für die zweite Ebene gelten könnte.
6. Vgl. die Bestimmung des Wechselverhältnisses von Produktion und Konsumtion durch Marx in den "Grundrissen": "Die Produktion ist also unmittelbar Konsumtion, die Konsumtion ist unmittelbar Produktion. Jede ist unmittelbar ihr Gegenteil. Zugleich aber findet eine vermittelnde Bewegung zwischen beiden statt. Die Produktion vermittelt die Konsumtion, deren Material sie schafft, der ohne sie der Gegenstand fehle. Aber die Konsumtion vermittelt auch die Produktion, indem sie den Produkten erst das Subjekt schafft, für das sie Produkte sind."(Marx 1953:12)
7. Vgl. u.a. Leacock 1981; Kaberry, Phyllis: Aboriginal Women. Sacred and Profane. London 1939; Malinowski, B.: Das Geschlechtsleben der Wilden. Frankfurt 1979. Malinowski berichtet u.a., daß bei den Trobriandern aussereheliche Sexualität hingenommen wird; sozial inakzeptabel ist dagegen, wenn das Paar in der Öffentlichkeit gemeinsam ißt - ein Verweis auf die kulturelle Begrenztheit der Normen in bezug auf Sexualität und Familienleben.
8. Zur Sicht der Produktionsverhältnisse als politische Verhältnisse, die in Konflikten und Kompromissen sich strukturieren vgl. Poulantzas 1978: 25. Auch in den Reproduktionsverhältnissen bestehen solche Konflikte und Kompromisse zwischen den Klassen und Geschlechtern Vgl. Lenz 1980c, 1983 a.
9. Vgl. u.a. Towards an Anthropology of Women 1975; Lenz 1983a und dort zitierte Literatur.

10. Vgl. dazu die ausführlichere Darstellung bei Lenz 1984
11. Vgl. die Zusammenfassungen und Kritik bei Jacobi, Nieß 1980:51-94, Beer 1984:91-147
12. Auf die Kritik an Meillassoux und Sahlins kann in diesem Rahmen nicht eingegangen werden.
13. Vgl. zur Kritik an der Formationstheorie u.a. Kößler 1982:142 ff, 247 ff
14. Ich stützte mich dabei vor allem auf Sahlins 1974, Meillassoux 1976, Chayanov 1968, Polanyi 1978, Godelier 1973, Gesellschaften ohne Staat 1978
15. Werlhof hat in einer brillanten Analyse die Verwertungs- und Vernichtungslogik aufgezeigt, die hinter solchen Naturalisierungen im Kapitalismus steht. Vgl. Werlhof 1981
16. Vgl. Schmidt 1962, Adorno, T.W.: Einleitung. Soziologie und empirische Forschung. In: Der Positivismusstreit in der deutschen Soziologie. Neuwied 1969:7-103
17. Vgl. z.B. die Darstellung der Kooperationssysteme in japanischen und in javanischen Dörfern S.83ff
18. White weist darauf hin, daß in javanischen Dörfern Mädchen und Jungen haushaltliche Arbeit leisten (1982:604); in japanischen Dörfern der Neuzeit verrichteten Männer bis zu einem Drittel derselben (Vgl. S.161); laut Pinchbeck führten auch Mägde beim Pflügen die Pferde (1930:16).
19. Trotz einer unterschiedlich deutlichen Abgrenzung beinhaltete diese Auffassung in der deutschen Frauenbewegung bis 1933, die dann teilweise in die Pflicht der Frauen zum Kinderkriegen als "Gattungsdienst" umdefiniert wurde, eine Affinität zur nationalsozialistischen grundsätzlichen Begrenzung der Frau auf ihre Mutterschaft.
20. Vgl. die vorherigen Abschnitte zur Unterscheidung von Naturhaftigkeit und spezifischer Form des Naturbezugs
21. In den neueren "alternativen" Diskussionen werden diese Todesbezüge und die patriarchalen Strukturen der Subsistenzwirtschaft systematisch vernachlässigt.
22. Darin stimmen funktionalistische und marxistische Autoren überein. Vgl. Firth 1978, Godelier 1973, Balandier 1972, Meillassoux 1976. Ihre Kontroverse bewegt sich vielmehr um die Kausalitätsbeziehungen; Firth vertritt, daß die Struktur der sozialen Beziehungen die Ökonomie bestimme (1978:114); u.a. Godelier richtet sich mit einem anderen Verständnis von "Ökonomie" dagegen (1973:45).
23. "Die natürliche Reproduktion (muß, I.L.) ständig korrigiert werden durch die Umverteilung der Individuen unter den konstituierenden Produktionszellen sowie durch die Kooptation von außerhalb der Gemeinschaft geborenen Mitgliedern. Die Adoption von Kindern von einer Linie zur anderen, von Kriegsgefangenen, Kunden, Schuldnern, manchmal das Geschenk einer Gattin oder die Entführung von Frauen, Zusammenschlüsse geschwächter Familien sind die Mittel, ein stets prekäres Gleichgewicht zu korrigieren." (Meillassoux 1976:60) Vgl. auch Mies 1980:65 und die dort aufgeführte Literatur
24. Vgl. die allerdings in manchem problematische Darstellung bei Baumgartner-Karabak, Landesberger: Die verkauften Bräute. Reinbek 1978.

25. Die "Grenzlinie" zwischen individuell oder kollektiv organisierten Arbeiten scheint nicht zwischen Produktion und Reproduktion, sondern eher zwischen anleitend/planenden und produktiven Arbeiten zu laufen. So etwa obliegt die Vorratshaltung und Planung des Haushaltskonsums vor allem der Bäuerin (mündl. Information von Ellen Frieben); die Planung des Anbaus leisten Bauer oder Bäuerin je nach Anbausystem allein oder in Absprache.
26. Vgl. dazu die androzentrische Arbeitsbewertung in Japan S. 156 ff
27. Deere, Leon de Leal geben einen faszinierenden Überblick über das Verschwinden der Frauenarbeit aus den Agrarstatistiken durch die Veränderung der Definitionen der "produktiven Arbeit", während die tatsächliche Produktionsbeteiligung der Frauen hoch blieb. Die Einstufung von Bäuerinnen als Hausfrauen trotz ihrer landwirtschaftlichen Aktivität spielte dabei eine Schlüsselrolle. Vgl. Deere, Carmen D.; Leon de Leal, Magdalena: Women in Andean Agriculture. Women, Work and Development 4 ILO Genf 1982
28. Eine detaillierte Erklärung für diese Tendenzen ist in diesem Rahmen nicht möglich.
29. Vgl. zum folgenden ibid., sowie Mies 1980, Martin, Towards an Anthropology of Women 1975, Safiotti 1978
30. Vgl. u.a. die Kritik in Matrilineal Kinship 1961:X-XII, Gough 1977, Löffler 1979, Lenz 1978a
31. Die neueren feministischen Ansätze kreisen um die gewaltsame Aneignung der weiblichen reproduktiven Fähigkeiten durch die Männer. Vgl. Mies 1980, sowie Janssen-Jurreit: Die sozialen Grundlagen des Patriarchats. In: Mythos Frau 1983; gerade hier wäre ein interdisziplinärer Ansatz von Ethnologie, Soziologie und Geschichte sehr wichtig.
32. Vgl. zur Unterwerfung des Weiblichen als des "Anderen" immer noch de Beauvoir: Das andere Geschlecht. Sitte und Sexus der Frau. Reinbek 1968
33. Vgl. Janssen-Jurreit 1976 passim. Zur Bedeutung des Politischen bei der Etablierung und Veränderung des Patriarchats vgl. auch die Skizze von Lenz 1983a
34. Sexismus stellt zunächst nur die Beherrschung und Ausbeutung aufgrund der Geschlechtszugehörigkeit fest. Allerdings ist auch Sexismus keine isolierte Herrschaftsform dar, sondern oft besteht eine Korrelation zum Rassismus. Neuere Texte stellen zur Debatte, daß die allgemeine Gewalt in den spätkapitalistischen Ländern vorrangig anhand der Gewalt gegen Frauen eingeübt wird. Vgl. u.a. Reweaving the Web of Life. Feminism and Nonviolence. Hg. P. Mc Allister. Philadelphia 1982
35. Vgl. u.a. Bennholt-Thomsen 1982; Berger, Hessler, Kavemann 1978, sowie Blasche, Inhetveen 1983; der Untertitel der Studie der letzteren - "Wenn's Weiber gibt, kann's weitergehn..." - verweist darauf, wieweit die Bäuerinnen gegenwärtig dies moralisch-subjektive Element übernommen haben.
36. Gemäß dem hier skizzierten Idealtypus stellt Subsistenzwirtschaft ein sozialökonomisches System der Reproduktion der Bauernschaft und ihrer sachlichen Mittel in einer agrarischen Klassengesellschaft dar. D.h.

sie beschreibt nicht die soziale Reproduktion insgesamt; sowohl die herrschenden Klassen, als auch Zwischenschichten, z.B. Kaufleute können andere Muster der Reproduktion verfolgen.
37. Vgl. zu Klassenformierung und Evolution u.a. Schiel 1976, Eder 1980

Anmerkungen zum zweiten Kapitel

1. Vgl. vor allem MEW Bd.23:591-604; MEW Bd. 24:391-476
2. Wie jeder Grundsatz wurde auch dieser z.B. in der Wiedereinführung der Sklaverei in den Baumwollplantagen der US, in der Kuliarbeit in anderen Rohstoffplantagen (Kautschuk, Tee) durchbrochen. Die reell dem Kapital subsumierte Arbeitskraft wurde jedoch überwiegend in Form der Lohnarbeit angestellt.
3. Vgl. zu androzentrischen Prämissen in der Kritik der Politischen Ökonomie u.a. Franke 1978, Beer 1984; zu den Problempunkten der Marxrezeption durch die feministische Theorie ibid.:197 ff
4. Vgl. Bock, Duden 1976, Kittler 1980, Shorter 1977, Rosenbaum 1982
5. Dabei ist nicht zu vergessen, daß dieser Zugang zu Erziehung, formalisierten Berufen und die staatsbürgerliche Gleichheit erst von der Frauenbewegung und liberalen und sozialistischen Kräften erkämpft werden mußte.
6. Hier beschränke ich mich auf die Formen der menschlichen Reproduktion in der kapitalistischen Gesellschaft.
7. Zum Begriff der Beziehungsarbeit Vgl. Kontos, Silvia; Walser, Karin (1978): Hausarbeit ist doch keine Wissenschaft! In: Beiträge zur feministischen Theorie und Praxis 1. München S.66-81
8. Die These von der fortgesetzten ursprünglichen Akkumulation ist ausführlich bei Senghaas-Knobloch 1976, Werlhof 1978, Bennholt-Thomsen 1981 diskutiert.
9. Vgl. die Fallstudie bei Frieben, Lazarte 1983, sowie Rogers' Studie der frauenrelevanten Entwicklungspolitik, die vom Leitbild der unentlohnten Hausfrau und Mutter ausgeht, was der tatsächlichen Stellung der Frau oft nicht entspricht. So werden Frauen im Gegensatz zu Männern für Bildungsmaßnahmen in Produktion oder Führungsrollen und für Gemeinschaftsarbeit meist nicht bezahlt. Die Konsequenz ist häufig die stille Verweigerung der Frauen und das Scheitern der Projekte (Rogers 1980:99).
10. Doch haben selbstverständlich auch Waren einen Gebrauchswert; denn sonst könnten sie keine Käufer finden, ihren Tauschwert also nicht realisieren. Vgl. Lenz 1984 zu einer Abgrenzung von Gebrauchswert, Reproduktion und Subsistenzproduktion.
11. Die stärkste Reduktion zeigte sich in der "Zerfallszeit" der Kampagne, besonders bei Biermann, Pieke: Wir sind Frauen wie andere auch. Prostituierte und ihre Kämpfe. Reinbek 1980, wo die Beziehung nur noch eine Frage der Bezahlung ist.

12. Die Prostitution bestand in anderen Formen bereits zuvor, weitete sich aber durch die Folgen des Vietnamkriegs und den Massentourismus in den 1970ern ungeheuer aus. Vgl. Lenz 1978 b, Phongpaichit, Pasuk: From Peasant Girls to Bangkok Masseuses. Women, Work and Development 2 ILO Genf 1982
13. Ich stütze mich hier vor allem auf Conze 1954, Hobsbawn 1968, Kocka 1983, Pinchbeck 1930, Thompson 1963 und dort referierte Literatur, ferner auf Bock, Duden 1976, Hausen 1976, Medick 1976, Schneider 1978.
14. Vgl. zur "Sichtbarkeit" Bock, Duden 1976:125-150, sowie in bezug auf die Heimarbeiter Rosenbaum 1982:194-5,228-234
15. Vgl. zur Kritik an Thompsons Klassenbegriff u.a. Dieter Groh's Einführung zu Thompson, E. (1980): Plebeische Kultur und moralische Ökonomie. Aufsätze zur englischen Sozialgeschichte des 18.und 19. Jahrhunderts. Frankfurt, Berlin. S. 23 ff. Der Klassenbegriff hat im Konzept der "arbeitenden Klassen" keine teleologische Konnotation.
16. Vgl. Heinsohn, Knieper, Steiger 1979:84-9 und dort zitierte Literatur, sowie Seccombe 1983:34 ff
17. Vgl. als Ansatzpunkt die Literaturdiskussion bei Seccombe 1983, sowie die hervorragende Studie von Gordon 1976
18. Zum "Wert der Kinder" vgl. Medick 1976:265-72, White 1976, 1982. White weist daraufhin, daß Kinder nicht in allen Agrarregionen einen ökonomischen Vorteil für die Hauswirtschaft bedeuten, sondern dies vor allem unter den folgenden Umständen gilt:"Higher fertility is associated with lower labour incomes, higher imputs of child labour and situations in which the 'benefits' to parents of reproduction exceed the costs." (1982:605).
19. Hier danke ich Susanne Schweitzer für Diskussionen. Die Repräsentativität dieser Biographien ist nicht einzuschätzen, weil nur relativ wenig diesbezügliche Quellen vorliegen. Darin drückt sich auch die untergeordnete Stellung von Arbeiterinnen - noch mehr von Heimarbeiterinnen, Straßenhändlerinnen und Kleinbäuerinnen - aus, die eben nur wenig Ressourcen, Zeit und Geld, zum Schreiben hatten.
20. Baader 1979:19. Bemerkenswert ist ihre implizite Übernahme der geschlechtlichen Arbeitsteilung, obwohl sie das Gegenteil lebte. Auch an anderen Stellen zeigt Baader eine Übereinstimmung mit den bürgerlichen neuen Geschlechtsnormen, z.B. bei der Betonung der guten Sitten (ibid: 14) oder der Ordnungsliebe und Gepflegtheit als vorwiegend weibliche Werte (ibid:58).
21. Die geschlechtsspezifischen Leistungen bei der Versorgung der Eltern wären ein wichtiges Forschungsfeld, wobei der Gegensatz von sozialer Norm und Realität besonders zu beachten wäre.
22. Vgl. zur Kritik der gegenteiligen Argumentation von Heinsohn, Knieper, Steiger 1979 die Rezension von Lenz, Ilse (1981): Menschenproduktion - statt dem Klapperstorch der Staat? Polemische Anmerkungen zu einem vielgelesenen Buch. In: Peripherie 5/6 Münster. S.195-201
23. Vgl. zu den Heiratsbegrenzungen Schneider 1978:270 ff, Conze 1954:115

ff, Gerhard 1978:19-20,113-9, Rosenbaum 1982. Heiratsbegrenzungen für die jüngeren Geschwister bestanden vom Mittelalter bis ins 19.Jh für bäuerliche, handwerkliche und händlerische Schichten; Knechte und Mägde unterlagen häufig diesen Beschränkungen; auch waren Armenehen in vielen deutschen Regionen verboten oder wurden nur gegen den Nachweis von Geld- oder Hausbesitz gestattet. Süßmilch schätzte 1742 die "heiratsfähigen Ledigen, die allein in Kirchendiensten stehen, für Deutschland im 17.Jh auf 200 000 (=1v.H. der Bevölkerung)."(Schneider 1978:281)
25. Zur staatlich organisierten Zwangsarbeit für Arme und den Armen- und Waisenhäusern vgl. Sombart 1921:810 ff, Sachße, Tennstedt 1980:85-178
26. In der vorindustriellen Gesellschaft bestand eine geringere Arbeitsdisziplin und rel. freiere Einteilung der Arbeit, wie Sombart 1921:805-6 und Thompson 1980:34-65 überzeugend nachgewiesen haben. Es besteht eine deutliche Parallele zu dem gegenwärtigen Prozeß der Unterordnung und Disziplinierung einer ländlich basierten Arbeitskraft in der industriellen Entwicklung in verschiedenen Ländern der "Dritten Welt".
27. Die enthusiastische Aufnahme des Malthusianismus durch weite Teile des Bürgertums erklärt sich wohl aus dem anwachsenden Wissenschaftsglauben einerseits und aus der latenten Furcht vor den Armen andererseits. Die Kernthese von Malthus besagte, daß die natürliche Vermehrung der Menschen in einer geometrischen Reihe und die der Pflanzenwelt in arithmetischer Reihe erfolge, es also zu Hunger kommen müsse. Die sozialistische Kritik an Malthus war vor allem bestrebt, die "Überschußbevölkerung" aus sozialen Faktoren zu erklären, übersah aber den sozialen Charakter und die relative Eigenständigkeit der Reproduktionsverhältnisse. Vgl. auch Heinsohn, Knieper, Steiger 1979:101-111,116-129
28. Vgl. u.a. Hausen 1976, Gerhard 1978:124-153
29. Hankel, Priebe weisen darauf hin, daß die Entwicklungssoziologie die "milieubedingten Sonderverhältnisse" der englischen Landwirtschaft nicht klar erkannt habe und so die klassische Volkswirtschaftslehre wie auch marxistische Theoretiker die Entwicklungsfähigkeit der Kleinbauern unterschätzt hätten (1980:10).
30. Da die Einhegungen in England im 16.Jh nur ca 3% der Gesamtbodenfläche umfaßten und teilweise in dünnbesiedelten Gebieten durchgeführt wurden, resultierten sie im Gegenteil zu den Annahmen von Marx nicht in einer umfassenden Freisetzung von Arbeitskräften. Der quantitativ bedeutendste Teil der Einhegungen erfolgte 1760-1820. Vgl. Sombart 1921:795, Thompson 1963:233-43
31. Vgl. Anmerkung 29
32. Vgl. das dritte und vierte Kapitel
33. Vgl. die Kontroverse zwischen Bennholt-Thomsen 1980 und Feder, Ernst: Mc Namaras kleine grüne Revolution. Der Weltbankplan zur Selbstzerstörung der Kleinbauern in der Dritten Welt. In: Feder, E. (1980):Erdbeerimperialismus. Studien zur Agrarstruktur Lateinamerikas. Frankfurt 333-350
34. Vgl. die in Anmerkung 13 angegebene Literatur, sowie Duden, Hausen 1979, Duden, Meyer-Renschhausen 1981, Shorter 1977

35. In England wurden vorwiegend Kinder von Armen oder von unverheirateten Frauen zu Ammen in Pflege gegeben; in Deutschland stillten die Frauen auf dem Land eher selbst. In Frankreich wurden ca 15% aller Kinder der Region Paris an ländliche Ammen verschickt, doch in einigen Regionen galt dies unter dem Ancien Regime wohl für die Mehrheit der Familien (Shorter 1977:204-5).
36. Über die Grenzen der möglichen Vermarktung von Subsistenzproduktion existiert eine lange Kontroverse. Spricht Senghaas-Knobloch vom nicht vermarktbaren, "unzerstörbaren Kern" der Zuwendung in der Reproduktion (1976:550 ff), so sahen Autorinnen in der Lohn für Hausarbeit-Kampagne alle Dienstleistungen in der Reproduktion, vom Beischlaf bis zum Lächeln, als vermarktbar und damit auch bezahlbar an (Courage 3, 1977). M.E. besteht von dem Arbeitsinhalt her keine grundsätzliche Grenze der Kommerzialisierbarkeit, wenn sich aus unterschiedlichen Gründen ein Markt für die bisher nicht entlohnte Subsistenzproduktion bildet, wie z.B. am Fall der "Leihmütter", also der Fremdaustragung von Kindern, in der generativen Reproduktion drastisch zutage tritt. Die Kernfrage richtet sich auf die soziale Organisation der Subsistenzproduktion, die nicht auf die Bezahlung reduzierbar ist. Z.B. kann auch der Widerstand der Beteiligten, Frauen oder Männer, z.B. gegen den Verkauf von Kindern eine Grenze sein.
37. Vgl. Duden, Meyer-Renschhausen 1981, Hunt 1981:17, Pinchbeck 1930:53-67, 111-240, Scott, Tilly 1981:101 ff, Willms 1980:12, sowie die umfangreiche Zusammenstellung bei Braun 1901. Laut Lys, Soley waren 75% der frühen Fabrikarbeiter in England Frauen und Kinder, vgl. Lys, C.: Soley,H. (1979):Poverty and Capitalism in Preindustrial Europe. New Jersey S.161-2
38. Vgl. zur Bewertung der Lohnarbeit der jungen Frauen die Aussagen in den Arbeiterinnenbiographien, also Baader 1921, "Dulden" 1910, Popp 1927 und zu den Grundtendenzen die unter Anmerkung 37 aufgeführte Literatur.
39. Barret, Mc Intosh haben gezeigt, daß der Familienlohn in der Realität nicht "funktionierte", als Ideologie aber außerordentlich effektiv in der Unterordnung der Frauen und in der Begrenzung der weiblichen Löhne war. Der Familienlohn für den Mann konnte keine umfassende Versorgung der Arbeiterfamilien beinhalten, weil 1) Ehepaare mit Kindern durchgehend auch auf den Verdienst der Frau angewiesen waren 2) nicht alle Männer, die Empfänger eines Familienlohns waren, auch verheiratet waren oder damit tatsächlich ihre Familien (z.B. geschiedene Frauen, uneheliche Kinder) versorgten. Die Arbeiterinnenbiographien zeigen auf, daß am Zahltag des Mannes die Ehefrau die Versorgungsansprüche der Familie im Streit durchsetzen mußte und manchmal wenig Erfolg hatte. 3) nicht alle Frauen mit abhängigen Kindern oder Eltern auch verheiratet waren (Witwen, Geschiedene, ledige Töchter oder Mütter mit Abhängigen). Vgl. Barrett, Michele; Mc Intosh, Mary: The 'Family Wage'. In: The Changing Experience of Women 1982:71-90
40. Auch gegenwärtig wächst international die Zahl der weiblichen Haushaltsvorstände und die Kernfamilie kann nicht als Grundeinheit der Reproduktion betrachtet werden, wobei in Frage steht, ob sie dies je war. Vgl. Fallstudien in Löw 1981, de Jesus 1968, Frauen gegen Apartheid 1980

Anzeichen sind die bereits erwähnte steigende Zahl weiblicher Haushaltsvorstände, die Wanderarbeit der Männer, die ihre Familie monatelang nicht sehen und die steigende soziale Mobilität unverheirateter Frauen.

41. Die Verwechslung des Fehlens bürgerlicher Sexualnormen mit sexueller Freiheit tritt oft auf; sie läuft im wesentlichen auf eine Verwechslung von Freiheit, die die beiden Subjekte der Sexualität einschließt und auch die Ablehnung, das "Nein" beinhaltet, mit Willkür der Aneignung hinaus. Sie ist der "blinde Fleck" in der Theorie der sexuellen Befreiung. Gehäuft tritt dieser blinde Fleck in Projektionen einer freieren proletarischen Sexualität auf. Die Berichte vom freien Umgang mit "Schlafburschen" in proletarischen Haushalten oder dem lockeren Milieu in Bergarbeitersiedlungen im Ruhrgebiet (Theweleit 1977:177-181) sparen systematisch die dabei manchmal auftretende Gewalt gegenüber Frauen aus. Adelheid Popp hatte nach dem Vergewaltigungsversuch eines Schlafburschen schwere psychische Störungen, die kombiniert mit harten Arbeitsbedingungen in der Fabrik, jahrelang zu Ohnmachten und Krankheiten führten (Popp 1927:19-25). Die Frauen wehrten sich offen, teils gewaltvoll gegen die Gewaltförmigkeit der patriarchalischen Kultur der arbeitenden Armen, aber ihre Stärke verschaffte ihnen keine Freiheit in einer Situation, wo sie die Form der Sexualität nur selten bestimmen konnten und letztlich für die Kinder sorgen mußten. Auf die umfangreiche Charivari-Diskussion kann hier nicht eingegangen werden. Thompson widerspricht dem Trend, der in Charivaris, Katzenmusiken usw nur eine Bestärkung patriarchalischer Strukturen sieht, indem er eine Verschiebung in den Anlässen, nämlich gegen das Prügeln von Ehefrauen, im 19.Jh konstatiert (1980:147 ff).
42. Vgl. u.a. Müller, Willms, Handl 1983
43. entfällt
44. Es fehlt eine zusammenfassende Studie der Ursachen, der Probleme und der Erfolge der Lohn für Hausarbeit-Kampagne, wobei eine Darstellung aus der Sicht der ehemaligen Anführerinnen besonders interessant wäre. Herkömmliche Urteile nach einem einfachen progressiv/konservativ Raster greifen auch infolge der Nachwirkungen, die in der Bundesrepublik von der CDU/CSU bis zu den Grünen reichen, zu kurz.
45. Vgl. zum Folgenden Bennholt-Thomsen 1979, 1981, sowie die Zusammenfassung bei Jacobi, Nieß 1980:45-50
46. Die These von der fortgesetzten ursprünglichen Akkumulation aus der Subsistenzproduktion, bzw der Reproduktionsarbeit wurde vorgebracht von Senghaas-Knobloch 1976, Mies 1979, Werlhof 1978; vgl. auch den Literaturbericht bei Jacobi, Nieß 1980:31-65. Mies stellt einen Zusammenhang zwischen der ursprünglichen Akkumulation und der patriarchalischen Gewalt gegenüber Frauen zur Kontrolle ihrer Arbeitskraft in Produktion und Reproduktion her.
47. Vgl. dazu Lenz 1984
48. Vgl. dazu White-Hagemann, Carol: Thesen zur kulturellen Konstruktion der Zweigeschlechtlichkeit. In: Mythos Frau 1983

Anmerkungen zum dritten Kapitel

1. Vgl. zur Berufstätigkeit der Frauen in Japan nach 1945 Herold 1980, Hielscher 1978, sowie Lenz 1981a:200-7. Frauen konzentrieren sich in instabilen Beschäftigungsverhältnissen, sowie in der Klein- und Mittelindustrie. Sie sind vom System der Lebenszeitbeschäftigung überwiegend deswegen ausgeschlossen, weil sie nach der Geburt von Kindern wegen des Mangels an Kindergartenplätzen häufig kündigen müssen und darauf keine Dauerstellungen erhalten. 2 Millionen Frauen leisteten 1977 Teilzeitarbeit, wobei die tägliche Arbeitszeit in der Regel 6-7 Std. beträgt, die soziale Absicherung und der Kündigungsschutz jedoch fehlen. Die Frauenlöhne lagen noch 1979 durchschnittlich bei 54,9% der Männerlöhne. Lenz 1981a enthält eine Analyse von Erwerbstätigkeit und Hausarbeit im Wechselverhältnis.
2. Vgl. u.a. Dore, R. (1973): British Factory, Japanese Factory: The Origins of National Diversity in Industrial Relations. London, Wilkinson 1965, Taira 1970, Sumiya 1955, 1976
3. Dies gilt für die meisten westlichen Autoren, während z.B. Sumiya und Ujihara detaillierte Analysen zur Bedeutung der Arbeiterinnen auf dem Arbeitsmarkt vorgelegt haben. Überdies gibt es eine gewisse Tendenz bei denersteren, die Arbeiterinnen als "Abweichung" von einer "normalen Industriearbeiterschaft" zu betrachten und dann zu übergehen, anstatt die innere hierarchische Aufteilung des Arbeitsmarkts in seinem Gesamtzusammenmenhang zu beachten.
4. Vgl. Anmerkung 1., fünftes Kapitel
5. Im folgenden stütze ich mich vor allem auf die folgenden Autoren: zu Japan: Fukutake 1967, Furushima 1956, 1978, Embree 1939, Shimpo 1976, Smith 1959, Beardsley et.al. 1959; zu China: Agrarian China 1938, Buck 1937, Elvin 1973, Fei 1939, Kößler 1982:39-72, Myers 1970, Rawski 1972, Su, Luo 1978, Tawney 1932; zu Korea: Grajdanzew 1944:84-123, Lee 1936, Park 1969:46-50; zu Java: Boeke 1953, Geertz 1963, Hartmann 1981, Sajoygo P. 1982, Stoler 1977, White 1975
6. Es geht in dieser Skizze also keineswegs um unilineare Ableitungen von einer "asiatischen Bewässerungswirtschaft", sondern um das Aufzeigen von Gemeinsamkeiten in den Sozialstrukturen, die durch Naßfeldreiskulturen geprägt sind, auf Basis von empirischen Studien. Hier kann nicht behandelt werden, inwiefern der nordchinesische Gartenbau (Weizen, Hirse, Sorgum) ähnliche Züge aufweist.
7. Zur Kritik des Bildes der javanischen Landwirtschaft bei Geertz und seinen Ursachen vgl. den Literaturbericht bei White, B. (1983):Agricultural involution and its critics. Twenty years after. In: Bulletin of Concerned Asian Scholars Vol.15, 2, 19-31, der Kernaussagen von Geertz widerlegt. Die Elastizität der Naßreiskultur gegenüber den menschlichen Arbeitsimputs wird durch Shimpo 1976:10-11, Ouchi 1969:162-242 empirisch gestützt.
8. Zu den Grundfragen dieses Verhältnisses vgl. immer noch Chayanov 1968 passim

9. Vgl. z.B. den Bericht von Shimpo über die Kompensation von Wassermangel durch erhöhten Arbeitseinsatz in einem Dorf in Iwate, Japan, durch zusätzliches Pflügen und Glätten des bewässerten Feldes, wodurch die Absorption des Bodens reduziert wird (Puddling). Bis 1952 führten sie dies puddling neun Mal jährlich durch; in besonders trockenen Jahren verkleinerten sie das Feld, indem sie neue provisorische Umrandungen setzten, und führten Bewässerung und puddling zunächst auf diesem kleinen Teil durch, bis sie durch neue Wasserzufuhr auch den Rest bewässern konnten. Vgl. Shimpo 1976:10
10. In diesem Rahmen kann nicht auf die allgemeinen kulturellen und religiösen Einflüsse auf die Arbeitskultur in ihren regionalen Unterschieden und schichtenspezifisch verschiedenen Ausprägungen eingegangen werden. Es kann nur auf die modifizierende Wirkung der großen Philosophie- und Religionssysteme (Konfuzianismus, Taoismus, Buddhismus, Islam) und auf ihre Verschmelzung mit und zum Teil synkretistische Adaption an bäuerliche "Volksreligionen und - kulte" hingewiesen werden. Den Begriff der Arbeitskultur verdanke ich einem Hinweis von R. Kößler. Er scheint mir deutlicher als der des Arbeitsvermögens die kulturelle und soziale Prägung der historisch herausgebildeten Arbeitsfähigkeiten zu betonen.
11. Hier wird der Konfuzianismus nur unter dem Aspekt der Herrschaftslegitimation angesprochen. Die konfuzianische Legitimationskette wirkte auf die bäuerliche Kultur ein, stieß dort aber auch auf andere Kulturzusammenhänge. Die bedeutenden Unterschiede zwischen dem Konfuzianismus im allgemeinen und der Ahnenverehrung über die männliche Linie, sowie in deren jeweiligen Ausprägungen in China, Japan und Korea konnten hier nicht behandelt werden. Takamure stellt in einer sehr materialreichen, sozialgeschichtlichen Darstellung die These auf, daß dies extensive Patriarchat in Japan eine matrifokale Gesellschaft, die Takamure als matriarchalisch bezeichnet, überlagert und umgeformt habe. Vgl. Takamure 1960-3, Lenz 1978 c
12. Vgl. u.a. Gulik 1961 zu taoistischen Eheformen, Yanagida 1848 b zur Geschichte des **yobai** (nächtliches Eindringen), die auf Besuchsehen zurückgehen soll, wobei der eine Partner, meist die Frau, weiter bei den Eltern lebt, sowie Takamure a.a.O., NSMJ:1544 für Japan; in Korea erhielt sich u.a. auf der Insel Cheju eine stärkere Machtposition der Frauen.
13. In Japan bildeten Frauen bis 1910 65% und bis 1935 40% der Industriearbeiterschaft. In Korea machten sie unter der japanischen Kolonialherrschaft ca 30% derselben aus; dieser Anteil blieb mehrere Jahrzehnte konstant, stieg aber im Laufe des starken Industrialisierungsschubes zu Ende der 1960er Jahre in Südkorea deutlich an. Die Situation in Südostasien charakterisiert Boserup als "South East Asian Patterns of high female activity in both village and town "(1970:189).
14. Vgl. Pruitt 1945:38-47, Myrdal 1969 passim, Snow 1969, Agrarian China 1938:80-5, 239-43 zu China; zur Situation der Landfrauen in Indonesien vgl. Sajogyo et.al.1980, Sajogyo 1983, Stoler 1977; zu Japan Vgl. die Ausführungen im dritten und vierten Kapitel und dort zitierte Literatur.

15. Vgl. S. 156 ff; diese androzentrische Bewertung der Arbeitskraft setzte sich in der Industriegesellschaft fort.
16. Wie auch die Ungleichheit im Grundeigentum, das in China, Japan und Java seit Jahrhunderten gestaffelt einzelnen Haushalten zugeschrieben wurde, also eher "privat" war, verweist dies darauf, daß die Dorfgemeinschaft nicht mit Konzepten des "primitiven Kommunismus" oder einer ursprünglichen dörflichen Demokratie gleichzusetzen ist. Es handelt sich vielmehr um Ausgleichsmechanismen in sozial und ökonomisch asymmetrischen Verhältnissen.
17. Vgl. u.a. Embree 1939:112-58, Nakane 1967:133-44
18. Maruyama sah u.a. in dieser Konformität die soziale Grundlage für die "Vermassung ohne Demokratisierung" im japanischen Entwicklungsprozeß; vgl. 1961:45
19. Vgl. u.a. die Beteiligung von Frauen an ländlichen Geheimgesellschaften in China (Chesneaux 1973:21), die Mobilisierung von Landfrauen für die KP China während des Krieges gegen Japan (Schon 1982:100 ff)
20. Vgl. weitere Berichte des Wasserdiebstahls bei Nakane 1967:79, sowie der Angst der Bauern vor Dieben bei Murakami 1977 2.Bd.:267-71
21. Ishida (1970) diskutiert ausführlich das Verhältnis von Harmonie und Konkurrenz in der dörflichen Gesellschaft und die Transformation dieser Beziehungen im Verlauf der kapitalistischen Entwicklung.
22. Angesichts der Tatsache, daß ein Hof in Java mit mehrfachen Ernten sich bei ca 0,7 ha und in Japan mit ca 1ha reproduzieren konnte, wird deutlich, daß Grundbesitzer von 3-5 ha wohl als kleine Pachtherren und die mit mehr als 50 ha als große Pachtherren bezeichnet werden können.
23. Zum assoziativen und autonomen Charakter der japanischen Entwicklung vgl. S.186 ff
24. In Südchina waren in den 1940er Jahren in etwa 30-40% der Bauernwirtschaften Vollpächter und ca 24-38% Halbpächter, während in den späten 1880ern die Zahl der Volleigentümer zwischen 50-70% lag; in Nordchina, das vorwiegend Gebiete ohne Reisanbau umfaßte, lag der Anteil der Pächter niedriger, doch auch hier waren ca 40% der Bauern als Halb- oder Vollpächter in Pachtbeziehungen eingebunden (Vgl. Kößler 1982:42). In Korea lag der Anteil der Pächter 1918 bei 37,7% und der der Halbpächter bei 39,5%; 1932 hatte sich dies auf 53,8%, bzw 25,9 % erweitert (Grajdanzew 1944:107). Zu Japan vgl. die Ausführungen im vierten Kapitel
25. Vgl. Anmerkung 24 sowie zu Japan S.134 und Anmerkung 42, viertes Kapitel
26. Vgl. Ōuchi passim, sowie S.136-146
27. Vgl. ibid. und besonders die Forderung: "Ethisch gesehen ist der Mensch, nämlich der Pächter, wichtiger als die Sache 'Boden' und deswegen geht es zunächst um die Anerkennung des Prinzips, daß er eine angemessene Entlohnung für seine Arbeit bekommen muß." (Ushiyama 1975:90-1) Hier tritt in der "Lohnforderung"eine soziale, selbstempfundene Affinität zu den Lohnarbeitern auf, die in der Geschichte der Pächterbewegung in Japan in der Vorkriegszeit eine große Bedeutung hatte. Ähnliche Forderungen stellte der Katholische Bauernverband im Südkorea der 1970er auf.

Sie zielen m.E. auf den Kern der bäuerlichen Selbstausbeutung, nämlich die extrem langen Arbeitsstunden, deren Entgelt oft nur das physische Existenzminimum ist. Andere Forderungen der Bauern richteten sich eher auf ihre Stärkung als Warenproduzenten.

28. Vgl. dazu die zusammenfassende Diskussion bei Murata, S. (1971): Nihon hōkensei ron. In: Kōza Nihon shi Bd.9, Nihon shigaku ronsō. Hg. Rekishigaku kenkyūkai, Nihonshi kenkyūkai Tokyo, 10.Aufl. 1978:109-49, sowie Hall, John Whitney (1962): Feudalism in Japan - A Reassessment. In: Comparative Studies in Society and History V, 3:15-51. Die meisten Autoren sind mit einigen Modifikationen, z.B. der Bezeichnung "Spätfeudalismus", darin einig, daß der Begriff trotz einiger Unterschiede zum europäischen Feudalismus sinnvoll für die Tokugawazeit verwendet werden kann. So finden sich wesentliche Elemente des Feudalismus nach der Definition von Michael und Kuchenbuth: eine Form des feudalen privaten Grundeigentums, nämlich der Appropriationsanspruch der **daimyō** auf Mehrprodukt in ihrem Territorium, die grundsätzliche Dezentralisierung der feudalen Herrschaft und die abtrakte Synthesis in einem System von Loyalitäten der Gefolgsleute zum **daimyō** und der **daimyō** zum Shogun (es bestand also eine feudale Konkurrenz zwischen Trägern dezentraler Herrschaft, die durch die Gefolgschaftstreue gemildert, aber nicht aufgehoben wurde), schließlich die militärische Legitimation der Herrschaft, die allerdings allmählich durch eine bürokratische und patrimoniale Legitimation ergänzt wurde (Vgl. Kuchenbuth, Michael 1977). Unterschiede zum europäischen Feudalismus bestehen vor allem in der Position der Samurai, die allmählich bürokratische Funktionen anstelle von militärischen für die Verwaltung der **daimyō** übernahmen. Weiterhin hatten sie kein eigenes Lehen, sondern waren von Reisstipendien der **daimyō** abhängig. Ein weiterer Unterschied liegt in der dörflichen Halbautonomie gegenüber dem Feudalherrn in Japan (Vgl. Hall 1962).
29. Am bekanntesten waren die "Schwertjagden" von 1585 und 1588; zu den Kriegerbauern vgl. u.a. Norman 1943:50-1
30. Vgl. zur Agrarverfassung des Mittelalters u.a. Miyagawa, M. (1977): From Shoen to Chigyo: Proprietary Lordship and the Structure of Local Power. In: Japan in the Muromachi Age. Hg. J.W. Hall, Toyoda Takeshi Berkeley, sowie Nagahara Keiji (1977): Village Communities and Daimyō Power. In: ibid:102-124
31. Vgl. u.a. die Teilübersetzungen von Matsudaira Sadanobu's Erlaß von 1788 bei Hanley, Yamamura 1977:89, Takamure 1960-3 1.Bd.:495-514. In diesem Rahmen lassen sich nur einige Aspekte der feudalen Agrarpolitik benennen, die für die Verstärkung der Subsistenzproduktion von oben relevant sind. Die paternalistische Klassenmoral der Feudalherren und das Konzept des "Bundes" (covenant) zwischen Feudalherr und Bauern kann hier nicht erörtert werden (Vgl. dazu u.a. Scheiner 1978).
32. Die "optimistischen" Annahmen Hanley's und Yamamura's, daß der Wohlstand insgesamt erheblich gestiegen sei, sich eine ökonomische betriebswirtschaftliche Rationalität ausgebreitet habe und die ganze Bauernschaft von innovativem Denken geprägt sei, sind durch rel. wenige empirische Belege gestützt. Die hohen Todeszahlen bei Hungersnöten, die Bauernaufstände ge-

gen ländliche Wucherer, Kaufleute, Pachtherren und Dorfnotabeln sprechen eher für soziale Ungleichheit und eine Marginsalisierung der Kleinbauern. bauern. Scheiner bringt zeitgenössische Klagen von Verbänden reicher Bauern über die Unwilligkeit der anderen Dörfler, sich für Verbesserungen einzusetzen (1978:40). Zu Bauernaufständen vgl. immer noch Borton 1938, sowie Aoki 1970. Das Erklärungsmodell von Hanley, Yamamura für die demographische Entwicklung übergeht in seiner Argumentation wichtige Erkenntnisse der peasant studies, z.B. die Bedeutung von Nachkommen als Produzenten. Kinder erscheinen nur als Konsumenten, was als ein Grundmotiv der Geburtenplanung aufgefaßt wird.

33. In NSMJ wird dies als Schätzung von Ono Takeo und Kobayashi referiert, vgl. NSMJ:411

34. Bei der Darstellung der Formen der Grundrente folge ich vor allem Furushima 1978:46-9, sowie Smith 1958. Es ist zu bedenken, daß Reis, die Grundlage der feudalen Abgaben, wohl nicht das Hauptnahrungsmittel der armen Bauern war; vgl. Anmerkung 51 zum vierten Kapitel.

35. Die Arbeitsrente wurde nicht wie in Europa überwiegend für den Anbau des Grundherrenbetriebs gefordert, sondern sie wurde vor allem für die Infrastruktur in Verkehr und Bewässerung geleistet. So wurde ein Dienst der umliegenden Bauern auf der Straße zwischen Edo und Kyoto gefordert, und Arbeitsrente für den Bau von Dämmen und Bewässerungsanlagen, sowie vor allem in der frühen Tokugawazeit für den Bau militärischer Anlagen verlangt.

36. Vgl. dazu u.a. Furushima 1978:243-92, 317-60, sowie die Fallstudie über das Haus Shibusawa, aus dem der Pionier der Textilindustrie Shibusawa Eiichi abstammte, und der Besteuerung eines Dorfes in Kantō bei Chambliss 1965:47-65 und Hanley, Yamamura 1977

37. "Wo nun der Fürst seine politische Macht, also seine nicht domaniale, physischen Zwang gegen die Beherrschten anwendende Herrschaft über extrapatrimoniale Gebiete und Menschen, prinzipiell ebenso organisiert wie die Ausübung seiner Hausgewalt, da sprechen wir von einem patrimonialstaatlichen Gebilde." (Weber 1980:585)

38. Vgl. u.a. die Zusammenfassung bei Gössmann, Elisabeth: Am Anfang war die Frau die Sonne. Die Frau im alten Japan. In: OAG-Reihe Japan modern 1. 1. Bd. Die Frau. Hg. Gebhard Hielscher Berlin:27-30

39. So etwa bestand ein Großteil der bäuerlichen Erhebungen in der Tokugawazeit in der Übergabe einer Bittschrift an den Feudalherrn oder Stellvertreter, in denen in Hungerzeiten um Abgabenminderung gebeten wurde. Oft wurden sie von Dorfnotabeln überreicht, die in manchen Fällen daraufhin selbst zeremoniell Selbstmord begingen oder hingerichtet wurden, weil sie im Bruch mit der Herrschaftsideologie den Feudalherrn auf seine Verantwortung für das Wohlergehen des Volkes angesprochen hatte (Vgl. Borton 1938, Scheiner 1978).

40. Der europäische sozialistische Ausbeutungsbegriff richtet sich demgegenüber auf ein materielles Verhältnis sozialer Ungleichheit; er beschreibt die Aneignung von Mehrarbeit in einem ökonomischen Zwangsverhältnis, zu dessen Aufrechterhaltung die Herrschaft eingesetzt wird.

41. Vgl. zum Komplex der Emotionalität in Herrschaftsbeziehungen Maruyama 1961, sowie die Kritik von Murakami an der Übernahme dieser Wertung der Emotionalität durch die japanische Volkskunde, vor allem Yanagida Kunio (1977 2.Bd.:279-84)
42. Vgl. Ōuchi 1969:1-24, der diese Schichtendifferenzierung bei gleichzeitiger Erhaltung des bäuerlichen Kleinbetriebs als die "spezifische Form der Desintegration der Bauernschaft in Japan" einstuft
43. Ich habe **jinushi** mit Pachtherr widergegeben, um das umfassende soziale und ökonomische Abhängigkeitsverhältnis zwischen Pächter und Pachtherrn zu erfassen, dem der eher wirtschaftsrechtliche Begriff "Grundbesitzer" nicht gerecht wird. "Großgrundbesitzer" könnte angesichts der für europäische Verhältnisse kleinen Besitzgrößen verwirren. Den Begriff "Grundherr" habe ich wegen der Assoziationen an die mittelalterliche und frühneuzeitliche europäische Grundherrschaft, mit ihrer grundherrlichen Gerichtsbarkeit und den Forderungen des Grundherren auf Natural- und Arbeitsrente vermieden.
44. Vgl. Smith 1977, Hanley, Yamamura 1977
45. Vgl. ibid:237-44, Smith 1977:63-4, 82-5. In diesem Zusammenhang sei kurz auf die verschiedenen Berichte über die Aussetzung von Alten, vor allem alten Frauen, zur Entlastung der Hauswirtschaft während der Tokugawazeit hingewiesen (obasuteyama). Die Kind- und Altentötung zeigen die Härte in der Familienplanung; sie entsprachen aber wohl dem zeitgenössischen Bewußtsein. Das Verhältnis der Zahl der Abtreibungen und Kindstötungen zu der der überlebenden Kinder ist nicht bekannt; es war wohl recht hoch.
46. Die beiden letzten Zahlen beruhen auf dem Zensus und sind nicht verläßlich, da die Gruppe der Samurai nicht eingeschlossen wurde und zwischen der Zensus-Zahl von 1846 und der nächsten von 1872 in Höhe von 33 Millionen eine Umstimmigkeit besteht (Vgl. Hanley, Yamamura 1977:35-50).
47. Vgl. Täuber 1958:41, 70, und S. 127-128 . Hanley, Yamamura schlußfolgern durch eine Ausschaltung anderer Faktoren, z.B. der die Bevölkerungsentwicklung nicht grundlegend prägenden Naturkatastrophen, daß die haushaltliche Geburtenplanung die wichtigste Ursache für das langsame Bevölkerungswachstum war (1977:182-3).
48. Der folgende Abriß stützt sich vor allem auf Furushima 1956, 1978, NSMJ, Smith 1952, 1959
49. "The tendency of family size and organization to follow labour requirements is still noticeable, especially in Tōhoku, where it is reduced to an aphorism used as advice to the man short of labour - namely '**Uma ka, yome ka**' which means, get either a horse or a bride." (Smith 1959:7) Vgl. auch Nakane 1967 passim
50. Vgl. demgegenüber die brüchige Struktur von Klientelverhältnissen in lateinamerikanischen Bauerngesellschaften, die vor allem auf dem Schutz und zusätzlichen Zuwendungen (fringe benefits) der Patrone aufbauten (Vgl. Wolf 1966:87).
51. In Japan beteiligten sich Männer und Frauen an Sparverbänden, während in Indonesien eher Frauen führend sind (Mitteilung von Birgit Kerstan, Jutta

Bernighausen). Vgl. Embree 1939:137-153, NSMJ:356-360
52. Noch 1952 wurde ein solcher Abbruch über einen Haushalt verhängt, weil die Tochter die Presse über einen dorfinternen Korruptionsfall aufgeklärt hatte (Ishida 1970:19-21). Dieser Abbruch wurde als **mura hachibu**, d.h. der Auschluß von acht der zehn grundlegenden sozialen Beziehungen in der Dorfgemeinschaft, bezeichnet: dem betreffenden Haushalt wurde nur noch bei Beerdigungen und Feuersnot geholfen (Vgl. NSMJ:1442-5).
53. Die drei folgenden Zahlungsweisen für die Pacht und die feudalen Grundrente durch den Pächter waren am verbreitetsten:
1. getrennte Zahlung durch den Pächter: der Pächter zahlte der **han** Verwaltung die feudale Grundrente über die dörflichen Amtsträger, gab diesen die Dorfsteuern und dem Pachtherrn den Pachtreis.
2. Zahlung an die dörflichen Amtsträger: diese erhielten Pacht, Dorfsteuer und feudale Grundrente in einer Summe und teilten diese selbst in ihre Bestandteile auf; diese Form war am verbreitetsten.
3. Zahlung an die Pachtherrn: diese erhielten die Gesamtsumme, teilten sie ihrerseits auf und reichten Grundrente und Dorfsteuer weiter (Vgl. NSMJ:410).
54. Dies ist die Schätzung von Ono Takeo und Kobayashi (Vgl. NSMJ:409-10). Nakamura schätzt die Höhe der feudalen Grundrente zu Ende der Tokugawazeit auf ca 20-30 % der Ernte und den beim Pächter verbleibenden Anteil auf 50% (1966:162-5).
55. Die **han** Verwaltungen hatten mit ihrer Innovations- und Umverteilungspolitik auch ökonomische Funktionen; jedoch stand die politische Herrschaft und nicht diese ökonomische Funktion im Zentrum des Appropriationszusammenhangs.
56. Bis in die Meijizeit hatte ein beträchtlicher Teil der ländlichen Unterschicht keinen Zugang zu Zugvieh und bereitete die Felder mit der Hacke zum Anbau vor. In manchen Fällen hatten Dörfer in den Ebenen Austauscharrangements mit Bergdörfern, nach denen das Zugvieh im Winter im Bergdorf blieb, wo seine Zugkraft und sein Dung genutzt werden durften, und ab dem Frühjahr während des Anbaus in der Ebene eingesetzt und dort mit auf dem Gemeindeland geschnittenen Gras gefüttert wurde. Bereits um 1750 wurde die Verwendung von kommerziellem Fisch- und Soyadünger neben dem Gründünger in vielen Regionen üblich, ohne daß die Gründüngung völlig ersetzt wurde (Vgl. Furushima 1978:74, NSMJ:42). Dore führt den Zugang zu dem Wald des Pachtherrn, um Dünger zu schneiden, auch noch für die 1930er Jahre als Ursache von Abhängigkeit an (1978:48).
57. Erhöhte Einkommen aufgrund von verstärktem Arbeitseinsatz verblieben aufgrund der Teilungsregeln anteilig bei den Pächtern. Die "Optimisten" sehen in diesem Verhältnis eine Ursache für Produktivitätssteigerungen und einen wachsenden Lebensstandard. Doch war die absolute Höhe dieser Einkommenszuwächse zumindest bis zur Verallgemeinerung des Kunstdüngers bis ca 1920 rel. gering. Das obige Wort des "bare living" als Entgelt der Landarbeit ist vermutlich zutreffender für die breite Masse der Pächter. Explizit bezeichnen sich Hanley, Yamamura als "Optimisten"; Waswo argumen-

tiert ähnlich. Wesentlich differenzierter stellt Smith 1959 die progessiven Tendenzen des Pachtsystems dar.
58. In dieser Strukturdarstellung kann die Vielfalt der ökonomischen, sozialen und kulturellen Formen nicht wiedergegeben werden. Wegen der landschaftlichen Variation und der Regionaltraditionen können sich natürliche und soziale Verhältnisse von Dorf zu Dorf unterscheiden. Auch in der groben Typologie von Reisdörfern, Bergdörfern und Fischerdörfern gibt es sehr viele Untertypen. Häufig hat z.B. eine günstig gelegene Siedlung in einer spät entwickelten Region eine ähnliche Struktur wie ein Dorf im früh entwickelten Kinai Gebiet.
59. Dies sind ca 18 ar oder 1/5 ha! Im allgemeinen wird der minimale Bodenumfang, der zur betrieblichen Reproduktion notwendig ist, bei ca 1 **chō** angesetzt. In Regionen, in denen Mehrfachernten möglich waren, konnte sie darunter liegen, in den nördlichen Schneefallgebieten mußte sie größer sein. Tōbata stellte folgende Typen von Besitzgrößen auf: je nach Lage und anderen natürlichen Voraussetzungen reichte ein Hof von 0,5-1,5 **chō** für die Arbeitskräfte einer Hauswirtschaft aus. Größere Betriebe mit ca 3-5 **chō** arbeiteten entweder mit Gesinde oder verpachteten Land. Die im Dorf ansässigen Pachtherren, die noch voll in die Dorfgemeinschaft integriert waren, hatten im allgemeinen etwa 3 **chō** Land. Ein Pachtbesitz von 50 **chō** oder mehr ist für japanische Verhältnisse außerordentlich groß (Tōbata 1947:24 ff, 75 ff).
60. Beispiele für die Herausbildung dieser "Riesenpachtherren" aus ländlichem Kaufmannskapital sind das Haus Ichijima und das Haus Itō in Niigata. Das Haus Ichijima in der Kambara Ebene betrieb um 1750 eine Apotheke und übernahm einen Teil der Reisvermarktung für die **han** Verwaltung. Durch Geldverleih zu Wucherzins und durch Neulanderschließung akkumulierte es Land; 1867 hatte es mehr als 800 **chō**. Das Haus Itō leitete sich von einer Pfandleihe und Reishandel um 1750 her. Zu Beginn der Meijizeit hatte es 87,9 **chō** und erwarb in der Folge, vor allem in der Matsukata Deflation 1881-5 infolge des Verfalls der Agrarpreise rasch umfangreichen Bodenbesitz. 1982 hatte es 455 **chō** und 1924 1 345 **chō** (Vgl. Ōuchi 1969:110).
61. Vgl. die Fallstudie eines Dorfes in Gifu von 1773-1869, nach der 48% der Männer und 62 % der Frauen zeitweilig auf Arbeitsmigration gingen. Mark Fruin stellte in einer Studie über "Labour Migration in Nineteenth Century Japan. A Study of Echizen Han. PHD Stanford 1973 fest: "Women in rural areas left home almost as commonly as men though they travelled shorter distances." (160-1, zitiert nach Smith 1977:153)
62. Vgl. Fußnote 7., viertes Kapitel
63. Vgl. vor allem Murakami 1977 2.Bd.:250-460, Segawa 1972 und die Einträge zu **kazoku seido, konin, yobai** in NSMJ
64. Dies ist nicht mit der weithin gebräuchlichen Adoption des Schwiegersohns und Mannes der ältesten Tochter beim Fehlen eines männlichen Erben zu verwechseln, was eher eine Gegenmaßnahme beim Versagen der patrilinearen Erbfolge darstellt und diese nicht transzendiert. Vielmehr handelt es sich um Formen, bei denen die junge Frau bei ihren Eltern

lebt und der Mann entweder dort hinzuzieht oder nachts dort verkehrt; oft geschieht dies nur eine befristete Zeit bis zur Übersiedlung beider zu den Eltern des Mannes; dennoch bedeutet dies einen sozialen Schutz für die Frau während der ersten Ehezeit, da sie ihre bisherigen Beziehungen zunächst behalten kann. Vgl. dazu NSMJ:1544

65. Thailändische und philippinische Frauen, die u.a. durch Heiratsinstitute gegen hohe Vermittlungsgebühren als Ehefrau angeboten werden oder als Anreiz für männliche Touristen dienen, dürften die neueste Version des Miss Butterfly Mythos darstellen. Die große persönliche und ökonomische Selbständigkeit dieser Frauen zeigt, daß das Klischee nicht der Wirklichkeit sondern eher Kompensationsbedürfnissen der westlich-patriarchalischen Kultur entspricht. Vgl. dazu Lenz 1978 b, sowie die Diplomarbeit von S. Lipka zu Prostitutionstourismus und Heiratsmarkt mit asiatischen Frauen Universität Münster FB 22 1984

66. Vgl. Ōsugi Sakae Zenshū (1926). Hg. Matsumoto Tomio Tokyo 2.Aufl. 1964 10.Bd. Anhang:4. Itō Noe (1895-1923) war eine bekannte japanische Anarchistin.

Anmerkungen zum vierten Kapitel

1. Nakamura setzt die Grundsteuer nach der Senkung von 1877 für den Zeitraum von 1878-1917 auf 8-9% der Ernteerträge an und schätzt, daß sie wesentlich unter der Bodensteuer der späten Tokugawazeit in Höhe von 20-30% der Ernte gelegen habe. Er nahm an, daß die Bauern in der ausgehenden Tokugawazeit und der frühen Meijizeit gegenüber dem Fiskus niedrigere Ernten als die realen Erträge angegeben hatten, um die Steuerlast zu senken und widerlegte damit die von Ohkawa und Rosovsky aufgestellten spektakulären landwirtschaftlichen Wachstumsraten. Chambliss gibt im Gegensatz dazu bei einer Dorfstudie zu Ende der Tokugawazeit eine Grundrente bei ca 29% der Erträge und eine nach 1873 steigende Steuerlast auf dem Dorf an (1965:99). Nakamuras Kritik an Ohkawas Schätzungen wurde weithin anerkannt, jedoch wurden seine Schätzungen wiederum als zu niedrig angesehen. Vgl. neuere kurze Diskussionen der Debatte bei Halliday 1975: 324, Anmerkung 173, sowie bei Tsuchiya, Keizo (1976): Productivity and Technological Progress in Japanese Agriculture. Tokyo:41-2, der auf die überwiegend positive Rezeption Nakamuras in Japan hinweist.
2. Hallidays Wertung der Bodenreform in Anlehnung an Norman 1940 als Klassenkompromiß zwischen der Führungsschicht der Samurai und den Pachtherrn, der zur Erhaltung feudaler Verhältnisse in der Landwirtschaft führte, scheint mir fraglich (Vgl. Halliday 1975:45-6). Das Pachtsystem war nicht durch feudalen Zwang, sondern durch ökonomische Ursachen konstituiert, nämlich überwiegend durch die Eigentumslosigkeit der Pächter, die nur gegen eine hohe Naturalpacht Zugang zu Boden bekommen konnten (zu ande-

ren Ursachen wie z.B. wechselseitige Verpachtung angesichts einer hohen Bodenzersplitterung, so daß es für einen Bauern bequemer sein konnte, ein fernes Grundstück zu verpachten und ein nahe gelegenes hinzuzupachten, vgl. Tōbata 1947). Wie in China (vgl. Kößler 1982:186) finden wir in den japanischen Pachtkämpfen das eigentümliche Verhältnis, daß die Pächter um eine Art "Schollenbindung", also langfristige Pachtverträge kämpfen, während die Pachtherren eine ungebundene private Verfügung über ihr Land anstrebten, um die Konkurrenz der Pächter untereinander zu nutzen (Vgl. NNUS:119-26).

3. Das kurzfristige Ziel der Regierung lag allerdings in der Deckung der aktuellen Ausgaben und der Finanzierung der Kompensation der **daimyō** und Samurai. Neben den zentralstaatlichen Steuern bestanden noch separate Regionalsteuern.

4. 1900 wurde die Steuerqualifikation auf 10 yen, 1919 auf 3 yen gesenkt, womit viele selbstanbauende Kleinbauern das Wahlrecht erhielten. 1925 wurde das Gesetz zum allgemeinen Männerwahlrecht verabschiedet und in den Parlamentswahlen 1928 praktiziert (Vgl. Ike 1957:189).

5. Hier können nur einige Strukturen umrissen werden; leider kann der sich ändernde soziale Diskurs zur Stellung der Frau und die Entwicklung der Frauenbewegung nicht behandelt werden; vgl. dazu Maruoka 1975, Morosawa 1970, Murakami 1977, Takamure 1960-3 2.Bd.. Eine gute Einführung ist Neuß 1980; die Anfänge der Emanzipationsbewegung zeigt dies. in ihrer Studie über die "Blaustrümpfe", die erste Frauenbefreiungsgruppe im engeren Sinne auf (Neuß 1971). Einen Zugang zur Emanzipationsproblematik um 1920 bietet auch Itō Noe 1978.

6. Ein Zeitungsbericht gab als Begründung wieder, daß Frauen sich in Kleidung und Haartracht selbstverständlich von Männern unterscheiden sollten und sich deswegen wie zuvor verhalten sollten (Vgl. Takamure 1960-3 2.Bd.:67).

7. "A Peruvian vessel, the Maria Luz, engaged in transporting kidnapped Chinese coolies to South America had docked for repairs in Yokohama. Some of the coolies asked the Japanese authorities for help. The Japanese complied and condemned the Peruvians for running what was in effect a slave trade. The Peruvians countered by pointing out that slavery, in the form of girls sold to brothels, was practised in Japan, too. This forced the Japanese government to ban the buying and selling of girls and women, but it did not prohibit 'voluntary' service in brothels." (Hane 1982:208). Vgl. ibid.:209-227 zur Prostitution und zum Verkauf japanischer Frauen in Bordelle nach Ostasien, sowie Kindai minshu no kiroku 3.Bd. Shōfu (1971). Hg. Tanigawa Kenichi Tokyo. Trotz des offiziellen Verbots besteht die Prostitution gegenwärtig fort, vor allem in den türkischen Bädern. Außerdem hat sich u.a. im Zusammenhang mit Firmenreisen eine Internationalisierung des Geschäfts, ein schwunghafter Prostitutionstourismus nach Südostasien und Südkorea,entwickelt. Vgl. u.a. Asian Women Liberation 3, Prostitution tourism, Tokyo 1980, Lenz 1978 b

8. Vgl. die Darstellung des Schulsystems, sowie der Sozialisationseffekte

der verschiedenen politischen Bewegungen und der konservativen und fortschrittlichen Frauenverbände auf die Frauen bei Chino Yōichi (1979): Kindai Nihon fujin kyōikushi Tokyo
9. Vgl. S.247 ff
10. Vgl. Anmerkung 4
11. Vgl. dazu S.256 ff
12. Kishida Toshiko (1864-1901), Tochter von Kaufleuten in Kyoto, wurde mit 17 Jahren als Palastdame im Kaiserpalast angestellt, schloß sich danach 1882 als Rednerin der Bewegung für Freiheit und Volksrechte an, veranstaltete Frauenabende und gründete Frauen-Untergruppen dieser Bewegung. Sie heiratete den späteren ersten Präsidenten des ersten Unterhauses, schrieb aber auch nach der Eheschließung weiter und starb früh mit 35 Jahren. Ihre Artikelserie "An meine Mitschwestern" (Dōbō shimai ni tsugu) sprach viele Frauen für die demokratische Bewegung an. Vgl. Maruoka 1975:36,52, NKGSJ, sowie Itoya Toshio (1975): Josei kaihō no senkutachi. Tokyo. Die Teilnahme dieser jungen Frauen an den frühen Oppositionsbewegungen zeigt, daß der Ausschluß der Frauen aus der Politik keine selbstverständliche Tradition war, sondern daß die Regierung ihn nach einer Umbruchphase durchsetzen mußte.
13. Kageyama Hideko, später Fukuda Hideko (1867-1927), eine der wichtigsten Politikerinnen der Meijizeit, die politische und persönliche Veränderung zusammen versuchte. Als dritte Tochter einer Samurai-Familie in Okayama geboren; gründete mit ihrer Mutter eine private Mädchenschule, um als Frau ökonomische Unabhängigkeit zu erreichen. Engagierte sich gleichzeitig in der Bewegung für Freiheit und Volksrechte und gründete anläßlich eines Vortrags von Kishida Toshiko einen Okayama Frauengesprächskreis (Okayama joshi kondankai). Wegen ihrer politischen Aktivitäten wurde ihre Schule geschlossen; sie nahm mit Ōi Kentarō und anderen Mitgliedern des linken Flügels der Jiyūtō an einem mißglückten Versuch einer Intervention nach Korea teil und wurde verhaftet ("Osaka-Zwischenfall" 1885); heiratete nach der Haft Ōi und hatte ein Kind mit ihm, verließ ihn aber mit dem Kind nach einem Ehebruch Ōis. Heiratete darauf den sozial engagierten, in Chicago ausgebildeten Fukuda und hatte drei Söhne mit ihm. Nach seinem Tod arbeitete sie als Lehrerin; hatte Kontakt mit der frühsozialistischen Gesellschaft heiminsha und orientierte sich dann auf eine sozialistische Perspektive der Frauenbefreiung. Veröffentlichte 1904 ihre Biographie in Romanform "Mein halbes Leben" (Warawa no hanshōgai) und 1907 die erste sozialistische Frauenzeitschrift Sekai fujin, die über die internationale Frauenbewegung, Widerstand gegen das Familiensystem und freie Liebe und Ehe berichtete. Sie initiierte eine Petition zur Änderung des §5 des Polizeigesetzes für den öffentlichen Frieden, um Frauen politische Aktivität zu ermöglichen. Mit Tanaka Shōzō beteiligte sie sich an der Protestbewegung gegen die Umweltverschmutzung in Ashio durch das Furukawa-Kupferbergwerk. Vgl. NKGSJ, Murata Suguru (1959): Fukuda Hideko.
14. Tomii Oto forderte mit achtzehn Jahren gleiche Bildung für Mann und Frau. Sie unterrichtete an der Meiji Mädchenoberschule in Tokyo und starb mit

zwanzig Jahren (Vgl. Maruoka 1975:37-8)
15. Kususe Kita (1833-1920) war wegen ihres Engagement für die Bewegung der Freiheit und Volksrechte als "Volksrechts-Oma" (minken no baasan) bekannt; sie nahm an den Aktitäten der risshisha in Kōchi teil (ibid:34-5).
16. Laut Takamure konnten Frauen nur in völligen Ausnahmesituationen Haushaltsvorstand werden, nämlich als Witwe, wenn es keine männlichen Nachkommen des Mannes gab und dieser keinen anderen Nachfolger testamentarisch eingesetzt hatte (1960-3 2.Bd.:124-32). Bei einer Eheschließung brauchte ein Sohn bis zum 30. Lebensjahr, eine Tochter bis zum 20. Lebensjahr die Zustimmung des Haushaltsvorstands (Neuß 1980:46).
17. Vgl. zum Hintergrund Minear, Richard (1977): Japanese Tradition and Western Law. Emperor State and Law in the thought of Hozumi Yatsuka. Cambridge
18. Vgl. Takamure 1960-3 1.Bd.:390. Takamures in vielem provokative Erforschung einer matriarchalischen Grundlage der japanischen Geschichte und Kultur wurde weniger umstritten als durch den Großteil der Historiker und Volkskundler ignoriert. Eine sehr positive Würdigung gab Ienaga Saburō. Die Untersuchung von Mc Cullough (1967): Japanese Marriage Institutions in the Heian Period. In: Harvard Journal of Asiatic Studies bestätigte im wesentlichen ihre Annahme eines matrilokalen Heiratssystems bis etwa zum 11.Jh. Zu Leben und Denken Takamure's vgl. Kōno Masanao; Horiba Kyōko (1977): Takamure Itsue. Tokyo, Kōno Nobuko (1977): Hi no kuni no onna. Tokyo, Murakami, Nobuhiko (1977): Takamure to Yanagida Kunio. Tokyo, sowie die kurze Darstellung bei Lenz 1978 c
19. Haushaltsvorstände nach Stand und Geschlecht:

Jahr	Hochadel		Adel		Volk (heimin)	
	weibl.	männl.	weibl.	männl.	weibl.	männl.
1882	10	477	14 135	411 746	320 566	6 928 102
(%)	(2,1)	(97,9)	(3,5)	(96,6)	(4,6)	(95,4)
1891/2	2	596	24 010	406 363	510 640	7 318 596
(%)	(0,3)	(99,7)	(5,9)	(94,1)	(7,0)	(93,0)
1899	0	784	38 140	400 942	690 873	7 778 996
(%)		(100)	(9,5)	(90,5)	(8,9)	(91,1)

Quelle: NTTN 3 (1884):42-44; NTTN 12 (1893):43; NTTN 23 (1904):51
Nach 1904 führen die japanischen statistischen Jahrbücher keine Angaben mehr über die Zahl der weiblichen Haushaltsvorstände auf.
Wir haben Angaben über weibliche Haushaltsvorstände unter dem Volk 1882 in den Großstädten: in Tokyo lag ihr Anteil bei 11,7%, in Osaka bei 11,2% und in Kyoto bei 9,9% (Vgl. NTTN 3 a.a.O.).
20. Vgl. die faszinierende Überschau über diesen Homogenisierungsprozeß bei Worm 1981:62-70, Halliday 1975:31-42, 62-73. Es steht zu überlegen, ob die Intensität dieser ideologischen Volkserziehung nicht gerade auf die innere Schwäche des Zentralstaats zurückzuführen sein könnte. Vielleicht konnten nur so die zersplitterten Lokalkulturen überformt und die noch

starken Zusammenhänge der Dorfgemeinschaft aufgebrochen und in fragmentierter Form dem Meijistaat eingegliedert werden. Die Intensität einer Indoktrinierung ist nicht mit ihrer Effektivität gleichzusetzen.
21. entfällt
22. Vgl. autobiographische Berichte in Josei to tennōsei, Nōson no haha 1973
23. z.B. steckt der Mann seine Hand unauffällig in den Ärmel seiner Gefährtin; vgl. Richie, Donald; Itō, Kenkichi (1967): The Erotic Gods. Phallicism in Japan. Danjozō.
24. Vgl. Yamamoto, Yoshikoshi; Itami, Banri (1917): Ama rōdōmondai no kenkyū. Kyoto:100-102
25. Ein weiteres mögliches Beispiel wäre die zunehmende Restriktivität der Sexualmoral in der VR China.
26. Vgl. Täuber 1958:49. Die Statistiken ermöglichen ab 1903, die Wanderungen zwischen den Präfekturen zu verfolgen (ibid:47).
27. Während dieser Zusammenhang also weithin anerkannt ist, wurde dies im wesentlichen als ein Austauschverhältnis von "Landfamilien" und der Industrie betrachtet; die Frage der dadurch erwachsenden Arbeitslast für die Bäuerinnen und der begleitenden körperlichen Belastungen bleibt völlig ausgespart.
28. Vgl. hierzu Dore 1959, Ogura 1967, Tsuzuki 1966:38, sowie Nakamura's Diskussion der Bedeutung von Kunstdünger und von Saatgutverbesserungen in ders.:1966:82-7
29. Zu den Bodenverbesserungsmaßnahmen vgl. Nakamura 1966:197-218. Ushiyama betont in seiner Regionalstudie von Niigata die führende Rolle der Pachtherren bei den Bewässerungsbauten. Um 1909 stieg durch das zweite staatliche Bauvorhaben am Shinanofluß die Reisernte pro **tan** von 1,374 **koku** auf 1,779 **koku**. Da zugleich die bisherigen Pachtminderungen wegen Überschwemmungen entfielen, eigneten sich die Pachtherrn 70% des Zuwachses an (Vg. Ushiyama 1975:71 ff).
30. Vgl. Ogura 1967:23 und zur Rolle der Bodensteuer in den Staatsfinanzen Nakamura 1966. Die indirekten Steuern auf Soyasauce und andere Konsumgüter, sowie die Staatsmonopole auf Tabak und Sake waren ebenfalls von Bedeutung bei diesem Werttransfer. Zur führenden Rolle des Staates in der frühen Industrialisierung vgl. immer noch die klassische Studie von Smith, Thomas (1955): Political Change and Industrial Development in Japan Government Enterprise 1868-1890. Stanford
31. Zum Umfang des Werttransfers und zur Qualität der Verbindungen zwischen Pachtherren, Banken und Industrie vgl. die Detailstudie von Nagahara 1972, sowie Nakamura 1966:155-169, Ushiyama 1975:73 ff
32. Vgl. dazu S.236
33. In der europäisch-sprachigen Literatur stehen Edlinger und zum Teil Halliday den kōza Thesen nahe. Vgl. außerdem S.233-5
34. Eine weiterhin relevante Kritik der statistischen Quellen und der Begriffe der frühen Agrarforschung gibt Tōbata 1947:10-18, 83-102. Ōuchi 1969:39ff diskutiert die Quellen zur Schichtendifferenzierung in der Meijizeit. In Nōgyō keizai ruinen tōkei 1.Bd. Nōka keizai chōsa:7-40 be-

findet sich eine Zusammenfassung der Methodik, Struktur und des Inhalts der ländlichen Haushaltsstatistiken in ihrer historischen Entwicklung.
35. Tōbata rechnet zu dieser Gruppe die Pachtherrn mit mehr als 3 chō Land; 1928 zählten sie ca 280 000 Haushalte. Sie entspricht dem gängigen Pachtherrnbild, d.h. Grundbesitzer mit ökonomischer Herrschaft über eine Reihe von Pächtern, die ihnen ca 30-50% der Erträge abliefern mußten, und mit starken Verflechtungen zu Banken und zum Industriekapital (1947:29). Nakamura setzt jedoch die grenze bei 30-50 chō an (1976:29). Daran wird die Unterschiedlichkeit der Pachtherren-Beurteilung in der japanischen Diskussion deutlich.
36. Für diese Gruppe trifft das obige Bild des "Großgrundbesitzers" nicht zu. Häufig haben ihre Angehörigen Positionen als Lehrer, Dorfbeamte, Kaufleute oder Besitzer eines Heimbetriebs oder einer Manufaktur; sie investieren kaum im industriekapitalistischen Sektor. 1929 umfaßten sie ca 710 000 Haushalte, waren also wesentlich stärker vertreten als die obige Gruppe der Pachtherren und waren meist noch im Dorf präsent (Tōbata 1947:29).
37. Nach 1942 wird bei dieser Gruppe in der Agrarstatistik je nach dem Anteil des Pachtlandes an der Betriebsfläche nach "Kleinbauern mit Pachtland" oder "Halbpächter" unterschieden.
38. So etwa sagt die Tatsache, daß 1908 45,5% des Bodens Pachtland war, noch nichts über die durchschnittliche Betriebsfläche der Pächterhöfe und damit über ihre Überlebensfähigkeit aus (Vgl. Tabelle 1). Ein Zugang dazu ergibt sich erst aus betriebsspezifischen Daten (Vgl.Ōuchi 1969:33-46).
39. Tōbata stellte in einer Kritik der Abstraktheit der Agrarstatistik fest, daß die Landwirtschaft bisher wie durch ein Fernrohr aus der Makroperspektive betrachtet worden sei, während die Differenzierungen erst aus der Sicht unter dem Mikroskop wirklich hervorgingen (1947:75-6).
40. Waswos Schätzung für 1883 von 22% Pächtern, 39% Halbpächtern, 39% selbständigen Bauern und einem Pachtlandanteil von 37% weicht leicht davon ab; vgl. Waswo 1969:53, Ōuchi 1969:39,137.
41. Vgl. ibid:38; die untersuchten Präfekturen waren nur zum Teil identisch.
42. Präfekturen mit mehr als 50% Pachtland bei Naßfeldern (in%):

Präfektur	Anteil d. Pachtl. 1908	1925	Präfektur	Anteil d.Pachtlands 1908	1925
Akita	54,26	58,34	Gifu	55,52	53,08
Yamagata	-	51,24	Osaka	64,86	66,25
Niigata	56,68	59,71	Hyōgo	54,59	57,39
Tōyama	57,57	55,16	Nara	51,23	56,16
Tokyo	54,88	53,18	Tottori	66,23	60,75
Chiba	50,10	51,47	Shimane	56,60	57,27
Ibaraki	53,80	-	Okayama	-	50,13
Saitama	-	52,91	Tokushima	52,03	51,06
Kanagawa	-	51,09	Kagawa	68,88	70,25
Aiichi	50,28	-	Ehime	56,14	57,04
Shizuoka	55,84	52,63	Fukuoka	56,21	53,68
Yamanashi	68,87	67,88	Kumamoto	-	53,04

Quelle: Nōji tōkeihyō 1919:19-29, 1925:2-3
Der Anteil von Pachtland bei Reis lag über dem bei Trockenfeldern und er war schon rel. früh so hoch angestiegen.
43. Vgl. Ōuchi 1969:130, Nagahara 1972 passim, Nakamura 1976:76 ff, Waswo 1969:90 ff für den Zeitraum von 1880-90
44. Finanzminister Matsukata betrieb 1881-6 eine starke Deflationspolitik, um die durch die Samurai-Abfindungen und andere Ursachen zerrütteten Staatsfinanzen zu sanieren. Wichtige Maßnahmen waren die Gründung der Bank of Japan 1882, die Einführung des Silberstandards 1885, Steuererhöhungen und die Kontrolle des Geldvolumens. Diese Politik verursachte eine Krise für die kleinbäuerliche Landwirtschaft, die aufgrund der Preiserhöhungen in den Jahren zuvor die Marktproduktion ausgeweitet hatte. Diese Krise wurde verschärft durch die Einführung der Eisenbahn, die teilweise die Poststraßen mit ihren zahlreichen Beschäftigungsmöglichkeiten für die umliegenden Bauern ablöste (Vgl. NKGSJ:620, Nakamura 1976:56-9).
45. Vgl. Nagahara 1972:475. Die Kredite hatten Laufzeiten von 4-6 Monaten;bei Fristüberschreitungen wurden sie häufig nicht gekündigt, sondern der Zinsfuß um ein Prozent pro Monat erhöht.
46. Waswo 1969:90 schätzt 8%, Nakamura 1976:59 nennt 16%.
47. Laut Nagahara waren um 1882 die Kleinbauern, die die Basis des Wuchergeschäftes darstellten, bereits so stark von der Krise getroffen, daß der Wucher insgesamt zurückging. Wichtige Formen der Bodenakkumulation waren danach Pfändung und Kauf (1972:475).
48. Vgl. die ausführliche Darstellung bei Nagahara 1972:576 ff
49. Die Veränderungen in den Pachtbesitzverhältnissen zwischen 1935 und 1939 waren nicht bedeutend und können in diesem Rahmen vernachlässigt werden.
50. M.W. entstammte das Saatgut überwiegend der Eigenproduktion und wurde dann durch den Salzwassertest ausgelesen.
51. Reis scheint sich erst während der Meijizeit als Hauptnahrungsmittel für alle Klassen durchgesetzt zu haben. Zuvor hatten die Bauern den Reis überwiegend als feudale Grundrente abgeliefert und selbst andere Getreide, Rüben und Kastanien gegessen. Nicht nur Pächter waren in ihrem Reiskonsum bis zur Mitte des 20.Jh eingeschränkt. In manchen Bergdörfern wurde "weißer", d.h. unvermischter Reis nur zu Neujahr oder zum Bonfest gegessen (Vgl. NSMJ:441). In einer Umfrage nach den dörflichen Vergnügungen in einem armen Dorf im Nordosten führten die Bauern neun Formen der Unterhaltung auf: zwei davon lauteten 1. zum Bonfest "roten Reis" essen 2. zum Neujahrsfest "weißen Reis" essen. An anderen Tagen mischten 113 der 134 Haushalte dort den Reis mit einer Hirsesorte, und 11 andere aßen Mischungen aus Kastanien, Reis oder Gerste (Vgl. Maruoka 1937:49,71). Nach einigen Berichten bezeichneten die Arbeiterinnen in der Textilindustrie die sehr einfache Kost in der Fabrik als ausgezeichnet, weil es dort jeden Tag unvermischten Reis gab (Interview mit Ichikawa Fusae und Maruoka Hideko März 1979, vgl. auch Maruoka 1937:47-52).
52. Die unterschiedlichen Pachtformen der Meiji- und Taishōzeit können hier nicht behandelt werden; vgl. dazu u.a. Waswo 1969:23-27.

53. Vgl. dazu die Untersuchung der Haushaltsbudgets S. 173-183
54. Vgl. dazu Dore 1959, Nakamura 1976:65-75, Nagahara 1972
55. Leider wird in den Quellen kaum aufgezeigt, wie die Pächter selbst auf diese hierarchische Integrationsideologie reagierten. Wichtig erscheint mir die starke Betonung "psychischer Redistribution", hinter der die materiellen Komponenten zurückstanden. Zu den Ursachen dieser Lücke in den Quellen s. auch Waswo 1977:8
56. Sie haben sich in der kapitalistischen Arbeitsorganisation der Gegenwart fortgesetzt.
57. Die Dividenden-Einnahmen aus Aktienkapital betrugen z.B. beim Haus Ichijima (vgl. Anmerkung 60, drittes Kapitel) in Niigata 1901 nur 2 000 Yen, 1906 bereits 6 000 Yen, 1907 10 000 Yen, 1911 24 000 Yen und 1914 31 000 Yen. Das Haus Saitō mit mehr als 1 000 **chō** Grundbesitz hatte bis 1903 Aktien im Werte von 18 000 Yen, und erweiterte darauf rasch seinen Aktienbesitz auf 40 000 Yen 1904 und 82 000 Yen 1931. Das Haus Itō (vgl. ibid.), das ebenfalls über 1 000 **chō** Land besaß, legte zwischen 1898 und 1906 ca 70 000 Yen in Aktien an, vor allem bei Eisenbahngesellschaften (Ushiyama 1975:72-3). Nagahara hat Umfang und Art der Transfers von Pachtherrenkapital zu Banken und Industrien detailliert untersucht (1972).
58. Vgl. u.a. Park 1969:48-72, sowie zum Problem des Reisimports aus den Kolonialgebieten Hayami, Y.; Rutton, V. (1970): Korean Rice, Taiwanese Rice and Japanese Colonialism. In: The Quarterly Journal of Economics, Cambridge, Mass.Vol.84, 337:562-89. Dies Überwiegen "ursprünglicher" Ausbeutungsformen, die vor allem auf der unmittelbaren Ausbeutung menschlicher Arbeitskraft und kaum auf kapitalintensiven Investitionen beruhten, muß bei der Analyse des japanischen Imperialismus mindestens bis 1930 berücksichtigt werden. Er läßt sich weder auf eine Entwicklung zum Finanzkapital noch einen "Kapitalüberschuß" in Japan zurückführen.
59. In bezug auf Ōkōchi's Konzept des expansiven Charakters der primitiven Arbeitsbeziehungen danke ich einem Hinweis von Prof. Ishida.
60. Die Ansätze zu einer Pachtreform ab Mitte der 1920er waren recht ineffektiv.
61. Waswo gab als wesentliche Gründe für die Übersiedlung der absentee landlords in die Städte die niedrigere Regionalsteuer in Stadtgemeinden, die Interessen an städtischen Industrieunternehmen und Banken, sowie den höheren kulturellen Lebensstandard in der Stadt an (1977:81-118).
62. Vgl. Nagahara 1972:545 ff, Waswo 1969:351 ff, Nishida 1976, Dore 1959. Diese Prophezeiung erfüllte sich nicht. Auch in der Landreform von 1946 wurde das Land nicht nationalisiert, sondern u.a. zur sozialen Stabilisierung umverteilt und damit eine rel. feste Klein- und Mittelbauernschicht geschaffen.
63. U.a. wegen des Mangels an Quellen und der Konzentration auf die rel. besser gestellten Schichten in der offiziellen Agrarstatistik wurde diese Unterschicht in der bisherigen Literatur nur wenig behandelt (Ushiyama 1975:21).
64. In einem Interview mit Frau Maruoka März 1979

65. Diese Auszüge von Nōson no haha no rekishi 1973 wurden sinngemäß übertragen von I.L.
66. Dieser Aufruf hat nicht an Aktualität verloren, wenn wir an die Situation der Frauen in Ländern Afrikas, Asiens und Lateinamerikas denken.
67. Diese Haushaltsbücher sind ebensowie die Originalunterlagen der Untersuchungen über bäuerliche Haushaltsbudgets im Archiv des Nōrinkeizaishitsu aufbewahrt. Aufgrund der freundlichen Genehmigung von Prof. Araki. dem ich an dieser Stelle herzlich dafür danken möchte, wurden sie mir zugänglich.
68. Vgl. Haushaltsbücher von Watanabe Sukeyoshi, Akita, und Yoshikawa Yūkichi, Hyōgo 1913
69. Nōgyō keizai ruinen tōkei 1.Bd.:2-40, sowie mündliche Auskunft von Prof. Araki
70. Vgl. Anmerkung 67
71. Vgl. Maruoka 1937:47-69, sowie die Haushaltsbücher für 1913 im Archiv des Nōrinkeizaishitsu der Kyoto Universität
72. 1930 betrieben 2 200 000 Höfe, also ca 40% aller Höfe, Seidenzucht. Vor allem für kleinere Betriebe stellte dies eine wichtige Erwerbsquelle dar. Die wichtigsten Seidenregionen waren Nagano, Aichi, Gumma, Saitama, Gifu, Yamanashi, Fukuoka; zum Teil waren sie mit den Herkunftsregionen der Arbeitsmigrant/inn/en identisch.
73. Vgl. dazu die Ehebungskarten zu NK im Nōrinkeizaishitsu aus Niigata 1922-1936, sowie die Tabelle 20 im Anhang
74. Vgl. auch Segawa 1938 a, c. Ich möchte dies hierbetonen, da häufig nur von der "traditionellen" Rolle der Japanerin im Haushalt gesprochen wird. Mir erscheint diese Reduktion des Kernbereichs der Frauenarbeit auf das Haus eher modern, ebenso wie der völlige Rückzug der Männer aus der Hausarbeit in der städtischen Arbeiter- und Angestelltenkultur (Vgl. dazu Lenz 1981 a).
75. vgl. das fünfte und sechste Kapitel
76. Es wäre zu untersuchen, inwiefern das gleiche Verhältnis für die Männerarbeit auf dem Land galt, die ja ggfs. auch abgewanderte männliche Arbeitskräfte substituieren mußte.
77. Vgl. die Aufschlüsselungen des ländlichen Lohnniveaus in NTTN, sowie die Statistik über Lohndifferenzen nach Geschlecht bei einzelnen Arbeitsgängen, die allerdings später aufgestellt wurde, in Zenkoku nōgyōkai chōsabu: (1947). Nōson rōdō chingin oyobi shashi ni kansuru chōsa Tokyo:8
78. Allerdings ist auch in Japan die durchgehende Erwerbstätigkeit von Müttern stark angestiegen. 1977 waren 60,6% der weiblichen Altersgruppe von 20-24 Jahren und immerhin 32,2% der Gruppe von 25-29 Jahren erwerbstätig (Lenz 1981 a:198).
79. Vgl. Anmerkung 27., erstes Kapitel.
80. Vgl. Nōson no haha no rekishi 1973:13, 66, 97. Die Arbeit der Kinderversorgung war also nicht wie in der modernen japanischen Kleinfamilie allein der Mutter übertragen, sondern sie war auf die Alten und die Kinder verteilt, also wohl vor allem auf die Personen, die nicht als volle

Arbeitskräfte galten. Dies bedeutete aber nicht unbedingt eine Entlastung, da die Mütter sehr hart körperlich arbeiten mußten und der Verzicht auf die Beschäftigung mit den Kindern nicht freiwillig, also manchmal sehr schmerzlich war. Allerdings ist unklar, in welchen Familientypen und in welchem Umfang diese Norm befolgt wurde; klare Beispiele liegen vor für die **yome**, die bei eher harten Schwiegereltern lebte.

81. Die Geburt galt als unrein und erforderte also eine Reinigungsperiode (Vgl. NSMJ:634).
82. Ich habe **shufu** mit "Bäuerin" übersetzt. Nakae verwendet "mistress of the household" (1967:24 ff). Murakami betont, daß erst in Frauenzeitschriften ab ca 1915 das Wort **shufu** auf alle Ehefrauen angewendet und so popularisiert wurde (Vgl. 1977 2.Bd.:276).
83. Vgl. Anmerkung 49, drittes Kapitel
84. Dieser Abriß konzentriert sich eher auf negative Aspekte, da er das ländliche Patriarchat erfassen will. Positive Momente im weiblichen ländlichen Lebenszusammenhang wie die rel. große Freiheit als junges Mädchen, die Rolle der Frauen bei Dorffesten usw können nicht behandelt werden. Auch müssen regionale und kulturelle Sonderformen und Gegenströmungen beiseite gelassen werden.
85. Das Bauernmädchen wurde als **musume**, die junge Ehefrau (und Schwiegertochter) als **yome** bezeichnet. Für die Bäuerin gab es eine Reihe von Benennungen; die alten Frauen wurden oft als **baasan** angeredet. In den ersten wissenschaftlichen Veröffentlichungen über Bäuerinnen wurde als Sammelbezeichnung der eher "gehobene" Begriff **nōson fujin** verwendet, wobei **fujin** sowohl "Frau" als auch "Dame" bedeutet und nicht dem alltäglichen Sprachgebrauch entstammt, sondern u.a. durch die ersten Frauenzeitschriften popularisiert wurde. In der neuen japanischen Frauenbewegung der 1970er spielte zunächst die Suche nach einem Wort, das die eigene Frauenidentität wiedergeben kann, eine Rolle.
86. Dies war auch eine Frage der Altersversorgung, da der älteste Sohn die Verantwortung hatte, (mit seiner Frau) die Eltern im Alter zu erhalten (Vgl. Fukutake 1967:47).
87. Dies ist ein japanisches Gegenstück zur "alten Jungfer". Offensichtlich ist die Tendenz, nicht angepaßte Lebensläufe durch Lächerlichkeit sozial zu entwerten, kulturübergreifend.
88. Das neueste, plakativste und seichteste Beispiel dafür ist Illich, Ivan (1983): Genus. Reinbek. M.E. sollte dieser Text vom Kopf auf die Füsse gestellt, d.h. die beeindruckenden Fußnoten, die den ernsthaften Gehalt der Überlegungen tragen, als Haupttext gelesen werden.
89. Auch darin lag ein gewisser Mutterschutz. Das Elternhaus konnte also einen letzten Zufluchtshafen für die Töchter bieten; doch meist konnten sie nicht lange dort bleiben.
90. Das Problem sexueller Gewalt ist kaum dokumentiert, obwohl es manchmal z.B. in unerwünschten Schwangerschaften deutlich zutage tritt. Murakami führt dies auch auf eine unkritische Haltung der japanischen Volkskunde zurück, die z.B. das nächtliche Eindringen der Burschen in Mädchenhäuser

positiv als freie Sexualität wertet, aber nicht hinterfragt, daß dabei die Zustimmung der Mädchen kaum eine Rolle spielt - also das Gewaltverhältnis dabei nicht zur Kenntnis nimmt (Vgl. 1977 2.Bd.:300-323)

91. Die Konfliktfelder werden z.B. daran deutlich, daß laut einer Untersuchung die landlosen Gelegenheitsarbeiter bei einem jährlichen Einkommen von nur 579 Yen um 1920 ca 146 Yen für Sake und 12 Yen für Tabak ausgaben. Die Frauen hatten im gleichen Zeitraum nur 266 Yen für die Ernährung der Familie (Nakamura 1921:766-9).

92. So löste die Weigerung von Frauen im Hafen von Uotsu in Tōyama Reis zum Abtransport auf die Schiffe zu laden, während die Reispreise sehr gestiegen waren, Juli 1918 Revolten in ganz Japan aus, die bis zum Oktober anhielten und an denen sich 10 Millionen Menschen beteiligten. Vgl. den Kurzbericht bei Halliday 1975:70 ff, sowie die umfangreiche Studie und Quellensammlung bei Inoue Kiyoshi, Watanabe Tetsu (1959-62): Kome sōdō no kenkyū.Tokyo. An den großen Pachtkämpfen in Kisakimura, Niigata von 1923-26 beteiligten sich Frauen aktiv (Vgl.NNUS:877-913). Allerdings ist der Widerstand von Bäuerinnen oder ihre Rolle in den großen Bauern- und Pächterbewegungen der Vorkriegszeit und während der Landreform um 1946 bisher kaum erforscht worden, obwohl einige Anzeichen auf ihre große Bedeutung hinweisen.

93. Vgl. immer noch Beard, Mary (1947): Women as a Force in History. New York und die Rezeption bei Lenz 1978 d.

94. Zu Methodik und Ergebnissen der Haushaltsstatistiken vgl. Ōuchi 1969:164 ff, Tōbata 1947:75-83, Nōgyō keizai ruinen tōkei 1.Bd. Nōka keizai chōsa: 2-40

95. Eine scharfe Trennung zwischen beiden Raten ist wegen der Interaktion zwischen Produktion und Reproduktion nicht immer möglich. Bei einer Betrachtung der Pächterbudgets wird außerdem deutlich, daß die hohe betriebliche Eigenproduktionsrate u.a. auf die Naturalpacht zurückging. Das Pachtsystem hielt also die Pächter teilweise außerhalb des Marktes in der Eigenproduktion, ohne daß ihre Existenz dadurch stabilisiert worden wäre.

96. Vgl. Ōuchi 1962:89; dies spiegelt sich allerdings nicht direkt in den ländlichen Haushaltsstatistiken wieder.

97. Wegen der Quellenlage muß dies zunächst eine Hypothese bleiben. Es gibt kaum biographische oder andere Berichte von armen Bäuerinnen; die Auswirkungen der Krise auf die Frauenarbeit auf dem Land wurde kaum untersucht. Ein Artikel in Rōdō fujin deutet eine Intensivierung der Subsistenzproduktion auf dem Land in der Suche ums Überleben an: Die Mädchen sammeln Beeren in den Bergen und "man kehrt zur Lebensweise der Frühzeit zurück." (Rōdō fujin 58, 1932:1)

98. Das Argument bleibt hypothetisch, da vom Ergebnis her geurteilt wird, während die Akteure auch andere Alternativen hätten suchen können, die allerdings gerade in der Krisenzeit sehr beschränkt waren.

99. Vgl. zum folgenden Ōuchi 1969:172-204

100. Dies hing mit den Auswirkungen des Chinakrieges auf die japanische Wirtschaft zusammen. Einerseits waren die Löhne allgemein durch die indust-

rielle Expansion in der beginnenden Kriegswirtschaft gestiegen. Andererseits führte die Regierung ab 1940 ein offizielles Reis-Aufkaufsystem ein, bei dem die Pächter den bisherigen Pachtreis selbst verkauften und die Pacht bei den Pachtherren in Geld ablösten, und zahlte ab 1941 zusätzliche Subventionen, um die Pächter zu Produktionssteigerungen zu motivieren. So hatte das Pachtsystem schon zu Kriegsende seine bisherige Bedeutung verloren (Ōuchi 1962 1.Bd.:278), ehe es in der von der US Besatzungsmacht maßgeblich bestimmten Agrarreform 1946 endgültig aufgehoben wurde (Vgl. Ōuchi 1962 1.Bd.:278). Die beiden obigen Entwicklungen beinhalteten eine Festigung der städtischen Arbeiterschaft infolge der höheren Löhne und eine stärkere Orientierung der Kleinbauern auf die Landwirtschaft infolge der gestiegenen Reispreise (ibid.:264-282).

101. Die Untersuchung des Kyōchōkai über 1000 Bauernhöfe Ende der 1930er Jahre zeigt die regionalen Unterschiede in der Bedeutung der Lohneinkommen für die Hauswirtschaften auf. In Teilen Nordostjapans (Hokuriku) führten 26 Höfe, fast alle aus Niigata, die Lohneinnahmen unter den drei wichtigsten Einkommensquellen des Haushalts an (Vgl. Kyōchōkai (1939): Zenkoku issen nōka no keizai kinkyō chōsa. Tokyo:249-252).

Anmerkungen zum fünften Kapitel

1. Sanpei nannte die Arbeiterinnen in der Baumwollindustrie im Gegensatz zu den Seidenspinnerinnen "die ersten Vertreter der modernen Lohnarbeiter" (1941:370). Die Baumwollindustrie wandte ein modernes Management und fortgeschrittene Technologien an. Rel. früh ging sie zum Gebrauch von Dampfenergie und später von elektrischer Energie über; sie produzierte nach ihrer ersten Konsolidierung mit modernen, überwiegend englischen Spinnmaschinen, wobei die Gründung der Ōsaka bōseki AG 1883 als erster Großbetrieb zum Vorbild wurde (Vgl. Edlinger 1979:17-25). Die Leiter der Großspinnereien beschäftigten sich mit westlichem Management: Mutō Sanji, der Direktor der Kanegafuchi bōseki AG, orientierte sich bei seinen Reformvorschlägen für die Personalbeziehungen um 1900 am Vorbild von Krupp in Deutschland und an amerikanischen Personaltechniken (Vgl. Hazama 1964: 310). Allerdings bestand eine Kluft hinsichtlich Technologie und Management zwischen den dominierenden Großunternehmen und den Klein- und Mittelunternehmen (Vgl. ibid:307, Utley 1931:140-188). Die Seidenhaspeleien und die Heimweberei beschäftigten in der Frühzeit der Industrialisierung erheblich mehr Arbeiter/innen als die Baumwollspinnereien. Sie waren aber weitgehend noch Manufakturunternehmen und hatten eine wesentlich einfachere Energieversorgung, weitgehend mit Wasserkraft oder in Handbetrieb, und auch ihre maschinelle Ausstattung stand hinter der der Baumwollspinnereien entschieden zurück (Vgl. Edlinger 1979:49-86, Murakami 1977 3.Bd.:153 ff).

2. Der folgende Abriß über die Entwicklung der Textilindustrie und ihre Bedeutung für den japanischen Entwicklungsweg stützt sich soweit nicht anders erwähnt, auf Allan 1951, Edlinger 1979, Ōuchi 1962, Seki 1956, Shindō 1958, Takamura 1980, Utley 1931. Ich habe in diesem Kapitel soweit möglich, Belege und zusammenfassende Diskussionen nach der europäisch-sprachigen Literatur aufgeführt, um den Lesern, die das Japanische nicht beherrschen, den Zugang zu erleichtern; die Angaben wurden aber mit den Quellen jeweils verglichen.
3. "Fully 87 percent of all 1 800 000 spindles in Japan had been supplied by a single manufacturer, Platt brothers of Oldham." (Saxonhouse 1976:116)
4. Murakami weist darauf hin, daß in den Dörfern zwar bis spät abends, aber nicht die Nacht durch gearbeitet wurde, und daß Nachtarbeit zu Beginn der Meijizeit bis ca 1880 für Frauen als unzumutbar galt. Z.B. wurde Nachtarbeit in der Druckindustrie nur an Männer vergeben. Insofern bedeutete die Einführung der Nachtarbeit in den Baumwollspinnereien einen Bruch mit der dörflichen Arbeitskultur (Vgl. 1977 3.Bd.:192).
5. Vgl. Edlinger 1979:23. Ōuchi deutet diese Zirkulationskrise als Anzeichen für den Entwicklungsgrad des Kapitalismus, denn die Industrie beeinflußte die Gesamtwirtschaft schon in einem Ausmaß, daß sie Krisen verursachen konnte (1962:134).
6. Es handelt sich um die Kanegafuchi bōseki, die Settsu bōseki, die Osaka gōdō bōseki, die Mie bōseki, die Tokyo gasu bōseki, die Amagasaki bōseki und die Fuji bōseki (Edlinger 1979:35). Bis auf die Kanegafuchi bōseki die Tokyo gasu bōseki und die Fuji bōseki lagen diese Oligopole im Westen Japans. (**bōseki** heißt Spinnerei.) Die Kanegafuchi AG war 1886 von Baumwollkaufleuten in Tokyo gegründet worden. 1896 wurde der **zaibatsu** Mitsui Aktionär; in Zusammenarbeit mit der Mitsui Handelsgesellschaft stieß sie auf den chinesischen Markt vor. In den 1930er Jahren gehörten ihr Baumwollspinnereien und -webereien, Woll-, Flachs- und Kunstfaserfabriken, sowie einige Fabriken in China. Die Mie bōseki und die Osaka bōseki fusionierten 1914 zu dem Oligopol Toyōbōseki AG.
7. Es ist m.E. also nicht berechtigt, in der Baumwollindustrie ein Kartell zur Kontrolle einer Industrie mit einer vereinheitlichten Machtposition von Monopolen zu sehen und daraus - wie dann auch aus anderen Unternehmerverbänden - die ökonomische Basis des japanischen Imperialismus entsprechend der Leninschen Imperialismustheorie zu konstruieren.
8. In bäuerlichen Haushaltsbüchern um 1913 taucht allerdings häufiger als "Garn" der Posten "Rohbaumwolle" oder "Tuch" auf, d.h. häufig verspannen die Bauernfrauen die Baumwolle noch selbst oder kauften Fertigtuch und nähten es dann (Vgl. Anmerkung 67, 71, viertes Kapitel). Edlinger stellt fest, daß zu Ende der Tokugawazeit zwar ein Markt für Rohbaumwolle und Tuche, nicht aber für Garn bestand (1979:15).
9. Die Osaka bōseki hatte bereits 1898 eine Weberei-Abteilung eröffnet, und die meisten anderen Spinnereien folgten ihrem Vorbild in der nächsten Dekade (Vgl. Kidd 1978:2). Doch die Klein- und Heimwebereien behaupteten zunächst eine starke Stellung.

10. Eine hervorragende Darstellung der britisch-japanischen Konflikte nach jahrzehntelanger Partnerschaft mit Japan als "Juniorpartner" enthält Dowers umfangreiche Biographie von Yoshida Shigeru; vgl. Dower, John (1979): Empire and Aftermath. Yoshida Shigeru and the Japanese Experience, 1878-1954. Harvard East Asian Monographs 84, Cambridge Mass., London.
11. Da der Begriff des Segments durch die Diskussion der segmentären Gesellschaften anders festgelegt ist, spreche ich hier von Arbeitsmarktsektoren, nicht von Segmenten.
12. Vgl. Lenz 1975, sowie zu den unterschiedlichen Quellen, aus denen sich das frühe Proletariat herausbildete - den verarmten Samurai- und Handwerksschichten, den ländlichen Marginalisierten, den Gefangenen und den Vagabunden - immer noch Sumiya 1955:1-268
13. Die Manufaktur-Spinnereien waren im Gegensatz zur Heimweberei zu Beginn der Industrialisierung schwach entwickelt (Edlinger 1979:15). Deswegen griff der Import vor allem britischer Garne nach der erzwungenen Öffnung des Landes 1854 diese Manufakturen stark an. Denn die Auslandsware war billiger und in der Qualität überlegen. Da die japanische Regierung in den ungleichen Verträgen ab 1858 die Zollautonomie aufgeben mußte, konnte sie die einheimischen Spinn-Manufakturen auch nicht durch Importzölle verteidigen (Yasui 1969:28).
14. Takamure wies darauf hin, daß in der japanischen Frühgesellschaft vor der Taika-Reform 645 n. Chr. bestimmte Handwerkergruppen innerhalb der Clans ohne geschlechtsspezifische Zuweisung Tuche und Textilien herstellten. In der Folge wurde in der Heianzeit Spinnen und Weben für den Eigenkonsum und den Markt zum weiblichen Bereich. Textilproduktion stellte eine wichtige **selbständige** Einkommensquelle für Frauen dar, über die sie allein verfügten (1960-3:203-6). Vgl. auch Frieben 1979 zur geschlechtsspezifischen Arbeitsteilung bei den Jivaro; die Männer stellten früher Textilien her, während die Frauen den Anbau durchführten. Dies änderte sich mit der Marktintegration.
15. Vgl. Kidd 1978:3. Diese Vorstellung mußte nicht der Realität entsprechen.
16. "Dies war das erste Baumwollspinnerei-Unternehmen, nein Textilunternehmen, das kapitalistische Eigenschaften hatte." (Yasui1967:94) Es richtete sich allein nach Kriterien der Kapitalverwertung und hatte nicht mehr den Charakter einer Musterindustrie oder einer Hilfsmaßnahme für Samurai (ibid.). 1914 ging es in die Tōyōbō Spinnerei über.
17. Über Zeitpunkt und Umfang der Einrichtung von Wohnheimen für ländliche Arbeitsmigrantinnen bestehen Differenzen. Einige Autoren nehmen vor allem unter Berufung auf Hosoi 1925 an, daß in den 1880er Jahren noch kaum ein Wohnheimsystem bestand, und daß die Arbeiterinnen damals eine im Vergleich zur späteren Personalverwaltung große Freiheit genossen hätten (u.a. Edlinger 1979:19). Murakami bestreitet dies, führt allerdings selbst eine Beispiel aus der Kleinindustrie, nicht aus der Baumwollspinn-Branche für die Anwerbung und Wohnheimunterbringung von Arbeitsmigrantinnen an. Sumiya Mikio, der wohl beste Kenner der historischen Entwicklung in Japan, kam aufgrund einer Durchsicht zeitgenössischer Quellen zu dem

Schluß, daß um 1900 die Arbeiterinnen gleichermaßen aus der städtischen Unterschicht wie aus fernen Dörfern aufgrund von Anwerbung kamen, und daß danach Anwerbung und Unterbringung in Wohnheimen eindeutig dominierten.
18. Vgl. zu diesem Abschnitt die in Anmerkung 2 angegebene Literatur
19. Die Unterwerfung unter die industrielle Disziplin ist ein Grundproblem von Arbeitern ländlicher Herkunft. Die Arbeiterinnen traf dies allerdings besondern hart, weil bei ihnen Kompensationen, wie ein Lohn in Höhe der Lebenshaltungskosten für sich und ihre Familie fehlten.
20. Murakami weist darauf hin, daß auch für die männlichen Industriearbeiter in der Meijizeit strenge Regeln und lange Arbeitszeiten üblich waren, und daß Frauen z.B. in der Lebensmittel- oder Druckindustrie zu wesentlich günstigeren Bedingungen beschäftigt wurden. Deswegen sei nicht die gesamte Frauenlohnarbeit pauschal als "traurige Geschichte" (**aishi**) zu betrachten (1977 3.Bd.:144-8).
21. Wegen der hohen Fluktuation variieren bis nach 1900 die Zahlenangaben sehr stark. Z.B. geben NTTN und SJ:22 andere Daten. Die Zahl der Arbeitskräfte in der gesamten Baumwollindustrie liegt vor allem wegen der hohen Zahl der in Kleinwebereien Beschäftigten deutlich über der Zahl der Baumwollspinnerei-Arbeiter/innen.
22. Die Zahlen für 1895 und 1910 wurden nach NTTN errechnet und geben eher ein grobes Bild. Die Angabe für 1929 beruht auf Ōuchi 1929:219.
23. Zu den Abweichungen der Zahlen von Tabelle 15 vgl. Anmerkung 21
24. Es sollte nachdenklich stimmen, daß diese Klagen im wesentlichen erneut von den Arbeiter/inne/n in den exportorientierten Industrien Südkoreas, Thailands und Malaysias vorgebracht wurden. Vgl. u.a. Lenz 1980 a, b und dort angegebene Literatur
25. Vgl. Anmerkung 4, ferner u.a. Fuchs 1970, Edlinger 1979:155-66, Yasui 1967:110-3 zu den schädlichen Auswirkungen der Nachtarbeit und der Diskussion um ihre Abschaffung, sowie zum Zusammenhang mit der Exportorientierung der Baumwollindustrie. Da die Problematik der Nachtarbeit, der Lohndiskriminierung und der Gesundheitsschädigungen in der eurpäischen Literatur ausführlich behandelt wurde, wird hier nur jeweils eine kurze Skizze gegeben.
26. Auch hier ergeben sich Parallelen zum gegenwärtigen Arbeitsalltag in den exportorientierten Industrien in Südkorea und Malaysia, wo das Verbot der Nachtarbeit für Frauen faktisch außer Kraft gesetzt wurde; vgl. dazu u.a. Lenz 1980 a, b, Kim 1969:62-74.
27. Diese nationalen Feiertage waren nicht herkömmlich im Volk bekannt, sondern wurden ab der Meijizeit eher durch Schulen, öffentliche Feiern - und so auch durch die Fabriken - propagiert. Der Kaiser war der breiten Masse der Bevölkerung bis zur Meiji-Restauration 1868 recht fern und eher eine religiöse denn eine politische Symbolfigur.
28. Kidd 1978:25 führt eine Tabelle mit viel geringeren Unterschieden von ca 20-25% zwischen Männer- und Frauenlöhnen an, die sich jedoch auf eine zeitgenössische, nur auf drei Firmen gestützte Untersuchung eines Gewerkschaftsaktivisten bezieht. Die Estimates of Long Term economic Sta-

tistics of Japan since 1868 11.Bd.:273 ff divergieren leicht von Shindōs Angaben.

29. 1955 machten die Frauenlöhne nur 44,4% der Männerlöhne aus; 1970 lagen sie bei 50,9%, 1975 bei 55,8% und 1979 bei 54,9% der Männerlöhne (Vgl. Lenz 1981 a:205).
30. Es gab andererseits zahlreiche Gegenbeispiele für ein solidarisches Verhalten zwischen Vorarbeitern, Aufseherinnen und Arbeiterinnen. So wurde der Streik in der Tokyo Mosurin Fabrik 1914 von männlichen Arbeitern und Zimmerältesten im Wohnheim, d.h. überwiegend länger beschäftigten Arbeiterinnen organisiert. Vgl. zu diesem Streik Yamanouchi 1975:16-37, Ōkōchi 1965 2.Bd.:40-5, Edlinger 1979:193 und S.259
31. Vgl. die Diskussion der Werte und Denkweisen der Unternehmer bei Yasui 1967:93-102; zum allgemeinen ideologischen Hintergrund vgl. Marshall 1967
32. Zu Beginn wurde versucht, auch ethnische Hierarchien zur Gewinnung einer billigen Arbeitskraft einzusetzen. Die Mie bōseki versuchte um 1884 die Anwerbung von 100 Baumwollspinnerinnen und einigen männlichen Arbeitern aus Korea, für die sie spezielle Wohnheime baute; sie gab diesen Versuch rasch wieder auf (Vgl. Tōyōbō 1958:229).
33. Dies war eine Antwort auf eine Umfrage unter Managern; als weitere Desiderate wurden genannt: für Männer ernsthaft betriebene und regelmäßige Fortbildung, ein Bewußtsein von der Wichtigkeit der Firma und der Bedeutung der Industrie für die Nation; für Frauen neben einem gesunden Körper und einem gesunden Geist ein "sanftes Wesen". Wir finden also in den allgemeinen Qualifikationsanforderungen klar polarisierte Geschlechtscharaktere (Vgl. Hashimoto 1931:60).
34. Vgl. dazu Sumiya 1955:41 ff
35. Laut Hashimoto, einem Personalleiter, galt das "Ausstattungsgeld" als Bonus, an den keine weiteren Bedingungen geknüpft waren, außer daß er bei Vertragsbruch zurückgezahlt werden mußte (1931:119). Das SJ gibt um 1903 an, daß es ebenso wie der Lohnvorschuß und die Reisekosten in Raten vom Lohn der Arbeiterin abgezogen wurde (1.Bd.:52). Die Gesamtkosten der Anwerbung in ihrer historischen Veränderung sind sehr detailliert aufgeschlüsselt bei Edlinger 1979:112-35.
36. Evtl.bildet auch die Kluft zwischen allgemeinen Informationen und konkreter Erfahrung eine Grundlage für das "Betrugserlebnis": zwar war bekannt, daß die Arbeit hart war, jedoch waren die industrielle Disziplin und die persönliche Kontrolle evtl. unvorstellbar, ehe die Frauen sie selbst erfahren hatten. Die Grundlage der Betrugsthese bildet häufig ein bei Hosoi übernommener fiktiver Dialog zwischen einem Anwerber und einem Bauernpaar, der zuerst in der Zeitschrift Fujin kōron 1922 abgedruckt worden war (Übersetzung bei Edlinger 1979:123-7). Hosoi selbst kam aus einer Kleinstadt und Fujin kōron war ein Blatt der städtischen Intelligenz. Ich habe u.a. wegen der Sprechweise Zweifel an der Authentizität.
37. Vgl. SJ 1.Bd.:139, sowie die zusammenfassende Darstellung der Untersuchungen der Baumwoll-Liga und der Fabrikberichte des Agrarministeriums (SJ) bei Edlinger 1979:136. Wie sich auch aus der Darstellung von Hashi-

moto, einem Personalleiter in der Baumwollindustrie, ergibt, waren Werkswohnungen überwiegend für männliche Arbeiter vorhanden (1931:29). Bei Kanebō wurden demgegenüber wohl grundsätzlich verheirateten Arbeitern mit Kindern Werkswohnungen zur Verfügung gestellt; 1901 waren dies 82 Arbeiter und 72 Arbeiterinnen, insgesamt 116 Familien. Vermutlich waren viele der Arbeiterinnen, die eine Werkswohnung hatten, mit einem Beschäftigten der Firma verheiratet (Vgl.SJ 1.Bd.:146). Nach dem gleichen Fabrikbericht lebten 46% der Arbeiterinnen im eigenen Haushalt bei ihrer Familie (ibid: 139). In Nähe der Fabrik betrieben Vermieter, die oft einen Vertrag mit der Fabrik hatten und die Arbeiter teilweise beaufsichtigten, private Wohnheime. Dort lebten 21,5% aller Arbeiter, aber nur 3,5% der Arbeiterinnen. Mißstände, wie die Überbelegung von Räumen kamen dort vor, doch im allgemeinen hatten die Arbeiter ein freieres Leben (Vgl. ibid:140).

38. Für die Zeit um 1930 war mir keine Angabe über den Anteil der Arbeiterinnen in Wohnheimen nur für die Baumwollspinnerei zugänglich; diese Zahlen geben immerhin eine Tendenz zu einem sehr hohen Anteil von Arbeiterinnen ländlicher Herkunft, die im Wohnheim untergebracht wurden, an.
39. Einzelne Arbeiterinnen erzählten im Anhang zu den Fabrikberichten 1901, daß sie bei ihren Freunden in deren privaten Wohnheimen übernachteten (SJ 3.Bd.:149,156). Doch erfaßten die Formen des gebundenen Arbeitsmarktes nicht nur Frauen. Im Bergbau, vor allem den Kohlenminen, wurden die männlichen, unverheirateten Arbeiter während der Vetragszeit ebenfalls in Hütten oder Heimen untergebracht und wurden scharf kontrolliert. Wenn sie wegen der Härte der Arbeitsbedingungen flüchten wollten, wurden sie häufig wieder eingefangen und manchmal schwer verprügelt. In der Frage der unmittelbaren körperlichen Kontrolle und Gewalt sind sich die Beschäftigungssysteme des Kohlebergbaus und der Baumwollspinnereien im japanischen Kapitalismus der Vorkriegszeit ähnlich; vgl. u.a. Nakamura 1976:106-244.
40. Vgl. dazu Anmerkung 51, viertes Kapitel
41. Vgl. Hazama 1964:313. Bei Kanebō scheinen die Werksläden vor allem das Ziel einer billigen Versorgung der Arbeiterfamilien gehabt zu haben, die angesichts der rel. niedrigen Löhne in der Baumwollindustrie kompensatorischen Charakter hatte, ohne daß eine Ausbeutung entsprechend dem "truck system" damit verbunden war (Vgl. Hosoi 1925:123).
42. Es ist unklar, ob die Fabriken dies Spargeld verzinsten. Die Kanebō AG, die allerdings ein Pionier in der paternalistischen Formung der industriellen Beziehungen war, sah in ihren Richtlinien für ihre Fabrik in Osaka eine Verzinsung von 10% im Jahr vor (Vgl. Hashimoto 1931:92).
43. Edlinger 1979:170; vgl. die ausführliche Zusammenfassung der amtlichen und privaten Untersuchungen ibid:166-175. Allerdings kehrten keineswegs alle Arbeiterinnen in ihre Heimat zurück und das Ausmaß der Erkrankungen unter den in den Städten verbleibenden Baumwollspinnerinnen ist unbekannt. Ab 1930 trat wohl eine allmähliche leichte Besserung ein durch bessere Verpflegung und Lüftung in den Fabriken (Vgl. Shindō 1958:113-123). Doch zeigte sich vor allem in den langjährigen Diskussionen über die Abschaffung der Nachtarbeit für Frauen, die eine der Hauptursachen

für die Tuberkulose und andere Krankheiten darstellte, daß die körperliche Überlastung der jungen Frauen für die Unternehmer weitgehend sekundär war gegenüber der Gefahr möglicher Produktionseinbußen oder Rückschläge auf dem Exportmarkt (Vgl. Fuchs 1970 passim). Die japanische Regierung wurde wohl vor allem durch den internationalen Druck der ILO, die an Sozialreform interessierten Intellektuellen und die Gewerkschaften allmählich zu einem endgültigen Verbot der Nachtarbeit, das 1929 in Kraft trat, anstelle von "gütlichen Absprachen" auf Änderung bewogen.

44. Itō Noe (1920): Hikō fujin to kataru. Rōdō undō 3.1.1920. In: Itō Noe zenshū 2.Bd.:405 ff. Übersetzung in Itō Noe 1978:121-7
45. Mutō Sanji (1867-1934). Unternehmer. Wurde als Sohn eines Pachtherrn in Gifu geboren, studierte an der Keiō Universität und dann in Amerika. War zunächst bei der Mitsui Bank angestellt und ab 1894 bei der Kanebō AG, an der Mitsui maßgeblich beteiligt war. Er wurde einer der führenden Unternehmer der Baumwollindustrie, vertrat bei der ersten ILO Konferenz 1919 die Kapitalseite für Japan, gründete um 1923 den Unternehmerverband Jitsugyō dōshikai, der sich für wirtschaftlichen Liberalismus und eine Reform der engen Beziehungen zwischen bestimmten Kapitalfraktionen, vor allem Mitsui und Mitsubishi, und politischen Parteien einsetzte. Mutō engagierte sich gegen die Erhöhung der Unternehmenssteuern und ein sofortiges Verbot der Nachtarbeit wegen der vermuteten Auswirkungen auf den Exportmarkt, und trat gegen die Rückkehr zum Goldstandard unter dem Kabinett Hamaguchi auf. 1932 verließ er die Kanebō AG und leitete dann den Jiji Shinpō-Verlag. 1934 wurde er ermordet (Vgl. NKGSJ:649, Fuchs 1970:110-3).
46. Es entbehrt nicht der Ironie, daß die Fortentwicklung dieser Einflüsse in Form von Firmenwohnungen, -zeitschriften und -hymnen in der Folge in Westeuropa und den US als spezifisch japanische industrielle Beziehungen bezeichnet wurden. Offensichtlich verbreiten sich bestimmte Systeme der inneren Integration und Reproduktion der Arbeiterschaft "wellenförmig" international, werden in manchen Gesellschaften besonders ausgeformt und dann wieder international weiter- oder zurückgegeben, wie Überlegungen in Deutschland zu Ende der 1970er zeigten, in deutschen Firmen Firmenhymnen einzuführen.
47. Vgl. Hazama 1964:311-6. Die Fabrikregeln und die -einrichtungen wurden in "Betriebsführern" der jeweiligen Unternehmen vorgestellt. Ein Beispiel ist der "Führer für die beschäftigten Arbeitskräfte der Kanebō Zweigstelle in Osaka", der bei Hashimoto 1931:74 ff vollständig abgedruckt ist.
49. Vgl. z.B. den Leitartikel von Joshi no tomo. 197, 28.4.1921:
"Der Frühling ist gekommen, die Blumen sind erblüht.
Der Frühling ist gekommen, der Frühling ist gekommen. Die Blumen sind erblüht, die Blumen sind erblüht. Auf dem Feld, auf dem Berg, im Dorf... Deswegen sollte man selbstverständlich darauf achten, in diesem (Frühlings-, I.L.) Wetter, in dem Herz und Körper leicht und locker werden, nicht krank zu werden, sich nicht zu verletzen und dem leicht verwirrten Herzen Zügel anzulegen, damit man sich weder im Verhalten, noch in der Arbeit lockert." Dieser Leitartikel spricht m.E. für sich hinsichtlich

der Motive des "warmen Paternalismus". Interessant ist das Aufgreifen des in der volkstümlichen Kultur verbreiteten und mit einer inneren Öffnung verbundenen Frühlingsmotiv unter dem Aspekt der Selbstdisziplin - der Hinweis, daß im Fabrikleben der Einfluß der Jahreszeiten gerade zurückgedrängt werden müsse.

50. Allerdings wurden nach Angaben aus dem Betriebsführer nur Frauen zwischen 14 und 30 Jahren eingestellt; dies bedeutete, daß zwar Frauen nach der Ehe weiterarbeiten konnten, die Baumwollspinnarbeit aber wie zuvor keine lebenslange Existenzbasis für Frauen war; vgl. Anmerkung 47, Hashimoto 1931:74.
51. Laut einer Studie waren um 1901 116 Familien in Werkswohnungen untergebracht (Vgl Anmerkung 37). Da Kanebō um 1900 in Tokyo 2028 Arbeiterinnen und 499 Arbeiter beschäftigte, umfaßten die Werkswohnungen ebenso wie die Fabrikschulen zu Beginn nur einen Bruchteil der Beschäftigten (Vgl. NTTN 21, 1901). Hosoi berichtet, daß Kanebō Eheschließungen zwischen Arbeiterinnen und Arbeitern des Unternehmens offen förderte. Er erklärt diese Unternehmenspolitik im Reproduktionsbereich mit dem Interesse, die männlichen Arbeiter ökonomisch an die Firma zu binden, da sie nun ihre Familie versorgen müßten und nicht mehr kündigen könnten (1925:101).
52. Vgl. dazu S.256-263
53. Auch die Darstellungen von Yasui 1967 und Hazama fassen zwar einige Aspekte zusammen, untersuchen aber nicht die konkreten Auswirkungen der Rationalisierung auf der Ebene des Betriebs.
54. In diesem Rahmen konnte die Bedeutung der Fabrik- und Arbeitsschutzgesetzgebung nicht behandelt werden. Bis 1945 wirkte sie auch weniger gestaltend auf die Arbeitsverhältnisse ein, als sie soziale Kompromisse, die sich in der öffentlichen Meinung, der Bürokratie, den Unternehmern - und ab ca 1920 auch den Gewerkschaftsführern - bereits allmählich durchsetzten, festschrieb. Das Fabrikgesetz von 1911, das 1916 in Kraft trat, verbot die Arbeit von Kindern unter 12 Jahren, begrenzte die Arbeitszeit für Frauen und Jugendliche grundsätzlich auf 12 Std täglich und verbot prinzipiell Nachtarbeit für beide Gruppen, wobei es allerdings eine sehr lange Übergangsperiode bis zur Durchführung vorsah, die dann tatsächlich bis 1929 hinausgeschoben wurde. Es erwähnte den Mutterschutz, ohne konkrete Bestimmungen zu treffen. Der Geltungsbereich des Gesetzes umfaßte Unternehmen mit 15 oder mehr Beschäftigten und ließ damit die breite Mehrheit der Arbeiter in den Klein- und Mittelbetrieben unberücksichtigt. Im Gegensatz zu dem ersten Fabrikgesetz setzte das Arbeitsschutzgesetz (rōdōkijunhō) 1947 eine umfassende Reform der Arbeitsverhältnisse in der Baumwollindustrie durch, indem es bisherige Mißstände, wie den Lohnvorschuß an die Eltern, das Zwangssparen, die persönliche Kontrolle in den Wohnheimen usw. verbot und andere indirekte Formen des Zwangs beseitigte, z.B. den Firmen auferlegte, die Heimreisekosten angeworbener Arbeiterinnen zu tragen, die so nicht mit wegen dem fehlenden Fahrgeld zurückgehalten werden konnten. Die weiteren Bestimmungen wie gleicher Lohn für gleiche Arbeit, Mutterschutz und gesetzliche Stillzeiten, ein Menstrua-

tionsurlaub und die Festsetzung des Achtstundentags stärkten die Position der Frauen, brachten zum Teil aber spezifischen Schutz, der wie der Menstruationsurlaub heute umstritten ist (Vgl. dazu auch Herold 1980).

55. In der ökonomischen Wachstumsphase nach 1955 versuchten die Gewerkschaften mit mäßigem Erfolg an einigen Kernpunkten, wie etwa dem frühen Pensionierungsalter für Frauen, die Distanz zwischen den Bedingungen des männlichen und des weiblichen Arbeitsmarktsektors zu verringern.

56. Vgl. Grajdanzev 1944.153-6, 171-184, Utley 1931:230-249, Chesneaux 1968: 90 ff, 126; zum Vorrücken der japanischen Textiloligopole in China und der Rolle des japanischen Staates und der **zaibatsu** dabei vgl. die Studie von Takamura 1980:155-180

57. Damals lebten ca 30 000 Koreaner um Osaka, die vor allem als Tagelöhner arbeiteten (Vgl. NRN 1927:57).Zur Situation koreanischer Arbeiterinnen in den Baumwollspinnereien vgl. auch die neue ausführliche Studie von Koshō 1975:165-200

58. "Es läßt sich nicht bestreiten, daß aufgrund der technischen Eigenschaften in der Produktionsstruktur (der Baumwollindustrie, I.L.) und der Besonderheit ihrer Arbeitskraft sich stellenweise spezifische Zustände herausbildeten. Möglicherweise lag dies daran, daß darauf abgezielt wurde, die Arbeiterschaft entsprechend den technischen Prozessen auszuwählen, die in der Baumwollindustrie eine technische Struktur mit Fließband und einer Organisation in kleinen Einheiten beinhalten, und also die Mädchen aus Zwergbauernhöfen, die man als den rückständigsten Kern der japanischen Wirtschaft bezeichnen könnte, mit dieser Technologie zu kombinieren." (Shindō 1958:32) Die Wertung der landwirtschaftlichen Rückständigkeit und der Unterschäftigung der jungen Landfrauen findet sich bereits früh bei industrienahen Vertretern. Schon der Unternehmer Dan Takuma sah 1897 eine soziale Verbesserung durch die Fabriken, die den bisher müßig im Haus sitzenden Mädchen und Frauen Arbeit brachte (Fuchs 1970:103). Bei Hashimoto wird diese Auffassung ebenfalls vertreten (1931:29 ff).

59. Hosoi Wakizō (1897-1925). Arbeiterschriftsteller. Wurde in einer Kleinstadt in der Kyoto Präfektur geboren; vor seiner Geburt verließ sein Vater, der als Schwiegersohn ins Haus seiner Mutter adoptiert worden war, die Familie; die Mutter ertränkte sich sechs Jahre später 1903. Seine Großmutter sorgte bis zu ihrem Tod 1907 für ihn; dann mußte er die Schule mit dreizehn Jahren verlassen, und er begann in einer Baumwollfabrik zu arbeiten. Er durchlief verschiedene Fabriken und war 1916 bei Kanebō in Osaka beschäftigt, wo er bei einem Umfall seinen kleinen Finger zerquetschte. Etwa zur gleichen Zeit trat er dem gewerkschaftlichen Verband Yuaikai bei und beteiligte sich an Arbeitskämpfen in Osaka, die mit einer Niederlage der Streikenden endeten. 1920 arbeitete er in der Tokyo Mosurin Spinnerei, beteiligte sich als Führer an dem großen Streik 1921, erkrankte aber während des Arbeitskampfes und zog sich zurück. Damals heiratete er die Arbeiterin Hori Toshi, die weiter in der Fabrik blieb und zeitweise beide unterhielt. Er veröffentlichte in der Zeitschrift Tane maku hito (Sämann) 1922 einen Roman "Zusammen mit Leben und Tod"

(Shi to sei to issho). Ab 1923 arbeitete er an dem Sozialbericht "Die traurige Geschichte der Fabrikarbeiterinnen" (Jokō aishi), der 1925 veröffentlicht wurde. Bald darauf starb er.(Vgl. NSUJM:497). Veröffentlichungen: Hosoi Wakizō Zenshū 1955-6 4 Bde.; zu Leben und Werk: Moriyama, Shigeo (1969): Jikkō to geijutsu; Gendai joseishi kenkyūjo (1973): Aru onna no rekishi.

61. Eine Schlüsselfunktion hatte wohl dabei der bei Hosoi wiedergegebene Bericht über ein Anwerbungsgespräch; vgl. Anmerkung 36.

62. In diesem Zusammenhang ist mit nicht möglich auf die Debatte und die damit verknüpften wissenschaftlichen unbd politischen Fragen einzugehen. Eine gute Einführung ist Fukuzawa 1981:99-119, sowie Beckmann 1962. Auch Yasuba 1975 greift die Debatte auf. Die **rono** Richtung konzentrierte sich bei der Untersuchung der Lohnarbeitsverhältnisse eher auf die ökonomische Ebene; wissenschaftshistorisch war ihr Einfluß weniger breit als der der **koza** Richtung. Vgl. Koyama 1953, 1956; Moriya 1971

63. Wörtl. "vorepochale" (zenkiteki)

64. Später betonte Ōkōchi, daß das lebenslange Beschäftigungssystem und die innere Integration in den Betrieb, die gegenwärtig als "typisch japanisch" erscheinen, im wesentlichen erst Resultate der Entwicklung des japanischen Kapitalismus nach 1950 sind, als sich die strukturelle Notwendigkeit einer langfristigen Bindung der männlichen Facharbeiter an die Unternehmen auf breiter Basis stellte (Vgl.1961:187 ff). Die Unternehmen griffen dann Ansätze zur betrieblichen Integration auf, die sich seit den 1910ern in einzelnen Großbetrieben entwickelt hatten und bezogen sie auf die gesamte überwiegend männliche Stammarbeiterschaft.

65. Yasui übernahm diese Typologie für seine Analyse der historischen Veränderungen in der Textilindustrie. Er setzt die Epoche des Kampfs um Arbeitskraft mit dem Typus der "primitiven Arbeitsbeziehungen", die Zeit der Entwicklung des Paternalismus mit einem "Sozialleistungen enthaltenden Typ" und die Periode ab Mitte der 1950er Jahre, als wesentliche Verbesserungen durch das Arbeitsschutzgesetz 1947 angegeben und in etlichen Arbeitskämpfen auch praktisch allgemein durchgesetzt worden waren, mit dem Typ der "modernen Arbeitsbeziehungen" gleich. Er benennt als spezifischen Kern der japanischen industriellen Beziehungen das Patriarchat in der "Betriebsfamilie", wobei er die harmonisierenden Tendenzen der US Untersuchungen, die dies Patriarchat mit "Familialismus" oder reinem "Paternalismus" identifizieren, kritisiert. Kennzeichen dieses Patriarchats als Basisstruktur der industriellen Beziehungen seien die Loyalitätsbeziehungen gegenüber den Vorfahren, die zentrale Bedeutung des Hausverbands (**ie**) und die starke Stellung des Haushaltsvorstands, der von den Haushaltsmitgliedern Gehorsam und Opfer erzwingen könne (Yasui 1967:6 ff, 11-2).

Anmerkungen zum sechsten Kapitel

1. Es gibt zwei Definitionen für die Arbeitsmigranten: einmal die Gruppe der Personen, die fern von ihrem Wohnort kurz- oder mittelfristig Erwerbstätigkeit aufnehmen, umd zum zweiten die Personen, die dabei die Grenzen ihrer Herkunftspräfektur überschreiten. Folgt man der ersten weiteren Definition, so waren 1936 60,4% aller Arbeitsmigranten Männer, nach der zweiten, engeren waren es 62,4% (Kōseishō shokugyōbu 1936:4).
2. Bei diesen Veränderungen spielte einerseits die allgemeine Arbeitsmarktentwicklung in den jeweiligen Regionen eine Rolle; in Fukuoka z.B. hatte sich der Bergbau als alternatives Beschäftigungsfeld ausgeweitet. Andererseits müßte die Anwerbung komplementär zur Rekrutierung für die Seidenspinnereien untersucht werden, die z.B. in Nagano und Gifu wichtige überregionale "Zielpunkte" von Arbeitsmigrantinnen waren. Zur Untersuchung der These von der "halbfeudalen" Prägung der Lohnarbeit durch das "halbfeudale Pachtsystem" in den Herkunftsgebieten ist m.E. auch eine Diskussion allein der Wanderung in die Baumwollindustrie aufschlußreich unf legitim.
3. Vgl. S.108-9, 136 ff
4. Die Zahlen über die Arbeitsmigration in Seiden-und Baumwollspinnereien beruhen auf den Untersuchungen des zentralen Arbeitsvermittlungsamtes; die Angaben der Volkszählung weichen leicht davon ab und beziehen sich nur auf die Kategorie "Fabrikarbeiterin" (**jokō**). Diese verschiedenen Angaben können also nicht direkt aufeinander bezogen werden, doch geben die Resultate der Volkszählung m.E. eine ungefähre Aufschlüsselung an.
5. Vgl. S.140-1, 173-6
6. **koshikake rōdo**, d.h. "Arbeit im Hinsitzen" bedeutet eine vorübergehende Beschäftigung und häufig wird die Frauenarbeit so betrachtet. Die gewerkschaftliche organisierten Frauen protestierten auch in der Nachkriegszeit noch dagegen (Mada takusan aru fujinmondai 1966:32 ff).
7. Die Datenlage zu diesem Aspekt ist ähnlich problematisch wie bei der Frage der Herkunftsschichten der Arbeiterinnen. Einigermaßen umfassende, aber keineswegs detaillierte Angaben gibt es erst für 1927 im Bericht des Landwirtschaftsministeriums über die Arbeitskräfte-Mobilität in Bauern- und Fischerdörfern (Nōrinshōshō nōmukyoku 1928). Schätzungen für die früheren Jahrzehnte sind schwierig.
8. Nur die Bergleute wurden ebenfalls rel. streng bewacht und in Baracken gehalten; doch konnten sie feiertags ausgehen; Fluchtversuche verhinderten manche Minenunternehmen, indem Schlägertrupps oder Gangsterbanden in ihrem Auftrag die Umgebung überwachten und Flüchtige aufgriffen.
9. So wurden der monatliche Zyklus, die Rolle der Sexualhormone und die Menstruation erklärt. Der Autor weist darauf hin, daß Liebesgefühle der Arbeiterinnen während der Pubertät natürlich seien und daß sie ein gewisses Sexualwissen bräuchten, um ihre Tugend zu schützen (Ishikami 1928:128-169; 152). Immerhin trat für viele Arbeiterinnen die erste Menstruation während ihrer Zeit in der Fabrik ein und oft hatte sie niemand vorher darauf vorbereitet. Vgl. auch S.183

10. Rōdō Frauensondernummer 1924, in: Nihon fujinmondai shiryō shūsei 3.Bd. Rōdō 1977:235 ff
11. Neben rein ökonomischen Motiven wie der schlechten Bezahlung der Fabrikarbeit, bei der auch die Gesundheit ruiniert wurde (Itō 1978:148-9), kann dies eine Ursache für den Übergang vieler Arbeiterinnen zur Prostitution darstellen. Eine Untersuchung des Innenministeriums 1921 nannte unter den vorherigen Berufen von Prostituierten Dienstmädchen, Landwirtschaft, Geisha, Tagelöhnerin und Fabrikarbeiterin (NRN 1923:250). Hosoi schätzte den Arbeiterinnenanteil unter den öffentlichen und privaten Prostituierten auf ca 30% (Hosoi 1925:23).
12. Die neue japanische Frauenbewegung der 1970er betont in deutlicher Abkehr von der Frauenbewegung der 1950er nicht die Identität als Mutter, sondern die der Frau.
13. Vgl. z.B. Large 1981:16, der annimmt, daß die Arbeiterinnen im Wohnheim abgeschnitten und für Organisatoren nicht zugänglich gewesen seien - was für männliche Gewerkschaftsorganisatoren zutrifft, nicht aber z.B. für für die Aktivistinnen der rasch anwachsenden Frauenabteilung in dem Gewerkschaftsbund Yūaikai (vgl. S.265) - und sie auch ohne weitere Belege für "psychologisch unerreichbar hielt"(Large a.a.O.), sowie Cole, R.E.; Tominaga, K. (1976): Japan's Changing Occupational Structure and Its Significance. In: Japanese Industrialization and its Social Consequences. Hg. H.Patrick S.53-94, bes.62-3.
14. Interessant ist, daß sie stark von christlichen Sozialisten, besonders von Kagawa Toyohiko, unterstützt wurden (Yamanouchi 1975:45). Das Dilemma ist dadurch nicht gelöst, weil hinter einem vermeintlich universalen Begriff des Menschen wiederum unbewußt die männliche Norm gesetzt werden kann.
15. Nur von Frauen getragene Streiks, wie sie in den 1920er und 1930er Jahren in der Seidenindustrie, dem Vergnügungsgewerbe (Tänzerinnen, Prostituierte, Kellnerinnen) und bei Lehrerinnen und Krankenschwestern auftreten kamen in der Baumwollindustrie wohl auch wegen eines Männeranteils von immerhin ca 20-30% in den Großbetrieben kaum vor (vgl. die Rubriken zur Arbeiterinnenbewegung in NRN).
16. Der "rechtsfreie Raum" in dieser engen Zusammenarbeit von Polizei und Unternehmern trat z.B. in den nachhaltigen, aber von den Firmen nicht beachteten Protesten von Rechtsanwälten gegen diese faktische Freiheitsberaubung klar zutage (NRN 1926:165).
17. Diese Befürchtung wurde auch von Intellektuellen, die durchaus mit den Gewerkschaften sympathisierten, geäußert. Hasegawa drückte im Shakaiseisaku jihō 135 seine Hoffnung aus, daß trotz des engen Beisammenseins von Burschen und Mädchen im Arbeitskampf letztere ihre Reinheit nicht verlieren mögen (Nihon fujinmondai shiryō shūsei 3.Bd. Rōdō 1977:466). Zur Distanz dieser bürgerlichen Werte zu der bäuerlichen Sexualmoral vgl.S.126
18. Hierzu wurden die jährlichen Streikstatistiken von NRN ausgewertet.
19. Bei einer Durchsicht von Streikberichten in NRN, bei Ōkōchi und Yamanouchi kann der Eindruck entstehen, daß ökonomische Forderungen leichter

durchzusetzen waren als grundlegende Veränderungen in der persönlichen Gebundenheit.
20. Vgl. SSU:307, die Spalten zur Arbeiterinnenbewegung in NRN, sowie die problematische Wertung bei Large 1981:16
21. Kyōsantō uchi ni kaereba mo tennōsei.
22. Hier sind vor allem Sakai Toshihiko und Kagawa Toyohiko zu nennen.
23. Akamats Tsuneko (1897-1965): Gewerkschaftsführerin und sozialdemokatische Politikerin. Wuchs in einer sozial engagierten buddhistischen Familie auf, verließ die höhere Schule und arbeitete in Fabriken, im Kindergarten und im Laden einer gewerkschaftlichen Konsumgenossenschaft; seit 1926 im Sōdōmei Frauenreferat aktiv (1927 Herausgabe der Frauenzeitschrift Rōdō fujin; 1936 dessen Leiterin); unterstützte aktiv die langen, harten Arbeitskämpfe in der Noda Soyasoße Fabrik und den Seidenspinnereien in Okaya 1927 und leitete fast alle von der Sōdōmei getragenen Streiks. 1928 gründete sie die sozialdemokratische Frauenliga (shakaiminshū fujin dōmei). Nach 1945 plante sie mit Ichikawa Fusae und Yamataka Shigeri die Gründung eines politischen Frauenverbandes, trat der neugegründeten Sozialistischen Partei bei und baute den Nationalen Textilgewerkschaftsbund (Zenkoku sen'i sangyō rōdōkumiai dōmei) mit auf. In der Parlamentswahl 1947 wurde sie mit der höchsten Stimmenzahl unter den weiblichen Abgeordneten für die Sozialistische Partei gewählt. 1950 wurde sie Mitglied des Exekutivkommittees und Leiterin der Frauenabteilung der S.P. Vgl. u.a. Zensen dōmei kyōsenbu: Michi taezu-Akamatsu Tsuneko. Sone hito to ashiato. 1964. Zatsukusa no yō ni takumashiku 1977.
Yamakawa Kikue (1890-1981): sozialistische Theoretikerin und Politikerin. Führte 1916 eine Kontroverse mit Itō Noe über die sozialen Ursachen der Prostitution, und 1918 mit Yosano Akiko über den Mutterschutz; heiratete 1918 den sozialistischen Denker und Politiker Yamakawa Hitoshi; übersetzte u.a. Bebel, Hyndman, Kollontai und engagierte sich in der Entwicklung und Vermittlung sozialistischer Emanzipationsideen, sowie in sozialistischen Frauenorganisationen. War nach 1930 wegen ihrer Gesundheit vor allem schriftstellerisch tätig; trat 1947 in die S.P. ein und leitete das Amt für Frauen und Jugendliche im Arbeitsministerium während der Durchsetzung des neuen Arbeitsschutzes; außerdem aktiv in politischen Frauenverbänden, wie der demokratischen Frauenliga. Vgl. u.a. Yamakawa, Kikue: Onna niyo no ki. 1956; Nijūseki o ayumu. Aru onna no ashiato. 1978
24. Die Gegner des Antrags für ein Frauenreferat standen der Gruppe die trotz der Illegalität den weiteren Aufbau einer bolschewistischen KP forcieren wollten. Allerdings standen auch Befürworter, wie z.B. Yamakawa Hitoshi, der Gatte Yamakawa Kikue's, prinzipiell dem leninistischen Parteimodell positiv gegenüber, sahen aber die erste Priorität einer sozialistischen Bewegung in der Arbeit für die Bewußtwerdung der Massen.
25. Vgl. Anmerkung 54 zum vierten Kapitel
26. U.a. der in Japan fortgeschrittene Einfluß der neuen mikroelektronischen Technologien könnte sich in einer solchen Verschiebung des "historischen Kompromisses geltend machen.

Tabelle 20: Arbeitsteilung nach Alter und Geschlecht in den bäuerlichen Schichten in Niigata (in Arbeitsstunden)

Status des Hofs und der Arbeitskräfte	Gesamt-a.std.	A.std. pro Tag	Verteilung der A.std. unter den Haushaltsmitgliedern(%)		
			Feldarbeit	Haushalt	Reisanbau (1)
1. Selbständiger Bauernhof (Seide, Reis) mit 1,3 chō 1922					
Bauer (32 Jhre)	3558	9,17	25,5%	35,5	
Bäuerin (35J.)	3887*	10,6	31,4	42,1	
Vater (66J.)	98	0,2	3,2	9,5	
dōkyōnin (2) (21J.)	2271	6,2	38,6	11,4	
Tochter (15J.)	41	0,1	1,3		
Summe	9855				
2. Pächterhof (Reis, Seide) mit 1,2 chō 1922					
Bauer (40J.)	3678*	10,1	35,4	7,8	
Bäuerin (39J.)	3641	10	25,8	28,6	
Tochter (13J.)	367	1	0,2	7,0	
Vater (71J.)	2768	7,6	29,5	6,6	
Mutter (53J.)	3453	9,5	9,0	50,0	
Summe	13907				
3. selbständiger Bauer (Reis, Gemüse) mit 1,3 chō 1929					
Bauer (35J.)	3431	9,4	38,3	19,9	
Bäuerin (29J.)	3384	9,3	11,6	38,0	
ält.Sohn (10J.)	1036	2,8	1,4	12,4	
2.Sohn (8J.)	286	0,8	0,6	3,4	
dōkyōnin (54J.)	3775*	10,3	48,1	26,1	
Summe	11912				
- derselbe Betrieb 1930					
Bauer	3554	9,7	39,2	27,3	
Bäuerin	3331,5	9,1	16,6	42,0	
ält.Sohn	119,5	0,3	2,3	0,2	
2.Sohn	16	0	0,3	0,1	
dōkyōnin	3589*	9,8	41,2	30,5	
Summe	10610,5				
- derselbe Betrieb 1932 (die beiden Söhne fehlen)					
Bauer	3881*	10,6	40,2	23,8	36,8
Bäuerin	3544	9,7	20,6	39,4	26,9
dōkyōnin	3777,5	10,3	39,4	36,7	36,2
Summe	11202,5				

Status des Hofs und der Arbeitskräfte	Gesamt-a.std.	A. std. pro Tag	Verteilung der A.std. unter den Haushaltsmitgliedern(%)		
			Feldarbeit	Haushalt	Reisanbau (1)

4. Pächterhof (Reis, Seide, Gemüse; eine Tochter ist Arbeitsmigrantin) mit 1,2 chō 1929 (3)

Bauer (54J.)	3074,5	8,4	26,1	24,5	
ält.Sohn (29J.)	2198	6,0	23,7	5,6	
yome (28J.)	3642*	10,0	25,6	38,3	
2.Sohn (20J.)	3083	8,4	24,6	31,6	
Summe	11997,5				

- derselbe Betrieb (die Tochter kam zeitweilig zurück) 1930

Bauer	2409	6,6	32,8	3,8	
ält.Sohn	2512	6,8	21,8	15,0	
yome	3340*	9,2	19,8	55,0	
2.Sohn	2067	5,7	22,4	12,0	
Tochter	725	2,0	3,1	14,1	
Summe	11053				

- derselbe Betrieb (die dritte Tochter arbeitete als Dienstmädchen in Tokyo, die vierte arbeitete im Hof mit) 1932

Bauer	3378,5	9,3	36,6	34,4	9,0
ält.Sohn	2197	6,0	28,2	8,9	36,6
yome	3465*	9,5	29,6	56,5	45,2
vierte Tochter (13J.)	282	0,8	5,5	0,1	9,2
Summe	9322				(4)

5. Pächter (Reis, Gemüse, Nebenerwerb durch Herstellung von Reissäcken, Strohmatten und Seilen; zwei Töchter waren Arbeitsmigrantinnen) mit 1,5 chō 1933

Bauer (26J.)	3070*	8,4	32,3	13,9	32,1
Bäuerin	2974	8,0	31,4	22,4	32,1
Vater (59J.)	2880	7,8	31,4	23,5	31,4
Mutter (55J.)	2091	5,7	4,2	40,1	4,2
Summe	11015				

- derselbe Betrieb (zwei Töchter waren weiter auf Arbeitsmigration) 1936

Bauer	32,63	8,9	29,4	14,0	28,7
Bäuerin	4280*	11,7	36,4	30,2	36,6
Vater	3803	10,4	33,1	21,3	33,8
Mutter	2545	7,0	1,1	34,5	2,4
Summe	13891				

Status des Hofs und der Arbeitskräfte	Gesamt-a.std.	A.std. pro Tag	Verteilung der A.std unter den Haushaltsmitgliedern(%)		
			Feldarbeit	Haushalt	Reisanbau (1)
- derselbe Betrieb 1939					
Bauer	4116	11,3	28,0	11,1	34,3
Bäuerin	4123*	11,3	40,0	20,6	33,6
Vater	4121	11,3	31,3	20,8	31,2
Mutter	3861	10,6	0,6	47,4	0,8
Summe	16221				(5)
6. Halbpächter (Reis, Gemüse; zwei Töchter waren Arbeitsmigrantinnen in einer Seidenfabrik) 1933					
Bauer (54J.)	2948	8,0	20,5		8,5
Bäuerin (50J.)	1242	3,4	4,7		20,3
ält. Sohn (28J.)	3118	8,5	19,7		4,1
yome (24J.)	3556*	9,7	12,7		58,2
2.Sohn (21J.)	2793	7,7	19,0		2,6
3.Sohn (14J.)	2611	7,2	23,4		6,3
Summe	16268				
- derselbe Betrieb (eine Tochter hatte sich verheiratet, eine war 150 Tage auf Arbeitsmigration, der jüngste Sohn war 140 Tage auf Arbeitsmigration) 1936					
Bauer	2909	8,0	23,1		9,5
ält. Sohn	3378*	9,3	21,8		6,9
yome	2565	7,0	21,4		3,2
2.Sohn	2073	5,6	17,3		2,3
Tochter (20J.)	3322	15,5 (6)	10,0		54,4
3.Sohn (17J.)	1677	5,2	6,4		23,7
Summe	15924				

Quelle: Erhebungskarten zu NKC im Nōrinkeizai kyōshitsu, Kyoto Universität. Die Person mit der höchsten Arbeitsleistung wurde jeweils mit * gekennzeichnet. Arbeitsstunden pro Tag wurden auf die Kalendertage berechnet, indem die Summe der Arbeitsstunden einer Person durch 365 geteilt wurden; Feiertage wurden so nicht berücksichtigt und die realen Arbeitstage waren je nach Saison sicher unterschiedlich. Eine Ausnahme wurde bei einer rückkehrenden Arbeitsmigrantin gemacht (vgl. Anmerkung 6). Die untersuchten Höfe gehören wegen ihres Bodenumfangs, teilweise auch wegen ihrer Arbeitskräfte-Ausstattung zur Oberschicht der einzelnen Gruppen. So bebauten 1939 nur 18,7% der Pächter, 45,8% der Halbpächter und 32,4% der selbständigen Bauern mehr als 1 chō Land (vgl. S.147 ff).
(1) Da hier auf eine Dezimalstelle aufgerundet wurde, ergibt die Summe nicht immer hundert Prozent.
(2) dōkyōnin: ein im Hause wohnender Verwandter oder Dienstbote
(3) Dieser Betrieb benötigte 1929 außerdem 30 Std. Hilfe von Männern und 448,5

Std, von Frauen, sowie 1200 Std. Hilfe im Haushalt. Die Hilfe im Anbau wurde im Rahmen der dörflichen Kooperation ausgetauscht. Diese Arbeitszeiten wurden hier nicht berücksichtigt.
(4) Ab 1933 existieren keine Daten mehr über Betrieb 3 und 4.
(5) Die Aufteilung der Arbeitsstunden im Nebenerwerb, in dem der Bauer den größten Anteil leistete, wurde hier nicht wiedergegeben.
(6) Die Arbeitsstunden pro Tag wurden hier auf die Tage der Anwesenheit im Betrieb umgerechnet.

ABKÜRZUNGSVERZEICHNIS

BGB	Bürgerliches Gesetzbuch
EAMT	East Asia: The Modern Transformation (1965) Hg. J.Fairbank et.al. Boston, Tokyo
EDCC	Economic Development and Cultural Change
JAS	Journal of Asian Studies
Jh	Jahrhundert
MEW	Karl Marx, Friedrich Engels: Werke
NKC	Nōrinshō nōmukyoku (ab 1921): Nōka keizai chōsa. Tokyo
NKGSJ	Nihon kingendaishi jiten. (1978) Hg. Nihon kingendaishi jiten henshū iinkai. Tokyo
NNUS	Nihon nōmin undōshi. (1961) Neuaufl. Tokyo 1977
NOAG	Nachrichten der Gesellschaft für Natur- und Völkerkunde Ostasiens
NRN	Nihon rōdō nenkan. (ab 1920) Hg. Ōhara shakai mondai kenkyūjo
NSMJ	Nihon shakai minzoku jiten. (1954) Hg. Nihon minzokugaku Kyōkai 4 Bde 4. Aufl. Tokyo 1977
NSSN	Nihon shihonshugi to nōgyō. (1957) Hg. Uno Kōzō, Tōbata Seiichi 8.Aufl. Tokyo 1970
NSSRM	HYŌDŌ, Tsutomu; KOBAYASHI, Kenichi; SUMIYA, Mikio (1967): Nihon shihonshugi to rōdōmondai. 6.Aufl. Toyko 1977
NSUJM	Nihon shakaiundō jinmei jiten. (1979) Hg. Shiota Shōbei Tokyo
NSUK	KOYAMA, Hirotake (1976): Nihon shakai undōshi kenkyū nyūmon. Tokyo
NTTN	Nihon teikoku tōkei nenkan. Tokyo
SJ	Nōshōmushō, shōkōkyoku (1903): Shokkō jijō. 3 Bde Neuaufl Hg. Tsuchiya Takao Tokyo 1976
SSU	KYŌCHŌKAI (1929): Saikin no shakai undō. Tokyo
TASJ	Transactions of the Asiatic Society of Japan

VERZEICHNIS DER MASSE

1 se = 99,3 m^2 = ca 1 Ar; 1 tan = 10 se = 999 m^2 = ca 9 Ar; 1 chō = 10 tan = 9920 m^2 = ca 1 ha

1 shō = 1,8 l; 1 to = 18 l; 1 koku = 180 l

LITERATUR UND QUELLEN

1. nicht publizierte Quellen

Erhebungskarten zu Nōka keizai chōsa des Nōrinshō nōmukyoku im Archiv des Nōrin keizai kyōshitsu der Kyoto Universität

Materialien verschiedener Baumwollfirmen zu Anwerbungspraktiken, ihren Schuleinrichtungen und Personalverwaltung im Archiv des Ōhara shakai mondai kenykūjo

Interviews mit Arahata Kanson, Ichikawa Fusae, Maruoka Hideko, Yamakawa Kikue, Yamanouchi Mina Frühjahr 1979

Interviews mit Lohnarbeiterinnen in Freien Produktionszonen in Südkorea und Malaysia 1978-9

2. Veröffentlichte Quellen und Sekundärliteratur in europäischen Sprachen

Agrarian China. Selected Source Materials from Chinese Authors. (1938) Hg. Research Staff of the Secretariat, Institute of Pacific Relations. Chicago 2.Aufl. 1978

ALLEN, G.C. (1951): A Short Economic History of Modern Japan 1867-1937. London 10. Aufl. 1962

- (1965): Japan's Economic Expansion. Oxford 3.Aufl. 1969

AMPO (1976): Free Trade Zones and Industrialization of Asia. Tokyo

BAADER, Ottilie (1921): Ein steiniger Weg. Lebenserinnerungen einer Sozialistin. Mit einer Einleitung von Marie Juchacz Bonn 3.Aufl.

BALANDIER, Georges (1972): Politische Anthropologie. München 2.Aufl. 1976

BEARSDLEY, R.K.; HALL, J.W.; WARD, R.E. (1959): Village Japan. Chicago, London

BEBEL, August (1974): Die Frau und der Sozialismus. Berlin 63. Aufl.

BECKMANN, George M.(1962): Japanese Adaptations of Marx-Leninism. In: Asian Cultural Studies 1962, 3, S.103-114

BEER, Ursula (1984): Theorien geschlechtlicher Arbeitsteilung. Frankfurt, N.Y.

BEFU, Harumi (1971): Japan. An Anthropological Introduction. N.Y.

BENNHOLT-THOMSEN, Veronika (1979): Marginalität in Lateinamerika. Eine Theoriekritik. In: Lateinamerika, Analysen und Berichte 3. Hg. Bennholt-Thomsen et.al. Berlin S.45-86

- (1980): Investition in die Armen. Zur Entwicklungspolitik der Weltbank. In: Lateinamerika, Analysen und Berichte 4. a.a.O. S.74-97

- ;BOECKH, Albrecht (1979): Zur Klassenanalyse des Agrarsektors - Mexiko. In: Subsistenzproduktion und Akkumulation. Hg. Arbeitsgruppe Bielefelder Entwicklungssoziologen Saarbrücken S.101-175

- (1982): Bauern in Mexiko zwischen Subsistenz- und Warenproduktion. Frankfurt, N.Y.

BERGER, Hartwig; HESSLER, Manfred; KAVEMANN, Barbara (1978): 'Brot für heute, Hunger für morgen'. Landarbeiter in Südspanien. Frankfurt

CONZE, Werner (1954): Vom 'Pöbel' zum Proletariat. Sozialgeschichtliche Voraussetzungen für den Sozialismus in Deutschland. In: Vierteljahresschrift für Sozial- und Wirtschaftsgeschichte Bd. 41 Wiesbaden. Neuaufl. in: Moderne deutsche Sozialgeschichte. Hg. H. U. Wehler Köln, Berlin 1970 S.111-137

CORNELL, John B.; SMITH, Robert (1956): Two Japanese Villages. Matsunagi. A Japanese Mountain Community. Kurusu. A Japanese Agricultural Community. University of Michigan 2.Aufl. 1969

DONNER-REICHLE, Carola (1977): Die Last der Unterentwicklung. Frauen in Kenya. Berlin

DORE, Ronald (1959): Land Reform in Japan. London

- (1959): The Meiji Landlord. Good or Bad. In: Journal of Asian Studies 1959 Vol. 18 S.345-55

- (1960):Agricultural Improvement in Japan 1870-1900. In:Economic Development and Cultural Change Oct.1960 Vol.9 S.69-91

DUDEN, Barbara; HAUSEN, Karin (1979): Gesellschaftliche Arbeit - Geschlechtsspezifische Arbeitsteilung. In: Frauen in der Geschichte. Hg. A.Kuhn; G. Schneider Düsseldorf S. 11-33

- ; MEYER-RENSCHHAUSEN, Elisabeth (1981): Landarbeiterinnen, Näherinnen, Dienstmädchen, Hausfrauen. Frauenarbeit in Preußen. In: Preußen. Zur Sozialgeschichte eines Staates. Eine Darstellung in Quellen. Hg. P.Brandt et al. 3.Bd. Reinbek S.265-86

"Dulden". Aus der Lebensbeschreibung einer Armen (1910). Hg. E.Bleuler München

East Asia. The Modern Transformation (1965) Hg. J.Fairbank et.al. Boston, Tokyo (zitiert EAMT)

EDHOLM, F.; HARRIS, O.; YOUNG, K. (1977): Conceptualising Women. In: Critique of Anthropology Vol.3 Nr 9/10 S.101-130

EDLINGER, Fritz (1979): Ein Vergleich der Lage und Bedeutung der Frauenarbeit in der japanischen Baumwollspinnerei-Industrie und Seidenhaspelei-Industrie. Vom Beginn der Industrialisierung Japans bis zur Weltwirtschaftskrise. Phil. Diss. Wien

EGNER, Erich (1978): Epochen des Familienhaushalts. In: Seminar. Familie und Gesellschaftsstruktur. (1978) S.92-128

ELSENHANS, Hartmut (1978): Mobilität der Arbeitskräfte und Akkumulation. Aspekte einer sozioökonomischen Theorie des internationalen Systems. In: Migration und Wirtschaftsentwicklung. Hg. H. Elsenhans Frankfurt

ELWERT, Georg (1980): Die Elemente der traditionallen Solidarität. Eine Fallstudie in Westafrika. In: Kölner Zeitschrift für Soziologie und Sozialpsychologie 1980, 32, 4 S.681-705

- ; EVERS, H.D. (1983): Die Suche nach Sicherheit: kombinierte Produktionsformen im sog. informellen Sektor. In: Zeitschrift für Soziologie 1983, 12, 4, S.281-96

ELVIN, Mark (1973): The Pattern of the Chinese Past. London, Stanford

EMBREE, John (1939): Suye Mura. A Japanese Village. Chicago 9.Aufl. 1972

ERNST, Angelika (1980): Japans unvollkommene Vollbeschäftigung. Mitteilungen des Instituts für Asienkunde 115 Hamburg

Estimates of Long-Term Economic Statistics of Japan since 1868. (1979) Hg. Ōkawa Kazushi 11.Bd. Fujino Shōsaburō u.a.: Textiles. Sen'i kōgyō chōki keizai tōkei suikei to bunseki. Tokyo

EVERS, H.D. (1980): Subsistence Production and the Jakarta 'Floating Mass'. In: Prisma 1980, 17 S.27-35

FEDER, Ernesto (1980): Mc Namaras kleine grüne Revolution. Der Weltbankplan zur Selbstzerstörung der Kleinbauern in der Dritten Welt. In: ders.: Erdbeerimperialismus. Studien zur Agrarstruktur Lateinamerikas.Frankfurt S.333-50

The Changing Experience of Women. (1982) Hg. Ann Whiteleg et.al. Oxford

Firth, Raymond (1978): Der soziale Rahmen der ökonomischen Organisation. In: Gesellschaften ohne Staat S.101-35

FRANKE, Marlies: Gesellschaftliche Reproduktion und Funktion der Frau: Zur Emanzipation der Frau aus geschlechtsspezifischer Unterdrückung. Magisterarbeit am FB 15 der FU Berlin

Frauen gegen Apartheid. Zur Geschichte des politischen Widerstands von Frauen. (1980) Hg. Ruth Weiß Hamburg

FREYHOLD, Michaela v. (1981): Dependenztheorie/ Dissoziationstheorie - oder Theorie der Produktionsweisen/ Theorie der sozialen Kämpfe? In: Peripherie Nr.5/6 Münster S.49-64

FRIEBEN, Ellen (1979): Die Stellung der Frau bei den Shuar. Magisterarbeit FB 11 der FU Berlin

FRÖBEL, Volker: Zur gegenwärtigen Entwicklung der Weltwirtschaft. In: Starnberger Studien 4. Strukturveränderungen in der kapitalistischen Weltwirtschaft. Frankfurt S.9-88

FUCHS, Karl-Peter: Das Problem der Frauennachtarbeit in Japan und die Argumentation der japanischen Unternehmer. In: Nachrichten der Gesellschaft für Natur- und Völkerkunde Ostasiens Nr.107/8 Hamburg S.71-156

FUKUZAWA, Hiroomi (1981): Aspekte der Marx-Rezeption in Japan. Spätkapitalisierung und ihre sozioökonomischen Folgen, dargestellt am Beispiel der japanischen Gesellschaft. Bochum

FUKUTAKE, Tadashi (1967): Japanese Rural Society. Übers. R.Dore Oxford (1964 Nihon no nōson shakai)

GEERTZ, Clifford (1963): Agricultural Involution: The Process of Ecological Change in Indonesia. Berkeley, Los Angeles, London

GERHARD, Ute (1978): Verhältnisse und Verhinderungen. Frauenarbeit, Familie und Rechte der Frauen im 19. Jahrhundert. Frankfurt

Gesellschaften ohne Staat. (1978) Hg. F. Kramer, C. Sigrist Frankfurt

GODELIER; Maurice (1973): Ökonomische Anthropologie. Untersuchungen zum Begriff der sozialen Struktur primitiver Gesellschaften. Reinbek

GÖSSMANN, Elisabeth (1980): Am Anfang war die Frau die Sonne. Die Frau im alten Japan. In: OAG Reihe Japan modern. 1.Bd. Die Frau (1980) S.23-41

GORZ, Andre: Abschied vom Proletariat. Jenseits des Sozialismus. Frankfurt

GOUGH, Kathleen (1977): An Anthropologist looks at Engels. In: Woman in a Man made World. Hg. N.Glazer, H. Waehrer Chicago 2.Aufl. S.156-69

GRAJDANZEW, Andrew (1944): Modern Korea. Institute of Pacific Relations N.Y. 2.Aufl. Seoul 1975

GULIK, R.H. van (1961): Sexual Life in Ancient China. Leiden

HALL, John W. (1962): Feudalism in Japan - A Reassessment. In: Comparative Studies in Society and History Vol.3 S.15-51

HALLIDAY, Jon (1975): A Political History of Japanese Capitalism. N.Y.

HANE, Mikiso (1982): Peasants, Rebels and Outcasts. The Underside of Modern Japan. N.Y.

HANKEL, Wilhelm; PRIEBE, Hermann (1980): Der Agrarsektor im Entwicklungsprozeß. Frankfurt

HANLEY, Susan; YAMAMURA, Kozo (1977): Economic and Demographic Change in Preindustrial Japan, 1600-1868. Princeton

HARTMANN, Jörg (1981): Subsistenzproduktion und Agrarentwicklung in Java/ Indonesien. Bielefelder Studien zur Entwicklungssoziologie 13 Saarbrücken, Fort Lauderdale

HAUSEN, Karin (1976): Die Polarisierung der Geschlechtscharaktere - Eine Spiegelung der Dissoziation von Erwerbs- und Familienleben. In: Sozialgeschichte der Familie in der Neuzeit Europas. Neue Forschungen. Hg. W. Conze Stuttgart

HEINSOHN, Gunnar; KNIEPER, Rolf; Steiger, Otto (1979): Menschenproduktion. Allgemeine Bevölkerungslehre der Neuzeit. Frankfurt

HEROLD; Renate (1980): Die Blume am Arbeitsplatz - Japans Frauen im Beruf. Tokyo, Tübingen

HIELSCHER; Gerhard (1978): Rolle und Stellung der Frau. In: Japan 1978/9. Politik und Wirtschaft. Hg. M. Pohl Hamburg S.77-93

HILTON, Rodney (1973): Bond Men Made Free. Medieval Peasant Movements and the Rising of 1381. London

HOBSBAWM, Eric J. (1968): Industry and Empire. Harmondsworth 2.Aufl.1969

- (1973): Peasants and Politics. In: Journal of Peasant Studies 1973, Vol.1, 1, S.3-23

HOU, Chi Ming (1965): Foreign Investment and Economic Development in China 1840-1937. Cambridge Mass.

HUIZER, Gerrit (1972): Peasant Mobilization and Land Reform in Indonesia. ISS Occasional Papers Den Haag

HUNT, E.H. (1981): British Labour History 1815-1914. London

IKE, Nobutaka (1957): Japanese Politics. An Introductory Survey. N.Y.

ISHII, Ryoichi (1937): Population Pressure in Japan. London

ITŌ, Noe (1978): Wilde Blume auf unfreiem Feld. Hg. I.Lenz, A. Terasaki.Berlin

JACOBI, Carola; NIESS, Thomas (1980): Hausfrauen, Bauern, Marginalisierte: Überlebensproduktion in "Dritter" und "Erster" Welt. Bielefelder Studien zur Entwicklungssoziologie 10 Saarbrücken, Fort Lauderdale

JANSSEN-JURREIT; Marie-Luise (1976): Sexismus. Über die Abtreibung der Frauenfrage. München, Wien

JESUS, Maria Carolina de (1968): Tagebuch der Armut. Aufzeichnungen einer brasilianischen Negerin. Frankfurt

KIDD, Yasue, Aoki (1978): Women Workers in the Japanese Cotton Mills: 1820-1920. Cornell University East Asia Papers 20

KITTLER, Gertraude (1980): Hausarbeit. Zur Geschichte einer Naturressource. München

KOCKA, Jürgen (1983): Lohnarbeit und Klassenbildung. Berlin, Bonn

KÖSSLER, Gottfried (1979): Mädchenkindheiten im 19. Jahrhundert. Gießen

KÖSSLER, Reinhart (1982): Dritte Internationale und Bauernrevolution. Die Herausbildung des sowjetischen Marxismus in der Debatte um die "asiatische" Produktionsweise. Frankfurt, N.Y.

- ; Lenz, Ilse (1983): Das wandelbare Wundertier: "Informeller Sektor", ökologische Zukunft und Herrschaft. FSP Entwicklungssoziologie, Universität Bielefeld Working Paper 33

KREYE, Otto; FRÖBEL, Volker; HEINRICHS, Jürgen (1977): Die neue internationale Arbeitsteilung. Reinbek

KROGBÄUMKER; Beate (1980): Subsistenzproduktion und geschlechtliche Arbeitsteilung. In: Peripherie 1980, 3 S.14-31

KURODA, Toshio (1974): Population Change and Social Development in Japan. In: Sociology and Social Development in Asia. Hg. Fukutake T., Maruoka Kiyomi Tokyo S.61-71

KUCHENBUTH, Ludolf; MICHAEL, Bernd (1977): Zur Struktur und Dynamik der 'feudalen' Produktionsweise im vorindustriellen Europa. In: Feudalismus - Materialien zur Theorie und Geschichte. Hg. dies. Frankfurt, Berlin S.694-762

LAPPE, Lothar (1981): Die Arbeitssituation erwerbstätiger Frauen. Geschlechtsspezifische Arbeitsmarktsegmentation und ihre Folgen. Frankfurt

LARGE, Stephen (1981): Organized Workers and Socialist Politics in Interwar Japan. Cambridge

LEACOCK, Eleanor (1981): Myths of Male Dominance. Collected Articles on Women Cross-Culturally. N.Y., London

LEE, H.K. (1936): Land Utilization and Rural Economy in Korea. Chicago

LENZ, Ilse (1975): Materialien zum japanischen Frühsozialismus: Heiminsha und Heiminshimbun. In: Nachrichten der Gesellschaft für Natur- und Völkerkunde Ostasiens 117 S.7-37

- (1978a): Frauen, Kolonien, Neokolonien (No women are islands). In: Beiträge zur feministischen Theorie und Praxis 1, München

- (1978b): Prostitutionstourismus in Asien. In:EPD 1/2 S.14-8

- (1978c): Takamure Itsue's Reflexionen und Forschungen über das frühe japanische Familiensystem - Ansätze zu einer Geschichte der Frau? In: Referate des IV. deutschen Japanologentags Hg. F.Opitz, R.Schneider Hamburg S.92-106

- (1980a): Flammen am Markt des Friedens: Arbeiterinnen im Schatten der internationalen Arbeiterbewegung werden aktiv. In: Wachstum, Diktatur und Ideologie in Korea. Hg. D.Y. Song Bochum S.121-169

- (1980b): Frauen und das globale Fließband. In Beiträge zur feministischen Theorie und Praxis 3, München S.90-104

- (1980c): Überlegungen zum Verhältnis von Staat, Subsistenzproduktion und Sozialbewegungen. In: Peripherie 3 S.4-14

- (1980d): "Bitterer als für den Vogel der Käfig..." Die Lebens- und Arbeitssituation japanischer Textilarbeiterinnen und die Frauenpolitik der Gewerkschaften und der sozialistischen Gruppierungen. In: Internationale Tagung der Historiker der Arbeiterbewegung (XIV. Linzer Konferenz 1978) Teil 2 Die Frau in der Arbeiterbewegung 1900-1939 Wien S.717-736

- (1981): Familienhaushalte, Sozialkosten und wirtschaftliches Wachstum. In: Japans Sozial- und Wirtschaftsordnung im internationalen Kontext. Hg. G. Foljanty-Jost et.al. Frankfurt S.177-217

- (1983a): Was macht die Macht mit den Frauen? Anmerkungen zum "Politischen" in den Reproduktionsverhältnissen. In: Peripherie 13 S.26-38

- (1983b): Frauenarbeits-Futurismus-Tango.Zum Einfluß der neuen Mikroelektronik Technologien auf die Zukunft der Frauenarbeit. In:Beiträge zur feministischen Theorie und Praxis 9/10 Köln S.75-92

LEVINE; Solomon (1958): Industrial Relations in Post War Japan. Urbana

LIDDINGTON, Jill; NORRIS, Jill (1978): One Hand Tied behind us. The Rise of the Women's Suffrage Movement. London

Listen der Ohnmacht. Zur Sozialgeschichte weiblicher Widerstandsformen. (1981) Hg. C.Honegger, B.Heintz Frankfurt

LOCKWOOD, William (1968): The Economic Development of Japan. Growth and Structural Change. Princeton

LÖFFLER, Lorenz (1979): Die Stellung der Frau als ethnologische Problematik. In: Geschlechtsrollen und Arbeitsteilung. Mann und Frau in soziologischer Sicht. Hg. R. Eckert München S.15-60

LÖW, Angelika (1981): "Was wird aus uns, wenn keine sich wehrt?" Kolumbien: die alltäglichen Kämpfe der Frauen. Reinbek

LUCAS, Erhard (1983): Vom Scheitern der deutschen Arbeiterbewegung.Frankfurt

MALINOWSKI, Bronislaw (1979): Das Geschlechtsleben der Wilden in Nordost Melanesien. Neuaufl. Frankfurt

MARSHALL, Byron (1967): Capitalism and Nationalism in Japan. The Ideology of the Business Elite 1868-1941. Stanford

MARTIN, Kay; VOORHIES, Barbara (1975): Female of the Species. N.Y.

MARUYAMA, Masao (1981): Denken in Japan. Übers. W.Schamoni In: Bochumer Jahrbuch zur Ostasienforschung S.1-71 (Nihon no shisō)

MARX, Karl: Das Kapital. Kritik der politischen Ökonomie 3 Bde. MEW 23-25

- (1953): Grundrisse der Kritik der politischen Ökonomie (Rohentwurf).Berlin

- (1969): Resultate des unmittelbaren Reproduktionsprozesses. Frankfurt
- ; Engels, Friedrich: Die deutsche Ideologie MEW 3 S.9-530

Matrilineal Kinship. (1961) Hg. K. Gough, D. Schneider Berkeley 3.Aufl.1974

MEDICK, Hans (1976): Zur kulturellen Funktion von Haushalt und Familie im Übergang von der traditionellen Agrargesellschaft zum industriellen Kapitalismus: die protoindustrielle Familienwirtschaft. In: Sozialgeschichte der Familie in der Neuzeit Europas. Hg. W.Conze a.a.O. S.265-277

MEILLASSOUX, Claude (1976): Die wilden Früchte der Frau. Über häusliche Produktion und kapitalistische Wirtschaft. Frankfurt

MIES, Maria (1979): Consequences of Capitalist Penetration for Women's Subsistence Production in Rural India. In: CCAS Bulletin Vol 9, 2

- (1980): Gesellschaftliche Ursprünge der geschlechtlichen Arbeitsteilung. In: Beiträge zur feministischen Theorie und Praxis 3 S.61-79

MOORE, Barrington (1969): Soziale Ursprünge von Diktatur und Demokratie. Die Rolle der Grundbesitzer und Bauern bei der Entstehung der modernen Welt. Frankfurt

Müller, W.; Willms, A.; Handl, J. (1983): Strukturwandel der Frauenarbeit 1880-1980. Frankfurt

MÜLLER, E.W. (1981): Der Begriff 'Verwandtschaft' in der modernen Ethnologie. Berlin

MYERS, Ramon (1970): The Chinese Peasant Economy. Agricultural Development in Hopei and Shantung 1890-1949. Cambridge

MYRDAL, Jan (1969): Bericht aus einem chinesischen Dorf. München

Mythos Frau. (1983) Hg. B. Schaeffer-Hegel, B. Wartmann Berlin

NAKANE, Chie (1967): Kinship and Economic Organisation in Rural Japan. London

NAKAMURA, James (1966): Agricultural Development and the Economic Development of Japan 1873-1922. Princeton

NAKAMURA, Saiichi (1921): The Livelihood of Agricultural Laborers in Japan. In: The Journal of Political Economy Vol.29 S.767-771

NAMIKI, M. (1960): The Farm Population in the National Economy before and after World War 2. In: Economic Development and Cultural Change Vol.9 S.43-67

NEUSS, Margret (1971): Die Seitōsha. In: Oriens extremus 18.Jg. S.1-66,137-201

- (1980): Von der Hausmutter zur Kriegshelferin. Zwischen Meiji-Restauration und 2.Weltkrieg. In: OAG Reihe Japan modern Bd.1 Die Frau (1980) S. 41-65

NOJIRI, Shigeo (1964): An Outlook of Studies on Population Problems in Japan. VI. Internal Migration of Rural Population. Prepared for the National Commision of the UNESCO Tokyo

NORMAN; Herbert (1940): Japan's Emergence as a Modern State. N.Y.

- : Origins of the Modern Japanese State. Selected Writings of E.H. Norman. Hg.J. Dower N.Y.

NTANTALA, Phyllis (1976): Die Witwen in den Reservaten. In: Wanderarbeit im südlichen Afrika. Hg. G.Wellmer, P.Ripken ISSA Bonn S.3-9

OAG Reihe Japan modern 1.Bd. Die Frau (1980). Hg. G. Hielscher Berlin

OGURA, Takekazu (1967): Agricultural Policy in Japan. Tokyo

OKANO, Haruko (1976): Die Stellung der Frau im Shintō. Eine religionsphänomenologische und - soziologische Untersuchung. Wiesbaden

OMVEDT, Gail (1980): We Will Smash this Prison. Indian Women in Struggle. London

OSTNER, Ilona (1978): Beruf und Hausarbeit. Die Arbeit der Frau in unserer Gesellschaft. Frankfurt

PARK, Sung-Jo (1969): Die Wirtschaftsbeziehungen zwischen Japan und Korea 1910-1968. Wiesbaden.

PARSONS, Talcott (1954): Population and the Social Structure of Japan. In: ders. Esssays in Sociological Theory. London, N.Y. 3.Aufl. 1966 S.275-298

PERKINS, Dwight (1969): Agricultural Development in China 1368-1968. Chicago

PINCHBECK, Ivy (1930): Women Workers and the Industrial Revolution 1750-1850. London 3.Aufl. 1981

POHL, Manfred (1976): Die Bauernpolitik der Kommunistischen Partei Japans 1922-1928. Hamburg

POLANYI, Karl (1978): The Great Transformation. Politische und ökonomische Ursprünge von Gesellschaften und Wertsystemen. Frankfurt

POPP, Adelheid (1927): Jugendgeschichte einer Arbeiterin. 3.Aufl.

PRUITT, Ida (1945): A Daughter of Han. The Autobiography of a Chinese Working Women. 2.Aufl. Stanford 1967

RAWSKI, Evelyn (1972): Agricultural Change and the Peasant Economy of South China. Cambridge

ROHRLICH-LEAVITT, Ruby et.al. (1979): Aboriginal Women: Male and Female. Anthropological Perspectives. In: The Politics of Anthropology. From Colonialism and Sexism towards a View from Below. Hg. G. Huizer, B.Mannheim Den Haag, Paris S.117-131

ROSENBAUM, Heidi (1981): Formen der Familie. Untersuchungen zum Zusammenhang von Familienverhältnissen, Sozialstruktur und sozialem Wandel in der deutschen Gesellschaft des 19. Jahrhunderts. Frankfurt

SACHBE, Christoph; TENNSTEDT, Florian (1980): Geschichte der Armenfürsorge in Deutschland. Vom Spätmittelalter bis zum 1.Weltkrieg. Stuttgart

SAHLINS, Marshall (1974): Stone Age Economics. London

SALAFF, Jane (1981): Modern Times in Hong Kong: Working Daughters in the Hong Kong Chinese Family. Cambridge

SARTONO, Kartodirjo (1973): Protest Movements in Rural Java. A Study of Agrarian Unrest in the Nineteenth and Twentieth Century. K.L.

SAXONHOUSE, Gary (1976): Country Girls and Communication among Competitors in The Japanese Cotton Spinning Industry. In: Japanese Industrialization and its Social Consequences. Hg. H. Patrick Los Angeles S.97-125

SCHEINER, Irwin (1973): The Mindful Peasant: Sketches for a Study of Rebellion. In: Journal of Asian Studies Vol.32, 4, S.579-590

- (1978): Benevolent Lords and Honorable Peasants: Rebellion and Peasant Consciousness in Tokugawa Japan. In: Japanese Thought in the Tokugawa Period 1600-1868. Methods and Metaphors. Hg. T. Najita, I. Scheiner Chicago London S.39-63

SCHIEL, Tilman (1976): Soziale Stratifikation in Vorklassengesellschaften. Über die Herausbildung der Grundbedingungen des Auftretens von Klassen. Magisterarbeit Heidelberg

- (1978): Reproduktion und soziale Asymmetrie. Papier Bielefeld

- ; STAUTH, Georg (1981): Unterentwicklung und Subsistenzproduktion. In:Peripherie 5/6 S.122-143

SCHMIDT, Alfred (1962): Der Begriff der Natur in der Lehre von Marx.Frankfurt

SCHNEIDER; Lothar (1978): Arbeits- und Familienverhältnisse in der Hausindustrie (Heimarbeiterfamilie). In: Seminar: Familie und Gesellschaftsstruktur. (1980) S.269-285

SCHON, Jenny (1982): Frauen in China. Eine Studie über die gesellschaftliche Stellung der chinesischen Frau vor 1949. Bochum

SCOTT, James (1976): The Moral Economy of the Peasant. Rebellion and Subsistence in Southeast Asia. New Haven, London 2.Aufl.

SCOTT, Joan; TILLY, Louise (1975): Women's Work and the Family in Nineteenth Century Europe. In: Comparative Studies in Society and History Vol.17 S.36-67

Seminar: Familie und Gesellschaftsstruktur. Materialien zu den sozioökonomischen Bedingungen von Familienformen. (1978) Hg. H. Rosenbaum Frankfurt

SENGHAAS-KNOBLOCH, Eva (1976): Weibliche Arbeitskraft und gesellschaftliche Reproduktion. In: Leviathan 4.Jg., 4 S.543-558

SHIMPO, Mitsuru (1976): Three Decades in Shiwa. Economic Development and Social Change in a Japanese Farming Community. Vancouver

SHORTER, Edward (1977): Die Geburt der modernen Familie. Reinbek

SIGRIST, Christian (1967): Regulierte Anarchie. Untersuchungen zum Fehlen und zur Entstehung politischer Herrschaft in segmentären Gesellschaften Afrikas. Olten, Freiburg

SMITH, Robert (1974): Ancestor Worship in Contemporary Japan. Stanford

SMITH, Thomas (1952): The Japanese Village in the Seventeenth Century. In: Studies in the Institutional History of Early Modern Japan. Hg. J.W. Hall, M.Jansen Princeton 1968 S.263-283

- (1955): Political Change and Industrial Development in Japan. Government Enterprise 1868-1890. Stanford

- (1958): The Land Tax in the Tokugawa Period. In: Studies in the Institutional History of Early Modern Japan a.a.O. S.283-301

- (1959): The Agrarian Origins of Modern Japan. Stanford

- (1977): Nakahara. Family Farming and Population in a Japanese Village. Stanford

SNOW, F. Helen (1967): Women in Modern China. Den Haag, Paris

SOMBART, Werner (1921): Der moderne Kapitalismus. 1.Bd. 4.Aufl. München

SORGE, Richard (1937): Japanische Agrarfragen. In:Zeitschrift für Geopolitik. Jg. 14, 1, S.18-24, 2, S.132-138, 3, S.211-221

Sources of Japanese Tradition. Introduction to Oriental Civilizations.(1958, 1964) Hg. T. de Bary London, N.Y.

Sozialgeschichte der Familie in der Neuzeit Europas. Neue Forschungen (1976). Hg. W. Conze Industrielle Welt. Schriftenreihe des Arbeitskreises für moderne Sozialgeschichte Bd.21 Stuttgart

STOLER, Ann (1977): Class Structure and Female Autonomy in Rural Java. In: Women and Development. The Complexities of Change. Chicago S.74-90

SU Jing, LUO Lin (1978): Landlord and Labor in Late Imperial China. Übers. E. Wilkinson. Harvard East Asia Monographs 80. Cambridge

Subsistenzproduktion und Akkumulation. (1979) Hg. Arbeitsgruppe Bielefelder Entwicklungssoziologen. Saarbrücken, Fort Lauderdale

TAIRA, Koji (1970): Economic Development and the Labour Market in Japan. Princeton

TÄUBER, Irene (1958): The Population of Japan. Princeton

TAWNEY, R.H. (1932): Land and Labour in China. London

TERAOKA, Shuzo (1966): Japanese Capitalism and its agricultural Problems. Culminating in The Rice Riots. In: The Developing Economies Vol.4, 4 S.472-98

THEWELEIT, Klaus (1977): Männerphantasien. Frankfurt

THOMPSON, E.P. (1963): The Making of the English Working Class. Harmondsworth 2. rev. Aufl. 1977

TOTTEN, George (1966): The Social Democratic Movement in Prewar Japan. New Haven, London

Towards an Anthropology of Women. (1975) Hg. R. Reiter N.Y.

TSUCHIYA, Keizo (1976): Productivity and Technological Progress in Japanese Agriculture. Tokyo

TSURUMI, Kazuko (1970): Social Change and the Individual. Japan before and after Defeat in World War II. Princeton

TSUZUKI, Toshio (1964): Die Betriebssysteme der japanischen Landwirtschaft. Hamburg

UCHIDA, Yoshiaki (1981): Max Weber in der japanischen Sozialwissenschaft 1905 -1978. Übers. K. Kracht In: Bochumer Jahrbuch zur Ostasienforschung S.71-110

UTLEY, Freda (1931): Lancashire and the Far East. London

VARNER, Richard (1975): The Organized Peasant. The Wakamonogumi in the Edo Period. In: Monumenta Nipponica Vol.32, 4, S.459-483

VEGA, Maria Gabriela (1980): Einige Überlegungen zu bäuerlicher Wirtschaft und Kapitalismus in Peru. In: Peripherie Nr.2 S.48-63

Virtues in Conflict.Tradition and the Korean Women Today. (1977) Hg. S. Matielli Seoul

WASWO, Barbara A.L. (1969): Landlords and Social Change in Pre-war Japan. PHD thesis Stanford University Modern History

- (1977): Japanese Landlords. The Decline of a Rural Elite. Berkeley

WEBER, Max (1980): Wirtschaft und Gesellschaft. Grundriß der verstehenden Soziologie. 1.Aufl. 1922, 5.rev. Aufl. Tübingen

WEBER-KELLERMANN, Ingeborg (1978): Die deutsche Familie. Versuch einer Sozialgeschichte. Frankfurt

WERLHOF, Claudia v. (1978): Frauenarbeit: der blinde Fleck in der Kritik der politischen Ökonomie. In: Beiträge zur feministischen Theorie und Praxis 1, München S.18-32

- (1980): Vereint wie eine Schar wütender Adler...Frauenkämpfe und Machismo in Lateinamerika. In: Beiträge zur feministischen Theorie und Praxis 3, S.26-44

- (1981): Frauen und Dritte Welt als 'Natur' des Kapitals oder: Ökonomie auf die Füße gestellt. In: Eigener Haushalt und bewohnter Erdkreis. Ökologisches und ökumenisches Lernen in der Einen Welt. Hg. H. Dauber, W.Simpfendörfer Wuppertal S.187-214

- (1982): Die Krise. Hausfrauisierung der Arbeit. In: Courage 1982

WESEL, Uwe (1980): Der Mythos vom Matriarchat. Über Bachofens Mutterrecht und die Stellung von Frauen in frühen Gesellschaften. Frankfurt

WHITE, Benjamin (1976): The Economic Importance of Children in a Javanese Village. PHD thesis Columbia

- (1982): Child Labour and Population Growth in Asia. In: Development and Change Vol.13 S.465-477

WHYTE, Martin (1978): The Status of Women in Preindustrial Societies. Princeton

WILKINSON, Thomas (1965): The Urbanization of Japanese Labour 1868-1955. Amherst

WILLMS, Angelika (1980): Die Entwicklung der Frauenerwerbstätigkeit im Deutschen Reich. Beiträge zur Arbeitsmarkt und Berufsforschung 50 Nürnberg

WITTFOGEL, Karl August (1931): Wirtschaft und Gesellschaft Chinas. Versuch der wissenschaftlichen Analyse einer großen asiatischen Agrargesellschaft. Erster Teil: Produktivkräfte, Produktions- und Zirkulationsprozeß. Leipzig

WOLF, Eric (1966): Peasants. Englewood Cliffs

- (1969): Peasant Wars of the Twentieth Century. N.Y.

Women in Changing Japan. (1976) Hg. J.Lebra et.al. Boulder

Women of Korea. A History from Ancient Times to 1945. (1977). Hg. Yung Chung Kim Seoul

WORM, Herbert (1981): Studien über den jungen Ōsugi Sakae und die Meiji-Sozialisten zwischen Sozialdemokratie und Anarchismus unter besonderer Berücksichtigung der Anarchismus-Rezeption. Gesellschaft für Natur- und Völkerkunde Ostasiens, Mitteilungen Bd.88 Hamburg

YASUBA, Yasukichi (1975): Anatomy of the Debate on Japanese Capitalism. In: Journal of Japanese Studies Vol.2, 1, S.63-83

3. Veröffentlichte Quellen und Sekundärliteratur in asiatischen Sprachen

3.1. Lexika und Handbücher

ASAHI SHINBUNSHA (1970): Gendai jinbutsu jiten. Tokyo

Gendai fujin undōshi nenpyō. (1963) Hg. Mitsui Reiko Tokyo

Kindai Nihon fujin mondai nenpyō. (1980) Hg. Maruoka Hideko u.a. Nihon fujin mondai shiryō shūsei 10.Bd. Tokyo

Kindai Nihon kenkyū nyūmon. (1977) Hg. Itō Takashi; Nakamura Takafusa Tokyo

KOYAMA, Hirotake (1976): Nihon shakai undōshi kenkyū nyūmon. Tokyo (Zitiert NSUK)

Nihon jinbutsu bunken mokuroku. (1975) Hg. Hōsei daigaku bungakubu shigaku kenykushitsu

Nihon keizaishi jiten. (1965) Hg. Honjo Eijirō 3 Bde. Tokyo

Nihon kindendaishi jiten. (1978) Hg. Nihon kingendaishi jiten henshū iinkai Tokyo (zitiert NKGSJ)

Nihon shakai minzoku jiten. (1954) Hg. Nihon minzokugaku kyōkai 4 Bde.Tokyo 4. Aufl. 1960 (zitiert NSMJ)

Nihon shakai undō jinmei jiten. (1979) Hg. Shiota Shōbei Tokyo (zitiert NSUJM)

Shakai kagaku daijiten. (1968) Hg. Shakai kagaku daijiten iinkai Tokyo 20 Bde.

WATANABE, Yoshimichi; SHIOTA, Shōbei (1956): Nihon shakai undōshi nenpyō. Tokyo

3.2. Quellen und Sekundärliteratur

AOKI, Keiichirō (1970): Nihon nōmin undōshi. 6 Bde. Tokyo

ARAKI, Moriaki (1972-3): Nihon jinushisei no taiseiteki seiritsu to sono tenkai. Meiji sanjūnen ni okeru Nihon jinushisei no chitai kōzō o chūshin to shite. In: Shisō 1972, 4, S.510-33; 12, S.1789-1814; 1973, 2, S.248-65; 3, S.393-404

CHINO, Yōichi (1979): Kindai Nihon fujin kyōikushi. Tokyo

CHŌSEN SŌTOKUFU SHŌMUBU CHŌSAKA (1924): Hanshin Keihin chihō no chōsenjin rōdōsha

CHŪŌ SHOKUGYŌ JIMUKYOKU (1929): Bōseki rōdō fujin chōsa. Tokyo

- (1930): Shōwa sannenchū ni okeru dōfuken-gai dekasegisha ni kansuru chōsa gaiyō. Tokyo

- (1935): Shōwa shichinen ni okeru dōfuken-gai dekasegisha ni kansuru chōsa gaiyō. Tokyo

FUJI GASU KABUSHIKI KAISHA (1919): Oyama kōjō jokō boshū annaisho. o.O.

Fujin rōdō mondai. (1919) Hg. Shakai seisaku gakkai. Neuaufl. Shakai seisaku gakkai shiryō 12.Bd. Tokyo 1978

FURUSHIMA, Toshio (1956): Nihon nōgyōshi. 19. Aufl. Tokyo 1976

- (1978): Kinsei keizai ni kiso katei. Tokyo

- ; UDA, Shirō (1957): Meijiki ni okeru jinushi seido tenkai no chikiteki tokushitsu. In: Jinushi no keisei. Meiji shi kenkyū sōsho 5.Bd. Tokyo

HASHIMOTO, Rikutarō (1931): Bōshoku jinji no hanashi. Tokyo

HAZAMA, Hiroshi (1964): Nihon rōmu kanrishi kenkyū. Keiei kazokushugi no keisei to hatten. 2.Aufl. Tokyo 1969

HOSOI, Wakizō (1925): Jokō aishi. 30. Aufl. Tokyo 1977

HYŌDŌ, Tsutomu; KOBAYASHI, Kenichi; SUMIYA, Mikio (1967): Nihon shihonshugi to rōdō mondai. 6.Aufl. Tokyo 1977 (zitiert NSSRM)

ICHIKAWA, Fusae (1974): Ichikawa Fusae jiden. Senzenhen. Tokyo

ISHIDA, Takeshi (1970): Nihon no seiji bunka. Dōchō to kyōsō. 9.Aufl. Tokyo

ISHIKAMI, Kinji (1928): Seiwa kakari dokuhon. Osaka

Iwanami kōza Nihon rekishi. Kindai 5. (1975) 2.Augl. Tokyo 1981, Kindai 6. (1976) 2.Aufl. Tokyo 1981

Jokō ni kansuru chōsa. (1928) (1932) Hg. Nakano zaidan, Shakai jigyō chōsa hōkokusho. Niigata

KAJINISHI; Mitsuhaya; KATŌ, Toshihiko; ŌUCHI, Tsutomu (1969): Nihon ni okeru shihonshugi no hattatsu. Tokyo

KANEGAFUCHI BŌSEKI KABUSHIKI KAISHA: Tokyo honten annai. Tokyo o.J.

- : Kanebō no kiteki. Ab 1903

- : Joshi no tomo. Ab 1904

- (1932): Kanebō Tokyo honten kōshu shūgyō kisoku. Tokyo

KAWAMURA, Osamu (1931): Tōyō jikka jogakkō kōgi. Daiichi gakunen, dai hachigo. Osaka

KIM, Il Chul (1979): Hibana yo, kono yami o terase. Kankoku joshi rōdōsha no tatakai. Tokyo

Kindai minshū no kiroku. 3.Bd. Shōfu. (1971) Hg Tanigawa Kenichi. 2.Aufl. Tokyo 1973

Kemiskinan dan Kebutuhan Pokok. (1982) Hg. H.D. Evers, M. Sumardi, Jakarta

KITAZAKI; Toyoji (1976): Meiji rōdō undōshi kenkyū. Tokyo

KŌSEISHŌ SHOKUGYŌBU (1936): Shōwa jūichinenchū ni okeru dekasegisha ni kansuru chōsa gaiyō. Tokyo

KOSHŌ, Yukiko (1975): Furusato no onnatachi. Ōita kindai joseishi josetsu. Tokyo

KOYAMA, Hirotake (1953): Nihon shihonshugi ronsōshi. 2 Bde. Tokyo

- (1956): Nihon shihonshugi ronsō no gendankai. Tokyo

KYŌCHŌKAI (1929): Saikin no shakaiundō. Tokyo

- (1939): Zenkoku issen nōka no keizai kinkyō chōsa. Tokyo

Mada takusan aru rōdōmondai. (1966) In: Sen'i rōdō Nr.149, Nov., S.31-7

MARUOKA, Hideko (1937): Nihon nōson fujin mondai. 4.Aufl. Tokyo 1940

- (1975): Fujin shisō keiseishi nooto. 1.Bd. Tokyo

MIHARU, Yukie (1978): Daiichiji taisengo no seishijokō no sekishutsu kiban. Gokamura no nōkakeiei no jokōrodō. In: Nihon fuashizumu no keisei to nōson. Hg. Ōe Shinobu. Tokyo

MORIYA, Fumio (1971): Nihon Marukusushugi riron no keisei to hatten. Tokyo

MOROSAWA, Yōko (1970): Onna no rekishi. 2 Bde. Tokyo

MURAKAMI, Nobuhiko (1975): Fujin mondai to fujin kaihōundō. In: Iwanami kōza Nihon rekishi 18. Gendai 5. S.223-55

- (1977): Meiji joseishi. 4 Bde. Tokyo

NAGAHARA, Keiji et.al. (1972): Nihon jinushisei no kōsei to dankai. Tokyo

NAKAMURA, Masayoshi (1976): Rōdōsha to nōmin. Nihon no rekishi Bd.29

NAMIKI, Masakichi (1959): Sangyō rōdōsha no keisei to nōka jinkō. In:NSSN S.138-191

Nihon fujin mondai shiryō shūsei. (1977-80) Hg. Ichikawa Fusae u.a. 10 Bde. Tokyo; 3.Bd Rōdō. (1977) Hg. Akamatsu Ryōko

Nihon nōmin undōshi. (1961) Hg. Nōmin undōshi kenkyūkai Neuaufl. Tokyo 1977 (zitiert NNUS)

Nihon rōdō nenkan. Hg. Ōhara shakai mondai kenkyūjo (zitiert NRN)

Nihon shihonshugi to nōgyō. (1957) Hg. Uno Kōzō, Tōbata Seiichi. Neuaufl.1977

Nihon teikoku tōkei nenkan. (zitiert NTTN)

NISHIDA, Toshiaki (1975): Nōmin undō no hatten to jinushisei. In: Iwanami kōza Nihon rekishi 18, S.141-83

Nōchi seido shiryō shūsei. (1970) Hg. Nōchi seido shiryō shūsei henshū iinkai 10 Bde., 1.Bd. Tokyo

NOGUCHI, Tasuku (1960): Nihon shihonshugi keieishi. 2 Bde. 1.Bd. 3. Aufl. Tokyo 1967

Nōgyō keizai ruinen tōkei. (1974-5) Hg. Nōrin tōkei kenkyūkai, Nōrinshō tōkei jōhōbu 6 Bde. Tokyo

NŌRINSHŌ NŌMUKYOKU (ab 1921): Nōka keizai chōsa. Tokyo

- (1928): Nōgyōson no rōdō idō jōkyō chōsa. Tokyo

- (1942): Nenjibetsu nōka keizai chōsa seiseki. Tokyo

- : Nōji tōkeihyō. jährl.

NŌSHŌMUSHŌ SHŌKŌKYOKU (1903): Shokkō jijō. 3 Bde. Neuaufl. Hg. Tsuchiya Takao Tokyo 1976 (zitiert SJ)

Noson fujin. (1969) Hg. Maruoka Hideko, Ōshima Kiyoshi. Gendai fujin mondai kōza 3 Tokyo

Noson fujin no katsudō o miru. (1936) Hg. Sangyō kumiai chuōkai Tokyo

Noson no haha no rekishi. Musumetachi no tsuzutta. (1973) Hg. Wada Kinji, Takeuchi Yoshinaga Tokyo

Ōkōchi Kazuo (1933): Rōdōhogo rippō no riron ni tsuite. In: Ōkōchi Kazuo chōsakushū. 5.Bd. 1969 S.172-232

- (1950): Chinrōdō ni okeru hōkenteki naru mono. In: ders.: Rōshikankei no shiteki hatten. Tokyo 1972 S.149-162

- (1961): Waga kuni ni okeru rōshikankei no tokushitsu. In: a.a.O. S.177-303

- (1965): Nihon rōdōkumiai monogatari. 6 Bde. Tokyo

Ōuchi, Tsutomu (1957): Nōka keizai. Tokyo

- (1962): Nihon keizairon. Keizaigaku taikei 7, 2 Bde. 10. Aufl. Tokyo 1970

- (1969): Nihon ni okeru nōminsō no bunkai. Tōdai shakai kagaku kenkyū sōsho 31. 5. Aufl. Tokyo 1981

Rōdō fujin. (ab 1927) Hg. Dai Nihon rōdō sōdōmei fujinbu

Rōdōsha koyō jōtai. (1926) Hg. Osaka-shi shakaibu chōsaka Osaka

RŌDŌSHŌ FUJIN SHŌNENKYOKU (1950): Chuō fujin mondai kaigi. Nōson iinkai. Fujin kankei shiryō shiriizu 4 Tokyo

SANPEI, Takako (1943): Nihon menygō hattatsushi. Tokyo

Sanson seikatsu no kenkyū. (1938) Hg. Yanagida Kunio Tokyo

SEGAWA, Kyōko (1938a): Homerareru danjo. In: Sanson seikatsu no kenkyū (1938) S.245-252

- (1938b): Wakamonogumi to musume-nakama. In: a.a.O. S.221-252

- (1938c): Fujin no shigoto. In: a.a.O. S.252-8
- (1972): Wakamono to musume o meguru minzoku. 2.Aufl. Tokyo 1975

SHINDŌ, Takejirō (1958): Nihon mengyō rōdōron. Tokyo

SUEKICHI, Yukie (1966): Zensen fujin katsudō nijūnen no ayumi. In: Sen'i rōdō Nr.144 April 1966 S.37-58; Nr.145 Juni 1966 S.44-65; Nr147 August 1966 S.46-71; Nr. 148 Okt. 1966 S.28-41; Nr. 149 Nov. 1966 S.38-60

SUMIYA, Mikio (1955): Nihon chinrōdōshi ron. Tokyo

- (1967): Nihon no rōdōmondai. Tokyo
- (1976a): Nihon chinrōdō no shiteki kenkyū. Tokyo
- (1976b): Kankoku no keizai. Tokyo

SUZUKI, Eizō (1938): Dekasegi no mondai. In: Sanson seikatsu no kenkyū (1938) S.70-77

TAKAMURA, Naosuke (1971): Nihon bōsekigyōshi josetsu. 2 Bde. Tokyo

- (1980): Nihon shihonshugi ron. Sangyōshihon. Teikokushugi. Dokusen shihon.

TAKAMURE, Itsue (1960-3): Josei no rekishi. Neuaufl. Tokyo 1972

TEIKOKU NŌKAI (1938a): Nōka no rōdō jōtai ni kansuru chōsa (shu to shite danjo betsu rōdō ni tsuite) Tokyo

- (1938b): Tōhoku chihō noson ni kansuru chōsa. Tokyo

TŌBATA, Seiichi (1947): Nōchi o meguru jinushi to nōmin. Tokyo

TŌYŌBŌ (1958): Toyōbōseki shichijūnen shi. Osaka

Toyōbōseki kabushiki kaisha setsubi shashinchō. Osaka o.J.

USHIYAMA, Keiji (1975): Nōminsō no bunkai no kōzō - senzenki. 2 Bde. 1.Bd. Tokyo

WADA Hide (1931): Tomioka nikki. Neuaufl. Tokyo 1975

YAMADA, Moritarō (1934): Nihon shihonshugi bunseki. Tokyo

YAMAKAWA, Kikue (1972): Onna niyo no ki. Tokyo

YAMAMOTO, Shigemi (1977): Aa nomuge Tōge. Aru seishijokō no aishi. Tokyo

YAMANOUCHI, Mina (1975): Yamanouchi Mina jiden. Jūnisai no bōshoku jokō kara no shōgai. Tokyo

YANAGIDA, Kunio (1948): Kon'in no hanashi. Tokyo

YASUI, Jirō (1967): Sen'i rōshikankei no shiteki bunseki. Tokyo

YOKOYAMA, Gennosuke (1899): Nihon no kasō shakai. Tokyo

Zatsukusa no yō ni takumashiku. Akamatsu Tsuneko no ashiato. (1977) Hg. Akamatsu Tsuneko henshū iinkai Tokyo